U0812142

China Small Minority Nationalities Development Report 2015

中国人口较少民族发展报告

（2015）

国家民族事务委员会经济发展司　编

民族出版社

在实现全面小康的道路上不让一个兄弟民族掉队

2005 年，为扶持人口较少民族的发展，在实际工作中给予人口较少民族更多的支持和照顾，按照中央总体部署，由国家民委联合国务院有关部门积极实施《扶持人口较少民族发展规划》。扶持人口较少民族政策实施十多年以来，中央财政共投入了近 90 亿元，实施基础设施建设、生产发展、社会发展等各类扶持项目 2 万多个，切实提升了人口较少民族地区的经济社会发展水平，人口较少民族地区呈现出经济发展、社会和谐、民族团结的喜人局面，是新世纪中国民族工作的一大亮点。

2015 年，中华人民共和国成立 66 周年之际，习近平总书记在会见来自少数民族自治区的 13 名基层民族团结优秀代表时提出：中华民族一家亲，同心共筑中国梦。正如总书记所讲，切实帮助人口较少民族加快发展，不仅是人口较少民族发展的迫切现实要求，也是各民族共同实现中华民族伟大复兴中国梦的必由之路。2015 年 1 月 20 日，习近平总书记在云南接见人口较少民族独龙族代表时再次强调："全面实现小康，一个民族都不能少"。

一

中国自古以来就是一个多民族的国家，幅员辽阔、人口众多，各民族和谐融洽共同书写了伟大祖国的悠久历史。在我国 56 个民族中，全国总人口在 30 万人以下的人口较少民族共有 28 个。这些民族是：珞巴族、高山族、赫哲族、塔塔尔族、独龙族、鄂伦春族、门巴族、乌孜别克族、裕固族、俄罗斯族、保安族、德昂族、基诺族、京族、怒族、鄂温克族、普米族、阿昌族、塔吉克族、布朗族、撒拉族、毛南族、景颇族、达斡尔族、柯尔克孜族、锡伯族、仫佬族、土族。据全国第六次人口普查数据，28 个人口较少民族总人口189万人。

我国人口较少民族人口少、特点各异，居住边远、跨境民族多，群众困难多、困难群众多，容易被忽视、面临边缘化。部分人口较少民族地区虽然经济取得较快发展，群众收入水平有了一定提高，但与发达地区相比仍有较大差距，实现人口较少民族全面可持续发展是一项长期艰巨的任务。针对人口较少民族发展的实际情况和特殊性，国家制定实施扶持人口较少民族发展专项规划，通过重点扶持，逐步缩小乃至消除人口较少民族地区与发达地区之间的发展差距，实现区域协调发展。

扶持人口较少民族加快发展是党中央做出的重大战略决策，是实现各民族全面建成小康社会的迫切需要，是体现各民族一律平等，促进各民族共同团结奋斗、共同繁荣发展的必然要求，是促进各民族交往交流交融的重要途径，是中国特色解决民族问题正确道路的有益探索和成功实践，是实现中华民族伟大复兴中国梦的战略举措，对于进一步增强民族团结，维护边疆稳定，构建社会主义和谐社会，实现“两个一百年”目标，具有重要的政治意义和深远的战略意义。

二

经过十多年的扶持，人口较少民族地区面貌发生了历史性转变。国务院于2005年、2011年先后批准实施《扶持人口较少民族发展规划(2005—2010年)》和《扶持人口较少民族发展规划（2011—2015年)》。人口较少民族地区乡村基础设施和人民生活条件日益改善，增收渠道不断拓宽，社会事业协调并进，发展能力逐步增强，少数民族群众精神面貌焕然一新，民族关系更加和谐。特别是“十二五”以来，人口较少民族地区经济社会发展取得了显著成效。到2014年底，2119个人口较少民族聚居的行政村农牧民人均纯收入为5890元，比2010年增长67.2%。一些民族如京族、高山族、乌孜别克族、塔塔尔族、锡伯族、赫哲族、裕固族等，已经具备了实现全面小康的基础和条件，可以率先实现小康目标。

一是基础设施条件显著改善。2011—2014年，人口较少民族聚居村新增和改扩建（水泥/沥青）乡村公路里程39957公里，新修村内（水泥/沥青）道路5134公里，新修农田水利设施12533处，新修人畜饮水蓄水池/水窖/饮水塔17335个，新修沼气池22615口，扶贫移民搬迁户数20128

户，新增退耕还林 28.6 万亩，退牧还草 78.9 万亩，人工改良草场及草料地 106.7 万亩。

二是公共服务体系显著完善。基层公共文化服务设施改善，农（牧）区三级卫生服务网络进一步健全，社会保障体系逐步完善。与 2010 年相比，2014 年人口较少民族聚居村有幼儿园/学前班的村比率提高 9.9 个百分点，适龄幼儿能接受学前一年教育的村比率提高 11.8 个百分点，村卫生室达标率提高 11.3 个百分点，拥有行医资格证书的医生的村比率提高 7.7 个百分点。2014 年底，人口较少民族聚居村新型农村社会养老保险参保率为 42.8%，比 2010 年提高 16.9 个百分点。

三是特色优势产业显著壮大。2011 年以来实施特色农牧业、民俗文化和生态旅游业、民族传统工艺等特色经济项目 2300 多个，投入资金 15.7 亿元。2011—2014 年，人口较少民族聚居村新建设施农牧业（大棚）25728 户。2014 年，到村入户项目直接覆盖农牧民达 27 万户、96 万人（次）。

四是民族团结凝聚力显著增强。建设了一批民族团结进步教育基地和民族团结进步创建活动示范单位，充分发挥教育基地和示范单位在弘扬爱国主义精神、促进民族团结方面的积极作用。与 2010 年相比，2014 年人口较少民族聚居村中有对口帮扶单位的村 1699 个，占 80.3%，提高 9.2 个百分点；有驻村蹲点帮扶干部的村 1671 个，占 79%，提高 12 个百分点。在人口较少民族地区，已有国家民委命名挂牌的“中国少数民族特色村寨”25 个，包括 19 个人口较少民族；有国家民委命名的全国民族团结进步创建活动示范单位 8 个；在 371 个聚居村实施了国家和省级少数民族特色村寨项目。在保护特色民居、改善人居环境、传承民族文化、培育特色产业的同时，让民族团结进步创建活动进村寨，促进了乡亲和睦、乡里和谐。

三

党的十八大以来，以习近平同志为总书记的新一届中央领导集体高度重视少数民族和民族地区经济社会发展。2015 年 7 月，习近平总书记在百忙之中来到延边朝鲜族自治州考察调研时指出：基本公共服务要更多向农村倾斜，向老少边穷地区倾斜。我们国家正在为全面建成小康社会而努力，全面小康一个也不能少，哪个少数民族也不能少，大家要过上全面小康的生活。2015 年 8 月，习近平总书记在中央第六次西藏工作座谈会上指出：要坚定不移保障和改善民生，坚定不移促进各民族交往交流交融，确保国家安全和长治久安，确保经济社会持续健康发展，确保各族人民物质文化生活水平不断提高，确保生态环境良好。这些都为我们做好新形势下的民族工作以及“十三五”时期扶持人口较少民族发展工作指明了前进方向，增添了必胜信心。

扶持人口较少民族发展虽然取得了一定的成绩，但当前人口较少民族地区还存在一些突出困难和问题。要让 28 个人口较少民族在全面实现小康进程中不掉队，国家仍需继续给予重点扶持。

要把解决好民生问题摆在首位。人口较少民族的贫困问题仍然突出。人口较少民族的脱贫任务仍然艰巨。到 2014 年底，仍有扶贫对象 81.7 万人，贫困发生率高于全国平均水平，缺乏生存条件需要搬迁的人口有 7.6 万人。人口较少民族大多地处偏远，生态环境脆弱，农业基础设施落后，经济结构单一，返贫率高。需要认真总结扶持人口较少民族政策的实施效果和经验，查找存在的问题，科学制定和有效落实扶持人口较少民族发展的各项政策措施。紧紧围绕人口较少民族发展这一主题，加大扶持力度，把各项政策措施落到实处，帮助他们尽早脱贫，实现全面小康进而实现现代化。

要加快促进基本公共服务均等化。为公民提供均等的公共服务产品是现代国家责无旁贷的职责和义务。扶持人口较少民族发展的政策和措施，为人口较少民族地区的基础设施和基本公共服务发展提供了不可或缺的制度和政策支持。然而，总体而言，这些地区的基本公共产品还远远不能满足人民群众的需求。加强社会事业建设，推进基本公共服务均等化，完善覆盖城乡居民的社会保障体系，特别是在促进交通、教育、卫生、住房等基本公共服务均等化方面，给人口较少民族地区更多的帮助和支持，使人口较少民族和全国各族人民一道同步建成全面小康社会。

要保护和传承民族优秀传统文化。在经济加快发展的同时，民族文化的保护面临严峻挑战。随着现代化经济和社会的快速发展，人口较少民族正在面临一场严重的文化危机。他们的传统生产生活方式正在发生前所未有的变化，传统建筑、语言、民俗乃至传统生产生活用品等文化遗产整体性消失的速度不断加快，这些民族珍贵的文化遗产面临消亡的危险。而且，扶持人口较少民族发展在带来经济发展的同时，也导致了部分少数民族优秀传统文化的消失、解体，比如民族语言、文字、服饰等文化消失，饮食、居住等习俗失去了民族特色。人口较少民族文化是构建中华民族文化多元一体格局的重要基石，是这些民族发展的内在动力。因此，要加快构建人口较少民族地区的现代公共文化服务体系，促进基本公共文化服务标准化、均等化，保护传承弘扬人口较少民族优秀传统文化，创造积累中华民族共有精神财富，增强各民族凝聚力，推动社会主义文化大发展大繁荣。

要积极投身国家“一带一路”战略。国家实施“一带一路”战略，将民族地区从对外开放的大后方、边陲、末梢，推向了最前沿、重要节点和关键枢纽。人口较少民族地区也迎来新的发展机遇，发展定位要适时做出新的调整，参与区域合作的能力将不断得到增强，开放型经济将不断取得新进展。建设丝绸之路经济带，将包括内蒙古、甘肃、青海、西藏、新疆等省区在内的大西北与中原腹地串联起来，并置于欧亚区域发展的核心地带。而21世纪海上丝绸之路，将辽宁、广西、云南、贵州等纳入其中，从中国沿海港口通过南海到印度洋，延伸至欧洲，从中国沿海港口通过南海到南太平洋。这都给新形势下人口较少民族地区经济发展带来新的契机。

各民族共同团结奋斗的精神，是在中华各民族历史发展进程之中逐渐形成的。滔滔江河，奔流入海。古往今来，繁衍在中华大地上的各民族共同开发了祖国的锦绣河山、广袤疆域，共同创造了悠久的中国历史、灿烂的中华文化。我们承担着民族复兴的伟大使命。我坚信，团结奋斗，强我中华，56个民族如星如火，团结在一起的中华民族大家庭，必将光耀千秋！

巴特尔

国家民委主任、党组书记

2016年5月11日

目 录

第一篇 总报告

第二篇 人口较少民族专题研究报告

第三篇 人口较少民族地区调研报告

第四篇　省区扶持人口较少民族发展总结报告

第五篇 扶持人口较少民族发展典型事例

附 录

Contents

Chapter 1 General Reports

Chapter 2 Thematic Research Report of the Small Minority Nationalities

Chapter 3 Regional Reports on the Small Minority Nationalities

Chapter 4 Regional Executive Summary Report on the Support for the Development of Small Minority Nationalities

Chapter 5 Model Cases of the Development of the Small Minority Nationalities

Appendix

第一篇　总报告
Chapter 1　General Reports

罗黎明同志在扶持人口较少民族发展研讨会上的讲话

（2015年5月24日）

今天我们在这里召开研讨会，主要任务是研究扶持人口较少民族发展“十三五”规划的编制。国家民委党组对“十三五”规划编制工作高度重视，于去年9月份召开了全委“十三五”规划编制工作会议。会上，全国政协副主席、国家民委主任、党组书记王正伟同志作了重要的讲话。前段时间根据国务院的整体安排，就我们制定的三个规划进行了分阶段的调研工作，国家民委承担了国务院的三个规划，一个是兴边富民行动规划，一个是扶持人口较少民族行动规划，一个是少数民族事业发展规划。这三个规划都是国家一级、由国务院颁布的专项规划。这三个规划对民族地区的发展都起了非常重要的作用。我们可以这么说，这几年来从党的十六大到十八大，是民族地区发展最快的十年，是发展得最好的十年，是各族人民得到实惠最多的十年，是各部门、全国各地落实党和国家民族政策最好的十年，也是为2020年全面实现小康打下坚实基础的十年。所以从这个角度的意义上来说，这三个规划也是今后我们民族地区实现全面小康一个纲领性的文件。中南民族大学承担的扶持人口较少民族发展规划课题研究，对“十三五”规划中的一些重大问题进行研讨，我们将来编制的《规划》更加切合实际、符合少数民族地区发展的情况，使《规划》更富有针对性和实效性具有重要的作用。

这里我想从三个方面和大家做一个交流，希望能够对大家研究扶持人口较少民族发展“十三五”规划有启发。

习近平总书记在云南考察民族地区的时候对独龙族代表指出：全面实现小康，一个民族都不能少；同时，在国家民委上报的工作简报中批了“两个不能”：一个民族地区也不能掉队，一个少数民族都不能少。这里我先说一说人口较少这个概念是怎么来的。在20世纪80年代末90年代初期，党和国家领导人认为，人口较少民族无论从理论上还是政策、法规上都没有特定的含义，只是根据国家发展实际而定的。比如说在“十一五”规划的时候，我们定的人口较少民族是22个，当时定的时候是以人口总数为标准定的，就是10万人以下的22个民族被定为人口较少民族，到了“十二五”时期，我们国家的经济实力有了重大的进展，想把覆盖面扩大一些，标准由人口在10万以下提升到30万以下，变成了28个人口较少民族。我们在编制“十三五”规划中一个重大的问题就是确定规划的范围。我们在调研过程中也有不少地方同志向中央请求能不能把扶持范围增加到总人口在50万以下的民族。我觉得在研讨会上我们可以研讨，因为到底是30万还是50万我们要算账。到“十三五”时期，假如扩大到50万甚至是100万，我们的总投入是多少，然后根据国家的总盘子来定。所以人口较少民族的概念从学术上和政策上说没有定义概念，是根据国家的经济实力来确定的。

大家都知道党的十八大提出了“两个百年”的奋斗目标。这是向全世界作出的庄严的政治宣言。第一个百年目标是中国共产党成立一百年的时候全面建成小康社会，也就是2020年。第二个百年目标是新中国成立一百年的时候实现中华民族的伟大复兴。我们现在正在朝第一个百年目标奋斗，留给我们实现第一个百年目标的时间已经不多了，满打满算也就是5年的时间。这5年对民族地区的发展是至关重要的5年。这也是扶持人口较少民族发展“十三五”规划总的目标要求。李克强总理提出“十三五”规划的目标要求要与2020年全面建成小康社会的总目标相衔接和突出“三个重大”，即重大政策、重大工程、重大项目。我们在研究“十三五”规划的时候，在制定总目标的时候要考虑怎样和2020年全面建成小康社会的总目标能够有机地衔接起来，“十三五”规划如何体现“三个重大”，“十三五”规划中的“重大政策”“重大工程”和“重大项目”又都是些什么。“重大工程”我的理解一定是要成为对民族地区发展起到支架作用的工程，所谓“重大项目”就是能够改善人口较少民族生产生活条件和增加收入的基础性项目，或者说是变成造血功能的项目。所以扶持人口较少民族发展规划中如何体现国务院提出的“三个重大”，这是我们研究规划编制问题的前提，我们一定要把握好。

习总书记在云南考察时讲了这么一句话：全面实现小康，一个民族都不能少。这句话既是对我们工作的要求，也是我们全党全国的一个总目标，也是我们编制《规划》工作总的指导思想、总目标、总任务和总要求。所以我们一定要把编制“十三五”规划和全国全面小康的目标紧密地结合起来。这是我们研究规划过程中最核心的问题。

一、扶持人口较少民族发展具有极其重要的意义

（一）扶持人口较少民族发展是实现民族平等的重要举措

这里我用列宁和邓小平的两句名言说明这个问题。列宁讲，只有用不平等的原则才能消除各民族经济、文化事实上的不平等。小平同志说，事实上的不平等仍然是一切不满和一切摩擦的根源。这两位伟人在处理各民族发展的问题上既把方法说了，更重要的是把民族问题中最根本的问题把握住了。当今世界两大火山，一个是民族问题，一个是宗教问题。而民族问题最核心的是什么？仍然是发展的问题。那么发展的问题最核心的是什么？就在于实现平等。我们国家的宪法规定各民族一律平等。这个平等包含了政治上的平等、经济上的平等、文化上的平等和事实上的平等。只有用不平等的原则才能消灭事实上的不平等。我理解列宁的这句话，不平等的原则就是要采取特殊的政策。这里我举一个例子。什么叫不平等的原则？比如说我们现在对少数民族干部考公务员适当地加一点分，或者是考高考适当地加一点分，这就是不平等的原则。比如说现在有一个小孩在北京四中读高中，另一个小孩在乡村读高中，如果说高考分数大家都要680分才能上一本线的话，那显然这个起点就不一样。因此那个乡村的小孩高考时适当地加5分才能有机会上一本，这就叫不平等的原则。有的同志说这样是不是对汉族不公平？我说不是。如果是同在一片蓝天下，同一个教室、同一个老师教出来的情况下，少数民族加分而汉族不加分是不对的。所以我们讲的政策措施的出发点就在这里，因为起点不一样，就像在座各位和刘翔一起跑步肯定跑不过，因为他是专业运动员咱们不是，由于起点不一样，采取一些特殊的政策是对的。

习近平总书记曾经讲过这么一段话：中国很大，人口多，情况复杂，一个文件解决不了中国的问题，一个办法解决不了中国的问题，一个政策也解决不了中国的问题。我在学习这一段话时体会到另一个视角，那就是一定要坚持马克思主义的思想路线，一切从实际出发、实事求是。也就是

马克思主义哲学最精髓的东西：具体问题具体分析。不同的情况要用不同的手段、不同的政策。所以扶持人口较少民族发展恰恰体现了用不平等的方式来解决实现平等问题，让人口较少民族实现跨越式的发展，又好又快地发展，基本能够跟上全国的步伐。所以从这个意义上说，编制扶持人口较少民族发展规划不仅仅表现出经济上对28个人口较少民族的扶持，而且体现了一种宪法精神，体现了中国共产党民族理论、民族政策的基本点——各民族一律平等。

（二）扶持人口较少民族发展是促进两个共同的必然要求

无论我们做什么事，无论我们出台什么政策，无论我们制定一个什么样的规划，必须紧紧围绕共同团结奋斗、共同繁荣发展的指导思想。“两个共同”是我们党把马克思主义民族理论和中国的实际情况相结合的理论产物，是一个理论创新的成果，是我们国家新时期新阶段民族工作的主题。这个主题体现了共产党人马克思主义民族政策的出发点和落脚点。“两个共同”也是全国各族人民的一个共同愿望，我们所开展的民族工作必须紧紧把握住这个主题，必须牢牢地、扎扎实实地把“两个共同”作为我们的理论指导和思想基础。所以我们研究和编写扶持人口较少民族发展规划就是为了促进和实现“两个共同”。

（三）扶持人口较少民族发展是全面实现小康社会的迫切需要

习近平总书记在去年全国民族工作会议上讲了这么一段话：“新中国成立以来，少数民族和民族地区得到了很大的发展，但一些民族地区困难多、困难群众多，同全国一道实现全面小康社会目标难度较大，必须加快发展，实现跨越式发展。”我理解这段话讲到了三层意思，一是少数民族和民族地区在新中国成立后得到快速发展；但是现在民族地区还是群众困难多、困难群众多，这是第二层意思；实现小康社会难度大，必须要跨越式发展，这是第三层意思。只有又好又快地发展，只有跨越式发展，才能与全国一道实现小康。所以我们研究和编写“十三五”规划，就是为了加快28个人口较少民族的发展，实现跨越式发展。只有这样，才能和全国一道进入加快小康社会建设进程。李克强总理在中央民族工作会议上讲了这么一段话："到2020年全面实现小康的目标还有6年，时间不多了，现在看来，全面建成小康社会，民族地区是短板，是重点，更是难点，我们虽然不要求全国一个标准统一划线，发达地区的水平可以更高一些，但全面建成小康社会还是基本要求，少数民族兄弟不能落伍，民族地区不能掉队。所以，必须加快民族地区的发展。"党和国家领导人最终都归结到一定要"加快民族地区发展"上来。我认为，要把"加快民族地区发展"作为编制扶持人口较少民族发展"十三五"规划的主线。

（四）扶持人口较少民族发展是实现中国梦的历史使命

习近平总书记说："实现中华民族的伟大复兴，是全民族的梦，是每一个中国人的梦，实现中国梦必须凝聚所有中国人的力量，这就是中国民族大团结的力量。全国各族人民一定要牢记使命，心往一处想，劲往一处使，用十三亿人的智慧和力量汇聚起不可战胜的磅礴的力量。"我认为总书记的这段话回答了三个问题，第一个是回答了什么是中国梦，第二是回答了中国梦是谁的梦，第三是回答了实现中国梦靠什么。总书记说中国梦就是实现中华民族伟大复兴，这个梦是民族的梦，是每一个中国人的梦，中国梦的实现要靠全中国人大团结的力量，是靠凝聚起来的力量，是十三亿人的力量，也包括55个少数民族在内的每个人的智慧和力量。我们编制和研究扶持人口较少民族发展"十三五"规划也是实现中国梦的重要组成部分。28个人口较少民族占到了中国55个少数民族的一半，他们的发展关系着"中国梦"的实现。这是我们在研究规划编制中需要认识和把握的重点。

二、扶持人口较少民族发展工作取得的成绩

概括起来，扶持人口较少民族发展工作的成绩是三句话：小民族，大政策；小民族，大发展；小民族，大变化。扶持人口较少民族发展是我们党和国家在20世纪80年代末90年代初逐步实施的，其中经历了两个五年规划。

首先表现为小民族大政策。从2000年起，扶持人口较少民族发展就已经作为国家的政策来实施。从2001年起，国务院办公厅就发文明确要求，中央各部委和各省、自治区人民政府要对人口较少民族地区给予更多的支持和照顾。随后国务院制定了"十一五"和"十二五"扶持人口较少民族发展规划。更重要的一点是，扶持人口较少民族发展规划多年来都列入中

共中央政治局常委会工作要点。为什么是小民族大政策呢？从22个民族来讲，或者从后来扩大到的28个人口较少民族来讲，总体人数不超过1000万，但作为国家来讲，出台如此强硬的国家级政策，为的就是一定要加大对人口较少民族的支持力度。如果从整个经济层面来说，扶持人口较少民族在整个经济序列上是排不上号的，因为所占比例不高。但党中央恰恰把人口较少民族发展问题作为中央政治局常委的工作要点，可见党中央国务院把加快民族地区的发展放在了非常高的位置，而且还制定国务院的规划。我大体算了一下，从“十一五”到现在，中央财政对人口较少民族的投入已经达到83.6个亿。

二是小民族大发展大变化。改善了基础设施和生活条件，培育了特色产业。这里有一组数据，到2013年，2119个人口较少民族村农民人均纯收入到达了5179元，比2010年增长了47%，京族、赫哲族、高山族、锡伯族、裕固族等民族的收入已经超过了全国的平均水平，有的甚至排在了全国的前列。比如广西的京族人均纯收入已经达到10000元以上。

三、扶持人口较少民族发展“十三五”规划中亟待研究的几个问题

（一）指导思想和总体目标

在指导思想方面需要把握三条，一是要以实现全面小康为总目标，也就是在编制扶持人口较少民族发展“十三五”规划时要与全面建成小康社会的总目标相衔接，在全面建成小康进程中，一个少数民族也不能掉队，一个民族也不能少。二是以增加收入、改善民生为核心。在制定规划的过程中，不论是重大目标还是重大工程或是重大项目，必须牢牢围绕这28个人口较少民族如何增加收入来制定，这是规划的核心。如果我们的规划不能增加收入，那我们的规划目标定得是不准确的。因为只有增加28个人口较少民族的收入，才能真正消除事实上的不平等，也才能与全面建成小康社会的总目标相衔接。三是加大基础设施建设、逐步实现基本公共服务均等化。具体包括教育、医疗、就业、养老保险等一系列公共服务均等化，与全国平均水平大体一致。去年全国平均受教育年限为8.9年，西藏只有3.4年。全国每万人中的大学生为167人，民族八省区只有100人。全国每万人中的高中生为360人，民族八省区只有204个。这就有问题值得研

究：为什么民族地区九年义务教育巩固率会低，高中生会少？这里面有很多问题值得思考。家庭困难是造成这些问题的原因之一，但我认为更大的原因在于教育资源分配不公。在扶持人口较少民族发展“十三五”规划中能不能设定公共服务方面量化的指标？

（二）基本思路

中央9号文件中是这么讲的：紧紧围绕全面建成小康社会目标，深入实施西部大开发战略，以提高基本公共服务水平、改善民生为首要任务，以扶贫攻坚为重点，以教育、产业结构调整、基础设施建设和生态环境保护为着力点，以促进市场要素和加强民族交流交往交融为途径，把发展落实到解决区域性共同问题、增进群众福祉、促进民族团结上，推动三和：和睦相处、和衷共济、和谐发展，走出一条具有中国特色的符合民族地区特点的发展之路。我觉得很重要的是以提高基本公共服务水平、改善民生为首要任务，包括提高28个人口较少民族的收入。所以我们在制定扶持人口较少民族发展“十三五”规划目标任务时应该把提高人均纯收入作为重要目标，具体使用百分比还是绝对值作为目标还需要进行论证。公共服务指标有些可以量化，有些则无法量化。比如义务教育巩固率、高中升学率等可量化指标，在制定目标时需要对全国、所在省（自治区）、地市州的水平进行考量，综合考虑制定人口较少民族目标。产业结构调整方面的目标不能量化，只能确定大的方向，包括第一、第二、第三产业以及各产业的内部结构。全国有25个主体生态功能区。其中23个位于民族地区，这些地区的产业结构有自己的独特性。

需要注意的问题：

一是创新思维、突出特色。扶持人口较少民族发展规划要区别于其他的规划，在理论、设计、框架等方面都要有自己的特色，突出少数民族、人口较少民族的特点。这样才能成为符合实际、具有特点的规划。创新思维有很多，比如刚才讲到的“三个重大”，重大政策、重大工程、重大项目，这些都需要有新的思维。

二是统筹兼顾、战略谋划。所谓统筹兼顾包括如何解决城乡二元结构的问题，如何解决工业反哺农业的问题，如何处理和第三产业发展关系的问题，以及民族地区传统工业打造“升级版”的问题，等等一系列问题。

三是分类指导，精准施策。人口较少民族不外乎以下几个类型：一是资源匮乏型，二是基础设施落后型，三是能力缺乏型，四是自然灾害频发型，五是特殊区域型，如处于边境地区，有戍边任务不能搬迁。对于第一类，只能采取生态移民；对于第二类，需要加大基础设施建设支持力度；对于第三类，需要加大培训力度；对于第四类，需要建立灾害应急预案，帮助重建家园；对于第五类，需要国家买单。总之施策必须要精准，不能搞“一揽子”政策。在组织实施这一章中把体制机制设计好。

（三）目标任务

1. 处理好与全面建成小康社会的关系。习近平总书记说，“我国幅员辽阔，各地发展差距大，生产发展水平多层次，不可能同一水平小康，各省市区甚至各市县的人均地区生产总值，届时都同步达到全国平均水平也不现实。把全面建成小康社会目标解读为本地人均生产总值达到全国平均水平，然后倒推出一个增长速度作为目标。这是违背规律的，也是难以做到的”。我们在设定扶持人口较少民族发展“十三五”规划目标时也要充分考虑与全面建成小康社会这个总目标的关系问题。

2. 认真研究好“七个如何”。“七个如何”是我们在研究编制规划中需要着重考虑的七个方面的问题：一是如何加强城乡基础设施建设，不断释放发展潜力；二是如何大力发展特色优势产业，不断增强造血能力；三是如何深入推进扶贫开发，稳步促进共同富裕；四是如何提高基本公共服务水平，着力改善民生；五是如何加强民族文化传承保护，促进文化事业和文化产业协调发展；六是如何加大人才队伍建设，增强自我发展能力；七是如何推进民族团结进步创建，建设各民族共有精神家园。

（四）政策措施

1. 实施差别化支持政策。“差别化支持政策”在中央文件（9 号文件）中是第一次使用。如何体现差别化政策，还有哪些政策可以用到扶持人口较少民族发展中来，都要好好研究。

2. 发挥好三个积极性。先富裕起来的人对后富裕起来的人进行帮助，可以将对口支援人口较少民族作为一个课题研究，探索如何把全社会的力量整合起来帮助人口较少民族发展。

3. 形成政策合力。把扶持人口较少民族发展“十三五”规划编制好就是对少数民族和民族地区办的大实事。

《扶持人口较少民族发展规划（2011—2015年）》实施情况监测评估报告*

扶持人口较少民族加快发展是新世纪、新阶段民族工作的一项重要任务。党中央、国务院高度重视人口较少民族发展问题，2005年、2011年国家连续制定并实施专项规划，重点扶持人口较少民族经济社会全面协调可持续发展，规划实施取得了很好的成效。经过十多年的探索和实践，党和国家制定实施的扶持人口较少民族发展这一特殊政策，得到民族地区广大干部和群众的称赞，得到越来越多社会各界人士的关心，得到专家、学者的更多关注。扶持人口较少民族发展是民族工作领域的一项创新，是中国特色解决民族问题正确道路的有益探索和成功实践。

2011年，经国务院审批，由国家民委等5部门共同编制印发的《扶持人口较少民族发展规划（2011—2015年）》（以下简称“规划”）启动实施。规划实施以来，在有关部门的大力支持和有关省区的推动下进展顺利，扶持人口较少民族发展工作取得阶段成效，人口较少民族经济社会发展取得新成就。“十二五”规划重点围绕到2015年人口较少民族聚居村实现“五通十有”目标来实施。中央已下达56.22亿元专项资金，实施基础设施建设、生产发展、社会发展等各类项目9000多个。经过近十年的扶持，人口较少民族地区发生了明显变化，乡村基础设施和群众生产生活条件日益改善，增收渠道不断拓宽，社会事业协调并进，少数民族群众精神面貌焕然一新，民族关系更加和谐。人口较少民族聚居村18项约束性指标、人口较少民族乡19项约束性指标、人口较少民族自治县和自治州各15项约束性指标均比2010年有较大幅度提高，有些指标已达到验收标准。一些人口较少民族如锡伯族、俄罗斯族、裕固族、高山族、珞巴族、鄂温

---

* 报告撰写：陈全功、袁彦、欧元明

克族、鄂伦春族、赫哲族、达斡尔族、京族、乌孜别克族、基诺族、门巴族、塔塔尔族、德昂族、毛南族、仫佬族等，已经具备了实现全面小康的基础和条件，可以率先实现小康。

一、规划目标完成情况

“十二五”期间，中央有关部门和有关省区整合力量、加大投入，围绕“十二五”规划所确定的人口较少民族聚居行政村基本实现“五通十有”、人口较少民族聚居区基本实现“一减少、二达到、三提升”的目标任务安排建设项目，有力推动了总体目标的实现。人口较少民族聚居的2116个行政村、71个民族乡、16个自治县、2个自治州①基础设施显著改善，经济社会协调发展。

（一）人口较少民族聚居村目标完成情况

据国家民委监测统计，到2014年底，2116个村有贫困人口81.73万人，比2011年减少17.4万人，减贫率17.6%；贫困发生率27.3%，比2011年下降7.5个百分点。有456个村减贫率达到50%，占21.6%；有490个村贫困发生率低于7.2%（全国同期平均水平），占23.2%。

2014年，2116个聚居村农牧民人均纯收入5907元，比2010年（3523元）增长67.7%，是2014年全国农村居民人均纯收入的59.7%（2014年全国农村居民人均纯收入9892元）；有349个村人均收入高于全国平均水平、占扶持村总数的16.5%。14个受到扶持地区中，辽宁、西藏的人口较少民族聚居村农牧民人均纯收入超过当地平均水平，内蒙古、贵州、新疆生产建设兵团的人口较少民族聚居村农（牧）民收人均纯收入接近当地平均水平，广西、甘肃的聚居村农牧民人均纯收入仅为当地平均水平的一半。

① 规划中原有2119个人口较少民族聚居村、71个民族乡，2013年，因行政区划调整合并，辽宁减少3个村，分别是沈阳市东陵区桃仙街道宁路村、深井子街道国公寨村、辽阳市灯塔市西马峰镇井泉村，故统计监测为2116个行政村。

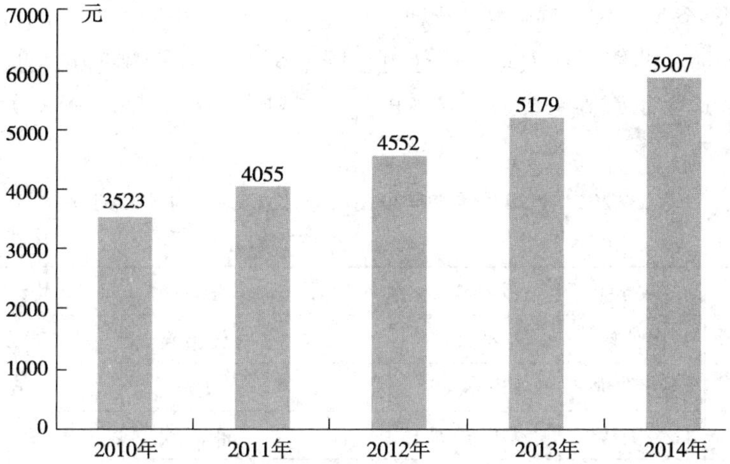

图1　2116个聚居村农牧民人均纯收入

表1　2014年各省区人口较少民族聚居村农牧民人均纯收入

地区	人口较少民族聚居村农牧民人均纯收入（元）	当地农民人均纯收入（元）	相当于当地平均水平比重（%）
全国	5907	9892	59.7
内蒙古	9447.69	9976	94.70
辽宁	12329.15	11191	110.17
吉林	8982.19	10780	83.32
黑龙江	9369.82	10453	89.64
福建	11078.27	12650	87.58
江西	7862	10117	77.71
广西	4000.06	8683	46.07
贵州	6146.07	6671	92.13
云南	4791.45	7456	64.26
西藏	8653.48	7359	117.59
甘肃	3139.45	6277	50.02
青海	5452.76	7283	74.87
新疆	7112.52	8724	81.53
新疆生产建设兵团	12624	13930	90.62

在28个人口较少民族中，锡伯族、俄罗斯族、裕固族、高山族、珞巴族等5个民族的聚居村人均收入超过全国平均水平，鄂温克族、鄂伦春族、赫哲族、达斡尔族等4个人口较少民族聚居村人均收入超过9000元，接近全国平均水平。

表2 2014年28个人口较少民族分民族农牧民人均纯收入

单位：元

序号	民族	人均纯收入	序号	民族	人均纯收入
1	锡伯族	11891.21	15	德昂族	5785.63
2	俄罗斯族	11258.05	16	土族	5546.13
3	裕固族	11093.04	17	布朗族	5526.14
4	高山族	11078.27	18	柯尔克孜族	5067.68
5	珞巴族	10370.45	19	塔吉克族	4898.09
6	鄂温克族	9596.36	20	景颇族	4676.19
7	鄂伦春族	9492.19	21	阿昌族	4259.34
8	赫哲族	9280.6	22	毛南族	4204.53
9	达斡尔族	9276.18	23	仫佬族	3863.35
10	京族	8859.45	24	撒拉族	3400.37
11	乌孜别克族	8517.62	25	普米族	3170.53
12	基诺族	8057.33	26	怒族	2785.59
13	门巴族	7323.3	27	保安族	2079.02
14	塔塔尔族	7314.34	28	独龙族	2057.21

到2014年底，2116个聚居村的“五通十有”情况均比2010年底有一定程度改善。其中，“五通”目标中，户通电率、自然村广播电视覆盖率2个指标已经提前一年达到2015年规划目标，建制村通沥青（水泥）路率接近80%的规划目标；“十有”目标中，有办公场所的村比率指标提前一年达到2015年规划目标。“五通十有”其余指标均比2010年有较大幅度提高。

表3 2116个聚居村“五通十有”目标提升情况

“五通十有”目标	2014年（%）	2010年（%）	2014年比2010年提高百分点
“五通”			
1. 建制村通沥青（水泥）路率	78.97	61.01	↑17.96
2. 户通电率	94.43	92.03	↑2.40
3. 自然村广播电视覆盖率	94.20	89.12	↑5.08
4. 通宽带率	64.60	39.37	↑25.23
4. 自然村通电话率	94.27	86.27	↑8.00
5. 清洁能源使用率	12.52	8.92	↑3.60
“十有”			
1. 集中式供水覆盖率	62.75	50.79	↑11.96
2. 有安居房的农户比率	53.52	46.55	↑6.97
3. 有卫生厕所农户比率	38.02	25.35	↑12.67
4. 高产稳产粮田比率	34.13	21.54	↑1.61
5. 适龄幼儿能接受学前一年教育的村比率	79.58	67.77	↑11.81
6. 村卫生室达标率	69.05	57.70	↑11.35
7. 有合格文化室和农家书屋的村比率	77.65	56.71	↑20.94
8. 有体育健身和民族文化活动场地的村比率	55.86	33.32	↑22.54
9. 有办公场所的村比率	93.38	85.16	↑8.22
10. 农家店覆盖率	62.24	50.61	↑11.63

（二）人口较少民族乡目标完成情况

到2014年底，71个人口较少民族乡贫困人口比2011年减少1832人、减贫率1.3%，贫困发生率19.3%，比2011年（20.3%）下降1个百分点。有10个乡减贫率超过50%、占全部民族乡的14.1%。农牧民人均纯收入9067元，比2010年（5699元）增长59.1%；有29个民族乡农牧民人均纯收入高于全国平均水平、占全部民族乡的40.8%。民族乡的19项约束性考核指标中有村通路率、户通电率、自然村广播电视覆盖率、自然村通电话率等4项指标提前一年达到规划目标，其余各项指标均比2010年有所提高；民族乡考核指标体系中，17项预期性考核指标中有6项指标达到验收标准。

表4 70个民族乡“三提升”部分约束性指标完成情况

“三提升”	2014年（%）	比2010年提高或下降百分点
乡镇通沥青（水泥）路率	94.4	↑16.9
建制村通沥青（水泥）路率	83.8	↑14.4
建制村通班车率	55.1	↑6.0
集中式供水覆盖率	56.5	↑8.7
户通电率	96.1	↑2.2
自然村广播电视覆盖率	91.9	↑4.9
行政村通宽带率	72.7	↑14.9
自然村通电话率	92.5	↑1.6
有农贸市场（边贸市场）的乡镇比率	52.1	↑9.9
新型农村合作医疗参合率	79.6	↑4.2
乡村（社区）医疗卫生机构达标率	83.2	↓0.6
有合格文化室和农家书屋的村比率	77.0	↑9.8

（三）人口较少民族自治县目标完成情况

2014年，16个人口较少民族自治县贫困人口比2011年减少44.4万人、减贫率30.4%，贫困发生率36.9%，比2010年（49.6%）下降12.7个百分点。有4个县的减贫率超过50%，3个县接近50%。农牧民人均纯收入6949元，比2010年（3986元）增长74.3%。有4个县（内蒙古鄂温克旗、甘肃肃南县、青海大通县、新疆察布查尔县）农牧民人均纯收入高于全国平均水平。

16个自治县15项约束性考核指标中通路率、户通电率2项指标提前一年达到规划目标，33项预期性考核指标中有17项指标达到验收标准。

表5　16个自治县“三提升”部分约束性指标完成情况

“三提升”	2014年（%）	比2010年提高或下降百分点
乡镇通沥青（水泥）路率	94.0	↑9.3
建制村通沥青（水泥）路率	85.7	↑35.1
建制村通班车率	67.6	↑30.5
集中式供水覆盖率	41.8	↓13.8
户通电率	89.3	↑4.2
自然村广播电视覆盖率	77.5	↓8.0
行政村通宽带率	69.4	↑12.4
自然村通电话率	76.2	↑19.4
乡村（社区）医疗卫生机构达标率	92.2	↑10.3

（四）人口较少民族自治州目标完成情况

2014年，2个人口较少民族自治州贫困人口比2011年减少21.76万人、减贫率43.1%。云南德宏州减贫率超过50%，为52.7%；新疆克孜勒苏柯尔克孜自治州（以下简称“克州”）减贫率为36.5%。农牧民人均纯收入6315元，比2010年（2892元）增长118.4%；其中德宏州7152元，克州4784元。2个自治州15项约束性考核指标中有3项指标达到验收标准，33项预期性考核指标中有28项指标达到验收标准。

表6　2个自治州“三提升”部分约束性指标完成情况

“三提升”	2014年（%）	比2010年提高或下降百分点
乡镇通沥青（水泥）路率	48.3	↑5.7
建制村通沥青（水泥）路率	85.9	↑44.8
建制村通班车率	64.8	↑59.3
集中式供水覆盖率	34.1	↓28.0
户通电率	100.0	↑51.4
自然村广播电视覆盖率	81.0	↓13.4
行政村通宽带率	86.6	↑31.1
自然村通电话率	79.9	↑10.6
乡村（社区）医疗卫生机构达标率	100.0	↑21.2

二、开展考核验收工作情况

为进一步督促落实各级地方政府扶持人口较少民族发展工作责任，及时发现和解决《规划》实施中的问题，确保到2015年实现《规划》提出的各项目标和任务。2014—2015年，有关省区按照五部门下发的考核验收办法，对人口较少民族聚居村的19项、民族乡36项、自治县48项、自治州48项指标进行量化考核，指标分为约束性和预期性。

（一）开展地方自查和第三方考核评估工作

为推动和督促各地“十二五”规划的实施，2014年，国家民委会同国家发展改革委、财政部、人民银行、扶贫办下发文件，对各地实施情况进行考核评估。

各地按照五部门下发文件，进行了自查工作。如内蒙古印发了《内蒙古自治区民委关于开展〈扶持人口较少民族发展规划（2011—2015）〉考核验收的通知》，并制定了考核验收方案，要求区内有关地方于2014年7月—12月，由本区人口较少民族聚居旗（市）民宗局对照考核验收标准进行自查；呼伦贝尔市民委于2015年6月底前按一定比例对人口较少民族聚居村进行抽查验收；10月底前，自治区对人口较少民族聚居村进行不低于30%的复验。

国家民委委托中南民族大学开展第三方考核评估工作。2014年7—8月，分赴西北片青海、甘肃，新疆北疆片，东北片黑龙江，西南片广西、云南进行实地考核评估调研，为全面掌握相关情况积累了资料，提出了相关政策建议。

（二）第三方对各地进行考核评估情况[①]

1. 对西北片青海、甘肃两省进行考核评估情况

调研组分别在青海和甘肃省级层面，循化、民和、互助、天祝、肃南、积石山等县级层面，红崖子沟、官亭和大河家等乡级层面，以及人口较少民族聚居村大泉村、西山村、陈家村、韩陕家村、大墩村等村级层面，召开座谈会，查阅相关资料和数据，对农牧户进行实地问卷调查。

---

① 考核评估依据的统计数据截至2013年。

青海省撒拉族和土族被国家纳入“十二五”规划，涉及青海省2个市、2个州，9个区县，43个乡镇，333个行政村、965个自然村，人口约为34万人，其中人口较少民族约为27万人，占比80%。

甘肃省撒拉族、保安族、裕固族、土族被纳入“十二五”规划，涉及甘肃省6个县、18个乡镇、269个行政村、1490个自然村，人口约为28万人，其中人口较少民族约为12万人，占比43%。

两省的资金项目来源，主要依靠中央扶持。2011—2013年，青海省人口较少民族发展项目数为304个，资金总额为35113万元，其中，中央扶持资金34671万元，占比98.74%；省级配套资金77万元；群众折劳折资355万元。从项目类别上看，基础设施建设类、生产发展类和社会发展类中央扶持占比均高达98%以上。甘肃省人口较少民族发展项目数为617个，资金总额为40113万元，其中，中央扶持资金37816万元，占比为94.27%；省级配套资金1960万元，配套占比为4.89%；群众折劳折资337万元，占比为0.84%。

两省“一减少、二达到”目标情况不理想。一是减贫率指标。青海省人口较少民族聚居村2011年贫困人口12.7万人，贫困发生率38.14%；2013年贫困人口数为11.35万人，贫困发生率33.3%，较2011年贫困人口仅减少13724人，贫困发生率也仅下降5个百分点左右。甘肃省人口较少民族聚居村2010年贫困人口147784人，贫困发生率54.41%；2013年贫困人口数为152278人，贫困发生率53.78%，较2010年增加4494人，贫困发生率也仅下降0.6个百分点。二是农牧民人均纯收入。青海省人口较少民族聚居村农民人均纯收入从2010年的2437.54元直线增长到2013年的4199.68元，增长幅度为72%，年均增长24%。甘肃省人口较少民族聚居村农民人均纯收入从2010年的2206.73元直线增长到2013年的2938.53元，增长幅度为72%，年均增长10.02%。按照此增长速度，2015年约可达到全省平均水平的70%。三是聚居村整体农民人均纯收入达到全国平均水平的民族个数指标达标情况，已经达到的民族：裕固族（10705元）；有可能完成的民族：撒拉族（5403元）；差距较大的民族：土族、保安族。两省“三提升”情况实现程度不一。

表 7　青海、甘肃人口较少民族聚居村“五通十有”达标比率和完成进度

“五通十有”指标	2015 年目标值	青海			甘肃		
		达标村或户	比率	进度	达标村或户	比率	进度
建制村通沥青（水泥）路率	≥80%	290	87%	100%	198	74%	92%
户通电率	≥85%	329	99%	100%	254	94%	100%
自然村通广播电视率	≥90%	870	89%	99%	1334	90%	100%
通宽带率	≥95%	102	31%	33%	110	41%	43%
自然村通电话率	100%	826	85%	85%	1275	86%	86%
村通沼气（清洁能源）设施率	≥当地平均水平	65	20%	100%	95	35%	100%
集中式供水覆盖率	≈80%	30291	39%	49%	32630	55%	69%
有安居房的农户比率	≥85%	44167	56%	66%	17319	29%	34%
有卫生厕所的农户比率	≥85%	22804	29%	34%	9821	16%	19%
有高产稳产基本农田或稳定增收产业比率	≥当地平均水平	7191	9%	100%	5189	9%	100%
适龄幼儿能够接受学前一年教育比率	≥85%	235	71%	84%	148	55%	64.73%
村卫生室达标率	≥95%	244	73%	77%	101	38%	40%
有合格文化室和农家书屋的村比率	≥85%	215	65%	76%	207	77%	91%
有体育健身和民族文化活动场地的村比率	≥85%	123	37%	44%	50	19%	22%
有村办公场所的村比率	≥85%	273	82%	96%	240	89%	100%
有农家店的村比率	≥85%	142	43%	51%	107	40%	47%

2. 对新疆北疆进行考核评估情况

新疆“十二五”期间扶持的人口较少民族有 8 个，分别是塔塔尔族、乌孜别克族、俄罗斯族、塔吉克族、撒拉族、达斡尔族、柯尔克孜族、锡伯族，主要分布在伊犁、塔城、阿勒泰、昌吉、阿克苏、克州、喀什、和田等 8 个地州、36 个县市、161 个乡镇、402 个人口较少民族聚居行政村，总人口为 45.1 万人。其中，北疆的人口较少民族主要有乌孜别克族、塔塔

尔族、锡伯族、柯尔克孜族、达斡尔族、俄罗斯族、撒拉族等7个，主要聚居在阿勒泰、塔城、昌吉、伊犁等地区173个行政村、297个自然村。2013年，北疆人口较少民族聚居村共有24.8万人口，占新疆全区人口较少民族聚居村总人口的54.98%；其中人口较少民族7.4万人，占全疆人口较少民族总人口的27.2%。

调研组赴北疆的阿勒泰地区、伊犁州、昌吉州等3地6县2市（哈巴河县、布尔津县、阿勒泰市、伊宁市、新源县、察布查尔县、奇台县、吉木萨尔县）1个民族乡（奇台县大泉塔塔尔族乡），深入14个人口较少民族聚居村，全面了解地区和民族发展情况。

2013年，国家扶持北疆人口较少民族聚居村实施115个项目，当年扶持资金10116万元，直接覆盖农户10452户，受益人口达到39401人。这些项目不仅包括牧道桥涵、危房、人畜饮水、村容村貌等建设，还包括畜牧养殖、手工艺品加工、实用技术培训、文化体育等生产和社会发展的投入，取得了一定成果。

3. 对东北片黑龙江进行考核评估情况

黑龙江省有赫哲族、鄂伦春族、鄂温克族、俄罗斯族、达斡尔族、锡伯族、柯尔克孜族7个人口较少民族，分布于省内8个市（地）、21个县（市、区），有75个人口较少民族聚居村、16个民族乡（镇）纳入扶持范围。截至2013年底，人口较少民族聚居村总户数为3.78万户，总人口达到12.32万人。

调研组听取了黑龙江省民委的专题汇报，并赴黑河市爱辉区新生鄂伦春族乡、张地营子乡小新屯俄罗斯族村、坤河达斡尔族满族乡、佳木斯市郊区敖其镇赫哲族村、同江市街津口赫哲族乡等地，采取召开座谈会、实地走访、入户调查等方式，深入了解黑龙江省人口较少民族发展状况和《规划》落实的具体情况。

2011—2013年，全省投入到75个人口较少民族村的少数民族发展资金共计26329万元，扶持207个项目。按照“三提升（五通十有）”的16个考核指标，有10个指标已经达到“十二五”期末的标准。

4. 对西南片云、桂两省区进行考核评估情况

云南、广西是人口较少民族聚居的主要省区，聚居的民族多、情况复杂。考核评估调研组深入2省（区）4市（州）9县（市）24个村寨开展实地调研，涉及德昂族、景颇族、阿昌族、布朗族、京族、毛南族、仫佬族等7个人口较少民族。

调研组重点考察了“十二五”规划重点工程、项目、资金的实施使用情况，发现资金、项目到位情况较好，少数民族群众满意度较高。截至2014年7月，“十二五”期间的项目、资金依照规划能够如期到位，相关项目村屯的基础设施建设、产业结构优化调整、农户增收、社会事业发展成效明显，得到当地人口较少民族干部群众的一致好评。两省区的“十二五”规划目标基本实现，但实现的程度是低层级。

（三）总体评估情况

考核验收主要围绕“十二五”规划提出的主要目标，依照确定的指标体系进行量化考核。

2116个人口较少聚居村的考核指标有19项，其中约束性指标18项。到2014年底，只有户通电率、自然村广播电视覆盖率、有办公场所的村比率等三个指标达到验收标准，其余指标要在2015年达到，困难很大。

71个民族乡的考核指标有36项，其中约束性指标19项。到2014年底，有户通电率、自然村广播电视覆盖率、自然村通电话率、乡镇综合文化站达标率、有人口较少民族标志性文化设施的乡镇比率等5个指标达到验收标准，部分指标数据因上报不及时，未能统计，但总体上难以达到相应的考核要求。

16个人口较少民族自治县的考核指标有48项，其中约束性指标15项。到2014年底，农牧民人均纯收入、村通路率、户通电率、县图书馆达标率、有新华书店的县比率等5个指标达到验收标准，其余指标还有差距。

2个人口较少民族自治州的考核指标有48项，其中约束性指标15项。到2014年底，减贫率、县市通二级及以上公路率、村通路率、户通电率、有农贸市场的乡镇比率、劳动就业公共服务机构达标率、综合社会福利中心达标率、乡村医疗卫生机构达标率、乡镇综合文化站达标率、县文化馆达标率、县图书馆达标率、有新华书店的县比率、有人口较少民族标志性文化设施的县比率、有文化院团州的比率、有公共体育场馆的县比率、示范性街道社会工服务中心覆盖率等18个指标达到验收标准。

总体上，人口较少民族聚居区的通电、广播电视、文化设施等情况比较好，大的交通道路脉络已经贯通，小的乡村道路“毛细血管”还比较欠缺。此外，农牧民收入、减贫，以及自我发展能力等方面的情况还不太理想，距离考核标准差距还比较大。

三、资金项目安排落实情况

根据扶持人口较少民族发展监测数据①，2011—2014 年中央和地方共投入各类资金 66.07 亿元，其中，中央扶持资金 51.11 亿元、占 77.4%，省级配套及其他资金 14.96 亿元、占 22.6%。在中央扶持资金中，中央预算内投资 21.53 亿元、占 42.1%，少数民族发展资金 29.58 亿元、占 57.9%。

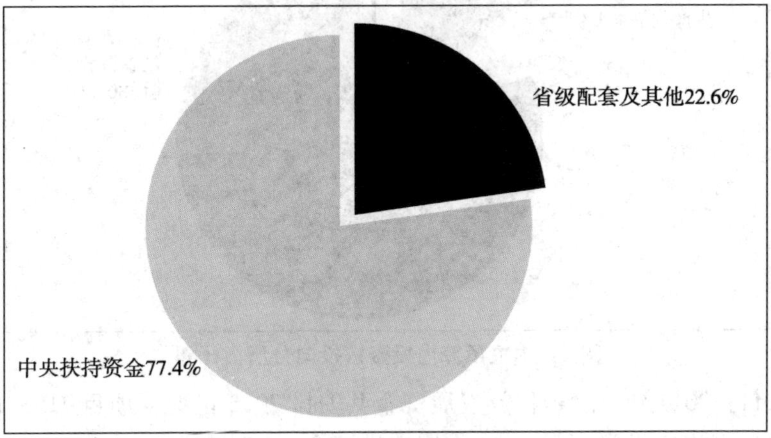

图 2　扶持资金按来源分所占比重

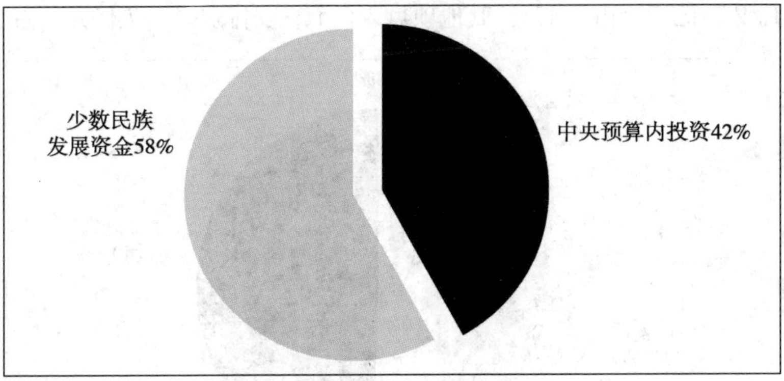

图 3　中央扶持资金来源情况

① 由于个别省区上报数据有缺漏，资金项目监测数据为不完全统计。

2011—2014 年，中央预算内投资安排 21.5 亿元，项目 2210 个。其中：基础设施建设类项目 1659 个，安排资金 17.4 亿元，占 80.8%；生产发展类项目 121 个，安排资金 0.9 亿元，占 4.1%；社会发展类项目 419 个，安排资金 3.1 亿元，占 14.4%；其他项目 11 个，安排资金 0.2 亿元，占 0.7%。

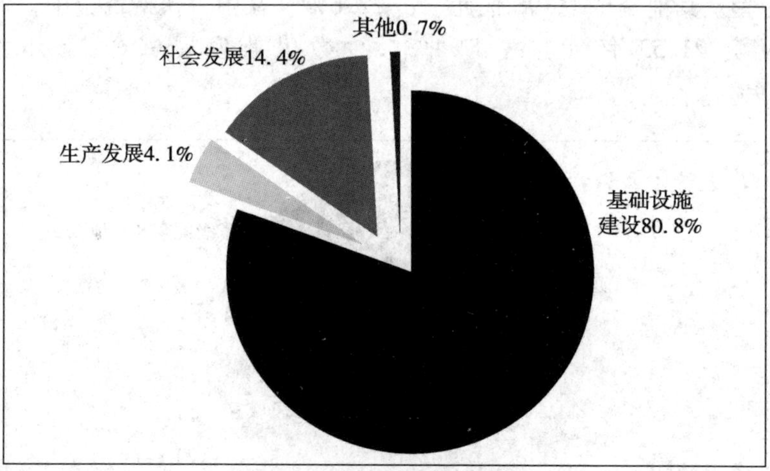

图 4　中央预算内投资按投向分所占比重

2011—2014 年，少数民族发展资金共安排 29.6 亿元，项目 7155 个。其中：基础设施建设类项目 3532 个，安排资金 14.7 亿元，占 49.6%；生产发展类项目 2480 个，安排资金 11.0 亿元，占 37.2%；社会发展类项目 855 个，安排资金 2.2 亿元，占 7.4%；其他项目 288 个，安排资金 1.7 亿元，占 5.8%。

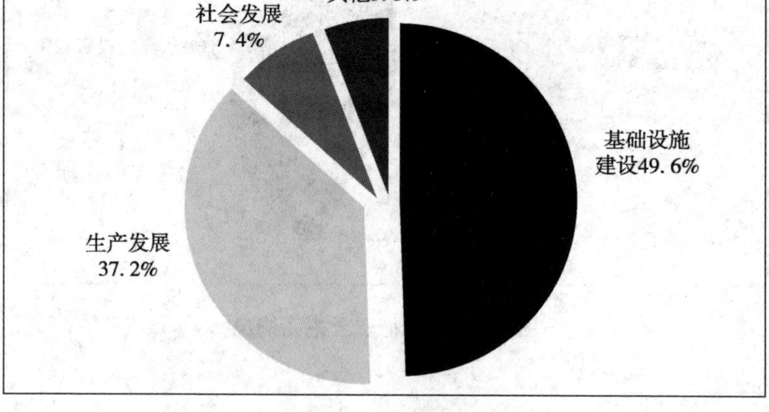

图 5　少数民族发展资金按投向分所占比重

2011—2014年，中央和地方扶持人口较少民族地区各类项目9356个，投入各类资金66.07亿元。其中，基础设施建设类项目5177个、占55.3%，安排资金39.4亿元、占59.7%；生产发展类项目2611个、占27.9%，安排资金16.0亿元、占24.2%；社会发展类项目1270个、占13.6%，安排资金7.7亿元，占11.7%；其他项目298个，占3.2%，安排资金2.9亿元、占4.4%。

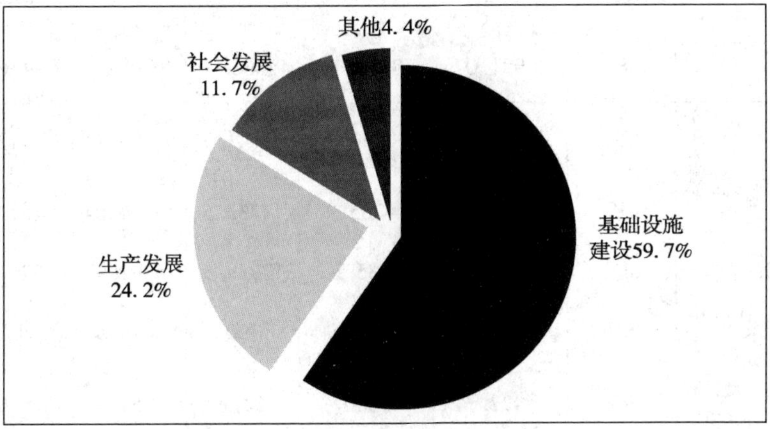

图6 扶持资金按投向分所占比重

表8 扶持资金项目分年度、分投向安排情况（2011—2014年）

类别	项目合计（个）	资金总额（万元）	2011年（万元）	2012年（万元）	2013年（万元）	2014年（万元）
合计	9356	660744.74	114849.72	171480.1	200700.49	173714.43
一、基础设施建设类	5177	394277.18	72931.12	113029.13	101061.13	107255.8
1.1 道路桥涵	3031	226476.82	39834.55	69304.58	62384.2	54953.49
1.2 危房或住房改造	193	17627	3558	5543.6	4846.5	3678.9
1.3 农田水利	693	57201.88	11714.2	14792	13536.93	17158.75
1.4 人畜饮水	473	29284.81	6441.57	5494.33	8239.85	9109.06
1.5 沼气等能源建设	44	1743.9	408	155	483	697.9
1.6 电力	43	2127.9	194	306.9	500	1127

续表

类别	项目合计（个）	资金总额（万元）	2011 年（万元）	2012 年（万元）	2013 年（万元）	2014 年（万元）
1.7 邮电通讯	0	0	0	0	0	0
1.8 生态环境保护	36	4451.2	885.1	1337	400	1829.1
1.9 小城镇建设	78	12372.6	1980	1495	1832	7065.6
1.10 村容村貌整治	586	42991.07	7915.7	14600.72	8838.65	11636
二、生产发展类	2611	160169.51	30234.3	38941.3	51868.71	39125.2
2.1 种植业林果业	819	59802.94	14765.9	14733.5	15106.64	15196.9
2.2 养殖业	1258	69806.72	9635.8	17959.5	24591.92	17619.5
2.3 农副产品加工业	65	6937.1	1090.6	700	3415.5	1731
2.4 家庭农（林牧渔）场	93	4422.1	1330	1271	1751.1	70
2.5 少数民族传统手工艺	61	4415	773	1476	1603.8	562.2
2.6 旅游业	68	9246.5	1792	1159	3907.5	2388
2.7 商业设施建设	25	2060	390	900	331	439
2.8 劳动力转移培训	31	416.8	33	143.8	229	11
2.9 实用技术推广和培训	157	1287.4	234	298.5	337	417.9
2.10 干部培训	12	300	160	70	70	
2.11 农民专业合作组织建设	22	1474.95	30	230	525.25	689.7
三、社会发展类	1270	77109.52	9393.9	16934.87	36682.65	14098.1
3.1 教育科技	92	12984	2003.7	3880.6	4333.7	2766
3.2 文化体育	994	59717.08	6876.7	11426.78	31793.9	9619.7

续表

类别	项目合计（个）	资金总额（万元）	2011 年（万元）	2012 年（万元）	2013 年（万元）	2014 年（万元）
3.3 医疗卫生	86	1601.7	306.3	859.1	219.4	216.9
3.4 广播电视	16	162.34		84.29	78.05	
3.5 社会保障	69	1770.4	157.2	243.1	177.6	1192.5
3.6 办公用房建设	13	874	50	441	80	303
四、其他	298	29188.53	2290.4	2574.8	11088	13235.33

扶持资金分年度安排情况：2011 年安排资金 11.5 亿元，项目 1894 个；2012 年安排资金 17.1 亿元，项目 2474 个；2013 年安排资金 20.1 亿元，项目 2423 个；2014 年安排资金 17.4 亿元，项目 2565 个。

表 9　扶持资金分年度安排情况（2011—2014 年） 单位：万元

年度	资金总额	中央扶持资金	中央预算内投资	少数民族发展资金	省级配套资金	其他资金
合计	660744.74	511142.82	215257.7	295885.12	30166.8	119435.12
2011 年	114849.72	89961.0	47924.7	42036.3	2447.6	22441.12
2012 年	171480.1	126153.2	56997	69156.2	7501.6	37825.3
2013 年	200700.49	152480.62	58299	94181.62	12025.6	36194.27
2014 年	173714.43	142548	52037	90511	8192	22974.43

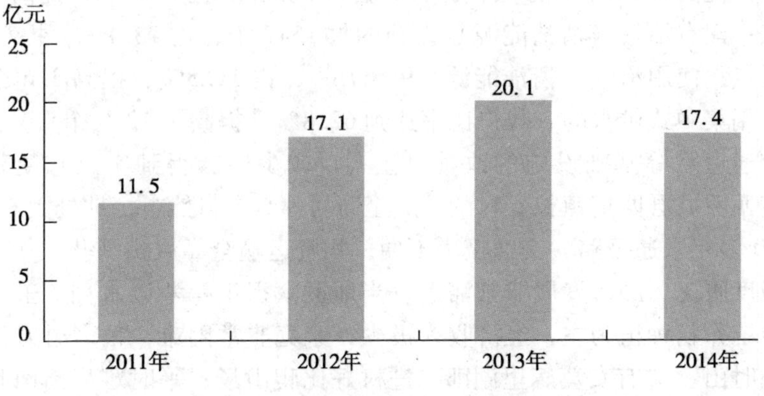

图 7　扶持资金分年度安排情况

从各地落实人口较少民族扶持资金和项目来看，基本可以较好地按照资金管理要求做到专款专用、落实到村，让人口较少民族群众受益，提升了生活质量。但由于资金总量较少，不能安排可以带动区域发展、同时也是资金需要量较大的一些项目，起到的是“查漏补缺”的作用，与人口较少民族地区发展的需求和群众的愿望还存在一定差距。

四、规划实施取得的主要成效

经过多年扶持，人口较少民族和聚居地区的生产生活条件有了明显改善，民生福利水平有了切实提升，群众减贫增收的信心得以提高，民族团结、社会和谐局面更趋稳定。

（一）基础设施条件进一步提升，群众生产生活条件明显改善

重点推进了建制村通沥青（水泥）路以及自然村通公路和村道硬化建设，加强了基本农田和草场建设，加快了综合信息基础设施建设，推进农村能源建设，改善人居环境和生态环境，人口较少民族群众的生产生活条件得到有效改善，基础设施保障水平得到大幅提升。

到2014年底，2116个聚居村中通沥青（水泥）路的村有1671个，比2010年增加380个，通路率为79.0%，比2010年（下同）提高18.0个百分点；通电的村2046个，增加126个，通电村占比96.7%，提高6.0个百分点；户通电率为94.4%，提高2.4个百分点；通宽带的村1367个，占64.6%，提高25.2个百分点；拥有电脑9.8万户，占12.8%，提高6.5个百分点；建有沼气（清洁能源）设施的村1547个，占73.1%，提高42.4个百分点；使用沼气（清洁能源）9.6万户，占12.5%，提高3.6个百分点；使用集中式供水的农牧户比率达到62.8%、提高了12.0个百分点。

交通道路等基础设施的改善，让人口较少民族得到实惠和便利。例如，广西罗城县四把镇长春村的塘底至新村片5个自然屯，地处大石山区，解放60多年未通公路，交通极为不便，物资运输全靠肩挑马驮，加上自然资源极度匮乏，经济发展非常滞后。当地群众祖祖辈辈以水稻、玉米、红薯等传统作物种植为主，经济收入极少，家庭非常困难，很多男人无法娶妻。旧时山歌“有女莫嫁里湖郎，进村好比爬山场；平时难见猪肉脸，得吃干饭喜洋洋”从侧面形象地描绘了长春村贫穷落后的境况。实施扶持人

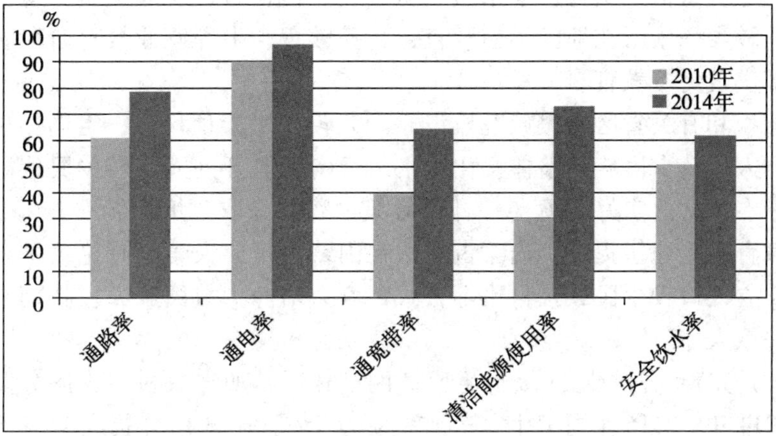

图8　人口较少民族聚居村基础设施得到改善

口较少民族发展规划后，修通了塘底至新村屯级道路。通路当天，群众自发组织悬挂横幅感谢，鸣放鞭炮舞狮庆祝道路竣工。

通过扶持，人口较少民族群众生产条件有所改善。2014年，2116个聚居村新增或改造基本农田13.3万亩，比2010年（下同）增长37.7%；新增经济林果面积9.6万亩，新增退耕还林面积6.9万亩，新增退牧还草面积18.7万亩，新增人工改良草场及草料地面积22.8万亩，新修农田水利设施2214处，新修人畜饮水蓄水池/水窖/饮水塔5638个，新建设施农业和畜牧业大棚农户8340户。有高产稳产基本农田（草场、经济林地、养殖水面）或稳定增收产业的户数为17.9万户，占总户数的23.5%。建立农民专业合作组织18330个，成员人数11.9万人。生产条件的改善，为人口较少民族脱贫致富插上了翅膀、增添了信心。

（二）各项社会事业全面发展，基本公共服务体系进一步健全

一是按照优先重点发展民族教育的思路，大力改善学校办学条件，加强师资培养和培训，推进双语教育和校园信息化建设。2014年，2116个村适龄幼儿能够接受学前一年教育的村比率79.6%，比2010年提高11.8个百分点。人口较少民族地区学前一年毛入园率、学龄儿童入学率、九年义务教育巩固率、高中阶段教育毛入学率普遍提高，人口较少民族义务教育

阶段的所有寄宿生实行包学杂费、伙食费、住宿费，实现免费教育。新疆的人口较少民族所在地区学前教育、义务教育、中等职业教育阶段农村学生全部实现免费教育。

国家和有关省区在民族院校设立人口较少民族预科班，定向招生，全面提升人口较少民族的整体文化水平。云南采取开办人口较少民族高中班和大中专班，落实好“两免一补”政策、降分录取政策，促进人口较少民族受教育水平稳步提高。内蒙古采取在内蒙古民族大学、呼伦贝尔学院等院校设立人口较少民族预科班等方式，着力培养少数民族人才特别是人口较少民族人才。

二是完善农村牧区三级卫生服务网络建设，加强农村卫生服务队伍建设。2014 年，2116 个村卫生室达标率为 69.1%，比 2010 年提高 11.4 个百分点，拥有行医资格证书的医生的村占 63.8%，提高 7.7 个百分点。2011—2014 年累计新修村卫生室面积 12.4 万平方米。内蒙古人口较少民族聚居村卫生室用房建筑面积均达到有关规定标准，基本医疗设备、药品配备齐全，乡村医生全部取得行医资格，满足了基层少数民族群众基本医疗需求。新型农村合作医疗参合率达 87.3%，提高 8.0 个百分点。新疆大幅提高新农合补偿最高支付限额，大大减轻了广大农牧民看病难、住院难的负担。

三是完善基层公共文化服务设施，保护和传承民族传统文化。2014 年，2116 个村有合格文化室和农家书屋的村有 1643 个、占 77.7%，比 2010 年提高 20.9 个百分点；有体育健身和民族文化活动场地的村有 1182 个、占 55.9%、提高了 22.5 个百分点。

在丰富群众文化体育生活的同时，加大对人口较少民族文化遗产的保护和传承。到 2014 年底，有 41 个民族乡、9 个自治县和 2 个自治州建有人口较少民族标志性文化设施。新疆将包括人口较少民族在内的 13 个世居民族的“非物质文化遗产代表作”项目列入保护名录。内蒙古通过举办旅游节庆活动彰显民族文化，推出了达斡尔“斡包节”、俄罗斯族“巴斯克节”、鄂温克“瑟宾节”、鄂伦春“篝火节”、根河市敖鲁古雅鄂温克驯鹿文化节等多元化、规模化、品牌化的文化旅游节庆活动，文化旅游在文化产业中的地位日益凸显。人口较少民族特色文化内涵已成为地区文化产业发展的重要组成部分。内蒙古还开设人口较少民族校本课程，如根河民族小学《桦树皮材质在小学美术设计·应用课中的利用与研究》、额尔古纳市《俄罗斯民间美术、音乐在小学教学中的应用》、莫旗民族学校剪纸、民族舞蹈、民族艺术品手工制作、围鹿旗等和鄂温克旗民族学校《鄂温克语教程》等地方课程教材。通过对民族历史文化、风俗习惯的教学，进一步加强了民族文化的传承。

四是社会保障逐步完善。2014年，2116个村参加新型农村社会养老保险的人数占到（参保率）42.8%，比2010年提高16.9个百分点。云南创新人口较少民族发展思路，针对人口较少民族群众“因灾致贫，因病返贫，因贫辍学”问题突出、发展水平依然滞后的现状，省政府出台人口较少民族综合保险和学生补助工作专项方案，从2014年起，设立人口较少民族人身意外伤害险、农房险等两类保险产品，同时对人口较少民族高中和大学生在读学生给予助学补助。

表10　2116个聚居村民生保障水平提升情况　　单位：%

指标名称	2010年	2011年	2012年	2013年	2014年	2014年比2010年提升幅度
有卫生室的村比重	57.7	60.2	65.9	66.2	69.1	11.4
有合格乡村医生的村比重	56.1	58	62	61.7	63.8	7.7
有合格文化活动室和农家书屋的村比重	56.7	61	69.2	74.7	77.7	21.0
有体育健身和民族文化活动场地的村比重	33.3	35.7	40.3	44.5	55.9	22.6
户通电率	92	92.3	92.3	93.5	94.4	2.4
拥有彩电的户数比重	73.5	76.9	80.1	83.2	85.0	11.5
户用沼气率	8.9	9.7	10.9	11.3	12.5	3.6
拥有电脑的户数比重	6.3	7.4	9.1	10.6	12.8	6.5

（三）特色优势产业不断发展壮大，民族特色经济带动群众增收

一是利用人口较少民族聚居地区特有的自然资源优势，加快农牧业发展方式转变。例如，青海省利用黄河流域丰富水资源，在库区大力发展水

产养殖基地；充分利用当地资源，大力发展农区苗木、中藏药材种植和牛羊育肥、“八眉猪”良种繁育、獭兔等特色养殖基地建设；在黄河谷地建成了“两椒一核”特色种植基地，加快了当地产业结构调整步伐。新疆对塔吉克族聚居的重点村侧重安排畜牧业项目，加大当地农牧民的培训力度，帮助他们掌握科学养殖技术，提高养殖效益。目前，塔吉克族聚居村人均纯收入有90%来自畜牧业，一个新的经济增长点已经形成。福建通过扶持，使得华安县45户高山族同胞发展优质铁观音茶园200多亩，人均达到2亩，其中有9户规模在10亩以上，实现户户有茶园、户户有茶厂，群众收入明显提高。

二是发动群众主动参与的积极性，组建合作社，延长农牧业产业链条，大力发展农产品加工业。2014年，2116个行政村建立了18305个农业专业合作社，比2010年增加了13倍。青海以“公司+农户”的模式，先后重点培育、扶持了伊佳、仙红、振荣等20个农畜产品加工龙头企业和博艺、龙树画苑等具有鲜明地方特色的“黄河石艺”“撒拉族刺绣”“土族盘绣”“热贡唐卡工艺”等民族手工加工业，使特色工业规模逐年扩大。吉林前郭县锡伯屯村利用现有“三边”优势（城边、路边、江边），发挥锡伯族擅长编织的特长，积极引导村民发展草编生产。目前，锡伯屯草编已初具规模，年可解决500多名剩余劳动力就业，草编户发展到170户，每户人均纯收入增加2000元。

三是充分发挥人口较少民族文化资源优势，发展文化和旅游产业，使之成为群众增收新途径。2013年，实施民俗文化和生态旅游业、特色农牧业、民族传统工艺等特色经济项目1900多个，投入资金11.8亿元。塔塔尔族、乌孜别克族妇女有擅长刺绣的传统，由于受传统思想和产品工艺质量的影响，以前她们的刺绣产品主要是自用。为推动刺绣产业规模化发展，新疆大力扶持、积极引导人口较少民族聚居村的刺绣产品走进市场。不少家庭的刺绣产品实现了订单生产，刺绣正成为人口较少民族新的增收亮点。

通过产业扶持，人口较少民族地区农牧民人均纯收入和城镇居民人均可支配收入逐年增加。2014年2116个人口较少民族聚居村农牧民人均纯收入5907元，71个民族乡农牧民人均纯收入9067元、城镇居民人均可支配收入6609元，16个自治县农牧民人均纯收入6949元、城镇居民人均可支配收入19078元，2个自治州农牧民人均纯收入6315元、城镇居民人均可支配收入20821元，均比2010年有较大幅度提高。

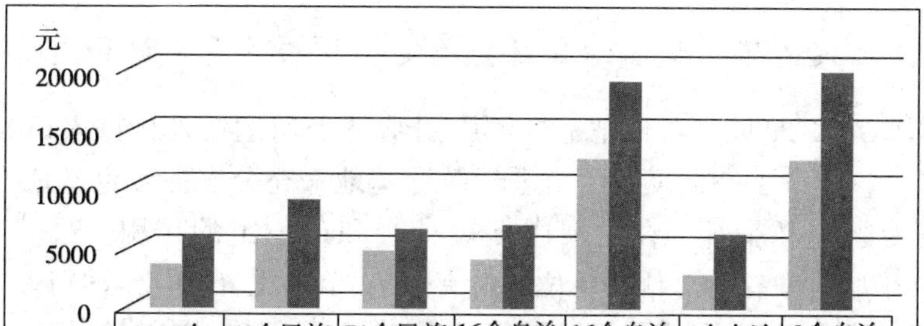

	2116个村农牧民人均纯收入	71个民族乡农牧民人均纯收入	71个民族乡城镇居民可支配收入	16个自治县农牧民人均纯收入	16个自治县城镇居民可支配收入	2个自治州农牧民人均纯收入	2个自治州城镇居民可支配收入
2010	3523	5699	4783	3986	12511	2892	12429
2014	5907	9067	6609	6949	19078	6315	20821

图9　人口较少民族地区群众收入逐年增长

（四）自我发展能力进一步增强，劳动技能得到提高

扶持人口较少民族发展的长远之计在于人力资源开发、增强群众的自我发展能力。“十二五”期间，人口较少民族地区的自我发展能力提升主要体现在民族乡、自治县、自治州的城镇居民可支配收入、人均社会消费品零售总额、技能劳动者比率、三次产业结构、存贷款比率、城镇化率等指标均有所改善，一些关键性的考核指标均比2010年有较大幅度提高，基本实现了“自我发展能力大幅提升”目标。例如，2011—2014年，2116个村累计举办各类培训5.8万次，参加培训的农牧民达223万人次。2014年，有致富带头人的村1819个、占86.0%，比2010年提高12.4个百分点；有种养殖能手的户数5.1万户，比2010年增长29.8%。通过扶持，基本实现村村有致富带头人、户户有种养殖能手。

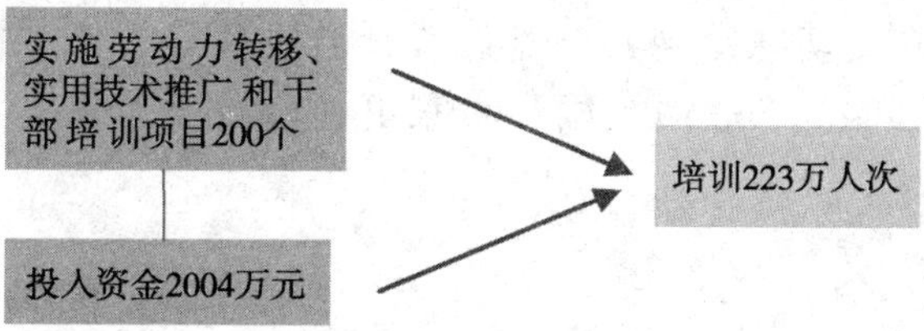

图10　发展能力进一步增强

（五）促进了民族团结和社会稳定，民族关系更加和谐

“十二五”期间，各地把推进民族团结进步创建融入扶持人口较少民族发展中，建设了一批民族团结进步教育基地，充分发挥教育基地在学习中弘扬爱国主义精神，在发展中促进社会和谐稳定的作用。2014 年底，2116 个聚居村中有对口帮扶单位的村有 1699 个，比 2010 年增加 195 个村；有 1671 个村派有驻村蹲点帮扶干部，占 79.0%。2014 年，有 371 个村实施了少数民族特色村寨项目，占 17.5%。其中有 25 个村寨是国家民委命名挂牌的“中国少数民族特色村寨”，包括鄂温克族、赫哲族、毛南族、布朗族、独龙族、撒拉族等 19 个人口较少民族，使得人口较少民族聚居乡村整体得到改造和建设，村寨面貌焕然一新。

扶持人口较少民族发展使人口较少民族聚居乡村特别是边境一线的少数民族群众生产生活条件得到改善，增强了他们热爱祖国、维稳守边的强烈意识和责任感，以新疆和田地区皮山县为例，边境线长 54.536 公里，境内有塔吉克族和柯尔克孜族两个人口较少民族，有三个乡镇 2875 人居住在边境一线。通过人口较少民族发展资金扶持，实施人畜饮水工程、防渗渠和涵洞建设项目、禽圈舍建设及家禽养殖技术培训项目、高寒雪菊和核桃种植项目，改善了当地两个人口较少民族的生产生活条件，使人口较少民族群众直接受益。群众发自内心地感谢党和政府的扶贫好政策和好措施，感谢各级领导没有忘记穷乡僻壤的农牧民，从而促使党群、干群关系得到进一步改善，而且更加密切。

西藏 7 个人口较少民族乡有 5 个分布在边境地区，是反分裂、反蚕食、反渗透斗争的前沿阵地，维护祖国统一、民族团结、社会稳定的任务十分艰巨。这些年来，通过落实人口较少民族的特殊优惠扶持政策，加大对人口较少民族的项目资金投入，加快了人口较少民族聚居区的发展步伐。通过境内外门巴族、珞巴族生活条件的对比教育，让广大门巴族、珞巴族群众真切感受到共产党好、社会主义好、伟大祖国好、民族团结好，更加心向党、心向祖国，大家更加珍惜今天来之不易的幸福美好生活。

五、主要做法和经验

（一）规划实施的主要做法

1. 加强组织领导，细化规划项目

“十二五”规划出台后，国家有关部门和各省区积极行动，精心谋划，周密部署，全面推动规划实施。

一是涉及人口较少民族聚居的13省区和新疆生产建设兵团，均成立了工作领导小组或协调机构，由地方主要领导担任组长，高度重视扶持人口较少民族发展（简称“扶少”，下同）工作。新疆自治区人民政府调整和充实了“扶少”领导机构和成员单位，由自治区副主席吉尔拉·衣沙木丁任领导小组组长，政府副秘书长帕尔哈提·贾拉勒等任副组长，成员单位由原来的18个厅（局）扩大到28个，并进一步细化了各成员单位的职责和任务分工。贵州成立政府分管领导担任组长的省、州、县三级领导小组，将工作纳入各级政府主导范围，增强工作的推动力。

二是聚居地区各级党委政府把“扶少”列入重要议事日程，制定年度工作推进方案，由省政府分管领导主持定期召开专题会议，部署扶持人口较少民族发展工作，协调解决重大问题。青海省由主管领导亲自抓，相关业务部门具体参与，相互协调，密切配合，层层负责，步步落实，扶持工作开展比较顺利。新疆生产建设兵团建立兵团、三师、托云牧场的三级联动机制，定期召开“扶少”工作会议，落实责任，强化管理，确保扶持工作顺利推进。贵州每年组织召开一次全省人口较少民族工作现场推进会，总结上年度工作，部署安排和推进下一阶段工作，确保规划年度目标任务在落实上不留死角。

三是细化规划，出台政策，明确职责。各省区、县、乡都编制印发了本地区扶持人口较少民族发展“十二五”规划或出台了贯彻实施意见，各地强调责任意识，将“扶少”工作当作地方政府日常主要工作来抓，保证实施效果。据统计，到2014年，2116个人口较少聚居村中有1821个村制定了村级发展规划，占全部聚居村的86.1%，其中，已经实施完成规划的村有752个。

四是建立项目库，有序推进“扶少”专项工作。各省区在国家和本地“扶少”规划基础上，通过全面深入调研，认真审核、补充或调整扶持项目，建立项目库，分年度、分批次实施项目。广西环江县多次组织县乡村三级干部开展毛南族发展状况调研，形成《环江毛南族自治县民族工作的新情况新问题及对策建议》、《环江毛南族自治县扶持人口较少民族发展状况调查》等一系列调研报告，在此基础上，科学制定工作方案。罗城县也组织制定了《罗城仫佬族自治县扶持人口较少民族发展项目建设规划实施方案》，有序开展“扶少”工作。新疆地区自上而下，先立规划，后建项目库，将资金落实到实处，有计划有步骤地推动了人口较少民族发展。例如，哈巴河县喀拉阿尕什村，有乌孜别克族12户58人，“十二五”期间纳入扶持范围，落实了3个项目273万元的资金，涉及畜牧、节水灌溉、村级道路。这种以项目为载体的做法，具体实在、不放空炮、接地气，取得良好效果，让国家的扶持政策落到实处。

2. 部门统筹部署，地方整合资源，上下齐心推进

（1）中央统筹部署和协调是规划实施的根本保证

“十二五”以来，国家民委会同国家发展改革委、财政部、中国人民银行、国务院扶贫办，加强综合协调和督促检查，扎实推进规划实施。五部门共同印发了规划任务分工方案，研究下发了实施规划监测统计制度、考核验收办法和中期评估方案等3个制度性文件。协调有关部门加大对人口较少民族专项资金的投入力度，加强资金项目落实和监管。召开全国扶持人口较少民族发展经验交流会和研讨会，交流经验，研讨问题，部署工作，推动落实。开展对人口较少民族地区基层干部的培训，加大宣传力度，营造全社会关心支持人口较少民族发展的舆论氛围。

扶持人口较少民族发展部际联席会议34个成员单位按照规划任务分工方案，充分发挥行业部门的职能作用，采取多种措施对人口较少民族的发展给予大力支持，由各部门牵头和参与的133项任务分工大多部署实施。

首先，加大资金投入力度。国家发展改革委“十二五”期间计划安排支持人口较少民族发展的中央预算内投资总额比“十一五”大幅增加。“十二五”安排28亿元，重点安排基础设施及配套建设，并免除人口较少民族所在州县配套资金。对符合现有投资政策的工程项目，充分利用现有投资渠道纳入相关专项建设规划统筹安排解决。财政部“十二五”安排中央财政人口较少民族专项约38亿元，增加对人口较少民族省区的转移支付，对人口较少民族农村义务教育阶段学生继续实行“两免一补”和寄宿生生活费补助政策。

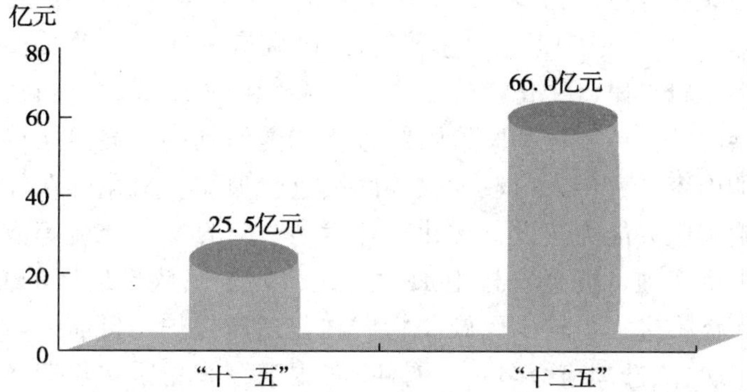

图11　中央专项扶持资金对人口较少民族投入情况

其次，加大项目安排和政策倾斜力度。国务院扶贫办在实施新十年扶贫开发纲要中，在中央扶贫资金的安排、定点扶贫、东西扶贫协作、社会扶贫和国际合作中，向人口较少民族聚居区倾斜，调整国家扶贫开发工作重点县和确定集中连片特殊困难地区分县名单，对人口较少民族县予以照顾，有60个县被列为扶贫工作重点县，有76个县被纳入连片特困地区，有468个人口较少民族聚居行政村被纳入《扶贫开发整村推进"十二五"规划》，对人口较少民族贫困村积极统筹各类涉农资金和社会帮扶资源，集中投入，合力攻坚，促进贫困村加快脱贫致富步伐。人民银行和开发银行对培植增收致富产业给予金融政策支持。教育部在实施学前教育三年行动计划、推进义务教育均衡发展、双语教育、教师队伍建设等方面向人口较少民族聚居区倾斜。交通运输部实施的畅通工程安排专项资金支持人口较少民族建制村通沥青（水泥）路建设并提高补助标准，同时安排专项资金支持人口较少民族地区加强国省道、口岸公路、红色旅游公路、水运设施、农村公路等建设。卫生计生委在村卫生室建设、农村卫生人员岗位培训、农村饮用水水质卫生监测和环境卫生监测、农村改厕项目、计划生育服务等方面大力支持人口较少民族聚居区卫生计生事业发展，在实施中西部地区卫生监督业务培训项目中，覆盖了人口较少民族的143个县，培训卫生监督人员2288人次（16人次/县）。2116个人口较少民族聚居村全部纳入了国家免费孕前优生健康检查项目实施范围，并向人口较少民族聚居的2个州、16个县拨付专项资金1465万元。国家中医药局安排专项资金2300万元支持人口较少民族县46个项目单位常见病多发病中医药服务能力建设。国家体育总局为25个人口较少民族县命名资助“全民健身活动中心”和援建“雪炭工程”。中宣部积极协调有关部门并动员社会各方面力量推动人口较少民族文化宣传工作，在会同中央统战部、国家民委等部门开展民族团结宣传教育和民族团结进步创建活动中，突出扶持人口较少民族发展的内容，宣传人口较少民族团结进步典型。文化部在加强公共文化基础设施和服务能力建设、文化产业发展、对外文化交流等方面，从政策制定、项目实施、资金安排上加大对人口较少民族聚居区的倾斜力度。文化部还积极推进人口较少民族非物质文化遗产保护。目前人口较少民族已有92个项目入选国家级名录，有44名国家级非物质文化遗产代表性传承人。中央财政资助传承人每人每年1万元，同时还启动了人口较少民族文化遗产保护专项规划编制工作。国家文物局积极促进人口较少民族地区博物馆事业发展。人口较少民族的82个县建有91家博物馆，28个人口较少民族有15个建有专门的民族博物馆。文物局申请中央补助经费1200余万元支持这些地区的博物馆举办展览、修复文物等。国家新闻出版广电总局通过实施少数民族新闻出版东风工程，安排民族文字出版专项资金支持人口较少民族的民族文字出版工作，在人口较少民族聚居区实现了每个行政村都有农家书屋。广电总局积极推进村村通“盲村”建设，并推进直播卫星户户通工程，在西新工程、农村电影放映工程、少数民族语言影视剧译制制作等方面对人口较少民族予以支持。环境保护部支持人口较少民族聚居区建设国家级生态乡镇40余个，培训干部30余人次，在云南普洱市和新疆木垒县建立了3个国家有机产品生产基地。国家能源局积极推进解决人口较少民族聚居区无电人口用电问题，安排人口较少民族161个县农网改造升级工程中央资金36.1亿元，投资4.2亿元“建设绿色能源示范县”实施生物质能项目。国家林业局对161个人口较少民族县累计安排资金205.49亿元，实施了退耕还林、天然林资源保护二期工程、防沙治沙工程、自然保护区建设等项目，有效地推动了人口较少民族地区的生态建设和林业产业发展。中国科协实施的“科普惠农兴村计划”安排专项奖补资金5730万元，支持人口较少民族县的345个农村专业技术协会或科普示范基地和农村科普带头人开展科普宣传和科技培训，开展“科普富民兴边”试点，对边境人口较少民族给予支持，促进农技协联合组织的发展。共青团中央为人口较少民族聚居区落实“希望工程”资助2480万元，捐建乡村学校及教学辅助设施等，资助少数民族学生6105人；向人口较少民族的

103个县、51个乡基层团组织拨付资金294万元，用于支持青年创业就业等项目。在青少年民族团结交流万人计划活动中，有224名人口较少民族青少年参与。

第三，研究落实有关支持政策和措施。如中央组织部在加强人口较少民族聚居地区农村基层组织建设，开展大学生村官工作，强化乡镇社会管理和公共服务职能，实施边远贫困地区、边疆民族地区和革命老区人才支持计划等方面，研究落实支持人口较少民族发展的举措。住房和城乡建设部会同有关部委在安排农村危房改造年度任务和补助资金时，不断完善相关政策措施，稳步解决包括人口较少民族贫困户在内的农村困难群众住房安全问题。科技部将科技富民强县专项行动计划以及星火计划、科技列车行活动、重大人才工程等项工作中加大对人口较少民族的支持。商务部、供销总社在推进“万村千乡市场工程”、加快农产品流通体系建设、扶持民族特需商品和民族贸易、开展边境贸易和国际合作及援助项目、实施新农村现代流通服务网络工程、发展农民合作经济组织等方面积极支持人口较少民族地区发展。其他联席会议成员单位包括工业和信息化部、民政部、人力资源和社会保障部、水利部、农业部、国家旅游局、国家公务员局、全国妇联、中国作协等都注重研究落实支持人口较少民族发展的各项举措。

（2）有关省区狠抓规划落实，积极争取各部门对人口较少民族的支持，整合各方资金，形成合力

结合地方实际，细化规划和项目。各省区都成立了扶持人口较少民族发展工作领导小组或协调机构，编制印发了本省区扶持人口较少民族发展“十二五”规划或出台了贯彻实施意见。例如，新疆制定印发了《新疆维吾尔自治区扶持人口较少民族发展规划（2011—2015）》，储备项目2771个，规划总投资37.40亿元，涉及安居富民、定居兴牧、交通、农业、电力、水利等。同时，自治区发改委还编制完成了《新疆维吾尔自治区扶持人口较少民族发展“十二五”专项建设规划（2011—2015）》，规划覆盖了交通、水利、村庄整治、生态建设等，规划项目1191个，总投资10.28亿元。人口较少民族聚居区所在的8个地州、36个县市结合本地实际，制定了相应的扶持人口较少民族发展“十二五”规划，并指导完成了402个人口较少民族聚居村“十二五”发展村级规划，确保扶持人口较少民族发展工作的顺利实施。贵州省坚持把“扶少”规划与该省实施的“五个100工程”（100个产业园区、100个高效农业示范园区、100个旅游景区、100

个示范小城镇、100 个城市综合体）、“美丽乡村”基础设施建设——小康路、小康水、小康房、小康讯、小康寨六项行动计划、扶贫生态移民等重大工程项目有机结合，统筹各方资源，解决发展资金困难问题，全力推进“扶少”规划各项指标的完成。

地方整合资金，形成合力。有关省区狠抓规划落实，积极争取各部门对人口较少民族的支持，整合各方资金，形成合力。例如，云南、贵州两省将扶持人口较少民族发展工作任务进行分解，细化到项目并明确责任部门，由相关责任部门纳入部门专项规划和年度计划优先安排落实。云南省仅 2012 年就由省级各部门整合资金达 21.45 亿元，占总投资的 87.1%。广西壮族自治区人民政府在 2013 年 1 月召开专题会议，决定从 2013 年起，自治区本级每年安排不少于 2000 万元扶持人口较少民族发展资金，用于配套中央预算内投资。

创新机制，多措并举，帮扶发展。各省区坚持从本地实际情况出发，充分考虑地域、人文，以及发展障碍差异，采取不同措施，帮助人口较少民族加快发展。例如，云南省针对该省人口较少民族“因业致贫，因贫辍学”问题，采取了相应的政策措施：加大投入实施特色产业开发试点，扶持发展特色优势产业，探索农民专业合作社和互助资金滚动发展等产业扶持模式，稳定提高群众收入，解决“因业致贫”问题；采取开办人口较少民族高中班和大中专班，落实好“两免一补”政策，降分录取政策，解决“因学致贫”问题，不断提升扶持成效。

（3）对口帮扶，合力推进人口较少民族发展

2014 年，2116 个聚居村中有对口帮扶单位的村有 1699 个，占 80.3%，比 2010 年提高 8.6 个百分点；有 1671 个村派有驻村蹲点帮扶干部，占 79.0%，提高 12.0 个百分点。上海市先后开展对口帮扶云南省德昂族、独龙族两个民族实施整族帮扶工作，共投入专项资金 11338 万元，受帮扶的村寨呈现出“村容整洁、干净卫生、环境优美、生态文明”的新景象。同时，积极协调动员上海各宗教团体、医院、学校、企业等社会各界、企事业单位参与帮扶、支教、支医、人才培养、劳务输出等工作。通过创新帮扶模式，引导群众亲自参与项目建设，使德昂族、独龙族群众深刻感受到家园日新月异的变化，极大地激发了群众建设美好家园的热情。

3. 紧扣民生，集中帮扶，因族举措

人口较少民族发展是全方位的，各个领域均需要扶持。由于资金比较

少，要让这些民族和地区较短时间内较快发展，必须突出重点，着重解决人口较少民族聚居区群众最关心、最直接、最现实的利益问题。各省区紧扣民生问题，重点扶持人口较少民族农牧民的道路建设、饮用水、棚圈、用电建设，打通“最后一公里路”，挖掘“最需要的一口井”，起着花最少的钱办最实际的事、画龙点睛的作用，弥补其他资金项目所没有完成的工作。例如，新疆布尔津县冲乎尔镇阿克阿依日克村定居点，面临一道河沟，需要修建一座村组石桥，但交通部门没有这一规划，建设资金无法落实。2014年该村申请扶持人口较少民族发展资金80万元，获得批准，项目得以实施，群众非常满意。

人口较少民族分布广泛，在不同省区，其社会经济发展水平存在明显的差异。即使在同一省区内，不同人口较少民族的社会经济发展水平也不尽相同，甚至存在明显的差距。因此，“十二五”规划实施中，各地区因地制宜，整族帮扶，整乡推进。如云南省独龙族总人口5000多人，主要居住在贡山县独龙江乡，非常贫困。2010年起，实施了“独龙江乡整乡推进独龙族整族帮扶三年行动计划”，集中实施了安居温饱、基础设施、产业发展、社会事业、素质提高、生态环境等“六大工程”，打通了通往独龙江乡的6.68公里长的公路隧道，独龙江基础设施全面改善，结束了每年有近7个月大雪封山“与世隔绝”的历史，实现了村村通柏油路、通电、通电话、通广播电视、通安全饮水；特色产业初步形成，草果、核桃、独龙蜂、独龙牛、独龙野鸡等种养殖业初具规模，独龙江迈上了跨越式、可持续发展轨道。2014年1月习近平总书记亲切接见独龙族群众代表时，对独龙族人民发生的可喜变化给予了充分肯定和热情鼓励。今年，国家有关部门领导到独龙江调研时，对这种突出重点、集中帮扶的工作方法和成效也给予了充分肯定。

各省区坚持从实际出发，实事求是，充分考虑民族特点、地域差异和不同发展水平，突出重点，分类指导。如内蒙古自治区根河市敖鲁古雅鄂温克民族乡打造的驯鹿养殖区旅游点游客逐年增加，鄂温克猎民“家庭游”接待收入达到年人均6000元。辽宁省对发展相对落后地区的锡伯族聚居村采取“雪中送炭”，对发展相对较好地区的锡伯族聚居村实行“扶上一程”，促进其率先建成小康。新疆维吾尔自治区对部分处于高寒山区、生存条件恶劣的塔吉克族、柯尔克孜族村落实施搬迁扶持、异地开发；对擅长刺绣的塔塔尔族、乌孜别克族妇女，邀请专家现场指导和技术培训，推动刺绣产品走进市场，带动增收。

4. 严格管理，督促检查，推进落实

各省区高度重视少数民族发展资金项目的监督管理，坚持严格规范的管理程序，保证资金项目安全有效地实施。各地在公开、公正、透明的原则上，建立好地方扶持资金项目库，定期扎实认真开展项目资金运用情况督查。有关省区开展对扶持人口较少民族发展工作的督促检查，对专项扶持资金和项目加强管理，保证效益。

新疆维吾尔自治区成立了由相关成员单位组成的项目评审专家组，对县市资金项目进行评审和检查工作，对资金投向不明、项目可研不过关、论证不可行的项目坚决不予安排或重新调整上报。同时，自治区民委积极会同自治区财政等部门定期对各地少数民族发展资金项目使用情况进行督查检查，及时采取信息反馈、通报批评、领导约谈、调减项目资金等方式处理违规问题，维护了少数民族发展资金项目的严肃性。广西和贵州两省区对项目实施情况进行专项检查和督办。黑龙江省建立“网络数据和资金项目跟踪系统”，定期跟踪监测，确保项目落实到位、发挥效益。内蒙古、青海等省区在项目管理中严格逐级审批上报程序，层层筛选把关，跟踪监管。各级民委与发改、财政部门密切配合，不定期到各项目实施单位进行督查，及时纠正工作中存在的问题，确保项目资金安全运行。各省区民委通过与纪检、审计、财政、发改等部门的协作，开展对少数民族发展资金项目的评估检查，有效防止违规违纪等现象的发生。

（二）规划实施取得的主要经验

在扶持人口较少民族发展工作实践中，积累了一些宝贵经验。

1. 坚持统筹规划，整村推进。人口较少民族和人口较少民族聚居地区普遍存在底子薄、基础差、起步晚、发展慢、自然条件恶劣等情况，决定了扶持工作不可能一蹴而就，更不可能一劳永逸，必须循序渐进、有主有次、有先有后，把“扶少”工作与当地发展工作结合起来，有规划地发展。13 个省区和新疆生产建设兵团都编制了地方规划，对扶持工作顺利开展起着重要引领作用。同时，人口较少民族分布既集中也分散，往往与其他民族群众大杂居，因此不能就人口不就区域的实施项目，需要整村推进。在项目安排上，不是将资金简单地平均分配给各人口较少民族农牧民，而是以村组为单位进行项目扶持，使该项目既惠及人口较少民族农牧民，也惠及同村组的其他民族群众。

2. 坚持突出重点，民生和产业并举。“十二五”期间，主要抓住人口较少民族和聚居地区的民生发展问题，大力推进基础设施建设，同时创造条件帮助农牧民增收创收。例如，贵州省对毛南族和仫佬族的扶持重点不一样：对毛南族聚居村，由于“十一五”获得了先期扶持，基础设施和社会服务事业明显改善，扶持的重点是在进一步提升基础设施和服务设施建设水平、扩大覆盖面的同时，加大产业结构调整，做大产业规模，加快毛南族群众持续增收步伐；对“十二五”新增列入扶持的仫佬族聚居村，重点抓好基础设施和民生工程建设的同时，整合资金，引导、培植特色优势产业并将其做大做强。

3. 坚持多方配合，形成合力。“十二五”期间，按照部门支持、省区负总责、县抓落实的工作方针，各地把国家扶持、对口支援和群众自力更生紧密结合起来，发挥各方面的积极性，形成分工协作、齐抓共管的良好工作格局。国家发展改革委、财政部进一步增加对人口较少民族聚居地区的投资和专项转移支付；国务院扶贫办、人民银行和开发银行在扶贫及金融政策方面给予支持，其他联席会议成员单位积极落实相关支持政策和项目，群策群力，共同推动规划落实。这些经验是今后工作中应该遵循的重要原则。

六、存在的困难和问题

规划实施以来，在国务院有关部门的大力支持下，在有关省区的共同努力下，人口较少民族聚居区经济社会稳步发展，人口较少民族群众生产生活条件逐步改善，扶持人口较少民族发展工作取得了一定成效，但与实现全面建成小康社会奋斗目标的要求相比，与发达地区相比，还存在不小的差距，规划实施中仍存在一些困难和问题。

（一）贫困问题仍然突出，减贫任务重

人口较少民族聚居地区贫困发生原因多样复杂，贫困发生率高、减贫速度慢。据监测统计数据，到 2014 年底，2116 个人口较少民族聚居村仍然有贫困人口 81.73 万人，贫困发生率为 27.3%；71 个民族乡有贫困人口 13.8 万人，贫困发生率为 19.3%；16 个自治县有贫困人口 101.56 万人，贫困发生率为 36.9%；2 个自治州有贫困人口 28.71 万人，贫困发生率为

24.5%。人口较少民族聚居的村、乡、县、州的贫困发生率均远远高于全国平均水平。与2011年相比，2116个人口较少聚居村贫困人口减少17.4万人、减贫率为17.6%；71个民族乡减少1832人、减贫率为1.3%；16个自治县减少44.4万人、减贫率为30.4%；2个自治州减少21.76万人、减贫率为43.1%。按照“十二五”规划提出50%的减贫率目标，以各地的减贫速度，实现2020年减贫目标难度较大。

例如，在新疆南疆人口较少民族聚居区，95%是贫困村，家庭人均纯收入低于2300元的扶贫对象有40.29万户、176.87万人，占全疆扶贫对象78.23万户、329.77万人的51.5%、53.6%，贫困人口比例最高的塔什库尔干县（塔吉克族）达到74.29%。云南、广西人口较少民族聚居村的贫困人口在2013年分别为26.9万人和17.9万人，贫困发生率分别为34.9%和41.1%，远高于全国8.5%的水平。

28个人口较少民族的贫困状况和发展水平各不相同。京族、高山族、俄罗斯族、赫哲族、裕固族、撒拉族等民族有了较快的发展，但总体发展水平与全国仍有较大差距。而原来发展基础较差的特困民族，例如云南的独龙族、怒族、景颇族，西藏的珞巴族、门巴族，新疆以及新疆生产建设兵团的塔吉克族、柯尔克孜族，这些人口较少民族所在地区自然条件相对恶劣，脱贫难度大，贫困户比率高，而且代际传递；有的放牧点牧民生产生活等基本问题仍未彻底解决。

有些人口较少民族和地区虽然目前基本解决了温饱问题，但脱贫标准不高，经济基础不牢固，相当脆弱，因灾、因病、因上学、因婚丧嫁娶等原因极易返贫。特别是因灾致贫和因灾返贫的比例高。例如，2013年云桂两地的自然灾害发生率高达52.60%和41.25%，导致农民收入很不稳定，返贫人口多。2013年黑龙江发生特大洪灾，抚远县损毁通乡公路18公里，该县两个赫哲族乡镇损失惨重；而同江市八岔赫哲族乡6个自然村以及街津口乡大部分耕地被淹，农业产量为零，致使两个民族乡345户1039人全部返贫，当年人均收入为零。甘肃的保安族和撒拉族聚居地区80%以上耕地为山旱地、陡坡地，自然条件严酷，农业基础脆弱，产量低而不稳，靠天吃饭问题突出，抵御自然灾害能力不强，稳定解决温饱难度大。内蒙古自治区人口较少民族聚居村大多分布在偏远落后的地区，生态环境脆弱，农业基础设施落后，经济结构单一，遇上自然灾害或因病就常有大量人口返贫致贫，不仅脱贫摘帽有困难，连“十二五”规划所确定的“五通十有”目标任务也难以实现。

（二）基础设施仍未完全改善，公共服务水平有待提高

虽然经过“十一五”和“十二五”的扶持，人口较少民族聚居地区基础设施有所改善，但仍然难以满足群众生产生活的需要。一些设施建设标准低、比较单薄不牢靠，且还有些聚居点没有覆盖。据监测统计数据，到2014年底，在2116个人口较少民族聚居村中，不通沥青（水泥）路的村占21.0%，不通公路的自然村占12.8%，村内道路没有硬化的自然村占34.8%，没有集中式供水的农户占37.3%，没有安居房的农牧户有35.5万户、占46.5%。按照“十二五”规划提出的“五通十有”达标率来看，人口较少民族聚居区的基础设施建设整体水平还比较低。特别是村组公路、牧道、饮水、棚圈、定居安居房等，急需加大投入予以改善。

例如，新疆克州124个人口较少聚居村中，未通公路的村60个，占总数的48.4%；未通电的村38个，占总数的30.6%；未通广播电视的村28个，占22.6%；未通信息（宽带）的村46个，占37.1%。云南省395个人口较少民族聚居建制村中目前还有194个村不通油路，18个村不通邮政，119个村不通宽带，52个村没有安全饮用水，104个村没有学前教育，7个村没有达标的卫生室。3520个自然村中，仍有325个不通公路，539个未解决人畜饮水问题。有的村虽修了毛坯路，但晴通雨阻的情况突出。西藏仍有约26.3%的人口较少民族聚居区缺乏对外交通；饮水安全率约为70%，仍有约30%缺乏安全饮用水；用电人口比例为80%，与全区相差18.7个百分点；行政村固定电话或移动通讯信号人口覆盖比例达到93%，比全区98%的平均水平略低；广播、电视覆盖率（人口综合覆盖率）、乡镇通邮率平均达到86.3%，与全区94%的平均水平相差7.7个百分点。广西毛南族、仫佬族聚居地区，群众生产用水和生活用水均较为紧张，而当地的水利基础设施极为薄弱，水利工程严重老化、年久失修，灌溉效率低，抵抗特殊干旱年份风险的能力严重不足，饮水不安全和饮水困难人口数量庞大。2014年，两县尚有6.6万人饮水不安全和饮水困难，并且农村安全饮水工程规模化集中供水率不高，特别是大石山区严重缺水区域人口的比重较大。青海省纳入扶持范围的333个人口较少聚居村中，有59个村没有通安全饮用水；在已经通水的274个村，70%都是就近引用山涧水、地表水或地下水，虽然通水但水质安全没有保障。此外，因天气变化、水

源枯竭、管道堵塞、渗漏等原因，15%的村供水还存在时断时续、或有或无的现象，有的断水长达三四个月。甘肃肃南县县乡道路总里程1342公里，其中油路只有320.5公里，仅占23.9%，县境内只有一条二级公路，通外道路等级低，还有6个乡镇的23个村未通班车。

人口较少民族群众大多居住在偏远落后的深山区、荒漠区、大石山区、高寒牧区、边境一线，远离集镇，因而基本公共服务难以达到，提供难度较大。据统计，到2014底，2116个人口较少民族聚居村中，有1196多个村没有幼儿园或学前班，适龄儿童接受学前教育的村比率不到80%，有432个村的适龄儿童无法享受基本教育服务；村卫生室达标率不到70%，有655多个村没有符合标准的卫生室，有767个村没有合格的乡村医生，社会公共服务事业还有待进一步加强。例如，青海省全省333个扶持村中，有89个村没有标准卫生室，118个村没有合格的文化室和文化书屋，60个村没有村办公场所，210个村没有体育健身场所和民族文化活动场地，占比均比较高。甘肃省人口较少民族聚居地区的教育事业发展依旧薄弱，校舍简陋、教学设备落后，教师结构性缺编与双语教师缺乏并存，尤其是学前教育和职业教育缺乏，目前全省尚无学前教育教师编制。有些人口较少民族县尚无一所职业教育学校，建有职业教育学校的区域也存在教学师资缺乏、教学设备简陋、教学经费不足等普遍性问题。云南人口较少民族聚居地区的民族职业教育发展跟不上经济发展的步伐，如2013年芒市6000名景颇族在读初中生中，当年读职高的有1475人，比例仅为24.6%。

（三）优势特色产业发展缓慢，群众增收难度大

2014年，2116个人口较少民族聚居村农牧民人均纯收入5907元，71个民族乡农牧民人均纯收入9067元，16个自治县农牧民人均纯收入6949元，2个自治州农牧民人均纯收入6315元，与自身相比虽有增长，但与全国同期农村居民人均纯收入比较，还有一定差距。人口较少聚居村农牧民收入不到全国平均水平的60%，自治州的不到全国平均水平的70%，自治县的刚达到全国平均水平的70%。

经过扶持，人口较少民族聚居地区形成了一定的优势特色产业，但相对于地方经济发展形势，以及从群众增收途径来看，仍然比较缓慢。由于技术、人才、市场等方面的原因，人口较少民族乡村在形成产业链、提升

产业化水平方面难度较大，达不到规模化、集约型经营标准，经济发展缺乏强有力的产业支撑，经济结构调整步伐较慢，导致自身“造血”能力不足，自我发展能力薄弱，群众增收后劲不足。例如，黑河市爱辉区新生鄂伦春族乡，总的发展状况还算不错，但是其各项事业发展主要还是依靠各级各部门对该乡的资金投入，即长期依靠“输血”维持发展势头，而这终非长久之计，即缺乏自身发展的可持续性。实际上，黑龙江省有关部门投资6128万元在该乡新生新村建设综合旅游开发项目，并将其申报为国家级少数民族特色村寨，主要目的就是希望当地通过发展少数民族特色风情旅游业来带动当地经济发展。据了解，尽管该项目已经基本建成，但是截至目前，由于宣传、营销、交通等方面的制约因素，导致游客稀少，该项目至今没有什么盈利。再例如佳木斯市郊区敖其镇，当地赫哲族的鱼皮画、鱼皮包等手工艺品制作水准相当高，但是没有真正实现市场化、产业化、规模化经营，故而在促进当地群众增收致富方面没有发挥什么作用。

由于培育地方特色优势产业、建立群众稳定增收的渠道需要投入大量资金，但目前体制下投入渠道不多、扶持力度不够、特色产业规模小，故而扶持效果不太明显。一方面，扶持人口较少民族发展的重点是安排公共基础设施建设，如乡村道路、农田水利、人畜饮水工程，以及部分社会事业项目等，在扶持特色产业方面力不从心。另一方面，对特色优势产业的投入大、产出低、质量差，抗风险能力弱，效果不显著，加之扶持办法不多，因而难以形成优势支柱产业，产业增收的效用较低。例如，吉林省的锡伯族村在农业产业化项目上资金投入不多，没有形成一定规模，培育具有当地特色品牌的主导产业和特色产业有一定难度。扶余县三骏乡大量耕地、草地沙化现象较为严重，农民增收途径单一，收入水平较低。青海、甘肃等地的农村专业合作组织发展相对滞后，大多规模小、层次低，带动效果不明显。

（四）民族优秀传统文化流失、失传现象比较严重，传统文化保护困难重重

人口较少民族文化基础设施条件较差，文化艺术专业人才缺乏，文化艺术产品和服务供给能力不强，对公共文化服务设施投入不足，文化艺术专业人才缺乏，特别是优秀传统文化流失、失传现象比较严重，一些被列

为国家级非物质文化遗产名录的项目处于濒临消亡的境地，直接影响着中华文化的多样性。

2014 年，人口较少民族聚居村中有 371 个村实施了少数民族特色村寨保护项目，有 41 个乡、9 个自治县建有人口较少民族标志性设施，相对于全部扶持范围比例偏低。一些地方对民族文化保护和传承的重视程度不够，投入不足，任其自生自灭。例如，广西、云南、新疆等省区在人口较少民族公共服务设施、民族传统文化保护等方面的投入不足，影响了传统文化的保护传承以及公共服务水平的提高。

在城市和乡村建设大潮中，一些独具特色的民族房屋、民居建筑被钢筋水泥取代；在紧张和繁忙的工作和生活压力下，少数民族舞蹈和歌唱被快餐式的电子娱乐所蚕食。例如，新疆塔塔尔族“撒班节”被列入第三批国家级非物质文化遗产名录，但具有塔塔尔族特色的民族建筑十分少见，很少有人穿着民族服饰，民族歌舞也只有在重大节日的时候才能见到。由于人口少，其民族语言面临着巨大挑战，塔塔尔族在 20 世纪八九十年代出生的孩子，对自己民族的文字已经很少能书写了，在继承和发扬本民族文化方面存在着很大的困难和问题。

（五）群众文化素质仍然较低，干部队伍建设亟待加强

群众文化素质仍然较低。由于居住分散、生产方式特殊，人口较少民族的教育发展难度较大，群众文化水平普遍较低。如新疆人口较少民族农牧民中不会说普通话、不会写汉字现象仍较普遍，多从事与祖辈相同的简单农牧劳动。在推行定居兴牧、退牧还草工程后，剩余的农牧劳动力由于缺乏技能，不愿也不敢外出打工，处于闲置半闲置状态，并有可能成为当地社会的不安定因素。

干部队伍建设亟待加强。干部人才队伍总量不足、结构不优现象仍较突出。特别是在基层干部队伍中，担任县市乡主要领导的人口较少民族干部稀少，使得人口较少民族群众的呼声不容易在政府层面得到有效回应。同时，基层队伍整体素质不高，学历水平和职称层次普遍偏低，特别是乡镇和行政村服务点设备闲置，不会管、不会用、一般故障不会排除的问题比较突出。

（六）资金供需矛盾大，需进一步加大投入力度

当前人口较少民族群众迫切要求发展的需要与实际投入尚有一定差距。总体上看，中央专项扶持资金的规模偏小，一些省区省级配套难，资金供需矛盾突出。一些地方干部反映，扶持人口较少民族发展的力度达不到基层干部群众的预期，感觉没有“十一五”时期投入水平大，“感觉饼摊薄了”。例如，甘肃省“十二五”期间纳入规划范围的人口较少民族聚居村由114个增加到269个，县从3个扩大到8个，但国家投入的资金额增幅较小，致使原有地方的资金投入大幅下降。广西壮族自治区有超过一半的行政村首次列入规划范围。这些村大都位于边远闭塞的石山地区，贫困程度较深。即使是“十一五”通过“四通五有三达到”目标验收的村，急需解决的问题仍然较多，一些村级道路经暴雨洪水冲刷损毁严重，通行困难；有的村级道路路面仅2.5米宽，通行和运输能力非常低，无法满足实际需要；屯级道路在工程质量和建设等级上更低；农田水利设施建设投入少，年久失修无法使用。贵州省已扶持过的毛南族聚居村通村通组公路多以泥结碎石路面为主，维护难，使用期短，通达能力弱；农田水利设施差，文化活动室缺乏配套设施，卫生室缺医少药等。新进入规划范围的仫佬族聚居村项目建设成本更高，加快发展需要更多投入。内蒙古自治区莫旗杜拉尔乡由于路途较远，有的建设物资运费比成本还高，审批项目规划时与现行单价差距较大，给项目实施带来较大困难。新疆生产建设兵团牧场生存环境恶劣，基础设施、社会事业等方面都比较薄弱，兴牧定居工程建设短缺资金5000万元，为保护天然草场而建设的饲草料基地6100亩，需资金600万元。要使这些人口较少民族聚居村加快发展，急需国家增加投入。

“十二五”规划提出了人口较少民族聚居行政村基本实现“五通十有”，人口较少民族聚居区基本实现“一减少、二达到、三提升”的目标，与“十一五”规划相比，目标任务增多，标准提高，领域扩大，需要突破的难点更多，要求更严格。不论是“十一五”时期扶持过的民族还是新增加的民族，实现“十二五”规划确定的目标任务，扶持任务繁重而艰巨。需要有关部门继续大力支持，落实好规划任务部门分工，同时需要地方加大资金整合力度，集中力量落实规划提出的各项目标和任务。

七、下一步工作思路和计划

28个人口较少民族占我国56个民族成分的一半。这些民族人口少、特点各异；大多居住边远、跨境民族多；群众困难多、困难群众多；容易被忽视、面临边缘化。2016—2020年，是人口较少民族发展的关键时期。在全面建成小康社会的决胜阶段，28个人口较少民族处于“爬坡过坎”的关键阶段，不进则退。28个人口较少民族的小康事关全国一半民族的全面小康，实现“少数民族兄弟不能落伍，民族地区不能掉队”的要求，任务十分艰巨。国家民委将按照“国家扶持、省负总责、地县落实、整村推进”的方针，继续加强与有关部门、各级地方政府的统筹协调，落实各项优惠政策和扶持项目，进一步加大资金投入和整合力度，推动扶持人口较少民族发展工作。

（一）下一步工作思路

一是实事求是地确定扶持范围。在充分调研、听取地方和国家有关部门，以及专家意见的基础上，会同国家发展改革委、财政部等部门研究确定“十三五”扶持范围。将民族因素与区域因素相结合，以人口较少民族聚居地区为扶持范围，即不仅以20%比例人口的聚居行政村为单位，还将人口较少民族聚居的民族乡、自治县、自治州全部纳入扶持范围，实现整乡、整县的整体区域推进。

二是采取因族举措、差异化的扶持措施。“十二五”规划扶持的28个民族，从区域分布上，从西到东、从南到北，发展条件存在较大差异。即使在同一省区，其发展水平也分多个层次。例如，云南省既有“直过民族”德昂族、景颇族、独龙族，其社会发育层次低，语言沟通困难，难以适应市场化、全球化潮流；也有跨界跨境民族，与境外同一民族的交往仍然十分密切，受境外影响较大；还有散居地区的人口较少民族，如保山市的德昂族、阿昌族、布朗族，由于不在自治地方，享受民族特殊扶持政策的力度小，安排的资金项目少，对于加大扶持力度的呼声很高。此外，有些地区的人口较少民族，如沈阳的锡伯族、东兴的京族，东北的俄罗斯族，群众生活已经基本达到小康，对这些民族的扶持应与其他地区的民族有所区别。

三是加大扶贫攻坚力度。协调配合发改委、财政部、扶贫办等部门，研究实施人口较少民族整体脱贫的特殊政策措施，推动人口较少民族实施“整村推进”和“精准扶贫”。按照精准扶贫的要求，集中资金扶持贫困村和贫困人口，加快减贫步伐。

四是着力发展特色优势产业。对人口较少民族聚居地区发展种植业、养殖业、畜牧业、农副产品加工、林果地建设等生产发展项目以及相关技术推广和培训、县乡村干部培训、劳务输出培训等方面给予重点支持，增加资金项目安排比例。中央财政安排的少数民族发展资金人口较少民族专项，集中用于规划确定的人口较少民族聚居区的特色优势产业发展，支持各类农牧业专业合作社等新型经营主体发展特色种养业、民族手工艺品，支持发展乡村生态文化旅游，组织并带动少数民族群众创业致富；提升自我发展能力，开展基层干部培训、科技推广和实用技能培训，支持农民工返乡创业就业。

五是继续改善基础设施条件。对人口较少民族聚居地区乡村道路、住房、基本农田、水利设施、人畜饮水、生态环境保护等生产生活条件改善方面给予重点支持，继续加大投入。中央预算内投资计划安排的人口较少民族专项资金，继续执行免除人口较少民族所在州县配套资金，集中用于规划确定的人口较少民族聚居区县乡村基础设施、民生工程、生态环境保护等领域项目建设。

（二）下一步工作计划

一是继续协调配合有关部门进一步加大对人口较少民族的支持力度，充分发挥扶持人口较少民族发展部省联席会议各成员单位的职能作用，协调推动各部门继续落实好规划任务分工，为人口较少民族多办实事。

二是加强对实施规划情况特别是资金使用情况的监督检查，组织指导有关省区开展考核验收工作和规划终期评估，全面总结规划实施情况。

三是继续做好对人口较少民族干部的教育培训，总结宣传推广典型经验。会同有关部门做好研究编制“十三五”规划有关工作。

第二篇　人口较少民族专题研究报告

Chapter 2　Thematic Research Report of the Small Minority Nationalities

我国人口较少民族的人口发展状况分析*

摘　要： 报告主要利用我国第五、第六次人口普查数据资料，对我国28个人口较少民族的人口发展状况进行统计分析，从宏观上定量把握我国人口较少民族的人口发展态势，为扶持人口较少民族发展“十三五”规划制定提供基础信息和支撑材料。

一、概　述

随着中国现代化进程逐渐加快，2000—2010年我国28个人口较少民族人口呈现了新的发展态势，在人口的分布、结构、受教育程度、职业状况等方面的现状、进步程度及与全国水平的差距都出现了一些新变化。当前中国人口发展中出现的新问题，如出生性别比异常、老龄化、人口流动等，在这28个人口较少民族中也不同程度地存在，且民族间也存在很大差异。这些基础信息对扶持人口较少民族发展“十三五”规划的制定非常关键。下面对28个人口较少民族的人口现状及10年间的变动做一综合概述。

（一）人口数量方面

2010年我国28个人口较少民族的总人口为189.12万人，占全国少数民族总人口的1.66%，占全国总人口的1.41‰。2000—2010年，全国28个人口较少民族总人口增加了19.60万人，年均增长速度比较高，达到1.10%，为全国少数民族人口年均增长率（0.67%）的1.64倍，为全国人口年均增长率（0.57%）的1.93倍。虽然28个民族人口总数在增长，但这28个民族间呈现两极分化态势，怒族、布朗族、普米族、京族、撒拉

---

* 课题负责人：徐世英。课题组成员：郑嘉、赵尚威、杨子豪。

族、塔吉克族、珞巴族7个民族，人口高速增长，年均增长率在2.17%—2.66%之间，高于1964—1982年的全国人口增长速度（2.07%）；达斡尔族、毛南族、俄罗斯族、乌孜别克族、独龙族、高山族、塔塔尔族7个民族的人口在减少。从2000年—2010年，我国55个少数民族中，有13个民族人口减少，其中人口较少民族占了一半多，这其中既有人口普查误差的原因，更多的映衬了这些民族在当前国家现代化进程中面临着新的境遇。

（二）人口分布方面

2010年我国人口较少民族主要居住在西南（仫佬族、景颇族、毛南族、布朗族、阿昌族、普米族、怒族、京族、基诺族、德昂族、独龙族、门巴族、珞巴族）、西北地区（土族、柯尔克孜、撒拉族、塔吉克族、保安族、俄罗斯族、裕固族、乌孜别克、塔塔尔族）、东北地区（达斡尔族、锡伯族、鄂温克族、鄂伦春族、赫哲族）、中原及东南沿海地区（高山族）。2000—2010年，除珞巴族外，其他27个民族在其原来主要居住地的人口比例均有所下降，而居住东部沿海地区的人口比例在大幅上升，特别是广东省的人口增幅比较高。这与当前少数民族人口流动方向比较一致。

（三）城镇化方面

2010年全国城镇化率为49.68%，全国少数民族为32.84%。28个人口较少民族中，有9个民族城镇化率超过全国平均水平，具体为俄罗斯族84.59%、乌孜别克族68.34%、赫哲族67.7%、塔塔尔族59.56%、鄂伦春族58.81%、达斡尔族57.58%、京族54.86%、鄂温克族54.16%、锡伯族52.96%。有8个民族城镇化率低于20%，即这些民族超过80%的人口生活在农村，具体为保安族19.35%、柯尔克孜族19.03%、塔吉克族18.89%、独龙族16.65%、怒族16.48%、布朗族15.48%、德昂族15.12%、珞巴族14.12%。

（四）年龄结构方面

年龄中位数是衡量人口年龄构成的重要指标，反映人口数量从0岁开始，累计到一半人口时的年龄，一定程度上可以表征一个群体年龄构成情况。2010年全国人口年龄中位数为35.93岁，全国少数民族人口年龄中位数为30.08岁，比全国水平年轻5.85岁。28个人口较少民族中，俄罗斯族年龄中位数达到36.35岁，超过全国平均水平；有7个民族年龄中位数超过全国少数民族平均水平，具体为裕固族34.89岁、锡伯族33.07岁、毛南族32.9岁、塔塔尔族32.37岁、达斡尔族32.03岁、基诺族31.4岁、仫佬族31.05岁；有18个民族年龄中位数低于30岁，其中3个民族低于25岁，具体为保安族24.94岁、门巴族24.85岁、珞巴族22.9岁。

（五）老龄化方面

国际上通行的一个老龄化标准是一个国家或民族65岁以上人口占总人口的比例超过7%。2010年全国65岁以上人口占总人口的比例为8.92%，已进入老龄化社会。全国少数民族为6.99%，即将进入老龄化社会。2010年28个人口较少民族中，有4个民族进入老龄化社会，具体为毛南族8.63%、俄罗斯族8.13%、京族7.73%、仫佬族7.58%。有13个民族老龄化程度介于5%~7%之间，有11个民族老龄化程度低于5%，具体为门巴族4.83%、阿昌族4.79%、塔吉克族4.79%、土族4.67%、景颇族4.48%、德昂族4.48%、达斡尔族4.43%、赫哲族4.41%、珞巴族4.05%、鄂温克族2.74%、鄂伦春族2.61%。

（六）生育方面

2010年全国少数民族粗出生率为14.82‰，高于全国平均水平（10.34‰）4.48个千分点。2010年28个人口较少民族粗生育水平相差悬殊，有3个民族的粗出生率低于全国平均水平，分别为俄罗斯族8.77‰、裕固族10.22‰、锡伯族10.24‰。其他25个民族的生育水平高于全国平均水平，其中有5个少数民族的粗出生率超过了20‰，具体为保安族22.87‰、阿昌族21.14‰、珞巴族20.91‰、德昂族20.58‰、撒拉族20.20‰。

（七）族际通婚方面

族际通婚是测度不同民族相互关系和深层次融合程度的一个重要指标。2010年全国少数民族族内通婚比例为78.53%，族际通婚率为21.47%。28个人口较少民族中，有11个民族的族际通婚率超过50%，即族际婚姻比例超过族内通婚的比例，其中有4个民族族际通婚率超过

80%，具体为鄂伦春族88.63%、赫哲族87.44%、俄罗斯族85.54%、高山族80.36%。有15个民族族际通婚率在10%～50%之间，有2个民族的族际通婚率低于10%，分别为柯尔克孜族4.29%、塔吉克族2.84%。2000—2010年，全国少数民族族际通婚率上升了0.67个百分点。28个人口较少民族中，有21个民族的族际通婚率上升，有7个民族族际通婚率下降。

（八）人口流动方面

2010年28个人口较少民族总流动人口为25.57万人，流动率为13.52%，低于全国人口流动水平（16.58%）和全国少数民族人口流动水平（13.60%）。28个人口较少民族中有8个少数民族人口流动率高于全国平均水平，分别为裕固族23.33%、赫哲族20.99%、鄂伦春族20.56%、鄂温克族19.25%、高山族18.46%、土族18.51%、俄罗斯族17.77%、毛南族17.64%。

（九）受教育方面

从2000—2010年间，我国少数民族受教育水平大幅提高，少数民族人均受教育年限从6.7年提高到7.88年，文盲率从14.54%降低到8.12%，每十万人大专以上学历人口数从2589人提高到6488人，增加明显。但同全国平均水平相比，差距未见缩小，高端教育人口比例方面，差距明显扩大。2010年28个人口较少民族中有10个民族人均受教育年限指标超过全国平均水平，具体为俄罗斯族11.26年、赫哲族10.74年、塔塔尔族10.72年、鄂伦春族10.57年、高山族10.31年、鄂温克族10.08年、达斡尔族10.06年、锡伯族10年、乌孜别克族9.97年、京族9年。有3个民族未达到小学毕业水平，具体为德昂族5.81年、珞巴族5.65年、门巴族5.22年。2010年28个人口较少民族中有13个民族文盲率指标低于全国平均水平，分别为毛南族3.97%、仫佬族3.84%、塔吉克族3.74%、柯尔克孜族3.01%、高山族2.57%、赫哲族1.58%、乌孜别克族1.57%、塔塔尔族1.15%、俄罗斯族1.09%、鄂伦春族1.04%、鄂温克族1.03%、锡伯族0.87%、达斡尔族0.87%。有10个民族超过10%，最高的4个民族超过了20%，分别为：门巴族36.14%、珞巴族31.13%、撒拉族24.13%、德昂族21.39%。2010年28个人口较少民族中每十万人大专学历人口指标有11个民族超过全国平均水平，分别为：俄罗斯族27655人、塔塔尔族24691人、赫哲族23889人、鄂伦春族21250人、高山族19930人、乌孜别克族19321人、鄂温克族16564人、达斡尔族16378人、锡伯族15862人、裕固族13980人、京族10422人。有3个民族没有达到全国平均水平，分别为：景颇族3343人、布朗族3229人、德昂族1892人。

（十）产业人口构成方面

2010年全国少数民族三大产业在业人口比重分别为69.42%、12.15%和18.43%。第一产业在业人口比重比全国高21.06个百分点，第二、第三产业则分别低12和9.06个百分点。与全国平均水平比较，少数民族产业人口构成特点是第一产业比重大，第二、三产业比重小，即工业、服务业落后，大量劳动力从事农牧业。2010年，28个人口较少民族的产业人口构成中，有5个民族第一产业人口构成低于全国平均水平，具体为：高山族43.58%、乌孜别克族33.42%、赫哲族32.38%、鄂伦春族30.29%、俄罗斯族18.45%。有23个民族的第一产业人口构成高于全国平均水平48.36%，其中有10个民族超过80%的产业人口集中在农牧业，具体为：德昂族89.77%、塔吉克族88.79%、独龙族88.3%、珞巴族87.63%、布朗族85.52%、门巴族84.59%、基诺族82.47%、景颇族82.26%、柯尔克孜族81.3%、怒族80.11%。

（十一）职业人口构成方面

2000—2010年，我国少数民族职业人口结构有了一定的改善，农林牧渔水利业生产人员比例从78.77%降低到69.44%。但与全国水平相比，少数民族劳动力中林牧渔水利业人口比例较大，2010年比全国水平（48.33%）高出了21.11个百分点，表明我国少数民族职业人口的结构有所改善，但其农林牧渔水利业生产人员在在业人口中占绝大多数，职业结构还是比较落后。28个人口较少民族中，2010年农林牧渔水利业生产人员比例低于全国平均水平的民族有5个，具体为：高山族44.04%、赫哲族32.38%、乌孜别克族31.47%、鄂伦春族29.12%、俄罗斯族16.21%。有10个民族的农林牧渔水利业生产人员比例高于或等于80%，具体为德昂族89.72%、塔吉克族88.25%、独龙族87.64%、珞巴族87.36%、布朗族85.41%、门巴族84.08%、景颇族82.39%、基诺族82.36%、柯尔克孜族

81.59%、怒族80%。2000—2010年，少数民族职业人口出现的一个非常重要的变化是国家机关、党群组织、企事业单位负责人比例不升反降。从2000年的1.12%，降低到2010年的0.93%，部分少数民族降低到0.5%以下。而同期全国及汉族党政机关、党群组织、企事业单位负责人比例分别从1.67%、1.72%提升到1.77%、1.85%。28个人口较少民族中，只有土族、仫佬族、柯尔克孜族、撒拉族、布朗族、毛南族、基诺族、鄂伦春族及珞巴族9个民族的国家机关、党群组织、企事业单位负责人比例有所增加，其他19个民族这一高端职业人口比例均有所下降，这一现象应引起国家有关部门的注意。

总之，人口是最基本的国情，人口指标可以一定程度表征我国各少数民族的社会进步程度。2000—2010年，我国28个人口较少民族的人口发展出现了整体落后、内部两极分化的局面。从28个民族的分布情况看，少数的民族进步比较快，横向比较超过全国平均水平；而多数的民族的自身纵向比较有所进步发展，但横向比较与全国平均水平的差距在拉大。

从人口较少民族的人口发展态势看，扶持人口较少民族发展规划的力度应当加强，让其切实发挥出扶持这些民族进步、达到缩小现实差距的效果。但这个规划应当具有很强的针对性，根据现实发展的差距而不是人口的多寡，应当聚焦于那些发展落后且进步慢的少数民族。

二、28个人口较少民族人口规模及变动分析

（一）2010年28个人口较少民族人口规模

第六次全国人口普查数据显示，2010年大陆31个省、自治区、直辖市和现役军人人口共133972.49万人，其中55个少数民族的总人口为11379.22万人，占全国人口比重的8.49%。

表1　2010年28个人口较少民族人口数量及占全国少数民族总人口比例

序号	民族	数量（千人）	比重	序号	民族	数量（千人）	比重
1	土族	289.57	2.54‰	15	京族	28.20	0.25‰
2	仫佬族	216.26	1.90‰	16	基诺族	23.14	0.20‰
3	锡伯族	190.48	1.67‰	17	德昂族	20.56	0.18‰

续表

序号	民族	数量（千人）	比重	序号	民族	数量（千人）	比重
4	柯尔克孜族	186.71	1.64‰	18	保安族	20.07	0.18‰
5	景颇族	147.83	1.30‰	19	俄罗斯族	15.39	0.14‰
6	达斡尔族	131.99	1.16‰	20	裕固族	14.38	0.13‰
7	撒拉族	130.61	1.15‰	21	乌孜别克族	10.57	0.09‰
8	布朗族	119.64	1.05‰	22	门巴族	10.56	0.09‰
9	毛南族	101.19	0.89‰	23	鄂伦春族	8.66	0.08‰
10	塔吉克族	51.07	0.45‰	24	独龙族	6.93	0.06‰
11	普米族	42.86	0.38‰	25	赫哲族	5.35	0.05‰
12	阿昌族	39.56	0.35‰	26	高山族	4.01	0.04‰
13	怒族	37.52	0.33‰	27	珞巴族	3.68	0.03‰
14	鄂温克族	30.88	0.27‰	28	塔塔尔族	3.56	0.03‰

数据来源：《中国2010年人口普查资料》。

2010年，28个人口较少民族中，有9个民族人口超过10万人，有13个民族人口在1万到6万之间，有6个民族人口规模不足1万人。人口最多的是土族，为289.57千人，最少的为塔塔尔族，人口为3.68千人。具体见表1。

（二）2000—2010年28个人口较少少数民族人口的增长状况分析

2000—2010年，全国人口增加7389.98万人，增长了7.26%，年均增长率为0.57%；全国少数民族人口增加736.26万人，增长了6.41%，年均增长率为0.67%；全国28个人口较少民族人口增加了19.60万人，年均增长率为1.10%。28个人口较少少数民族总人口增长速度远远高于全国少数民族人口增长水平，年均增长率为全国少数民族人口年均增长水平的1.64倍，为全国人口年均增长水平的1.93倍。

表 2　2000—2010 年我国 28 个人口较少民族人口增长幅度

民族	2000 年（千人）	2010 年（千人）	增长幅度	民族	2000 年（千人）	2010 年（千人）	增长幅度
土族	241.20	289.57	20.05%	京族	22.52	28.20	25.23%
仫佬族	207.35	216.26	4.29%	基诺族	2.09	23.14	10.74%
锡伯族	188.82	190.48	0.88%	德昂族	17.94	20.56	14.61%
柯尔克孜族	160.82	186.71	16.10%	保安族	16.51	20.07	21.62%
景颇族	132.14	147.83	11.87%	俄罗斯族	15.61	15.39	-1.38%
达斡尔族	132.40	131.99	-0.30%	裕固族	13.72	14.38	4.80%
撒拉族	104.50	130.61	24.98%	乌孜别克族	12.37	10.57	-14.56%
布朗族	91.88	119.64	30.21%	门巴族	8.92	10.56	18.36%
毛南族	107.17	101.19	-5.57%	鄂伦春族	8.20	8.66	5.65%
塔吉克族	41.03	51.07	24.47%	独龙族	7.43	6.93	-6.68%
普米族	33.60	42.86	27.56%	赫哲族	4.64	5.35	15.3%
阿昌族	33.94	39.56	16.56%	高山族	4.46	4.01	-10.13%
怒族	28.76	37.52	30.47%	珞巴族	2.97	3.68	24.18%
鄂温克族	30.51	30.88	1.21%	塔塔尔族	4.89	3.56	-27.19%

数据来源：《中国 2000 年人口普查资料》、《中国 2010 年人口普查资料》。

从上表可以看出，2000—2010 年，28 个人口较少民族中，有 21 个民族人口增加，有 7 个民族人口在减少。人口减少的民族有达斡尔族、毛南族、俄罗斯族、乌孜别克族、独龙族、高山族、塔塔尔族。其中，塔塔尔族人口减少幅度最大，超过总人口的 1/4。

课题负责人在完成第六次全国人口普查研究项目时，曾对 13 个民族人口减少（普查数据）问题进行了研究。如：乌孜别克族、塔塔尔族自苏联解体后，与中亚国家的国际间流动比较频繁，在中国境内的常住人口已经持续 20 年减少。独龙族人口减少的一个原因是人口的非正常死亡水平比较高。高山族来源于我国台湾，在大陆分布非常分散，数量的减少主要是普查误差造成的。

28 个人口较少民族人口年均增长率情况见表 3。

表 3 1990—2000 年、2000—2010 年我国 28 个人口较少民族人口年均增长率

民族	1990—2000	2000—2010	民族	1990—2000	2000—2010
全国人口	1.07%	0.57%	鄂温克族	1.45%	0.12%
汉族	1.03%	0.56%	京族	1.83%	2.25%
土族	2.25%	1.83%	基诺族	1.48%	1.02%
仫佬族	2.55%	0.42%	德昂族	1.48%	1.36%
锡伯族	0.88%	0.09%	保安族	3.46%	1.96%
柯尔克孜族	1.14%	1.49%	俄罗斯族	1.45%	-0.14%
景颇族	1.02%	1.12%	裕固族	1.10%	0.47%
达斡尔族	0.86%	-0.03%	乌孜别克族	-1.77%	-1.57%
撒拉族	1.77%	2.23%	门巴族	1.74%	1.69%
布朗族	1.09%	2.64%	鄂伦春族	1.57%	0.55%
毛南族	3.93%	-0.57%	独龙族	2.43%	-0.69%
塔吉克族	2.11%	2.19%	赫哲族	0.87%	1.43%
普米族	1.23%	2.43%	高山族	4.39%	-1.07%
阿昌族	2.02%	1.53%	珞巴族	2.44%	2.17%
怒族	0.56%	2.66%	塔塔尔族	-0.35%	-3.19%

数据来源：《1953—1990：中国民族人口资料》、《中国 2000 年人口普查资料》、《中国 2010 年人口普查资料》。

从上表可以看出，2000—2010 年我国 28 个人口较少民族的人口增长率呈现多元化趋势。有 16 个少数民族人口年均增长率高于全国平均水平，有 5 个少数民族年均增长率低于全国平均水平，其中 7 个民族处于负增长。具体分类见表 4。

表 4 2000—2010 年我国 28 个人口较少民族人口年均增长率分类表

年均增长率	民族数量	民族别
2.00% 以上	7	怒族、布朗族、普米族、京族、撒拉族、塔吉克族、珞巴族
1.48% ~2.00%	5	保安族、土族、门巴族、阿昌族、柯尔克孜族

续表

年均增长率	民族数量	民族别
0.57%～1.48%	4	赫哲族、德昂族、景颇族、基诺族
0.00～0.57%	5	鄂伦春族、裕固族、仫佬族、鄂温克族、锡伯族
0以下	7	达斡尔族、俄罗斯族、毛南族、独龙族、高山族、乌孜别克族、塔塔尔族

资料来源：《中国2000年人口普查资料》、《中国2010年人口普查资料》。

从2000—2010年我国28个人口较少民族的人口增长率可以看出少数民族人口变化的特点：

第一，人口高速增长的有怒族、布朗族、普米族、京族、撒拉族、塔吉克族、珞巴族7个民族。这7个少数民族人口年均增长率在2.17%～2.66%之间，高于全国1964—1982年的人口增长水平（2.07%）；且全国55个少数民族中，人口高速增长的只有此7个少数民族；

第二，人口较高速增长的有5个民族，年均增长率在1.48%～2.00%之间，高于全国1982—1990年间的人口增长水平（1.48%），包括保安族、土族、门巴族、阿昌族、柯尔克孜族；

第三，人口中速增长的有4个民族，年均增长率在0.57%～1.48%之间。

第四，人口低速增长的民族有5个，年均增长率低于全国平均水平，在0～0.57%之间；

第五，有7个少数民族人口为负增长，年均增长率在－3.19%～－0.03%之间，具体为达斡尔族、俄罗斯族、毛南族、独龙族、高山族、乌孜别克族、塔塔尔族。其中，塔塔尔族、乌孜别克族从1990年至2010年已连续20年人口减少。

通过对我国28个人口较少民族1990—2000、2000—2010年间人口年均增速的比较。可以看出：

第一，2000—2010年间年均人口增长率高于1990—2000年间年均增长率的少数民族有10个，其中除乌孜别克族（从－1.77%增至－1.57%）年均增长率为负的外，其余9个民族从1990年到2010年人口增长率在持续提高，其中增长率增长幅度在1%以上的有3个民族，分别为：怒族（从0.56%增至2.66%）、布朗族（从1.09%增至2.64%）、普米族（从

1.23%增至2.43%)；

第二，2000—2010年间年均人口增长率低于1990—2000年间年均增长率的少数民族有18个，其中5个民族达斡尔族、俄罗斯族、独龙族、毛南族、高山族从1990—2000年年均增长率由正变负；塔塔尔族从1990年到2010年间人口增长率均为负且持续降低；其余12个民族从1990年到2010年间年均人口增长率为正但在持续降低；其中增长率增长幅度在-1%以下的有8个民族。

三、28个人口较少民族的人口性别与年龄结构分析

当前少数民族人口性别、年龄构成的现状，是以往人口自然变动、迁移变动、社会变动等因素综合作用的结果，并对未来少数民族人口的发展规模、速度、类型和趋势发挥着惯性作用。同时，少数民族人口性别年龄结构状况对少数民族人口的现代化，民族地区的人口与社会、经济、资源、环境的可持续发展具有重要影响。

(一) 28个人口较少少数民族人口性别比

1. 总人口性别比情况

2010年全国少数民族人口性别比为99.99（女性为100），低于全国人口性别比（104.90），人口性别比基本均衡。

第六次全国人口普查数据显示，各少数民族性别比存在高低不均的现象。2010年28个人口较少民族中，性别比最高是乌孜别克族（115.87），性别比最低的是鄂伦春族（87.12）。根据总人口性别比数值分成如下四类：

一是比较失调型，总人口性别比超过110，有2个民族：乌孜别克族、塔塔尔族；

二是平衡型，总人口性别比在平衡区间（96~100），有3个民族：门巴族、赫哲族、达斡尔族；

三是逆向失调型，总人口性别比低于96，有7个民族：珞巴族、德昂族、独龙族、景颇族、鄂温克族、俄罗斯族、鄂伦春族；

四是略有失调型，总人口性别比处于100~110之间，其余16个民族属于此类型。

2000—2010年，全国、汉族的性别比分别降低了1.40、1.43个百分

点，少数民族总体降低了5.89个百分点。与2000年相比，28个人口较少民族人口性别比总体上有所降低，其中有17个少数民族总人口性别比呈降低趋势，性别比超过100的民族由20个降低到18个。少数民族人口性别结构逐步进步，趋向合理。

2000—2010年，总人口性别比升高的民族有11个：毛南族、塔吉克族、怒族、京族、基诺族、俄罗斯族、裕固族、乌孜别克族、门巴族、高山族、塔塔尔族。

2.0岁性别比

0岁性别比是衡量人口性别构成的一个重要指标，它直接决定着以后各年龄组人口的性别构成。出生性别比是一种具有很强生物属性倾向特征的自然化指标，在无任何干扰胎儿性别的环境下，出生婴儿性别比一般应在100~105之间。

2010年，汉族0岁性别比为118.47，近似等于2000年的值（118.55）。2010年少数民族0岁性别比略低于汉族，为117.96，也近似等于2000年的值（117.79）。

2010年，28个人口较少民族间0岁性别比相差悬殊，分布很不均衡，过高和过低的0岁性别比同时存在，最高的为门巴族，达到165.79，最低为高山族，达到68.97。根据各民族0岁性别比数值，将其分为5类：一是严重失调型，0岁性别比大于120，有8个民族；二是比较失调型，0岁性别比介于110~120之间，有5个民族；三是略有失调型，0岁性别比介于105~110之间，有6个民族；四是平衡型，0岁性别比介于100~105之间，有3个民族；五是逆向失调型，0岁性别比低于100，有6个民族。

2010年28个人口较少民族0岁性别分类信息见表5。从表中可以看出少数民族无论是整体0岁性别比，还是各民族0岁性别比分布情况，都处于高位失调状态。具体而言，28个人口较少民族中，只有3个少数民族的0岁性别比为平衡型，数值为正常值；有8个民族0岁性别比严重失调，有5个民族0岁性别比比较失调，性别比失调情况比较严重。

表5 2010年28个人口较少民族各民族0岁人口性别比分组情况（女性为100）

人口性别比	民族（0岁人口性别比）	民族数量
>120 严重失调型	门巴族（165.79）、赫哲族（127.59）、保安族（127.23）、俄罗斯族（125）、京族（125.00）、毛南族（121.96）、德昂族（121.47）、乌孜别克族（120.59）	8
110~120 比较失调型	土族（119.30）、仫佬族（116.23）、景颇族（114.55）、独龙族（111.76）、鄂伦春族（110.17）	5
105~110 略有失调型	撒拉族（109.37）、达斡尔族（108.68）、裕固族（107.04）、普米族（106.89）、柯尔克孜族（106.48）、基诺族（105.73）	6
100~105 平衡型	怒族（104.14）、布朗族（104.11）、塔吉克族（103.47）、	3
<100 逆向失调型	阿昌族（98.10）、锡伯族（97.27）、鄂温克族（96.89）、塔塔尔族（92.31）、珞巴族（87.80）、高山族（68.97）	6

资料来源：《中国2010年人口普查资料》。

（二）28个人口较少民族人口年龄结构及其变动

人口的年龄结构是指具有不同年龄标志的人口构成状况，反映了过去一段时间人口出生、死亡及迁徙所形成的人口发展状况，而当前的人口年龄结构又影响着今后若干年人口的变动过程。

1. 三大年龄组人口占本民族总人口的比重及变动

（1）0~14岁年龄组人口比重

2010年，我国少数民族0~14岁年龄组人口比重为16.61%，略高于汉族水平（16.07%）。28个人口较少民族中，珞巴族0~14岁年龄组人口比重最高，最低的为基诺族。

与2000年相比，我国少数民族0~14岁年龄组人口比重降低了6.29个百分点。28个人口较少民族中，全部呈下降趋势。下降超过10个百分点的民族有4个，分别是鄂伦春族（33.06%→21.15%）、赫哲族（28.84%→17.15%）、鄂温克族（32.15%→20.51%）、俄罗斯族

（25.69%→15.46%）。下降程度最低的为毛南族，下降了2.71个百分点。具体分类情况见表6。

表6 28个人口较少民族0～14岁年龄组人口比重分类及变化

比重	2000年	2010年	变化量
30%～40%	景颇族、柯尔克孜族、撒拉族、阿昌族、塔吉克族、怒族、鄂温克族、德昂族、保安族、鄂伦春族、门巴族、珞巴族	珞巴族	减少了11个民族
20%～30%	高山族、土族、达斡尔族、仫佬族、布朗族、毛南族、锡伯族、普米族、乌孜别克族、俄罗斯族、裕固族、京族、塔塔尔族、独龙族、赫哲族、基诺族（16个）	保安族、撒拉族、阿昌族、门巴族、塔吉克族、柯尔克孜族、德昂族、独龙族、景颇族、布朗族、土族、京族、普米族、怒族、毛南族、乌孜别克族、鄂伦春族、仫佬族、基诺族、鄂温克族、（20个）	增加了4个民族
10%～20%		高山族、达斡尔族、锡伯族、俄罗斯族、裕固族、塔塔尔族、赫哲族（7个）	增加了7个民族

资料来源：《中国2000年人口普查资料》、《中国2010年人口普查资料》。

（2）15～64岁年龄组人口比重

2010年，我国少数民族15～64岁年龄组人口比重为74.47%，略低于汉族水平（74.83%）。55个少数民族中，朝鲜族15～64岁年龄组人口比重最高，达到80.40%，仡佬族15～64岁年龄组人口比重最低，为63.98%。

与2000年相比，我国少数民族15～64岁年龄组人口比重增加了4.47个百分点。28个人口较少民族中，15～64岁年龄组人口比重全部呈增长趋势。有3个民族增长超过10个百分点，分别是鄂温克族（65.73%→76.75%）、鄂伦春族（65.32%→76.24%）、赫哲族（67.56%→78.45%）。增长幅度最低的为毛南族，仅增长0.1个百分点（68.66%→68.76%）。

（3）65岁及以上年龄组人口比重

按国际惯例，65岁是统计老年人口比重的一个界限，总人口中65岁以上人口超过7%标志着进入老龄化社会。2010年，全国65岁及以上年龄组人口比重为8.92%，已进入老龄化社会。全国少数民族为6.99%，即将进入老龄化社会。28个人口较少民族65岁及以上年龄组人口比重分类见表7。

表7 28个人口较少民族65岁及以上年龄组人口比重分类及变化

比重	2000年	2010年	变化量
>7%	京族	毛南族、俄罗斯族、京族、仫佬族	增加3个民族
5%~7%	高山族、毛南族、仫佬族、独龙族、怒族、基诺族、普米族、塔吉克族（8个）	塔塔尔族、裕固族、怒族、高山族、基诺族、锡伯族、乌孜别克族、普米族、保安族、撒拉族、独龙族、布朗族、柯尔克孜族（13个）	增加5个民族
3%~5%	布朗族、俄罗斯族、保安族、柯尔克孜族、撒拉族、锡伯族、珞巴族、阿昌族、德昂族、裕固族、乌孜别克族、门巴族、景颇族、赫哲族、土族、塔塔尔族、达斡尔族（17个）	门巴族、阿昌族、塔吉克族、土族、景颇族、德昂族、达斡尔族、赫哲族、珞巴族（9个）	减少8个民族
<3%	鄂温克族、鄂伦春族（2个）	鄂温克族、鄂伦春族（2个）	无变化

资料来源：《中国2000年人口普查资料》、《中国2010年人口普查资料》。

2010年，28个人口较少民族中，有4个民族65岁及以上年龄组人口比重超过7%，标志着这些民族已经进入了老龄化社会，具体为：毛南族（8.63%）、俄罗斯族（8.13%）、京族（7.73%）、仫佬族（7.58%）。

2010年，28个人口较少民族中，有11个民族65岁及以上年龄组人口比重低于5%，即：门巴族（4.83%）、阿昌族（4.79%）、塔吉克族（4.79%）、土族（4.67%）、景颇族（4.48%）、德昂族（4.48%）、达斡尔族（4.43%）、赫哲族（4.41%）、珞巴族（4.05%）、鄂温克族（2.74%）、鄂伦春族（2.61%）。

2000—2010年，塔塔尔族、俄罗斯族、仫佬族的65岁及以上年龄组人口比重分别提高了4.80个百分点、3.49个百分点和3.25个百分点，分列为28个人口较少民族老龄化速度的前三名。羌族、毛南族、裕固族、乌孜别克族这4个民族65岁及以上年龄组人口比重在10年间提高了2个百分点之上。哈萨克族、保安族、门巴族、撒拉族、基诺族、景颇族、普米族、赫哲族、鄂温克族、京族、阿昌族、德昂族、高山族、柯尔克孜族、布朗族等15个民族65岁及以上年龄组人口比重在10年间提高比较慢，不到1个百分点。而塔吉克族、珞巴族、独龙族3个民族65岁及以上年龄组人口比重不升反降，需要对其原因进行深入研究。

2. 各民族年龄中位数及变动

年龄中位数是衡量人口年龄构成的重要指标，反映人口数量从0岁开始，累计到一半人口时的年龄，一定程度上可以表征一个群体年龄构成年轻化或年老化程度。

2010年，少数民族年龄中位数为30.08岁，低于全国平均水平5.85岁。28个人口较少民族中，俄罗斯族（36.35岁）超过全国平均水平，其他27个民族均低于全国平均水平，其中有10个民族年龄中位数低于30岁，其中最年轻的为珞巴族，为22.9岁。这说明少数民族人口年龄结构比全国平均水平要年轻。

表8 各民族年龄中位数分类及变化

中位数	2000年	2010年	变化量
40岁以上	（无）	（无）	无
30—40岁	（无）	俄罗斯族、裕固族、锡伯族、毛南族、塔塔尔族、达斡尔族、基诺族、高山族、仫佬族、土族（10个）	增加10个民族

资料来源：《中国2000年人口普查资料》、《中国2010年人口普查资料》。

从2000—2010年，少数民族年龄中位数提高了3.11岁，提高幅度低于全国平均水平（5.16岁）。2000年，28个人口较少民族中，全部民族年龄中位数在20~30岁之间。到2010年，年龄中位数在30~40岁中间的民族增加到10个，年龄组中位数在20~30岁之间的民族减少到18个。裕固族年龄中位数增长量超过6岁，塔塔尔族和俄罗斯族年龄中位数增长量超过7岁。

3. 各民族人口老少比及变动

人口老少比是反映人口年龄结构特征的重要指标。他们从一个方面反映了今后一段时间内人口的生产规模、速度以及反常趋势。老少比指人口中老年人口与少年儿童人口的比例，即老少比 =65 岁以上人口/14 岁以下人口。

28 个人口较少民族中，俄罗斯族人口的老少比最高，达到 52.61%，老年人已远远超过少年人口，鄂伦春族人口的老少比最低，为 12.34%。具体情况如表 9 所示。

表 9　2000—2010 年 28 个人口较少民族老少比及增值

民族	2000（%）	2010（%）	增加值（百分点）	民族	2000（%）	2010（%）	增加值（百分点）
土族	28.22	38.59	10.37	京族	25.34	32.48	7.14
仫佬族	21.63	36.17	14.54	基诺族	18.22	29.83	11.61
锡伯族	16.28	33.87	17.59	德昂族	13.27	17.52	4.25
柯尔克孜族	14.25	19.21	4.96	保安族	14.47	19.99	5.52
景颇族	11.62	18.38	6.76	俄罗斯族	18.98	52.61	33.63
达斡尔族	11.86	24.79	12.93	裕固族	15.75	36.3	20.55
撒拉族	13.68	18.97	5.29	乌孜别克族	13.58	26.91	13.33
布朗族	16.46	21.17	4.71	门巴族	10.31	17.42	7.11
毛南族	23.72	38.15	14.43	鄂伦春族	4.87	12.34	7.47
塔吉克族	14.18	18.27	4.09	独龙族	19.57	21.04	1.47
普米族	17.39	25.05	7.66	赫哲族	12.48	25.71	13.23
阿昌族	12.82	16.87	4.05	高山族	21.88	34.24	12.36
怒族	17.76	27.52	9.76	珞巴族	11.36	13.02	1.66
鄂温克族	6.62	13.36	6.74	塔塔尔族	12.58	35.52	22.94

资料来源：《中国 2010 年人口普查资料》。

28 个人口较少民族老少比的平均值为 25.90%，其中，俄罗斯族老少比超过 40%，达到 52.61%。老少比低于 40%、高于 30% 的民族有 8 个，老少比低于 20% 的有 11 个民族。

与2000年相比，少数民族人口总体老少比增加了11.01个百分点。28个人口较少民族中，人口老少比全部呈现增长趋势，28个人口较少民族平均增长10.22%。其中俄罗斯族增长最多，为33.63个百分点。其次为塔塔尔族增长了22.94%。共有3个民族增长超过20个百分点，分别为：俄罗斯族（33.63%）、塔塔尔族（22.94%）和裕固族（20.55%）。增长最低的为独龙族，增长1.47个百分点，其次为珞巴族（1.66%）。

四、28个人口较少民族的人口分布与变动分析

21世纪第一个十年，我国经济社会迅速发展，人口流动趋势逐渐增强，少数民族人口分布呈现一个新的态势。

（一）28个人口较少民族人口主要分布地

我国28个人口较少民族2000年、2010年的省一级主要分布地及人口比例见表10，县一级主要分布地及人口比例见表11。

表10　我国28个人口较少民族2000年、2010年的主要分布地（省）、比重

民族	年份	NO. 1		NO. 2		NO. 3	
		地区	比重	地区	比重	地区	比重
土族	2000	青海	77.76%	甘肃	12.58%	广东	1.87%
	2010	青海	70.59%	甘肃	10.63%	广东	3.51%
仫佬族	2000	广西	82.09%	贵州	13.71%	广东	2.32%
	2010	广西	79.68%	贵州	11.54%	广东	5.07%
锡伯族	2000	辽宁	70.23%	新疆	18.31%	黑龙江	4.71%
	2010	辽宁	69.52%	新疆	18.06%	黑龙江	3.99%
柯尔克孜族	2000	新疆	98.73%	黑龙江	0.92%	内蒙古	0.10%
	2010	新疆	96.66%	西藏	1.43%	广东	0.31%
达斡尔族	2000	内蒙古	58.30%	黑龙江	32.94%	新疆	4.19%
	2010	内蒙古	57.77%	黑龙江	30.51%	新疆	4.19%
景颇族	2000	云南	98.54%	贵州	0.31%	山东	0.26%
	2010	云南	96.70%	广东	0.46%	山东	0.41%

续表

民族	年份	NO. 1		NO. 2		NO. 3	
		地区	比重	地区	比重	地区	比重
毛南族	2000	广西	68.66%	贵州	29.15%	广东	1.18%
	2010	广西	64.81%	贵州	27.01%	广东	4.96%
撒拉族	2000	青海	83.29%	甘肃	11.28%	新疆	3.60%
	2010	青海	81.99%	甘肃	10.35%	新疆	2.85%
布朗族	2000	云南	98.37%	山东	0.30%	重庆	0.28%
	2010	云南	97.44%	广东	0.41%	山东	0.26%
塔吉克族	2000	新疆	96.26%	重庆	0.43%	广西	0.33%
	2010	新疆	92.54%	浙江	6.59%	广东	0.32%
阿昌族	2000	云南	98.77%	山东	0.27%	海南	0.13%
	2010	云南	96.22%	广东	1.58%	河南	0.37%
普米族	2000	云南	97.99%	四川	0.49%	山东	0.24%
	2010	云南	98.09%	四川	0.32%	广东	0.28%
鄂温克族	2000	内蒙古	85.89%	黑龙江	8.87%	广东	0.82%
	2010	内蒙古	84.66%	黑龙江	8.58%	辽宁	1.45%
怒族	2000	云南	96.45%	西藏	1.42%	山东	0.34%
	2010	云南	84.80%	海南	3.69%	广东	1.56%
京族	2000	广西	89.37%	贵州	2.85%	云南	2.26%
	2010	广西	82.57%	贵州	4.05%	云南	3.11%
基诺族	2000	云南	98.98%	四川	0.23%	重庆	0.15%
	2010	云南	98.34%	四川	0.23%	广东	0.11%
德昂族	2000	云南	99.27%	山东	0.10%	湖南	0.08%
	2010	云南	98.20%	广东	0.30%	浙江	0.21%
保安族	2000	甘肃	91.91%	青海	3.85%	新疆	3.46%
	2010	甘肃	90.52%	青海	4.50%	新疆	2.83%

续表

民族	年份	NO. 1		NO. 2		NO. 3	
		地区	比重	地区	比重	地区	比重
俄罗斯族	2000	新疆	57. 24%	内蒙古	32. 16%	黑龙江	1. 70%
	2010	新疆	55. 15%	内蒙古	30. 36%	北京	2. 23%
裕固族	2000	甘肃	94. 48%	新疆	2. 20%	青海	1. 02%
	2010	甘肃	90. 42%	新疆	2. 72%	青海	1. 13%
乌孜别克族	2000	新疆	97. 78%	广西	0. 38%	广东	0. 34%
	2010	新疆	95. 69%	浙江	0. 81%	广东	0. 69%
门巴族	2000	西藏	95. 05%	四川	1. 27%	上海	0. 96%
	2010	西藏	91. 50%	江苏	1. 29%	甘肃	0. 84%
鄂伦春族	2000	黑龙江	47. 23%	内蒙古	43. 59%	辽宁	1. 96%
	2010	黑龙江	45. 54%	内蒙古	41. 94%	北京	1. 91%
独龙族	2000	云南	79. 24%	内蒙古	2. 56%	辽宁	2. 28%
	2010	云南	91. 67%	贵州	1. 26%	河南	0. 79%
塔塔尔族	2000	新疆	92. 04%	甘肃	3. 80%	北京	0. 59%
	2010	新疆	91. 17%	广东	1. 55%	广西	0. 67%
赫哲族	2000	黑龙江	84. 27%	吉林	4. 09%	北京	1. 81%
	2010	黑龙江	67. 48%	广东	5. 57%	吉林	3. 96%
高山族	2000	河南	21. 21%	福建	9. 33%	广西	9. 17%
	2010	河南	19. 46%	福建	10. 55%	广西	6. 93%
珞巴族	2000	西藏	90. 76%	贵州	2. 36%	新疆	1. 11%
	2010	西藏	94. 76%	贵州	2. 31%	福建	0. 43%

数据来源：《中国 2000 年人口普查资料》、《中国 2010 年人口普查资料》。

表 11　我国 28 个人口较少民族 2000 年、2010 年的主要分布地（县）、比重

民族	2000 年			2010 年		
	序	县（区、期）	人口	序	县（区、期）	人口
土族	1	互助土族自治县	62780	1	互助土族自治县	63680
	2	大通回族土族自治县	42347	2	大通回族土族自治县	44333
	3	民和回族土族自治县	39616	3	民和回族土族自治县	42243
仫佬族	1	罗城仫佬族自治县	108051	1	罗城仫佬族自治县	101081
	2	麻江县	14954	2	麻江县	12196
	3	柳城县	7863	3	柳城县	11730
锡伯族	1	新城子区	22386	1	沈北新区	22245
	2	察布查尔锡伯自治县	18938	2	察布查尔锡伯自治县	17526
	3	义县	12020	3	义县	11750
柯尔克孜族	1	阿克陶县	39312	1	阿克陶县	41293
	2	乌恰县	31396	2	乌恰县	37733
	3	阿合奇县	29962	3	阿合奇县	33797
达斡尔族	1	莫力达瓦达斡尔族自治旗	29014	1	莫力达瓦达斡尔族自治旗	29508
	2	鄂温克族自治旗	13943	2	鄂温克族自治旗	13017
	3	梅里斯达斡尔族区	12368	3	梅里斯达斡尔族区	11721
景颇族	1	陇川县	43522	1	陇川县	44844
	2	盈江县	40358	2	盈江县	44733
	3	梁河县	1660	3	腾冲县	2726
毛南族	1	环江毛南族自治县	53037	1	环江毛南族自治县	43449
	2	平塘县	26528	2	平塘县	23047
	3	都安瑶族自治县	3975	3	金城江区	6307

续表

民族	2000年			2010年		
	序	县（区、期）	人口	序	县（区、期）	人口
撒拉族	1	循化撒拉族自治县	63859	1	循化撒拉族自治县	77960
	2	化隆回族自治县	11100	2	化隆回族自治县	11284
	3	积石山保安族东乡族撒拉族自治县	9342	3	积石山保安族东乡族撒拉族自治县	10722
布朗族	1	勐海县	30605	1	勐海县	35708
	2	双江拉祜族佤族布朗族傣族自治县	12696	2	双江拉祜族佤族布朗族傣族自治县	13834
	3	永德县	7543	3	云县	9855
塔吉克族	1	塔什库尔干塔吉克自治县	25843	1	塔什库尔干塔吉克自治县	30629
	2	阿克陶县	4628	2	阿克陶县	5482
	3	泽普县	3412	3	泽普县	3886
阿昌族	1	陇川县	12221	1	陇川县	13483
	2	梁河县	11938	2	梁河县	12639
	3	云龙县	3276	3	腾冲县	2737
普米族	1	兰坪白族普米族自治县	14124	1	兰坪白族普米族自治县	16984
	2	宁蒗彝族自治县	9725	2	宁蒗彝族自治县	12526
	3	丽江纳西族自治县	5020	3	玉龙纳西族自治县	5465
鄂温克族	1	鄂温克族自治旗	9733	1	鄂温克族自治旗	9237
	2	莫力达瓦达斡尔族自治旗	5126	2	莫力达瓦达斡尔族自治旗	5314
	3	鄂伦春自治旗	3155	3	鄂伦春自治旗	2561
怒族	1	福贡县	16783	1	福贡县	19581
	2	贡山独龙族怒族自治县	6513	2	贡山独龙族怒族自治县	6956
	3	兰坪白族普米族自治县	2076	3	兰坪白族普米族自治县	2655

续表

民族	2000年			2010年		
	序	县（区、期）	人口	序	县（区、期）	人口
京族	1	防城区	3163	1	防城区	3391
	2	港口区	930	2	港口区	1232
	3	钦南区	396	3	钦南区	407
基诺族	1	勐腊县	897	1	勐腊县	1300
	2	思茅地区	143	2	思茅区	144
	3	官渡区	119	3	勐海县	94
昂族	1	镇康县	2374	1	镇康县	2258
	2	陇川县	1454	2	陇川县	1171
	3	耿马傣族佤族自治县	1158	3	耿马傣族佤族自治县	1069
保安族	1	积石山保安族东乡族撒拉族自治县	14107	1	积石山保安族东乡族撒拉族自治县	16622
	2	同仁县	285	2	同仁县	391
	3	临夏县	240	3	临夏县	198
俄罗斯族	1	天山区	907	1	天山区	1025
	2	沙依巴克区	747	2	海拉尔区	1015
	3	海拉尔市	724	3	沙依巴克区	730
裕固族	1	肃南裕固族自治县	9328	1	肃南裕固族自治县	8979
	2	城关区	143	2	肃州区	1911
	3	高台县	95	3	甘州区	1070
乌孜别克族	1	莎车县	1215	1	莎车县	1094
	2	木垒哈萨克自治县	1108	2	天山区	925
	3	天山区	638	3	木垒哈萨克自治县	795
门巴族	1	墨脱县	6905	1	墨脱县	7546
	2	林芝县	643	2	林芝县	815
	3	错那县	612	3	错那县	620

续表

民族	2000年			2010年		
	序	县（区、期）	人口	序	县（区、期）	人口
鄂伦春族	1	鄂伦春自治旗	2050	1	鄂伦春自治旗	1941
	2	逊克县	991	2	逊克县	1034
	3	塔河县	470	3	塔河县	479
独龙族	1	贡山独龙族怒族自治县	5189	1	贡山独龙族怒族自治县	5425
	2	福贡县	156	2	维西傈僳族自治县	237
	3	维西傈僳族自治县	135	3	福贡县	206
塔塔尔族	1	奇台县	553	1	奇台县	383
	2	天山区	380	2	天山区	370
	3	布尔津县	319	3	布尔津县	203
赫哲族	1	饶河县	529	1	郊区（佳木斯市）	415
	2	郊区（佳木斯市）	482	2	饶河县	410
	3	抚远县	468	3	抚远县	396
高山族	1	围场满族蒙古族自治县	180	1	围场满族蒙古族自治县	149
	2	荔浦县	109	2	荔浦县	112
	3	余干县	87	3	余干县	99
珞巴族	1	墨脱县	1270	1	米林县	1631
	2	米林县	1134	2	墨脱县	1297
	3	隆子县	101	3	隆子县	156

数据来源：《中国2000年人口普查资料》、《中国2010年人口普查资料》。

（二）28个人口较少民族人口的分布区域及变动

历史上，我国少数民族绝大部分居住在西部地区和东北地区，汉族居住在中原。为便于阐述，根据各个民族的世居地和传统划分，将对少数民族分布区域分成东北、西北、西南、东南四个区域来进行分析。

在我国28个人口较少民族中，以东北为世居地的少数民族有5个，分别为：赫哲族、达斡尔族、鄂温克族、鄂伦春族、锡伯族。2010 年，内蒙古和黑龙江的达斡尔族人口占到了该族总人口的 88.28%，与十年前相比，降低了 2.97 个百分点。2010 年黑龙江赫哲族人口占赫哲族总人口的比重为 67.48%，与十年前相比，黑龙江赫哲族人口占赫哲族总人口的比重降低了 16.79 个百分点。2010 年，内蒙古和黑龙江的鄂伦春族人口占鄂伦春族总人口的 87.48%，与十年前相比，降低了 3.34 个百分点。2010 年，内蒙古和黑龙江的鄂温克族人口占到鄂温克族总人口的 93.24%，与十年前相比，降低了 1.52 个百分点。2010 年，辽宁的锡伯族人口占锡伯族总人口的 69.52%，比十年前降低了 0.71 个百分点。2000 年以来，东北内蒙古地区少数民族人口分布变动非常明显：5 个民族的世居地人口绝对数及占其民族总人口比重都在减少。

世居西北地区的少数民族有 8 个，分别为柯尔克孜族、撒拉族、塔吉克族、乌孜别克族、俄罗斯族、保安族、裕固族、塔塔尔族。西北五省的聚居程度都非常高。2010 年，新疆的柯尔克孜族、塔吉克族、乌孜别克族、塔塔尔族人口占各自民族总人口的比重分别为 96.66%、92.54%、95.69%、91.17%，均在 90% 以上。2010 年，青海和甘肃的撒拉族、保安族人口占其各自民族总人口的比重分别为 92.34%、95.02%。甘肃的裕固族人口占其各自民族总人口的比重为 90.42%。西北五省世居少数民族的另外一个特点是，世居地人口占民族总人口比重最近二十年均在减少，从“四普”到“五普”，与“五普”到“六普”均如此，但下降缓慢。这说明这些民族流动性不强，与朝鲜族等流动性强的民族有着明显差别。

世居在西南的少数民族有：景颇族、布朗族、毛南族、阿昌族、普米族、怒族、京族、独龙族、门巴族、珞巴族、基诺族、德昂族、仫佬族等 13 个民族。这 13 个民族聚居程度都比较高，一般在西南地区分布的人口数量占到其民族总人口的 90% 以上。

世居在东南部的少数民族有 1 个，为高山族。高山族来自台湾，目前在东南沿海地区、中原地区都有分布，是 55 个少数民族中分布最分散的民族。

五、28 个人口较少民族的生育状况分析

生育对各民族人口发展起着决定作用。生育总量水平和模式变化决定着未来民族人口，包括民族人口数量、年龄结构和性别结构的变化。第六次人口普查提供了各民族育龄妇女的生育信息，这使我们可以较全面了解

我国目前各民族生育水平、生育模式及生育行为的差异和变化特征。这种差异在一定程度上反映出不同少数民族的婚姻家庭结构和生育文化特点，同时也反映出他们主要居住地的社会经济水平。

粗出生率的定义为全年新出生人数与年中总人数之比，一般来说，粗出生率是刻画人口生育最简单和最直观的指标。

表 12 我国 28 个人口较少民族 2000、2010 年粗出生率 （单位：‰）

民族	粗出生率		民族	粗出生率	
	2000 年	2010 年		2000 年	2010 年
全国	9.84	10.34	京族	18.37	19.15
土族	17.75	13.69	基诺族	9.89	17.07
仫佬族	11.32	16.39	德昂族	19.02	20.58
锡伯族	9.8	10.24	保安族	16.29	22.87
柯尔克孜族	19.67	18.93	俄罗斯族	7.95	8.77
景颇族	18.54	17.16	裕固族	17.33	10.22
达斡尔族	8.51	12.38	乌孜别克族	14.21	14.19
撒拉族	18.11	20.2	门巴族	9.27	19.13
布朗族	16.99	17.01	鄂伦春族	17.66	14.32
毛南族	12.83	16.58	独龙族	119.74	15.58
塔吉克族	17.89	14.94	赫哲族	20.05	12.33
普米族	21.23	14.72	高山族	18.54	12.22
阿昌族	18.58	21.14	珞巴族	20.92	20.91
怒族	16.54	15.78	塔塔尔族	10.57	14.06
鄂温克族	11.86	14.35			

资料来源：《中国 2000 年人口普查资料》、《中国 2010 年人口普查资料》。

2010 年的全国人口粗出生率约为 10.34‰，汉族粗出生率约为 9.93‰，少数民族粗出生率约为 14.82‰，少数民族粗出生率高于全国粗出生率 4.48 个千分点。

2010 年 28 个人口较少民族粗出生率相差悬殊，有 5 个少数民族的粗出生率超过了20‰，具体为：保安族（22.87‰）、阿昌族（21.14‰）、珞巴族（20.91‰）、德昂族（20.58‰）、撒拉族（20.20‰），有22个民族的粗出生率在10‰～20‰之间，低于10‰的民族有1个，为俄罗斯族（8.77‰）。

从2000年到2010年，全国人口粗出生率增加了0.50个千分点，汉族粗出生率增加了0.52个千分点，少数民族人口粗出生率增加了0.39个千分点，增长幅度低于全国粗出生率增长幅度。十年间，28个人口较少民族粗出生率变动的差异非常大，有13个民族粗出生率降低，有15个民族粗出生率升高。

六、28个人口较少民族的婚姻家庭情况及变动分析

社会经济条件、风俗习惯、宗教信仰、文化程度、职业等因素对婚姻有着不同程度的影响，不同民族、不同性别的人口婚姻状况也不尽相同。而随着各种因素的变化，人口的婚姻状况也在不断地变动。本章通过对第六次全国人口普查民族人口资料（以下简称“六普”）的数据进行分析，给出我国28个人口较少民族的婚姻状况和族际通婚情况。

（一）28个人口较少民族婚姻状况及变动分析

人口普查规定，婚姻状况分为四类：未婚、有配偶、离婚和丧偶。未婚是指从未结过婚的人；有配偶是指已婚并处于婚居状态的人；丧偶是指已结过婚但配偶已死亡，而本人并未再婚的人；离婚是指已通过法律手续正式解除婚姻关系但没有再婚的人。另外，在计算各种婚姻状况人数时，年龄下限为15岁，即只统计15岁及以上人口的婚姻。

“六普”数据显示，2010年，少数民族的未婚人口比重高于汉族和全国平均水平，有配偶人口比重低于汉族和全国平均水平，女性有配偶人口比重高于男性。

2010年全国28个人口较少民族中未婚人口比例在30%以上的有9个民族。其中门巴族人口的未婚比例最高，达到36.10%，其男性未婚人口占15岁及以上男性人口的比例达到42.36%，女性未婚人口占15岁及以上女性人口的比例达到了30.05%，比2000年均有提升。有配偶人口的比例最低，仅54.81%，比2000年下降了10个百分点，降幅较大。门巴族是婚姻恋爱自由，且和藏族长期居住在一起，相互通婚，2010年超高的未

婚比例、超低的有配偶人口比例应该是抽样误差造成。

2010 年我国 28 个人口较少民族人口婚姻状况，见表 13。

表 13　2010 年我国 28 个人口较少民族人口婚姻状况

（单位：%）

民族	未婚人口比重			有配偶人口比重			离婚人口比重			丧偶人口比重		
	小计	男	女	小计	男	女	小计	男	女	小计	男	女
土族	26.6	30.5	22.61	67.35	64.66	70.09	1.29	1.61	0.96	4.77	3.22	6.34
仫佬族	24.88	29.61	20.08	67.36	64.75	70.01	1.57	1.85	1.28	6.19	3.79	8.63
锡伯族	26.13	27.89	24.19	67.38	66.97	67.83	2.69	2.55	2.85	3.8	2.6	5.13
柯尔克孜族	28.49	31.41	25.59	63.44	63.39	63.49	2.78	2.65	2.92	5.28	2.55	8
景颇族	21.69	30.06	14.42	69.71	65.7	73.19	1.19	1.32	1.08	7.41	2.92	11.31
达斡尔族	26.97	31.93	22.39	64.72	61.91	67.32	3.15	3.82	2.53	5.16	2.34	7.76
撒拉族	21.93	25.75	18.11	70.77	70.26	71.27	2.83	1.66	4.01	4.47	2.33	6.61
布朗族	27.09	34.52	19.08	65.94	60.89	71.39	1.07	0.93	1.21	5.9	3.66	8.31
毛南族	23.87	29.82	17.55	67.94	64.27	71.86	1.15	1.62	0.66	7.03	4.3	9.94
塔吉克族	30.48	35.04	25.57	61.93	59.43	64.63	1.97	1.84	2.1	5.63	3.69	7.71
普米族	29.02	34.25	23.84	62.65	60.7	64.58	1.18	1.31	1.05	7.15	3.74	10.53
阿昌族	22.56	28.49	17.14	70.94	68.24	73.4	0.62	0.82	0.45	5.88	2.45	9.02
怒族	27.21	34.25	20.25	63.38	59.53	67.18	2.63	2.4	2.86	6.78	3.81	9.71
鄂温克族	30.64	36.33	25.66	61.38	59.28	63.22	3.19	2.64	3.68	4.79	1.76	7.44
京族	25.69	29.06	22.46	68.48	68.21	68.73	1.24	1.11	1.36	4.59	1.61	7.45
基诺族	23.07	29.84	16.04	70.17	65.91	74.6	1.43	0.52	2.37	5.33	3.73	7
德昂族	17.5	22.72	12.76	75.42	72.09	78.44	1.27	1.68	0.89	5.81	3.51	7.91
保安族	25.49	31.9	19.48	68.14	64.08	71.95	1.68	1.66	1.69	4.69	2.36	6.88
俄罗斯族	26.71	32.58	21.88	61.9	60.42	63.13	5.99	5.49	6.41	5.39	1.52	8.59
裕固族	22.86	25.99	19.5	69.61	70.07	69.11	2.14	1.43	2.9	5.39	2.51	8.49
乌孜别克族	30.12	31.22	28.88	60.88	63.41	58.04	2.96	1.95	4.09	6.05	3.41	8.99
门巴族	36.1	42.36	30.05	54.81	51.21	58.29	1.05	1.07	1.04	8.04	5.36	10.62

续表

民族	未婚人口比重			有配偶人口比重			离婚人口比重			丧偶人口比重		
	小计	男	女	小计	男	女	小计	男	女	小计	男	女
鄂伦春族	31.96	39.51	25.66	61.37	53.15	68.22	3.34	4.9	2.04	3.34	2.45	4.08
独龙族	32.35	44.41	20.55	56.92	48.95	64.73	1.9	1.4	2.4	8.82	5.24	12.33
赫哲族	32.15	34.47	29.95	62.17	63.11	61.29	2.13	0.97	3.23	3.55	1.46	5.53
高山族	27.16	29.68	24.68	65.81	66.45	65.19	1.92	1.29	2.53	5.11	2.58	7.59
珞巴族	32.61	37.31	28.17	56.16	55.22	57.04	1.45	0.01	2.82	9.78	7.46	11.97
塔塔尔族	30.22	30.06	30.41	61.06	66.47	54.73	3.12	2.31	4.05	5.61	1.16	10.81

数据来源:《中国2010年人口普查分民族人口资料》。

2010年全国28个人口较少民族中，有配偶人口比例均在50%以上。其中最高的为德昂族，为75.42%；最低的为门巴族，为54.81%。男、女有配偶比重差距最大为独龙族，差距为15.78%，其中男性有配偶比重为48.95%，女性有配偶比重为64.73%。

2010年28个人口较少民族中，离婚人口比例高于2.5%的有10个民族：俄罗斯族、鄂伦春族、鄂温克族、达斡尔族、塔塔尔族、乌孜别克族、撒拉族、柯尔克孜族、锡伯族和怒族；最高的是俄罗斯族，且其男性和女性的离婚人口比例都高。俄罗斯族由于人们的家庭婚姻观念的淡薄，青年人追求个性、自由和开放，再加上经济等问题是导致高离婚率的原因。离婚人口比例低于1%只有1个民族，阿昌族，为0.62%。

2010年，28个人口较少民族中，丧偶率高于8%的有3个民族，分别是珞巴族、门巴族和独龙族，其中珞巴族最高为9.78%，其女性的丧偶率也是最高的，达到了11.97%；低于4%的有3个民族，分别是锡伯族、鄂伦春族和赫哲族，最低的是鄂伦春族，为3.34%，其女性的丧偶率也是最低的，为4.08%。从丧偶率大小来看，丧偶率高的大部分是属于死亡率高的民族，丧偶率低的大部分是属于死亡率低的民族。

所有民族女性的丧偶率高于男性，不同民族之间差别程度不一样。女性丧偶比高出男性3个百分点以下的有2个民族，分别是锡伯族、鄂伦春族，其中鄂伦春族最低，女性比男性仅高出1.63个百分点；在3到5个百分点之间的有21个民族；在5到8个百分点之间的有24个民族；在8个百分点以上的有2个民族，分别是景颇族和塔塔尔族，其中塔塔尔族最高，女性与男性的丧偶比相差9.65个百分点。

（二）28个人口较少民族间的族际通婚

族际通婚是测度不同民族相互关系和深层次融合程度的一个极为重要的指标。来自不同民族的成员要结为夫妻，必须具备语言相通、宗教文化背景相似等前提条件。

我国是一个多民族的国家，族际通婚有利于加强民族间团结，增强中华民族的凝聚力。对于族际通婚的研究是客观评价中国民族关系的重要内容。2000年第五次人口普查，我国第一次公布不同民族通婚的具体数据。现利用“五普”、“六普”的数据对我国28个人口较少民族的族际通婚状况和最近十年的发展趋势进行统计分析。我们主要从人口普查中“户主”及其“户主配偶”，以及他们双方的民族成分来确定普查中户主及其配偶的民族通婚情况。

2010年全国少数民族族内婚比例为78.53%，族际通婚率为21.47%。28个人口较少民族中，有11个民族的族际通婚率超过50%，即族际婚姻比例超过族内婚姻的比例，其中有4个民族族际通婚率超过80%，最高的为鄂伦春族，达到88.63%。有12个民族族际通婚率在20%～50%之间。族际通婚率低于10%的民族有2个，其中最低是塔吉克族，仅为2.84%。具体见表14。

表14　2010年28个人口较少民族族际通婚率

族际通婚率	民族数量	分民族的族际通婚率
70%以上	7	鄂伦春族（88.63%）、赫哲族（87.44%）、俄罗斯族（85.54%）、高山族（80.36%）、锡伯族（75.53%）、塔塔尔族（71.37%）、鄂温克族（70.93%）
50%～70%	4	京族（63.71%）、达斡尔族（58.98%）、仫佬族（52.38%）、乌孜别克族（51.76%）
30%～50%	9	怒族（42.81%）、裕固族（42.39%）、珞巴族（42.06%）、毛南族（40.41%）、阿昌族（35.07%）、独龙族（34.76%）、普米族（34.11%）、保安族（32.99%）、布朗族（30.94%）

续表

族际通婚率	民族数量	分民族的族际通婚率
20% ~30%	3	基诺族（27.89%）门巴族（22.78%）、景颇族（20.46%）
10% ~20%	2	德昂族（19.56%）、撒拉族（13.81%）
10%以下	2	柯尔克孜族（4.29%）、塔吉克族（2.84%）

数据来源：《中国2010年人口普查分民族人口资料》。

2000年少数民族族内通婚率为79.20%，族外通婚率为20.80%。2000—2010年，少数民族族际通婚率上升了0.67个百分点。28个人口在30万以下的民族中，有21个民族的族际通婚率上升，有7个民族族际通婚率下降，下降的7个民族分别是：撒拉族、柯尔克孜族、乌孜别克族、塔塔尔族、塔吉克族、高山族、独龙族。降幅最大的是独龙族，下降了11.3个百分点。具体见表15。

表15 2000—2010年28个人口较少民族族际通婚率变化情况

（单位：百分点）

民族	2000年	2010年	变化	民族	2000年	2010年	变化
土族	31.56%	36.43%	4.87	京族	54.28%	63.71%	9.43
仫佬族	51.76%	52.38%	0.62	基诺族	21.7%	27.89%	6.19
锡伯族	75.25%	75.53%	0.28	德昂族	15.69%	19.56%	3.87
柯尔克孜族	5.15%	4.29%	-0.86	保安族	27.82%	32.99%	5.17
景颇族	15.55%	20.46%	4.91	俄罗斯族	83.2%	85.54%	2.34
达斡尔族	56.08%	58.98%	2.9	裕固族	40.98%	42.39%	1.41
撒拉族	13.94%	13.81%	-0.13	乌孜别克族	52.92%	51.76%	-1.16
布朗族	28.08%	30.94%	2.86	门巴族	17.42%	22.78%	5.36
毛南族	33.68%	40.41%	6.73	鄂伦春族	86.19%	88.63%	2.44
塔吉克族	7.99%	2.84%	-5.15	独龙族	46.06%	34.76%	-11.3
普米族	32.83%	34.11%	1.28	赫哲族	84.13%	87.44%	3.31
阿昌族	29.36%	35.07%	5.71	高山族	86.96%	80.36%	-6.6

续表

民族	2000 年	2010 年	变化	民族	2000 年	2010 年	变化
怒族	29.9%	42.81%	12.91	珞巴族	39.77%	42.06%	2.29
鄂温克族	67.92%	70.39%	2.47	塔塔尔族	76.20%	71.37%	-4.83

数据来源：《中国 2010 年人口普查分民族人口资料》。

11 个族际通婚率在 50% 以上的民族没有发生变化，但鄂伦春族、赫哲族、俄罗斯族、锡伯族、达斡尔族、仫佬族等的族际通婚率在上升，高山、塔塔尔、鄂温克、京、乌孜别克等的比例在下降。

族际通婚率在 10% 以下的民族，族际通婚率都在下降。

族际通婚率受到民族人口数量、聚居程度、城镇化程度、风俗习惯、语言文化等诸多方面的影响。各民族间的族际婚姻也较为明显地体现出这些影响因素。

28 个人口较少民族中，族际通婚率在 70% 以上的 7 个民族，均是城镇化率在 50% 以上的民族。虽然与外族通婚的绝对人数少，但人口基数低，其族际通婚率相对较高。

每个民族都与众多民族有着通婚关系，两个民族之间的通婚程度，受居住地、宗教信仰、传统风俗、语言等因素影响，各民族间的通婚率差别很大。汉族与 55 个少数民族都有通婚，28 个人口较少民族中，最多的土族与 34 个民族通婚，数量最少的保安族也与 11 个民族通婚。28 个民族族外婚通婚民族数量见表 16。

表 16　2010 年 28 个人口较少民族发生族际通婚关系的婚配民族数量

数量（个）	民族
34	土族
32	撒拉族、锡伯族
28	达斡尔族、布朗族
27	景颇族、仫佬族、京族
26	赫哲族
25	怒族
24	普米族、独龙族

续表

数量（个）	民族
23	高山族、毛南族
21	柯尔克孜族、基诺族
19	阿昌族、塔吉克族、俄罗斯族、塔塔尔族
16	鄂温克族、德昂族
14	裕固族、鄂伦春族
13	门巴族、珞巴族
12	乌孜别克族
11	保安族

数据来源：《中国2010年人口普查分民族人口资料》。

表17给出了2010年28个人口较少民族族外婚通婚率最高的3个民族的情况，和2000—2010年间的变化情况。

从数据上看，汉族是多数少数民族族外婚通婚率最高的民族，另外，聚居区和宗教是决定族外婚选择对象和影响族外婚通婚率的主要因素。

表17　2010年28个人口较少民族与56个民族通婚率最高的3个民族

（单位:%）

民族	2010年通婚率最高的民族	2000年通婚率最高的民族
土族	汉族（28.34）、藏族（4.18）、土家族（0.78）	汉族（25.10）、藏族（4.26）、苗族（0.35）
仫佬族	汉族（25.61）、壮族（18.66）、苗族（3.42）	汉族（24.87）、壮族（18.63）、苗族（3.68）
锡伯族	汉族（58.60）、满族（14.49）、蒙古族（1.66）	汉族（58.11）、满族（14.93）、蒙古族（1.55）
柯尔克孜族	维吾尔族（1.47）、汉族（1.08）、哈萨克族（1.02）	维吾尔族（1.89）、哈萨克族（1.5）、汉族（1.05）、
景颇族	汉族（16.92）、傣族（1.36）、傈僳族（0.57）	汉族（12.64）、傣族（1.01）、傈僳族（0.47）
达斡尔族	汉族（44.36）、蒙古族（6.03）、鄂温克族（4.61）	汉族（41.50）、蒙古族（5.80）、鄂温克族（4.47）
撒拉族	回族（9.87）、汉族（1.58）、保安族（0.94）	回族（9.93）、汉族（1.14）、东乡族（1.13）

续表

民族	2010 年通婚率最高的民族	2000 年通婚率最高的民族
布朗族	汉族（20.15）、彝族（4.20）、佤族（1.46）	汉族（17.56）、彝族（3.65）、佤族（1.93）
毛南族	壮族（21.76）、汉族（11.07）、布依族（4.43）	壮族（18.44）、汉族（8.68）、布依族（3.86）
塔吉克族	维吾尔族（1.13）、汉族（0.99）、傣族（0.13）	汉族（6.11）、维吾尔族（1.24）、满族（0.13）
普米族	汉族（11.72）、纳西族（8.12）、白族（7.57）	汉族（10.91）、纳西族（8.50）、白族（6.01）
阿昌族	汉族（25.11）、傣族（4.83）、白族（2.07）	汉族（19.76）、傣族（4.67）、白族（2.45）
怒族	汉族（17.19）、傈僳族（14.05）、白族（3.89）	傈僳族（15.64）、汉族（5.65）、白族（4.27）
鄂温克族	汉族（34.85）、达斡尔族（20.67）、蒙古族（11.79）	汉族（32.56）、达斡尔族（21.31）、蒙古族（10.13）
京族	汉族（47.94）、壮族（8.82）、瑶族（3.02）	汉族（41.45）、壮族（8.43）、瑶族（2.8）
基诺族	汉族（15.42）、哈尼族（4.22）、彝族（4.06）	汉族（12.28）、彝族（3.21）、哈尼族（2.87）
德昂族	汉族（12.05）、傣族（3.93）、景颇族（1.54）	汉族（8.77）、傣族（3.16）、景颇族（1.41）
保安族	回族（21.11）、撒拉族（6.50）、东乡族（3.39）	回族（16.17）、撒拉族（6.54）、东乡族（3.35）
俄罗斯族	汉族（75.27）、蒙古族（3.49）、回族（1.59）	汉族（74.04）、蒙古族（2.64）、满族（1.49）
裕固族	汉族（34.31）、藏族（4.43）、回族（2.15）	汉族（34.08）、藏族（4.48）、蒙古族（0.7）
乌孜别克族	维吾尔族（35.10）、哈萨克族（10.68）、汉族（2.86）	维吾尔族（34.41）、哈萨克族（12.74）、汉族（1.84）
门巴族	汉族（10.32）、藏族（8.79）、珞巴族（2.53）	汉族（6.58）、藏族（6.58）、珞巴族（3.37）
鄂伦春族	汉族（69.00）、达斡尔族（7.20）、蒙古族（4.46）	汉族（65.62）、达斡尔族（7.49）、蒙古族（4.63）
独龙族	汉族（11.59）、傈僳族（11.59）、怒族（5.24）	汉族（27.38）、傈僳族（8.51）、怒族（4.07）

续表

民族	2010年通婚率最高的民族	2000年通婚率最高的民族
赫哲族	汉族（78.28）、满族（3.07）、朝鲜族（0.88）	汉族（77.60）、满族（3.76）、回族（0.78）
高山族	汉族（66.69）、满族（3.65）、蒙古族（1.99）	汉族（71.78）、满族（4.21）、瑶族（1.85）
珞巴族	藏族（25.99）、门巴族（7.74）、汉族（6.05）	藏族（19.54）、门巴族（9.66）、汉族（5.4）
塔塔尔族	哈萨克族（34.35）、维吾尔族（20.10）、汉族（7.59）	哈萨克族（43.49）、维吾尔族（17.45）、汉族（7.85）

数据来源：《中国2010年人口普查分民族人口资料》。

七、28个人口较少民族的受教育状况及变动分析

（一）28个人口较少民族人均受教育年限及变动分析

人均受教育年限一般指6岁及以上人口接受学历教育的平均年限。人均受教育年限是国际上衡量一定区域范围内人口文化素质最常见的综合性指标。它把全体人口中各类受教育水平的状况综合成一个数值来衡量，既具有实际意义，又具有概括性，常用于国家间、一个国家各地区间民众受教育程度的度量和比较。

此处将传统的5种受教育水平扩展为6种，即文盲0年，小学文化6年，初中文化9年、高中（含中专）文化12年、本科文化（含专科）16年，研究生文化19年，利用各类教育人口比例进行加权计算，得到“五普”和“六普”少数民族的人均受教育年限。

2000年全国人均受教育年限为7.62年，少数民族人均受教育年限为6.7年，低于全国水平0.92年。2000年人口较少民族人均受教育年限最高的是俄罗斯族，达到9.7年。最低的为门巴族，仅为3.21年，两者差距超过3倍，差距巨大。

2010年全国人均受教育年限为8.81年，少数民族受教育年限为7.88年，低于全国水平0.93年。由表18可以看出，2010年人口较少民族人均受教育年限最高的仍然是俄罗斯族，达到11.26年，依然高于全国水平。最低的依然为门巴族，为5.22年，但比2000年的3.21年有很大的提高。

从人均受教育年限的增长来看，2000 年到 2010 年，全国和少数民族的人均受教育年限均有明显增加。28 个人口较少民族中，增幅最大的是保安族，为 76.23%，年均增长率为 5.83%，绝对人均受教育年限增加了 2.94 年。增长幅度最小的是乌孜别克族，为 12.04%，年均增长率为 1.14%，绝对人均受教育年限增加了 1.07 年。虽然 28 个人口较少民族平均受教育年限的增长幅度很大，但绝对受教育年限依然低于全国水平。且部分民族差距很大，各民族之间受教育程度参差不齐；另一方面，人均受教育年限只是受教育程度平均水平的度量，并不能很好地反映出某一阶段的教育水平，且每个民族基本人口数差距很大，需结合文盲率数据和高等教育人口比例数据来辅助分析，从而对人均受教育年限高低不同的原因做出一定的解释。

表 18　28 个人口较少民族人均受教育年限　（单位：年）

民族	2000 年	2010 年	增长幅度
全国	7.62	8.81	15.62%
少数民族	6.70	7.88	17.70%
土族	6.15	7.88	28.17%
仫佬族	7.48	8.46	13.12%
锡伯族	8.90	10.00	12.36%
柯尔克孜族	6.88	8.21	19.41%
景颇族	5.96	6.95	16.72%
达斡尔族	8.82	10.06	14.11%
撒拉族	4.02	6.07	50.82%
布朗族	4.81	6.35	31.96%
毛南族	7.38	8.34	13.00%
塔吉克族	6.35	8.00	26.00%
普米族	5.36	7.37	37.48%
阿昌族	6.04	7.33	21.32%
怒族	4.78	6.90	44.21%
鄂温克族	8.57	10.08	17.51%

续表

民族	2000 年	2010 年	增长幅度
京族	7.93	9.00	13.48%
基诺族	6.28	7.69	22.39%
德昂族	4.92	5.81	18.22%
保安族	3.85	6.79	76.23%
俄罗斯族	9.70	11.26	16.01%
裕固族	7.20	8.78	21.95%
乌孜别克族	8.90	9.97	12.04%
门巴族	3.21	5.22	62.98%
鄂伦春族	8.99	10.57	17.59%
独龙族	5.71	6.96	21.82%
赫哲族	9.36	10.74	14.78%
高山族	8.83	10.31	16.76%
珞巴族	3.56	5.65	58.98%
塔塔尔族	9.55	10.72	12.34%

数据来源：《中国2000年人口普查资料》、《中国2010年人口普查资料》。

（二）28个人口较少民族人口文盲率及变动分析

文盲率指的是超过学龄期（12～15岁以上）年龄既不会读又不会写字的人在相应的人口中所占的比例，衡量一个国家或地区的人口受教育程度的逆向指标。

表19 28个人口较少民族分性别（15岁及以上）人口文盲率 （单位：%）

民族	2000 年			2010 年		
	合计	男	女	合计	男	女
全国	9.08	4.86	13.47	4.88	2.52	7.29
少数民族	14.54	8.92	20.41	8.12	4.97	11.36
土族	23.2	13.4	33.38	11.46	6.63	16.43

续表

民族	2000年			2010年		
	合计	男	女	合计	男	女
仫佬族	5.96	2.33	9.83	3.84	1.57	6.18
锡伯族	2.74	1.75	3.82	0.87	0.59	1.19
柯尔克孜族	9.05	6.79	11.41	3.01	2.4	3.65
景颇族	15.71	11.04	20.12	8.96	5.74	11.84
达斡尔族	3.46	2.5	4.39	0.87	0.64	1.09
撒拉族	49.11	29.4	69.8	24.13	14.05	34.27
布朗族	23.43	15.62	31.96	12.59	8.6	16.8
毛南族	7.52	2.86	12.71	3.97	1.69	6.43
塔吉克族	13.32	9.56	17.27	3.74	2.64	4.9
普米族	30.06	15.82	44.58	15.41	7.1	23.61
阿昌族	13.56	7.17	20.1	8.13	4.09	12.05
怒族	32.02	24.11	40.72	14.38	10.68	18.16
鄂温克族	3.81	2.9	4.63	1.03	0.82	1.22
京族	7.92	1.94	13.39	5.36	1.5	9.11
基诺族	17.13	13.8	20.52	9.74	7.02	12.56
德昂族	21.25	15.98	26.54	21.39	15.18	27.24
保安族	55.94	36.99	75.14	11.73	7.44	15.83
俄罗斯族	3.64	1.99	5.06	1.09	0.51	1.61
裕固族	14.62	8.81	20.47	6.22	3.39	9.16
乌孜别克族	2.5	1.93	3.14	1.57	1.37	1.8
门巴族	56.21	49.4	62.91	36.14	33.54	38.66
鄂伦春族	3.48	2.91	3.96	1.04	0.7	1.33
独龙族	26.8	18.66	34.48	17.04	12.28	21.39
赫哲族	3.06	2.19	3.93	1.58	0.97	2.15
高山族	5.58	4.17	7.29	2.57	1.44	3.73

续表

民族	2000年			2010年		
	合计	男	女	合计	男	女
珞巴族	50.79	44.7	56.76	31.13	26.79	35.29
塔塔尔族	1.98	1.44	2.59	1.15	0.65	1.73

数据来源：《中国2000年人口普查资料》、《中国2010年人口普查资料》。

由表19得知，2010年全国人口文盲率为4.88%，少数民族人口文盲率为8.12%，远高于全国平均水平。28个人口较少民族的文盲率最低的为锡伯族和达斡尔族，均为0.87%，最高的为门巴族，为36.14%。

从2000年到2010年，全国平均文盲率从9.08%降到4.88%，少数民族的平均文盲率从14.54%下降到8.12%。十年间，少数民族总体文盲率大幅下降。28个人口较少民族中，保安族的文盲率下降最多，由2000年的55.94%下降到11.73%，下降了44.21个百分点。

2010年我国少数民族男性文盲率为4.97%，女性文盲率为11.36%；少数民族男女受教育的不平等现象比较严重，其中人口28个人口较少民族中男女文盲率差距最大的为撒拉族，为20.22%；男女文盲率差距最小的为鄂温克族，为0.4%。

（三）28个人口较少民族高等教育人口比例及变动分析

高等教育人口包括大专、本科、研究生三类受教育群体，通常是采用每十万人大专以上学历人口数来表示。该指标能衡量一个地区或民族的高端教育人口比例。

2010年，全国每十万人大专以上学历人数为8882人，少数民族每十万人大专以上学历人数为6488。28个人口较少民族中每十万人大专以上学历人数最多的为俄罗斯族，为27655，远高于全国水平，其中最低的为德昂族，每十万人大专以上学历人数仅为1892人。

从2000年到2010年全国每十万人大专以上学历人数增加了2.5倍。少数民族每十万人大专以上学历人数增加了2.5倍，和全国增加倍数基本一致。2010年有3个民族的每十万人大专以上学历人数没有达到2000年全国平均水平，分别是景颇族（3343人）、布朗族（3229人）、德昂族（1892人）（见表20）。

表20　28个人口较少民族每十万人大专以上学历人口数　（单位：人）

民族	2000年			2010年		
	合计	男	女	合计	男	女
全国	3543	4240	2801	8882	9444	8292
少数民族	2589	3021	2133	6488	6672	6294
土族	3253	3961	2509	8838	9241	8416
仫佬族	2955	3463	2412	8039	7846	8240
锡伯族	7799	7764	7838	15862	14740	17092
柯尔克孜族	2860	3519	2180	7267	7527	7000
景颇族	717	970	471	3343	3562	3139
达斡尔族	7025	6897	7152	16378	15233	17484
撒拉族	1429	1973	853	4446	5338	3527
布朗族	497	625	361	3229	3103	3361
毛南族	2273	2851	1630	7107	7196	7011
塔吉克族	1989	2897	1041	6879	8969	4692
普米族	1640	2200	1063	7345	8048	6641
阿昌族	967	1338	585	4353	4683	4024
怒族	1078	1488	640	5605	5961	5243
鄂温克族	6166	5984	6337	16564	14583	18356
京族	4947	6462	3414	10422	10738	10092
基诺族	1211	1538	874	5842	5662	6027
德昂族	424	631	213	1892	2152	1645
保安族	1339	1996	655	4493	5142	3848
俄罗斯族	12896	11432	14204	27655	24602	30398
裕固族	4709	5725	3670	13980	15235	12675
乌孜别克族	9547	8695	10490	19321	17539	21385
门巴族	1345	1265	1424	6373	5512	7226
鄂伦春族	8041	7748	8302	21250	19737	22568

续表

民族	2000 年			2010 年		
	合计	男	女	合计	男	女
独龙族	2128	2960	1324	5786	6271	5334
赫哲族	10388	10179	10591	23889	21011	26711
高山族	9549	10174	8811	19930	20207	19646
珞巴族	1282	1213	1350	5133	4382	5854
塔塔尔族	12945	12118	13846	24691	21906	27882

数据来源:《中国2000年人口普查资料》、《中国2010年人口普查资料》。

八、28个人口较少民族的职业状况及变动分析

(一) 28个人口较少民族的产业人口构成及变动分析

2010年,全国少数民族在业人口中,三大产业在业人口比重分别为69.42%、12.15%和18.43%。第一产业比全国高21.06个百分点,第二、第三产业则分别低12和9.06个百分点,见表21。与全国和汉族比较,少数民族产业人口构成特点是第一产业比重大,第二、三产业比重小,即工业、服务业落后,大量劳动力从事农牧业。

表21 少数民族与全国及汉族的劳动力产业结构 (单位:%)

	2000 年			2010 年		
	第一产业	第二产业	第三产业	第一产业	第二产业	第三产业
全国	64.38	16.81	18.81	48.36	24.15	27.49
汉族	62.99	17.70	19.31	46.42	25.26	28.32
少数民族	78.85	7.57	13.58	69.42	12.15	18.43

资料来源:《中国2000年人口普查资料》、《中国2010年人口普查资料》。

从2000年到2010年,少数民族劳动力在业人口中,第一产业减少了9.43个百分点,第二、第三产业则分别增加了4.58和4.63个百分点。随着国家经济社会发展,少数民族人口产业构成也发生了一定的变化:第一产业比重降低,第二、三产业比重增加,在业人口由农牧业向工业和服务

业转移。

表22　2010年我国28个人口较少民族产业人口比例　（单位：%）

民族	第一产业	第二产业	第三产业
全国	48.36	24.15	27.49
汉族	46.42	25.26	28.32
少数民族	69.42	12.15	18.43
土族	69.06	13.41	17.53
仫佬族	55.82	19.46	24.72
锡伯族	53.74	13.64	32.62
柯尔克孜族	81.30	3.30	15.41
景颇族	82.26	5.06	12.68
达斡尔族	52.57	8.89	38.55
撒拉族	65.26	5.19	29.56
布朗族	85.52	5.41	9.07
毛南族	63.60	18.61	17.78
塔吉克族	88.79	2.17	9.04
普米族	77.80	6.05	16.15
阿昌族	78.95	9.48	11.57
怒族	80.11	6.17	13.73
鄂温克族	58.60	6.20	35.20
京族	48.92	9.04	42.04
基诺族	82.47	2.64	14.90
德昂族	89.77	3.17	7.06
保安族	77.36	6.20	16.44
俄罗斯族	18.45	13.75	67.80
裕固族	65.88	8.13	26.00
乌孜别克族	33.42	13.00	53.58
门巴族	84.59	3.11	12.3

续表

民族	第一产业	第二产业	第三产业
鄂伦春族	30.29	9.12	60.59
独龙族	88.30	3.75	7.95
赫哲族	32.38	20.49	47.13
高山族	43.58	19.27	37.16
珞巴族	87.63	1.61	10.75
塔塔尔族	54.79	7.45	37.77

资料来源:《中国2010年人口普查资料》。

但与全国相比,少数民族产业人口构成进步程度仍然较低,进步速度也较慢。十年间,全国第一产业人口比重减少了16.02个百分点,比少数民族多减少了6.59个百分点;全国第二、第三产业劳动力人口分别增加了7.34和8.68个百分点,比少数民族多增加了2.76和3.83个百分点。说明在社会与经济发展速度上,少数民族产业人口构成进步程度与全国相比仍然存在一定的差距。

2010年我国28个人口较少民族的产业人口构成见表22,2000年我国28个人口较少民族的产业人口构成见表23。

表23 2000年28个人口较少民族的产业人口比例 (单位:%)

民族	第一产业	第二产业	第三产业
全国	64.38	16.81	18.81
汉族	62.99	17.7	19.31
少数民族	78.85	7.57	13.58
土族	83.15	6.41	10.45
仫佬族	71.5	11.95	16.55
锡伯族	64.5	12.01	23.49
柯尔克孜族	85.09	1.28	13.63
景颇族	90.14	2.26	7.61
达斡尔族	53.33	10.31	36.36

续表

民族	第一产业	第二产业	第三产业
撒拉族	82.03	4.06	13.91
布朗族	93.77	1.64	4.59
毛南族	79.59	8.1	12.31
塔吉克族	80.2	2.18	17.63
普米族	87.99	1.67	10.34
阿昌族	89.72	2.83	7.45
怒族	88.34	1.27	10.39
鄂温克族	57.34	6.44	36.21
京族	50.14	9.68	40.18
基诺族	82.85	2.72	14.43
德昂族	94.76	0.97	4.27
保安族	84.26	2.87	12.87
俄罗斯族	21.19	19.54	59.27
裕固族	76.23	5.17	18.6
乌孜别克族	34.72	11.71	53.57
门巴族	82.41	0.89	15.81
鄂伦春族	40.0	10.49	49.51
独龙族	93.84	0.78	5.37
赫哲族	39.36	13.65	46.99
高山族	40.38	23.47	36.15
珞巴族	87.2	1.6	11.2
塔塔尔族	32.57	8.57	58.86

资料来源：《中国2000年人口普查资料》。

2010年，28个人口较少民族中有10个第一产业人口构成超过80%，处于农耕社会阶段，具体为：德昂族（89.77%）、塔吉克族（88.79%）、独龙族（88.3%）、珞巴族（87.63%）、布朗族（85.52%）、门巴族

(84.59%)、基诺族(82.47%)、景颇族(82.26%)、柯尔克孜族(81.3%)、怒族(80.11%)。同时，在28个人口较少民族中有23个民族的第一产业人口构成均高于全国平均水平(48.36%)。

2000年，28个人口较少民族中有15个第一产业人口构成超过80%，其中有4个民族的第一产业人口构成超过了90%。到2010年，这28个少数民族第一产业构成均降低到90%以下，有7个民族第一产业人口构成从80%以上降到了80%以下。

(二) 28个人口较少民族的职业人口构成及变动分析

根据2002年劳动和社会保障部制定的《劳动力市场职业分类与代码(LB501—2002)》，将我国的职业分为6个大类，56个中类，236个小类，1838个细类。此处将按照六个大类的职业类别研究我国少数民族的职业人口构成，六类职业为：1. 国家机关、党群组织、企事业单位负责人；2. 专业技术人员；3. 办事人员和有关人员；4. 商业、服务业人员；5. 生产运输设备操作人员及有关人员；6. 农林牧渔水利业生产人员(注：下文1、2……6分别代表上述各职业)。下面利用人口普查数据对我国28个人口较少民族的职业分布状况及变动进行分析。

2010年我国28个人口较少民族的职业人口比例见表24，2000年28个人口较少民族的职业人口比例见表25。

表24 2010年28个人口较少民族的职业人口比例 (单位:%)

民族	国家企事业负责人	专业技术人员	办事人员	商业服务	生产运输	农林牧渔
全国	1.77	6.84	4.32	16.17	22.49	48.31
汉族	1.85	7.01	4.46	16.79	23.41	46.39
土族	1.06	6.90	3.43	7.36	12.39	68.83
仫佬族	1.55	6.61	4.06	13.28	18.78	55.62
锡伯族	1.91	10.26	5.76	15.40	13.06	53.60
柯尔克孜族	1.74	6.31	3.23	4.03	3.08	81.59
景颇族	0.52	2.96	3.09	6.20	4.85	82.39
达斡尔族	2.40	13.70	8.57	13.30	10.46	51.47

续表

民族	国家企事业负责人	专业技术人员	办事人员	商业服务	生产运输	农林牧渔
撒拉族	1.72	4.60	2.45	19.06	6.96	65.13
布朗族	0.39	2.85	1.39	4.34	5.62	85.41
毛南族	0.92	5.89	3.51	8.11	18.20	63.34
塔吉克族	0.94	5.00	1.65	1.89	2.27	88.25
普米族	0.86	4.48	2.79	8.18	5.88	77.81
阿昌族	0.61	3.55	1.92	5.24	9.82	78.86
怒族	0.90	4.33	2.84	5.69	6.23	80.00
鄂温克族	2.14	10.80	9.02	11.39	8.73	57.91
京族	2.01	6.73	5.57	25.52	10.13	50.04
基诺族	0.86	5.09	2.84	6.47	2.38	82.36
德昂族	0.16	1.67	1.43	3.82	3.19	89.72
保安族	0.99	4.96	3.27	8.23	5.65	76.91
俄罗斯族	4.21	24.31	14.26	22.20	18.80	16.21
裕固族	2.00	8.63	5.75	11.38	6.63	65.63
乌孜别克族	2.93	14.13	12.80	21.07	17.60	31.47
门巴族	0.33	3.65	3.98	4.31	3.65	84.08
鄂伦春族	5.59	16.47	18.53	17.94	12.35	29.12
独龙族	0.88	4.19	1.55	2.21	3.53	87.64
赫哲族	2.46	17.21	10.25	16.39	21.31	32.38
高山族	4.13	8.72	11.01	16.97	15.14	44.04
珞巴族	0.55	2.20	3.30	3.30	3.30	87.36
塔塔尔族	1.06	17.02	6.91	11.17	9.57	54.26

数据来源：《中国2010年人口普查资料》。

表25　2000年28个人口较少民族的职业人口比例　（单位:%）

民族	国家企事业负责人	专业技术人员	办事人员	商业服务	生产运输	农林牧渔
全国	1.67	5.70	3.10	9.18	15.83	64.46
汉族	1.72	5.80	3.19	9.52	16.61	63.09
土族	0.68	5.04	2.31	2.80	6.12	83.03
仫佬族	1.10	5.21	2.61	7.24	12.26	71.42
锡伯族	2.48	9.62	4.29	7.99	11.38	64.20
柯尔克孜族	1.46	8.00	1.69	2.64	2.00	84.22
景颇族	0.64	2.49	1.55	2.79	2.43	90.07
达斡尔族	3.68	13.23	7.96	10.74	12.10	52.19
撒拉族	1.43	2.90	1.56	8.20	4.08	81.80
布朗族	0.37	1.97	0.85	1.38	1.66	93.74
毛南族	0.84	5.54	2.02	4.22	7.80	79.53
塔吉克族	2.56	9.65	2.56	2.52	2.90	79.81
普米族	1.03	3.48	2.06	3.19	2.30	87.94
阿昌族	0.84	3.73	1.05	2.15	2.73	89.40
怒族	1.09	4.23	1.63	2.78	1.81	88.46
鄂温克族	3.85	12.57	8.72	10.68	7.62	56.32
京族	2.81	9.23	6.33	19.28	11.95	50.23
基诺族	0.66	5.52	2.56	5.94	2.89	82.44
德昂族	0.78	1.36	0.39	1.75	1.16	94.57
保安族	1.17	3.51	3.09	3.83	3.19	84.89
俄罗斯族	5.63	18.71	12.42	19.70	23.68	19.87
裕固族	3.10	6.85	3.10	5.56	5.17	76.23
乌孜别克族	4.37	19.44	9.72	19.25	12.70	34.52
门巴族	3.79	6.68	1.78	3.79	2.23	81.74
鄂伦春族	5.25	14.75	15.41	11.48	13.44	39.67

续表

民族	国家企事业负责人	专业技术人员	办事人员	商业服务	生产运输	农林牧渔
独龙族	0.91	2.17	0.52	1.78	0.87	93.76
赫哲族	6.02	16.06	11.24	12.85	16.06	37.75
高山族	8.92	13.62	7.51	12.21	17.84	39.91
珞巴族	0.00	4.00	3.20	3.20	0.80	88.80
塔塔尔族	2.29	28.57	8.57	16.00	13.14	31.43

数据来源：《中国2000年人口普查资料》。

2010年，少数民族职业人口中，六大类职业人口所占比重分别为0.93%、4.94%、2.82%、9.48%、12.38%和69.37%。

我国少数民族职业人口中，农林牧渔水利业生产人员占绝大多数，接近70%，其次是生产运输设备操作人员及有关人员和商业、服务业人员，但相对农牧人员数量要少很多。除农林牧渔水利业生产人员的占比外，其余各职业劳动力人员比例均很低，且均低于全国平均水平。

从2000年到2010年，我国少数民族职业人口结构有了一定的进步。在我国少数民族职业人口有所增加的情况下，农林牧渔水利业生产人员比例从78.77%降到69.44%。从全国层面看，2010年全国劳动力人员中农林牧渔水利业生产人员所占的比例为48.31%，汉族劳动力人员中农民所占的比例为46.39%。与全国及汉族相比，少数民族劳动力中农林牧渔水利业人口比例较大，比全国高出了21.11个百分点，比汉族高出了23.04个百分点。这表明我国少数民族劳动力的非农化过程虽已推进，但其农林牧渔水利业生产人员还占在业人口的绝大多数，非农化进程还很艰巨。

在28个人口较少民族中，2010年农林牧渔水利业生产人员比例最低的是俄罗斯族，仅为16.21%，最高的为德昂族，为89.72%。从2000年到2010年，农林牧渔水利业生产人员比例下降最多的为撒拉族，下降了16.67个百分点。塔吉克族、鄂温克族、门巴族、高山族、塔塔尔族这5个民族农林牧渔水利业生产人员比例有所上升，而且塔塔尔族农林牧渔水利业生产人员比例上升了22.83个百分点。

2000—2010年期间，少数民族职业人口出现的一个非常重要的变化是国家机关、党群组织、企事业单位负责人比例不升反降。从 2000 年的 1. 12%，降低到 2010 年的 0. 93%，部分少数民族降低到 0. 5% 以下。而同期全国及汉族党政机关、党群组织、企事业单位负责人比例分别从 1. 67%、1. 72 提升到 1. 77%、1. 85%。28 个人口较少民族中，只有土族、仫佬族、柯尔克孜族、撒拉族、布朗族、毛南族、基诺族、鄂伦春族及珞巴族 9 个民族的国家机关、党群组织、企事业单位负责人比例有所增加。这一现象应引起国家有关部门的注意。

目前，我国国家机关公务员、事业单位工作人员录用采用考试方式，准入门槛提高。少数民族受过高等教育人口比例低，且很多地区少数民族考生是靠加分照顾进入大学，所学专业受限制，竞争力低，在公务员等考试竞争中处于劣势。另外，少数民族学生进入企业的比例低，在企业中员工职级升迁中处于弱势地位。

这一现象的出现，从一个侧面说明少数民族教育还比较落后。近十年国家一直加大对少数民族教育的支持力度，实现了双基达标、减免学杂费、提供免费午餐等，实际效果显著，但仅是达到了普及义务教育。保证少数民族学生能上大学的层次，还未达到提高培养质量、提高少数民族学生择业竞争力的层次。有学上的问题解决了，而上好学的问题成为比较迫切的问题，需要在民族地区双语教学、加强理科课程教学方面下大力气。

九、28 个人口较少民族的人口流动状况分析

（一）28 个人口较少民族人口流动率、流动强度分析

2010 年我国总人口为 133281. 09 万人，流动人口为 22103. 09 万人，流动人口比例（简称流动率）为 16. 58%；少数民族总人口为 11132. 48 万人，流动人口为 1426. 09 万人，流动人口比例为 12. 81%；少数民族人口占全国人口比例为 8. 35%，少数民族流动人口占全国流动人口的比例为 6. 45%。我国 28 个人口较少民族流动人口及省内和省外流动强度如表 26 和表 27 所示。

表 26　2010 年 28 个人口较少民族流动人口　　（单位：万人）

民族	总人口	流动人口	流动率	民族	总人口	流动人口	流动率
全国	133281.09	22103.09	16.58%	鄂温克族	3.09	0.59	19.25%
汉族	122084.45	20589.93	16.87%	京族	2.82	0.37	13.19%
人口较少民族	189.12	25.57	13.52%	基诺族	2.31	0.21	9.00%
土族	28.96	5.36	18.51%	德昂族	2.06	0.13	6.35%
仫佬族	21.63	3.50	16.17%	保安族	2.01	0.18	9.10%
锡伯族	19.05	2.64	13.88%	俄罗斯族	1.54	0.27	17.77%
柯尔克孜族	18.67	1.19	6.36%	裕固族	1.44	0.34	23.33%
景颇族	14.78	1.65	11.18%	乌孜别克族	1.06	0.14	13.44%
达斡尔族	13.20	1.99	15.06%	门巴族	1.06	0.07	7.04%
撒拉族	13.06	2.05	15.70%	鄂伦春族	0.87	0.18	20.69%
布朗族	11.96	0.83	6.94%	独龙族	0.69	0.05	7.69%
毛南族	10.12	1.78	17.64%	赫哲族	0.54	0.11	20.99%
塔吉克族	5.11	0.66	12.97%	高山族	0.40	0.07	18.46%
普米族	4.29	0.40	9.23%	珞巴族	0.37	0.02	6.08%
阿昌族	3.96	0.42	10.73%	塔塔尔族	0.36	0.05	13.89%
怒族	3.75	0.29	7.71%				

数据来源：《中国 2010 年人口普查资料》。

表 27　2010 年 28 个人口较少民族流动人口和强度　　（单位：万人）

民族	总人口	流动人口	省内流动		省外流动	
			人口数量	强度	人口数量	强度
全国	133281.09	22103.09	13515.46	61.15%	8587.63	38.85%
汉族	122084.45	20589.93	12492.66	60.67%	8097.27	39.33%
人口较少民族	189.12	25.57	17.09	66.84%	8.48	33.16%
土族	28.96	5.36	2.66	49.60%	2.70	50.40%

续表

民族	总人口	流动人口	省内流动		省外流动	
			人口数量	强度	人口数量	强度
仫佬族	21.63	3.50	1.95	55.72%	1.55	44.28%
锡伯族	19.05	2.64	2.24	84.78%	0.40	15.22%
柯尔克孜族	18.67	1.19	1.05	88.12%	0.14	11.88%
景颇族	14.78	1.65	1.35	81.57%	0.30	18.43%
达斡尔族	13.20	1.99	1.41	70.70%	0.58	29.30%
撒拉族	13.06	2.05	1.45	70.80%	0.60	29.20%
布朗族	11.96	0.83	0.63	75.53%	0.20	24.47%
毛南族	10.12	1.78	1.05	58.59%	0.74	41.41%
塔吉克族	5.11	0.66	0.30	45.84%	0.36	54.16%
普米族	4.29	0.40	0.35	87.65%	0.05	12.35%
阿昌族	3.96	0.42	0.32	74.79%	0.11	25.21%
怒族	3.75	0.29	0.20	70.11%	0.09	29.89%
鄂温克族	3.09	0.59	0.46	77.81%	0.13	22.19%
京族	2.82	0.37	0.29	77.47%	0.08	22.53%
基诺族	2.31	0.21	0.19	91.55%	0.02	8.45%
德昂族	2.06	0.13	0.10	76.92%	0.03	23.08%
保安族	2.01	0.18	0.10	56.49%	0.08	43.51%
俄罗斯族	1.54	0.27	0.20	74.67%	0.07	25.33%
裕固族	1.44	0.33	0.30	90.01%	0.03	9.99%
乌孜别克族	1.06	0.14	0.12	87.33%	0.02	12.67%
门巴族	1.06	0.08	0.06	78.23%	0.02	21.77%
鄂伦春族	0.87	0.18	0.12	68.09%	0.06	31.91%
独龙族	0.69	0.06	0.04	67.92%	0.02	32.08%
赫哲族	0.54	0.11	0.06	53.20%	0.05	46.80%
高山族	0.40	0.08	0.04	47.84%	0.04	52.16%

续表

民族	总人口	流动人口	省内流动		省外流动	
			人口数量	强度	人口数量	强度
珞巴族	0.37	0.02	0.02	72.32%	0.01	27.68%
塔塔尔族	0.36	0.05	0.04	83.19%	0.01	16.81%

数据来源：《中国2010年人口普查资料》。

（二）28个人口较少民族流动人口的受教育程度与职业分布状况分析

28个人口较少民族人均受教育年限如表28所示。

表28 28个人口较少民族流动人口人均受教育年限 （单位：年）

民族	人均受教育年限	流动人口人均受教育年限
全国	8.81	9.91
汉族	8.84	9.96
少数民族	7.88	9.30
土族	7.88	9.60
仫佬族	8.46	9.70
锡伯族	10.00	11.12
柯尔克孜族	8.21	10.44
景颇族	6.95	8.31
达斡尔族	10.06	10.92
撒拉族	6.07	7.15
布朗族	6.35	8.55
毛南族	8.34	9.67
塔吉克族	8.00	8.68
普米族	7.37	9.93
阿昌族	7.33	9.10
怒族	6.90	9.85

续表

民族	人均受教育年限	流动人口人均受教育年限
鄂温克族	10.08	10.90
京族	9.00	10.04
基诺族	7.69	10.25
德昂族	5.81	8.38
保安族	6.79	8.11
俄罗斯族	11.26	11.64
裕固族	8.78	9.76
乌孜别克族	9.97	10.37
门巴族	5.22	9.26
鄂伦春族	10.57	11.22
独龙族	6.96	9.72
赫哲族	10.74	11.47
高山族	10.31	10.96
珞巴族	5.65	6.61
塔塔尔族	10.72	10.86

数据来源：《中国 2010 年人口普查资料》。

将少数民族流动人口受教育程度与该民族整体的受教育程度比较可看出，这 28 个民族流动人口的受教育程度比民族自身的平均受教育程度要高，同当前全国流动人口情况相似。

“十三五”时期人口较少民族地区分类指导政策研究*

摘　要： 分类指导政策是对人口较少民族地区的具体情况进行深入研究，划分不同类别并制订差别化的发展政策。本报告根据人口较少民族地区的地理区域特征、是否处于边境、社会发展程度和经济发展水平四项指标进行分类，提出不同类型人口较少民族的发展目标、重点任务和差别化扶持政策。

一、人口较少民族地区发展分类指导的必要性

进入新世纪以来，国家出台了一系列促进人口较少民族地区经济社会发展的政策措施，特别是先后发布了《扶持人口较少民族发展规划（2006—2010 年）》和《扶持人口较少民族规划（2011—2015 年）》。规划实施以来，人口较少民族地区基础设施建设、特色产业发展、民生改善、民族文化繁荣、民族团结进步创建等方面取得较大发展，人口较少民族群众收入水平和生活水平得到较快提高。

经过两轮专项规划扶持，人口较少民族地区发展水平参差不齐、差异较大。有的少数民族人口虽然处于绝对的少数，然而经济和社会发展水平却远高于其他多数民族，有的发展水平甚至高过了当地汉族，如京族、赫哲族、达斡尔族。在这样的背景下，相关的政策优惠是否还应惠及他们？如果是，会不会导致富者更富、穷者更穷，从而背离了扶贫帮困的初衷？此外，扶持的本意在于通过政策和资金倾斜，助力贫穷落后的少数民族走向现代化、同享现代文明。然而在走向现代化的过程中，随着信息化和网

---

* 课题负责人：耿新。课题组成员：李锦云、柏振忠、张嘉斐、董成云、吴孔勇、雷波、张瑞涛。

络化的普及，以及主流文化的影响，又有可能加速少数民族传统文化的消亡。在实现现代化和保护传统文化的抉择中，应着力思考如何抉择、如何发展以及如何保护传统文化。最后，以民族为标尺的政策应用模式，往往忽略了地区的因素，出现了同区不同策的情况，即在同一个地区、同等贫困的条件下，某些民族可以享受政策优惠，而另一些则被排除在外。这样的政策导向是否合理？会不会因此而埋下民族隔阂的隐患、制造新的民族矛盾和纠纷？

我国28个人口较少民族分布地域广阔，经济社会发展状况不同、文化特色各异，这就决定了各民族的发展路径、扶持方式不可能遵循单一的方向和模式进行。即将出台的扶持人口较少民族发展规划（2016—2020年）必须尊重人口较少民族发展规律，充分考虑民族特点、地域特征和发展水平，坚持因地制宜、分类指导、因族举措，各有侧重地"夯基础"、"促发展"、"达小康"，使人口较少民族与全国同步建成小康社会。同时，应注重将完善差别化支持政策与激活人口较少民族地区内生动力相结合，力争使他们通过自己的努力，找到国家政策和当地民族发展的最佳结合点，使国家层面的宏观政策规划能更好地契合当地发展。①

二、人口较少民族地区的分类依据、方法和类别

分类指导政策是对人口较少民族地区的具体情况进行深入研究，划分不同类别并制订差别化的发展政策。本文根据人口较少民族地区的地理区域特征、是否处于边境、社会发展程度和经济发展水平四项指标进行分类，提出不同类型人口较少民族的发展目标、重点任务和差别化扶持政策。

（一）按地理区域特征分类

根据人口较少民族地区的地理区域特征可以将全国28个人口较少民族聚居区划分为高寒山区、半高山区、农（牧）区、石漠化山区、沿海地区等5种类型。

---

① 李成武：《人口较少民族应实施分类发展政策》，载《今日民族》，2014（3），56～57页。

表1　我国人口较少民族分布

序号	民族	所处地理区域特征	序号	民族	所处地理区域特征
1	珞巴族	高寒山区	15	俄罗斯族	牧区
2	门巴族		16	塔吉克族	
3	独龙族		17	达斡尔族	
4	怒族		18	柯尔克孜族	
5	普米族		19	赫哲族	农牧区
6	阿昌族		20	塔塔尔族	
7	布朗族		21	鄂伦春族	
8	景颇族		22	撒拉族	农区
9	保安族	半高山区	23	鄂温克族	农区、牧区
10	德昂族		24	锡伯族	
11	基诺族		25	毛南族	石漠化山区
12	土族		26	仫佬族	
13	乌孜别克族	牧区	27	高山族	沿海地区
14	裕固族		28	京族	

从上表中可以看出，处于高寒地区的民族主要有珞巴族、门巴族、独龙族、怒族、普米族、阿昌族、布朗族和景颇族，主要居住在西藏和云南；处于半高山区的民族主要是青海和甘肃的保安族、土族，以及云南的德昂族、基诺族；处于农区、牧区的民族主要位于我国的西北、东北地区；处于石漠化山区的民族主要是毛南族和仫佬族；处于沿海地区的民族主要是广西的京族和东南沿海的高山族。

（二）根据是否处于边境分类

我国地域辽阔、边境线漫长。截至2012年底，我国陆地边境线2.2万公里，陆地边境地区共有136个边境县（旗、市、市辖区）；总人口2291.63万人，占全国总人口的1.73%。[①] 据统计，我国有21个人口较少

① 李俊杰：《民族经济政策与民族地区发展》，95页，北京，民族出版社，2013。

民族居住在边境地区，占人口较少民族总数的3/4。他们主要分布在57个边境县（旗、市），占我国边境县（旗、市、区）总数的41.91%；涉及7个省（区），与12个国家（地区）接壤。

表2 居住在边境地区的人口较少民族

序号	民族	主要聚居省（区）	接壤的国家（地区）
1	珞巴族	西藏	印度、缅甸、尼泊尔
2	赫哲族	黑龙江	俄罗斯
3	塔塔尔族	新疆	蒙古、哈萨克斯坦、吉尔吉斯斯坦、俄罗斯
4	独龙族	云南	缅甸
5	鄂伦春族	黑龙江	俄罗斯
6	门巴族	西藏	印度、尼泊尔
7	乌孜别克族	新疆	蒙古、哈萨克斯坦、吉尔吉斯斯坦
8	俄罗斯族	内蒙古、黑龙江、新疆	俄罗斯、哈萨克斯坦、吉尔吉斯斯坦
9	德昂族	云南	缅甸
10	基诺族	云南	缅甸
11	京族	广西	越南
12	怒族	云南	缅甸
13	鄂温克族	内蒙古	俄罗斯
14	阿昌族	云南	缅甸
15	塔吉克族	新疆	吉尔吉斯斯坦、塔吉克斯坦、巴基斯坦、阿富汗、印度、克什米尔（印度、巴基斯坦控制区）
16	布朗族	云南	缅甸、越南
17	撒拉族	青海、甘肃、新疆	哈萨克斯坦
18	景颇族	云南	缅甸
19	达斡尔族	黑龙江、新疆	俄罗斯、哈萨克斯坦

续表

序号	民族	主要聚居省（区）	接壤的国家（地区）
20	柯尔克孜族	新疆	吉尔吉斯斯坦、塔吉克斯坦、巴基斯坦、阿富汗、印度、哈萨克斯坦、克什米尔（印度、巴基斯坦控制区）
21	锡伯族	辽宁、新疆	朝鲜、哈萨克斯坦

这21个生活在边境地区的人口较少民族中，赫哲族、塔塔尔族、独龙族、门巴族、乌孜别克族、俄罗斯族、德昂族、京族、怒族、鄂温克族、塔吉克族、布朗族、景颇族、柯尔克孜族等14个民族属于跨界民族，总人口数为671512人（第六次全国人口普查数据）。

（三）根据是否为“直过民族”分类

新中国成立时，一些民族由原始社会末期或奴隶社会直接过渡到社会主义社会，习惯上称之为“直过民族”。实行“直接过渡”的少数民族地区，习惯上称为“直过区”。我国仅云南省“直过区”就涉及31个县、206个乡镇、648个建制村、126万人。这些地区生产力并未随着生产关系的变革而实现同步跨越，仍处于滞后状态。① 目前，我国人口较少民族中共有11个属于直过民族（见表3），总人口数达到448951人。

表3　人口较少民族中的“直过民族”

序号	民族	新中国成立初的社会状态	第六次人口普查人口数量（人）
1	珞巴族	原始社会末期阶段	3682
2	独龙族	原始社会末期阶段	6930
3	鄂伦春族	原始社会末期阶段	8659
4	门巴族	封建农奴制	10561
5	德昂族	原始社会末期阶段	20556
6	基诺族	原始社会末期阶段	23143
7	怒族	原始社会末期阶段	37523

① 《云南省加快少数民族和民族地区经济社会发展“十二五”规划》，http：//www. ynethnic. gov. cn/Item/4700. aspx。

续表

序号	民族	新中国成立初的社会状态	第六次人口普查人口数量（人）
8	鄂温克族	原始社会末期阶段	30875
9	阿昌族	原始社会末期阶段	39555
10	布朗族	原始社会末期阶段	119639
11	景颇族	原始社会末期阶段	147828
合计			448951

（四）根据经济发展水平分类

我国28个人口较少民族经济发展水平差异较大，有的仍然处于深度贫困中，有的经济发展水平已达到相当高的水平。本报告通过计算人口较少民族聚居村贫困人口占聚居村总人口的比例，按大于30%、10～30%、小于10%三个等级将人口较少民族经济发展水平划分为三种类型（见表4）。

表4　人口较少民族经济发展水平

序号	民族	聚居村农牧民人均纯收入（元/年）	贫困人口占聚居村总人口的比例（%）	发展等级
1	独龙族	2194	78.86	经济发展水平较低
2	保安族	1946	58.6	
3	怒族	2454	49.54	
4	普米族	2188	49.23	
5	仫佬族	3623	44.88	
6	土族	4046	44.82	
7	塔吉克族	4131	39.91	
8	景颇族	3693	38.43	
9	柯尔克孜族	4655	34.26	
10	阿昌族	3007	30.5	

续表

序号	民族	聚居村农牧民人均纯收入（元/年）	贫困人口占聚居村总人口的比例（%）	发展等级
11	裕固族	10176	29.65	经济发展水平中等
12	毛南族	4119	28.66	
13	德昂族	4348	27.59	
14	布朗族	4534	26.84	
15	鄂温克族	7669	24.42	
16	鄂伦春族	7049	23.48	
17	撒拉族	4427	16.16	
18	达斡尔族	7536	15.02	
19	赫哲族	6056	14.16	
20	基诺族	6300	14.1	
21	塔塔尔族	6329	13.04	
22	京族	8344	12.48	
23	门巴族	6463	10.67	经济发展水平较高
24	乌孜别克族	8017	10.01	
25	珞巴族	8534	10	
26	锡伯族	11714	7.2	
27	俄罗斯族	11044	6.33	
28	高山族	14841	5.1	

第一类为经济发展水平较低的10个民族：云南的独龙族、怒族、普米族、景颇族、阿昌族，青海的土族、保安族，新疆的塔吉克族、柯尔克孜族，广西的仫佬族。其主要特点和表征是：第一，贫困人口占人口较少民族聚居村总人口的比例高，一般超过30%，其中独龙族最高为78.86%；脱贫稳定性不强，群众生产、生活受自然界影响较大，年人均收入明显低于本省（自治区）平均水平和温饱线标准。第二，贫困发生的空间范围

大。通常以若干个相邻成片的农（牧）业村寨社区为主。① 第三，基础设施非常落后。社会生活环境封闭、原始，人民群众的居住、饮食、照明、用水、交通、通讯、购物等方面的条件差。第四，教育落后。主要表现在教学点数量少、空间布局不合理，师资力量薄弱，校舍简陋；儿童入学率低、中途辍学率高，族群中的文盲率高。据2010年全国第六次人口普查，独龙族6岁及6岁以上人口未上过学的比例高达16.37%，是全国平均水平（5%）的3.3倍；文盲人口占15岁及以上人口比例为17.04%，是全国平均水平（4.88%）的3.5倍；大学专科以上学历占总人口的比例仅6.45%，低于全国9.53%的平均水平。第五，医疗卫生条件落后。县级或乡级医院医疗器械简陋，严重缺少训练有素的医疗人员，很多疾病无法借助先进的仪器、让患者放心的医生去诊断治疗；长期贫困和简陋的生活使当地群众适应了这种缺医少药的现状，不到万不得已不去求医问药，有的人长期重病在身却得不到外地医院检查治疗。第六，女性群体的健康问题受到家庭和社区的忽视。自我保健意识淡薄，到医院做妇科类疾病检查和治疗的人比例很少。

第二类为经济发展水平中等的12个民族：裕固族、毛南族、德昂族、布朗族、鄂温克族、鄂伦春族、撒拉族、达斡尔族、赫哲族、基诺族、塔塔尔族、京族。其主要特点和表征是：第一，贫困人口占人口较少民族聚居村总人口的比例为10~30%，返贫率高。群众生产、生活受气候和地理条件等影响很大，贫困家庭的年人均纯收入普遍低于本地区平均水平和温饱线标准。第二，贫困发生范围通常以村寨和农户为主。第三，基础设施落后，交通、饮水不便。第四，教育落后。主要表现为教学点数量少，空间布局不合理，师资力量严重短缺；儿童入学率低。②

第三类为经济发展水平较好的6个民族：门巴族、乌孜别克族、珞巴族、锡伯族、俄罗斯族、高山族等。其主要特点是：第一，贫困人口占人口较少民族聚居村总人口的比例低于10%，贫困线以下的人口群体已有较好的发展基础和脱贫条件。第二，贫困发生范围通常以个别村寨和农户为主。第三，基础设施比较落后。第四，教育相对落后，师资力量薄弱。

---

① 吴海鹰、马夫：《我国人口较少民族的贫困与扶贫开发》，昆明，云南社会科学，2005(1)，80~85页。

② 李俊杰：《民族经济政策与民族地区发展》，176~177页，北京，民族出版社，2013。

三、不同类型人口较少民族地区的发展目标、重点任务和差别化政策

（一）不同地理区域特征人口较少民族地区的发展目标、重点任务和差别化政策

人口较少民族居住在不同的地理区域内，导致其生态特征不同，从而其生产方式和经济方式也各有不同。

1. 高寒山区人口较少民族的发展目标、重点任务和差别化政策

（1）发展目标

行政村基本实现通路，一般高寒山区实现通畅；基本解决无房户和危房户的住房问题；基本解决人畜饮水安全问题；每个村培植1至2个主导产业，做到家家有项目、户户搞开发；发展差距扩大趋势明显缓解。

（2）重点任务

实施国土整治工程，完成冷浸田改造任务，提高农业生产效益，增强防灾抗灾能力；加大封山育林力度，完善退耕还林后续发展配套设施建设，确保高山台地水土不流失，巩固退耕还林成果。实施安居工程，改造危房、裸房、茅草房、篱笆房和土坯房，帮助无房户建房，使村民居住条件得到较大改善。实施村容村貌美化，抓好村间道路硬化，抓紧改灶、改厨、改厕，整治村级卫生。加快产业建设，进一步培育壮大高山优势特色产业，使资源优势尽快转化为产品优势和市场优势。

（3）差别化政策

加大危房户资金补贴力度，对人居条件极差的贫困农户实施生态移民。完善高寒山区贫困农民的社会保障体系，将符合条件的贫困农民纳入低保补助范围，将符合条件的贫困农民纳入医疗救助范围。优先建立高寒山区农民养老保险制度。大力开展高寒山区农民实用技术培训，将高寒山区农民优先纳入“雨露计划”、“阳光工程”等培训计划，提高补助标准。将高寒山区农民子女的九年制义务教育全部纳入经费保障体系，将寄宿的学生全部纳入寄宿生活补助范围。积极引导和扶持贫困农民子女初高中毕业生进入职业学校接受培训。创新产业扶贫、项目贷款贴息等扶持机制，各级扶贫开发资金要向高寒山区倾斜，优先安排项目。金融机构特别是农村信用社要通过完善农户小额贷款和农户联保贷款制度，加大对贫困农民

的贷款支持力度。加大对高寒山区森林防火和病虫害防治的支持力度，全面落实退耕还林政策，逐步提高生态效益林补助标准。

2. 半高山区人口较少民族的发展目标、重点任务和差别化政策

（1）发展目标

基础设施进一步完善；扶贫开发和新农村建设取得新进展；科技教育水平大幅度提升；卫生和人口计划生育工作稳步推进；人民生活和社会保障达到当地平均水平；少数民族文化和体育事业加快发展；生态文明建设进一步加强。

（2）重点任务

村容村貌整治项目，以改路、改房、改水、改厕、改灶为重点，实现人口较少民族聚居村村容村貌整洁化。发展优势特色产业，通过规划引导、政策支持、示范带动等办法，以扶持发展优势产业和特色经济、提高群众收入为重点，按照村有骨干项目、户有增收项目的要求进行产业开发。积极发展品种优良、特色明显、附加值高的优势农产品。大力发展绿色农业、特色农业。加大劳动者培训力度，因地制宜创新培训方式，把各种培训与培育特色产业、提高实用技能、改进生产生活方式等结合起来。加强农村实用技术推广，特别是抓好妇女培训，力争使每个家庭都有一个掌握一门实用技术的"明白人"和懂得如何持家理财的"当家人"。加强农村劳动力的技能培训，鼓励和引导青壮年劳动力外出务工经商，培养一批懂技术、有头脑、会经营的"创业人"。

（3）差别化政策

加大对重点生态功能区的均衡性转移支付力度。支持特色优势产业、新兴产业的企业技术改造和产业结构调整项目建设。重点支持现代农业、能源化工、机械制造、生物医药、现代物流、旅游产业和具备资源优势、有市场需求的矿产资源深加工产业的发展，在项目审批核准、投资、用地、信贷等方面给予政策倾斜。加大对特色农业生产基地和商贸流通体系建设的支持力度。制定承接产业转移的优惠政策，引导劳动密集型产业向区域内转移。

实施差别化土地管理政策，土地利用年度计划、城乡建设用地增减挂钩周转指标向区域内倾斜。中央财政加大生态补偿相关转移支付力度。加大对重点生态工程建设的投资力度。对贫困村具有水土保持等生态效益的生态林（草）予以生态补偿。通过市场机制引导企业进行生态补偿。研究

建立水电开发利益共享及移民长效补偿机制。

3. 农牧区人口较少民族的发展目标、重点任务和差别化政策

（1）发展目标

全面实现草畜平衡，草原生态步入良性循环轨道，重点保护基本农田和基本草原；草原农牧业向质量效益型转变取得重大进展，农牧区经济结构进一步优化；农牧民生产生活条件全面改善，基本公共服务能力达到当地平均水平；基本消除绝对贫困现象，牧民收入与全国农民收入的差距明显缩小，基本实现全面建设小康社会目标。

（2）重点任务

加强牧区基础设施建设。加快实施牧区饮水安全工程，优先解决游牧民定居点供水，进一步提高供水保证率和水质合格率。加大牧区农村公路和口岸公路建设投入力度，支持主要转场牧道建设，加强农村公路养护。加强牧区铁路建设。进一步推进牧区电网改造升级和无电地区电力建设，因地制宜发展太阳能、风能等新能源，结合实施“金太阳”示范工程支持牧民建设户用太阳能光伏发电系统。对中央安排的西部牧区公益性基础设施建设项目，取消县及县以下配套资金。

加快实施游牧民定居工程。加大游牧民定居工程建设投入力度，将牧民基本生产生活设施纳入建设内容，在高寒高海拔边境地区根据水资源条件，因地制宜建设小型水利设施和饲草基地。牧区地方政府要积极整合农村饮水安全、农村公路建设等项目资金，确保定居点的水电路和通信等基础设施配套；要落实配套资金，加大对困难游牧民和边境线地区游牧民的补助力度。加快实施牧区危房改造和抗震安居工程，统筹推进新牧区和小城镇建设。

做好基本草原划定和草原功能区划工作。把保护基本草原和保护耕地放在同等重要的位置。制定基本草原保护条例，依法推进基本草原划定，落实基本草原保护制度加快草原功能区划工作。加大建设力度，全面推行休牧和划区轮牧，实现草畜平衡。

加大草原生态保护工程建设力度。加大天然草原退牧还草工程实施力度，科学合理布局草原围栏，加快重度退化草原的补播改良。启动草原自然保护区建设工程，重点保护具有代表性的草原类型、珍稀濒危野生动植物以及具有重要生态功能和经济科研价值的草原。恢复和提高水源涵养、水土保持和防风固沙能力。强化草原监督管理。落实草原动态监测和资源

调查制度，每年进行动态监测，每5年开展一次草原资源全面调查。加强草原基础设施管护，保护草原生态建设成果。严格草原植被恢复费征收和管理。

有步骤地推行草原禁牧休牧轮牧制度，减少天然草原超载牲畜数量，实现草畜平衡。加强草原围栏和棚圈建设，稳步开展水利建设、发展节水高效灌溉饲草基地，促进草原畜牧业由天然放牧向舍饲、半舍饲转变，实现禁牧不禁养。优化生产布局和畜群结构，提高科学饲养和经营水平，加快牲畜周转出栏，增加生产效益。启动实施牧区畜牧业提质增效示范工程、牧区畜牧业转型示范工程、牧区特色畜牧业发展示范工程，支持肉牛（羊）标准化养殖小区（场）等建设。

加强基础能力和服务体系建设。强化科技支撑，完善服务体系，提高草原畜牧业发展水平。加大相关农业科研经费对牧区的支持力度，进一步加强优良畜种和草种选育、草原生态系统恢复与重建等关键技术的研发。加强草原畜牧业、草原生态等学科建设，培养专业技术人才。支持种畜繁育场、牧草良种繁育基地建设，提高优良种畜和牧草供种能力。结合乡镇畜牧兽医站续建，提高建设标准，改善牧区基层畜牧业技术推广服务条件开展牧民生产技术培训，加快推广优质饲草生产、牲畜舍饲半舍饲、品种改良、疫病防控等先进适用技术。

（3）差别化政策

落实税收优惠和财政补贴等扶持政策，支持发展牧民专业合作组织，推进适度规模经营。加大生产补贴力度。完善草原畜牧业生产补贴政策，继续实施畜牧良种补贴政策，实施人工种植牧草良种补贴；对牧民生产用柴油等生产资料给予补贴。加大牧区牧业机械购置补贴支持力度。发展多种形式的草原畜牧业保险，对符合条件的畜牧业保险给予保费补贴。

建立草原生态保护补助奖励机制。实施禁牧补助和草畜平衡奖励，对生存环境恶劣、草场严重退化、不宜放牧的草原，实行禁牧封育。补助奖励政策实行目标、任务、责任、资金“四到省”机制，补助奖励资金要与草原生态改善目标挂钩。

加大对牧区特色优势产业发展的支持力度。支持有条件在牧区发展的清洁能源和不破坏生态环境的资源开发利用项目优先布局建设并审批核准。现有中小企业发展专项资金、科技型中小企业技术创新基金、企业技改贴息资金和生产补助资金等对牧区符合条件的项目给予适当倾斜。在安排土地利用年度计划指标时适当向牧区倾斜。鼓励外资参与提高矿山尾矿利用率和矿山生态环境恢复治理新技术开发应用项目。落实涉农贷款税收优惠、农村金融机构定向费用补贴、县域金融机构涉农贷款增量奖励等优惠政策，落实和完善县域法人金融机构将新增可贷资金主要留在当地使用的政策。引导银行业金融机构增加牧区特别是边远牧区服务网点。

实施更加积极的就业政策，为符合条件的转移就业牧民提供免费就业信息和职业介绍等服务，落实职业培训补贴、职业技能鉴定补贴、牧区未继续升学的应届初高中毕业生参加劳动预备制培训补贴等政策，提高牧民素质和转产转业能力。加强劳务品牌培育和推介，有序组织牧民劳务输出，加强公共就业服务体系建设，为牧民提供高效优质的就业服务。设立毒草治理、围栏管护、减畜监督、防火、鼠虫害测报等草原管护公益岗位，组织牧民开展草原管护。

4. 石漠化地区人口较少民族的发展目标、重点任务和差别化政策

（1）发展目标

现代产业体系初步形成，经济增长质量和效益进一步提高；水利、交通等基础设施大幅度改善，总体满足经济社会发展需要；社会事业全面发展，基本公共服务主要领域指标达到全国平均水平；生态环境明显改善，石漠化扩展势头得到根本遏制；城乡居民收入和经济总量同步增长，农民人均纯收入增长幅度高于全国平均水平，发展差距扩大趋势得到扭转，与全国同步实现全面建成小康社会目标。

（2）重点任务

加强水利工程建设。坚持大中小微并举，开源与节流并重，水源工程与水源配套统筹，建设一批大、中、小型水库和引提水工程；完成农村饮水安全工程建设；加大灌区续建配套与节水改造力度，加快田间灌溉工程建设。实施一批应急水源工程，加大岩溶地下水资源开发利用，提高抗旱应急能力。加大中小河流治理及病险水库除险加固、山洪地质灾害防御和综合治理力度，加强中小城市、重点城镇防洪工程建设。合理开发利用和保护水资源。严格建设项目水资源论证制度和取水许可管理，统筹生活、生产、生态用水，制定用水总量控制、水功能区限制纳污指标，建立水资源管理责任和考核制度。加强农业节水，提高农田灌溉水利用效率；大力发展节水型工业。加强水资源保护和水环境治理，严格河道管理范围内建设项目、河道采砂、入河排污口审批和管理，建立健全省界河流交界断面

水质监测管理机制。

完善水利管理体系。推进城乡水资源统一管理，促进水资源优化配置。健全基层水利服务体系，强化水资源管理、防汛抗旱、农田水利建设、水土保持、水利科技推广等职能。积极推进以加大渠系特别是末级渠系建设和改造力度、建立农业灌排工程运行管理财政补助机制、深化水管单位体制改革、完善农业用水价格政策为主要内容的农业水价综合改革，促进农业节水，降低农民水费支出，保障工程良性运行。探索推进水权制度改革和水权交易市场建设。

生态保护与建设。全面加强林地保护、严格实施林地用途管制，引导集约节约使用林地，严格控制林地转为建设用地和其他农用地，确保森林资源稳定增长。继续实施天然林资源保护和防护林等重点生态工程，推进植树造林和天然林管护，严格控制森林采伐，巩固退耕还林还草成果。对生态位置重要的陡坡耕地继续实施退耕还林还草。加大草山草坡治理力度，加快岩溶地区旱地治理。加大交通沿线、旅游景区、城镇周边和河流两岸的绿化带建设力度。

石漠化综合治理。按照积极治理、科学利用、治用结合的要求，采取生物和工程措施相结合，恢复和重建岩溶地区生态系统，控制水土流失，有效遏制石漠化扩展趋势。以林草植被建设为主体，通过封山育林、人工造林、种草等多种措施，保护和增加林草植被，提高植被覆盖度。因地制宜发展兼具经济效益和生态效益的林果产业。合理开发利用草地资源。采取坡改梯、砌墙保土及建设引水渠、排涝渠、栏山沟、蓄水池等措施，推进坡耕地治理。落实石漠化治理目标责任，建立石漠化治理项目后评估制度、石漠化土地动态监测管理系统和石漠化综合治理效果评价指标体系，定期开展监测评估工作。

（3）差别化政策

大幅增加中央财政专项水利资金投入。加大国家大中型水库后期扶持结余资金支持水库移民扶贫开发力度。企业从事国家重点扶持的公共基础设施项目投资经营所得以及环境保护、节能节水项目所得。进一步完善建设用地审批制度，保障区域发展重点工程建设用地和易地扶贫搬迁、生态移民建房用地。实施差别化土地管理政策，土地利用年度计划、城乡建设用地增减挂钩周转指标向该区域倾斜。支持探索通过补充相同耕地面积落实占补平衡的前提下，研究提高补充耕地质量的新途径。支持探索水库等重大能源和水利基础设施建设中涉及的淹没区及生态修复整体绿化的用地方式改革。通过市场机制引导企业进行生态补偿。统筹送受电地区资源条件和承受能力，适时调整外送电价水平。将水库移民全部纳入扶持重点群体，对生态恶劣水库移民整体纳入社会救助体系。

5. 沿海地区人口较少民族的发展目标、重点任务和差别化政策

（1）发展目标

人口较少民族聚居的行政村基础设施得到明显改善，群众生产生活存在的突出问题得到有效解决，基本解决现有贫困人口的温饱问题，经济社会发展逐步达到当地的中等水平。全部通自来水的村能够饮用达到卫生标准的水。完善各种农业基础设施，解决好农田的灌溉问题和虾蟹塘养殖用水。建设民族民俗设施，繁荣和发展民族文化，让外界进一步了解人口较少民族文化。

（2）重点任务

人畜饮水项目，主要建设厂房、净水设施、安装设备、改造供水干线等。交通项目，修建乡级村公路，解决行路难和渔民船只停靠的问题。发展特色农业，立足边、海、山等农业资源，以效益农业为突破口，调整优化农业产业结构。以名优海产品等特色产品为主导，加快建设糖料、热带水果、特色粮油、水产畜牧养殖、无公害标准化蔬菜种植、工业用材林、经济林和中药材等一批农产品基地。

（3）差别化政策

优先安排国家重点开放开发试验区和东兴跨境经济合作区用地指标，简化土地总体规划修改程序。凡是符合国家产业政策环保要求和供地政策的重点产业项目，优先列入土地利用年度计划。放宽外资企业经营范围，允许企业跨行业经营。简化外商投资企业审批手续。加大新农村建设的财政预算，奖励补助农民积极性、带动性效果明显的项目建设。

（二）边境地区人口较少民族的发展目标、重点任务和差别化政策

1. 发展目标

到2020年，稳定实现扶贫对象不愁吃、不愁穿，保障其义务教育、基本医疗和住房；现代产业体系初步形成，经济增长质量和效益进一步提高；基础设施明显改善，交通水利等瓶颈制约有效缓解；社会事业全面发

展，基本公共服务主要领域指标接近全国平均水平；生态建设和环境保护取得显著成效，资源环境优势得到增强；民族团结进步、边疆繁荣稳固、区域一体化发展格局基本形成，对外开放迈上新台阶；城乡居民收入和经济总量同步增长，农民人均纯收入增长幅度高于全国平均水平，发展差距扩大趋势得到扭转，与全国同步实现全面建设小康社会目标。

2. 重点任务

口岸基础设施。加强边境口岸城镇和国门、联检查验监管设施、货场等口岸配套设施建设，完善口岸道路、水、电、垃圾和污水处理等设施。加强电子口岸建设，提高货币结算、通关联检等服务能力，推进贸易单证标准化、电子化，促进贸易单证信息互联互通和监管信息共享，构建集通关、商贸、信息等于一体的综合服务平台。完善口岸行政功能区、综合服务区、商贸区、进出口产品加工及仓储区布局。

跨境经济合作。一是跨境产业合作。积极引导企业走出去，大力促进境外农业、水电、矿产等资源开发合作以及纺织业、机电、科技、卫生、教育、文化等方面的合作。二是积极推进跨境旅游。三是跨境经贸合作。推进对外贸易转型升级，促进一般贸易、边民互市贸易和加工贸易协调发展，发展服务贸易。创新利用外资方式，鼓励外资重点投向农业和农产品加工业、制造业、高新技术产业、环境保护和劳动密集型等产业。

大力实施兴边富民工程。巩固边境一线，实施边境扶贫，做到"留得下、守得住、能致富"。着力改善边境地区交通和重点地区信息等基础设施条件，推进口岸、边民互市贸易点、边境旅游点等建设。支持发展特色优势产业和边境旅游，大力发展边境贸易。完善对承担守边任务边民的补助机制。加强边境学校建设，提高教育水平。大力开发人力资源，提高边民综合素质和自我发展能力。引导生存环境恶劣和缺乏发展条件的贫困户开展扶贫搬迁，提高贫困户补助标准。

3. 差别化政策

加大中央财政均衡性转移支付力度。提高转移支付系数，增加转移支付额度。完善县级基本财力保障机制，增强基层政府提供基本公共服务的财政保障能力。加大对"兴边富民行动"的支持力度。积极推动金融产品和服务方式创新，引导银行业金融机构加大对扶贫贴息贷款的投放力度，鼓励开展小额信用贷款业务，努力满足边境地区贫困农户发展生产的资金需求。多方面拓宽发展融资渠道，积极支持和引导区域内符合条件的企业发行短期融资债券、中期票据、中小企业集合票据、企业（公司）债券等直接融资工具。深化农村信用社改革，优化金融网点布局，支持村镇银行等农村新型金融机构发展，消除区域内金融机构空白乡镇。增加农业保险保费补助范围，鼓励地方建立健全小额保险保费补贴扶贫机制，提高小额保险覆盖面。中央投资向“三农”建设、民生工程、基础设施和生态环境等领域倾斜。国家有关部门专项建设资金投入向人口较少民族地区倾斜，加大对铁路、公路、民航、旅游等建设项目的投入或提高投资补助标准，加大对农村小型基础设施建设支持力度。鼓励社会投资，支持区域内符合条件的项目借用国际金融组织和外国政府优惠贷款。

鼓励资源就地转化，重点支持旅游、现代农业、能源、生物医药、现代物流和具备资源优势、有市场需求的矿产资源深加工业的发展，在项目审批核准、投资、用地、信贷等方面给予政策倾斜。建立产业转出地与产业承接地利益共享机制，制定优惠政策措施，促进产业转移。加大矿电联营、技术先进的清洁节能工业扶持力度。

（三）直过区人口较少民族的发展目标、重点任务和差别化政策

1. 发展目标

到2020年，促进直过区人口较少民族经济实现又好又快发展，人均地区生产总值达到当地平均水平。进一步改善民生，使民族群众生活水平显著提高。基本建成比较完备的公共文化服务体系，人口较少民族群众的基本公共文化权利得到切实保障；公共卫生和社会保障体系更加完善，实现新型农村社会养老保险制度基本全覆盖，贫困人口应保尽保。维护民族团结的工作机制更加完善，民族团结目标管理责任制进一步落实。

2. 重点任务

实施搬迁扶贫工程，对自然灾害频发，严重危害人身安全以及缺乏基本生产生活条件的少数自然寨，在村民有强烈愿望的前提下，引导实施搬迁扶贫工程。

实施通路工程，以方便群众出行为基础，以建设致富路为目标，实现村村通工程。大力实施产业培植与开发工程。走种植业、科技扶贫、产业扶贫、畜牧产业相结合道路，促进较少民族群众增收致富。

促进少数民族劳动者素质提高，按照“立足当前改变一代人，着眼长

远培养一代人”的思路，实施劳动者素质提高工程。重点开展农村实用技术、农村劳动力转移、新型农民、致富带头、经营管理、当家理财、妇幼保健、健康生活习惯等方面的培训。保障群众基本医疗卫生需求。加强县、乡、村三级医疗服务体系建设，实施村卫生室标准化建设，逐步实现乡镇卫生院房屋、设备、人员、技术四配套。积极引导群众开展家庭疾病预防、健康保健，普及卫生健康知识，进一步增强群众健康意识。

解决群众安居问题，对具备生存发展条件的自然村，以户为对象，因地制宜进行农村危房改造、安居房建设和沼气池、节柴灶等生活配套设施建设。对不具备生存发展条件的自然村，实施易地搬迁，配套建设和完善农田、水利、通电、通路等基础设施。

加强民族文化抢救保护，重点对世居、特有的人口较少民族传统文化进行普查收集、归类整理，同时对人口较少民族乡村文化遗产进行抢救保护、合理利用与传承发展，加强乡土文化遗产保护，并采用现代化、信息化技术手段，建立民族文化资源库及少数民族非物质文化遗产数据库。着力打造民族文化精品。扶持少数民族优秀文艺作品创作，打造一批有影响力和竞争力的品牌。着力打造一批少数民族文化对外交流精品，进一步提升少数民族文化的国际影响力，发挥边疆少数民族人文优势，加强与周边国家的文化交流，促进和谐周边环境建设。

3. 差别化政策

对直过区人口较少民族，重点发展教育和社会事业，提升人口较少民族群众素质。

（四）不同经济发展水平人口较少民族地区的发展目标、重点任务和差别化政策

1. 经济发展水平较低民族的发展目标、重点任务和差别化政策

（1）发展目标：夯基础

人口较少民族聚居区的基础设施及配套建设得到进一步完善。发展保障能力得到大幅提升。民生问题得到保障和改善，基本公共服务实现均等化。

（2）重点任务

建制村通沥青（水泥）路、建制村通公路，建制村通沥青（水泥）路的比例显著提高。农村饮水安全、无电人口用电问题得到解决。清洁能源

普及率明显提高。信息基础设施进一步完善和加强。生态环境保护和建设取得重要进展。

加快推进以改善民生为重点的社会建设，建立覆盖人口较少民族“人人享有基本生活保障”的目标。优先发展教育事业，使教育为扶贫开发提供智力支持和动力保障。加快发展医疗卫生事业，加强农村牧区三级卫生服务网络建设，加强基层医疗卫生机构提升综合服务能力，提高基本公共服务水平。

（3）差别化政策

对居住环境恶劣、经济发展水平低的人口较少民族地区，加大基础设施和配套设施建设力度。加快中央财政转移支付力度。

2. 经济发展水平中等民族的发展目标、重点任务和差别化政策

（1）发展目标：促发展

促进特色优势产业发展和群众增收，提高人口较少民族群众的生活水平。

（2）重点任务

扶持特色农牧产品加工，着力延长农业产业链条，大力发展品种优良、特色明显、附加值高的优势农产品，扶持一批带动力强的龙头企业。拓宽增收渠道。通过发展特色林果和种植业、养殖业、休闲农业、乡村旅游、文化生态旅游等产业增加群众收入。发展乡村集市贸易，推动连锁经营向农村延伸。大力推动劳务经济产业化发展，建设一批体现人口较少民族区域特点的特色产业基地，促进剩余劳动力向经济发达地区转移就业。

（3）差别化政策

鼓励金融机构加大对家庭农场、专业大户、农民合作社、产业化龙头企业等新型农业经营主体支持力度。鼓励保险机构发展特色农业报销和小额扶贫保险，鼓励地方完善小额保险保费补贴。继续对民族贸易和民族特需商品生产贷款实行利率优惠政策。实施人口较少民族群众收入倍增计划。

3. 经济发展水平较高民族的发展目标、重点任务和差别化政策

（1）发展目标：达小康

发挥经济基础较好的优势，率先全面建成小康社会；民族文化得到有效保护和传承。

（2）重点任务

加强民族文化的抢救与保护。积极做好聚居区民间文化遗产的普查、

收集与整理，归类建档、妥善保存。做好民族文化的动态保护、活态传承。鼓励、引导村民将民族语言、歌舞、生产技艺、节日庆典、婚丧习俗融入日常生活，活态展示民风、民俗，传承民族技艺。加强民族文化的传承与发展。重视发现、培养乡土文化能人、民族民间文化传承人特别是国家级和省级非物质文化遗产代表性传承人；鼓励民族文化进校园、进课堂；鼓励民族文化工作者和社会各界人士参与村寨文化建设和群众文化活动。积极推动民族文化产品开发，通过市场推动文化传承。发挥传统乡规民约在传承民族文化中的作用，提高村民的文化保护自觉性。人口较少民族发展样板工程。通过经济、社会、民主等各方面的发展，为扶持其他人口较少民族提供借鉴与参考，成为扶持人口较少民族发展的样板工程。

（3）差别化政策

对经济发展水平较高的人口较少民族地区，重点扶持民族传统文化保护与传承。

参考文献

［1］雷振扬．关于建立健全民族政策评估制度的思考．民族研究，2013（5）．

［2］王宏杰，李东岳．贫困地区农村居民对扶贫政策的满意度分析．华南农业大学学报：社会科学版，2013（2）．

［3］李英勤．石漠化地区区域发展、扶贫开发与生态建设耦合问题及对策——以贵州人口较少民族地区为例．黔南民族师范学院学报，2013（4）．

［4］柏振忠，段超．少数民族事业发展综合评价监测体系构建研究．民族研究，2012（6）．

［5］赵新国，毛燕．云南扶持人口较少民族工作的实践及其成效考察．云南民族大学学报：哲学社会科学版，2012（9）．

［6］李若青．人口较少民族发展政策及其经济因素．经济问题探索，2008（11）．

［7］李晶．对扶持人口较少民族发展政策的比较研究．内蒙古财经学院学报（综合版），2008（4）．

［8］朱玉福．扶持人口较少民族的意义．广西民族研究，2007（1）．

［9］谭冬梅．扶持人口较少民族发展的政策及其实践研究——以广西毛南族为例．广西民族大学．硕士毕业论文，2012.

［10］韩彦东．基于可持续发展的人口较少民族地区扶贫开发政策研究．中国人民大学．博士毕业论文，2008.

［11］普永生．当代中国人口较少民族经济发展研究．中央民族大学．博士毕业论文，2004.

［12］李俊杰．民族经济政策与民族地区发展．北京：民族出版社，2013.

［13］张晓琼．人口较少民族实施分类发展指导政策研究——以云南布朗族为例．北京：民族出版社，2011.

促进人口较少民族的产业发展与提高基本公共服务水平的对策*

摘　要：扶持人口较少民族发展是实现各民族全面建成小康社会的迫切需要，是体现各民族一律平等、促进各民族共同团结奋斗、共同繁荣发展的必然要求。本研究分析“十二五”时期人口较少民族地区产业发展现状、存在的问题，发现人口较少民族聚居区特色优势产业得到显著发展，带动农牧民增收效果明显，但是仍然存在基础设施建设滞后、产业结构不合理、农牧业产业化水平低、特色产业规模小、经营水平不高等问题。基于研究结论提出了“十三五”加快人口较少民族发展的主要任务与重点工程。

第一部分：人口较少民族产业发展研究

一、人口较少民族产业发展现状

（一）人口较少民族产业发展的主要成绩

“十二五”时期实施民俗文化和生态旅游业、特色农牧业、民族传统工艺等特色经济项目1900多个。2011—2013年，23000多户新建了设施农业和畜牧业大棚，到村入户项目直接覆盖的农牧民达60万户、250万人（次）。2013年2119个人口较少民族聚居村农牧民人均纯收入5179元，比2010年增长47%（图1）。一些人口较少民族，像京族、赫哲族、高山族、锡伯族、裕固族等聚居村人均收入超过或接近全国平均水平。

---

* 课题负责人：李波。课题组成员：李俊杰、刘丽娜、高华云、简襄云。

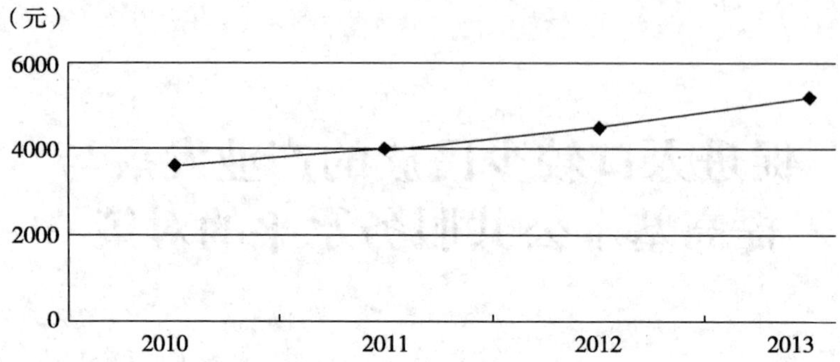

图1 2010—2013 年 2119 个人口较少民族聚居村农牧民人均纯收入情况

扶持人口较少民族发展重在人力资源开发，增强群众的自我发展能力。2011—2013 年，2119 个村累计举办各类培训 43000 多次，参加培训的农牧民有 166 万人次。努力实现村村有致富带头人、户户有种养殖能手。青海省人口较少民族聚居区的全省人口较少民族聚居区年末总人口达到 34.08 万人，其中人口较少民族为 27.10 万人；粮食总产量和经济作物总收入从 2011 年的 115916 吨、54256 万元增加到现在的 126440 吨、57946 万元，分别增长了 8% 和 6%；劳务输出总收入 70449 万元，较 2011 年增长了 13%，农民人均纯收入从 2011 年的 2491.96 元增加到现在的 4199.68 元。青海省 2011 年以来，通过项目补助、贷款贴息、奖励等多种形式，加大对特色文化产业的投入，积极鼓励、引导、培育特色文化产业市场主体。唐卡、撒拉族刺绣、黄河石艺画、土族盘绣等特色文化产业得到了较快的发展。从扶持人口较少民族“十二五”规划完成情况来看，青海省基础设施建设项目资金主要用于道路桥涵建设，占比为 66.38%，其他依次排序为人畜饮水（13.78%）>农田水利（9.60%）>村容村貌整治（7.50%）>沼气等能源建设（1.11%）>小城镇建设（1.00%）。生产发展项目资金主要用于养殖业和种植业林果业发展，资金占比分别为 53.63%、28.16%，其他依次排序为农副产品加工（7.84%）>少数民族传统手工艺（7.61%）。甘肃省人口较少民族聚居村农民人均纯收入从 2010 年的 2206.73 元直线增长到 2013 年的 2938.53 元，增长幅度为 33.16%，年均增长 10.02%。与甘肃省平均水平比较来看，人口较少民族聚居村农民收入年均增长水平低于甘肃省平均水平（14.25%），且绝对收入差距从 2010 年的 1217.97 元，扩大到 2013 年的 2169.23 元，农民人均纯收入与甘肃省平均水平比值也从 2010 年的

64.44%下降到2013年的57.53%。云南省截至2013年，395个人口较少民族聚居建制村农民人均纯收入达3782元，比2010年增加了64.9%，人均有粮480公斤，比2010年增加了18.2%，[①] 贫困人口比2010年减少近一成。贵州省63个人口较少民族聚居村综合实力得到了显著提升，人均纯收入由2010年的3409元上升到了2013年的5454元。[②]

（二）人口较少民族产业发展的典型经验

黑龙江开发赫哲族“渔家乐”旅游项目，让游客“吃赫家饭、住赫家屋、干赫家活、享赫家乐”。黑河市爱辉区新生鄂伦春族乡大力发展芸豆等特色农业生产，成为远近闻名的“芸豆之乡”；黑河市张地营子满达村引导农民进行土地流转规模化种植，80公顷土地连片种植，采取“六统一”经营模式，即统一整地、统一品种、统一播种、统一管理、统一收获、统一销售，累计增收28万元。

青海在黄河谷地建成“两椒一核”特色种植基地，在河湟流域建成蔬菜、特色果品种植基地，“八眉猪”良种繁育、獭兔等特色养殖基地，“撒拉族刺绣”、“土族盘绣”、“热贡唐卡工艺”等传统手工业基地。互助县安排130万元在五十镇荷包村、丹麻镇东家村、东沟乡塘拉村建设了藏之堂、东家福、玉梅土族刺绣公司厂房700平方米，为1200余名土族妇女提供了务工场所；在东沟、台子等乡镇扶持规模养殖户18户、养殖示范户40户，为规模养殖户、示范户建保温畜舍2360平方米，无偿提供种猪428头，优质种（母）羊270只，种牛15头；安排50万元在五峰镇纳加村实施2610亩优质油菜种植项目；安排70万元在加定镇桥头村、威远镇白崖村实施旅游（农家乐）项目21户，购置餐饮设施70万元；安排200万元资金拍摄了反映土族历史的纪录片《东方彩虹》。循化县把技能培训、劳务输出、扶持特色产业结合起来，“拉面经济”等劳务输出使撒拉族群众尝到“挣了票子，壮了胆子，换了脑子，育了孩子”的甜头。

甘肃省通过引进农业实用科学技术，大力提高种养殖产业化水平，初步形成了以花椒、核桃、养羊为主的主导产业，人口较少民族贫困群众的

---

① 云南帮扶人口较少民族跨越发展，http://news.xinhuanet.com/local/2014-09/21/c_1112562177.htm

② 蒙启良出席全省扶持人口较少民族发展工作推进会，http://gzrb.gog.com.cn/system/2014/10/23/013862872.shtml

收入显著增长。[①] 甘肃省积石山县大力发展特色种植、草食畜牧业、林果业和劳务产业。累计栽植花椒25.95万亩，花椒产量达到1820吨，核桃7.15万亩，产量达到447吨，大河家镇蛋皮核桃成为“国家地理标志产品”，花椒、核桃成为主产区群众增收的主要品种。[②] 天祝县积极推进“设施农牧业+特色林果业”的主体生产模式，着力培育发展以日光温室为主的设施农业、以暖棚养殖为主的草畜产业、以马铃薯全膜垄作为主的旱作农业、以高原夏菜为主的高效节水农业和以红提葡萄为主的特色林果业。积极开展獭兔养殖试点，共建示范点37个，逐步形成“区域化、多品种、高效益”的养殖格局。[③]

新疆奇台县塔塔尔族乡利用人口较少民族发展培训及购置刺绣设备项目资金的支持，投入500万元对当地一些妇女定期进行手工刺绣和机器绣的培训，兴建刺绣产业园，其产品远销区内外及英国、哈萨克斯坦，既让妇女参与劳动，又增加了农牧民家庭收入。察布查尔县于2013年下达人口较少民族发展资金569万元，实施项目6个，其中产业发展项目3个，资金293万元。调研组考察的纳达齐牛录乡优质水稻种植项目，扶持资金100万元，新建优质水稻田2500亩，人均增收400元；绰霍尔乡龙沟村设施蔬菜基地建设项目扶持资金90万元，建设拱棚450座，户均增收2万元以上。

贵州黔东南州凯里市人口较少民族村寨产业发展，主要以“调结构、转方式、促创新、增后劲”为着力点，严格按照“一村一品”的发展思路，发展主要以“黔原云珠”晚熟水晶葡萄核心园区、优质米基地主导园区、现代烤烟种植基地优势园区、无公害蔬菜基地建设辅助园区以及稻田养鱼养虾、经济林、中药材综合园区，涵盖大风洞乡、炉山镇12个仫佬族行政村。“一村一品”五大产业园区基本做到村村有项目、户户有产业、全市有亮点，特别是大风洞乡云峰村（仫佬族村）“黔原云珠”晚熟水晶葡萄种植辐射区域已达2万余亩，亩产值达1万余元，总产值达1.05亿元。目前，大风洞乡晚熟葡萄已取得绿色认证并注册。截至目前，人口较少民族发

① 课题组座谈会材料：甘肃省扶贫办，关于扶持人口较少民族“十二五”规划中有关我省扶持开发政策措施落实情况汇报。

② 课题组座谈会材料：甘肃省统计局，肃南裕固族自治县、积石山保安族东乡族撒拉族自治县和卓尼县基本情况。

③ 课题组座谈会材料：天祝县“十二五”扶持人口较少民族发展规划实施情况的汇报。

展“一村一品”园区基地建设达30000余亩。

二、人口较少民族产业发展存在的问题

（一）基础设施建设滞后，影响产业发展

由于人口较少民族大多散居在边境地区、偏远山区和峡谷地带，建设成本高，国家安排的重大基础设施建设项目很难延伸、覆盖。例如：保安族和撒拉族聚居地80%以上的耕地为山旱地、陡坡地，自然条件严酷，农业基础脆弱，土地产出率低而不稳，靠天吃饭问题突出，抵御自然灾害能力不强，稳定解决温饱问题难度大。广西160个人口较少民族聚居行政村中有103个贫困村。这些村位于大山深处，山高坡陡，大都属于大石山区或石漠化地区，自然条件恶劣。通过“十二五”期间的扶持，人口较少民族聚居村委会基本实现了“五通十有”的扶持目标，但自然村的基础设施仍然十分薄弱，极大影响产业发展。人口较少民族聚居村中有一半左右属于甘蔗种植区。这些村屯道路承压能力很低，容易受到重型甘蔗运输车辆的破坏。如果是低等级、低标准的路，往往一两个榨季就损坏严重，难以通行。据测算，广西160个人口较少民族聚居行政村，仅仅是到“十二五”末基本实现“五通十有”的目标，缺口资金达3亿元；如果加上各个自然村基本解决通路、通电、通电话、通邮、通广播电视及有安全饮用水等与民生关系最直接的问题，缺口资金合计约需5.6亿元。由于扶持资金有限，群众需求又十分迫切，扶持人口较少民族发展项目大都无法足额安排资金，项目资金普遍偏紧，甚至出现资金缺口，有时地方上只能采取降低建设等级标准来实施项目。如云南省德宏州芒市三台山乡很多村级公路还是砂石路，道路晴通雨阻，通行能力不高；有的村级道路路面仅有2.5米宽，会车能力差；屯级道路的等级和质量都比较差。广西区环江毛南族自治县和罗城仫佬族自治县水利基础设施薄弱，工程型缺水问题未从根本上得到解决。水利工程严重老化，年久失修，灌溉效率低，普遍存在“水在河中流，地在岸上旱”的情况。

黑龙江省75个人口较少民族村中，大多数的农业基础设施都不够完善。各民族群众基本上都是“靠天吃饭”，抵御自然灾害能力薄弱。其中尚有9个村31588亩土地需进行低产田改造，需要资金2894.3万元。部分人口较少民族乡村临江而居，而防洪大坝等基础设施缺失，极易遭受洪涝

灾害。例如，2013年黑龙江发生特大洪灾，抚远县损毁通乡公路18公里，该县两个赫哲族乡镇损失惨重；而同江市八岔赫哲族乡6个自然村和街津口乡大部分耕地被淹，农业产量为零，致使两个民族乡345户1039人全部返贫，2013年人均收入为零。

截至2012年底新疆察布查尔县没有通二级及以上公路、乡镇通沥青（水泥）路率为0；建制村通沥青（水泥）路率为89.06%；有客运站的乡镇比率为0；建制村通班车率为0；耕地有效灌溉率92.93%；使用集中式供水的户占比为0；自然村广播电视覆盖率45.31%；通电话率均为100%；行政村通宽带率为0；有农贸市场乡镇比率为0。

甘肃省天祝县境内山大沟深，截至2014年上半年，55%的建制村还未通油路或水泥路，2000多公里的村组道路仍为便道和羊肠小道；全县尚没有一项建成的中型水利设施，水资源利用率不足8%，灌溉水利用率仅为0.4，极大制约了当地特色优势产业的发展。天堂镇是天祝县人口较少民族土族较为集中的一个乡镇，大部分村组道路是砂石路，每年雨水冲刷后都会毁坏，部分硬化的村组道路路面仅2.5米或3.5米，影响农产品运输、农牧民出行。临夏州尚有35个行政村不通油路，晴通雨阻的情况仍十分突出。肃南县县乡道路总里程1342公里，其中油路只有320.5公里，仅占23.9%。县境内只有一条二级公路，通外道路等级低，还有6个乡镇的23个村未通公交车。

云南德宏州大多数通村公路基本上是弹石公路，由于没有排水沟、排水涵洞，部分路段已经被雨水冲断，许多路段雨天根本不能通行，90%以上通屯公路基本上是砂石路，很多区域的道路坑坑洼洼，一般车辆很难通行。再加上村屯公路普遍短缺管护资金，而且项目村寨大多分布在海拔较高的高山地区，垮坡、泥石流频发，通村公路的未来通达率堪忧，极大制约资源开发和产业发展壮大。

（二）产业结构不合理，优化调整缓慢

人口较少民族聚居区经济发展以农牧业为主，普遍存在第一产业比重过大，第二产业发展滞后，第三产业发展明显不足等产业总体结构不合理现象，资源优势没有转化成经济优势。由于人口较少民族聚居地区青壮年劳动力文化程度偏低，劳动者生产技能素质不高，增收渠道窄，收入主要靠农业、畜牧业的产出效益。人口较少民族基本上都从事传统种养业，农

产品多是自给自足，商品化率低，群众增收渠道少，发展后劲不足。且大多存在生产结构单一、手段落后、生产力水平低和靠天吃饭的现象。青海省循化县 2013 年三次产业结构为 20. 1：41：38. 9，第一产业比重较高。青海民和县 2013 年产业结构为 15. 28：54. 77：29. 95，第一产业比重较高，第三产业发展明显滞后。2013 年积石山保安族东乡族撒拉族自治县三次产业结构为 26. 03：12. 69：61. 28。2013 年内蒙古鄂伦春自治旗、莫力达瓦达斡尔族自治旗第一产业比重分别高达 38. 89%、49%，产业结构不合理问题突出。

表 1 2013 年部分人口较少民族聚居县三次产业结构与所在省域比较

所在省份	聚居县名称	聚居人口较少民族	三次产业结构比	
			人口较少民族聚居县	所在省份
青海	循化县	撒拉族	20. 1：41：38. 9	9. 9：57. 3：32. 8
	民和县	土族	15. 3：54. 8：30. 0	
	互助县	土族	20. 3：48. 2；31. 5	
甘肃	积石山县	保安族 撒拉族	26. 0：12. 7：61. 3	14. 0：45. 0：41. 0
新疆	塔什库尔干县	塔吉克族	13. 4；51；35. 6	17. 4：46. 4：36. 2
	察布查尔县	锡伯族	48. 4：24. 7：26. 9	
云南	贡山县	独龙族 怒族	15：36：49	16. 2：42. 0：41. 8
	兰坪县	普米族	24. 2：51. 4：24. 5	
内蒙古	鄂伦春旗	鄂伦春族	38. 9：13. 1：48. 1	9. 5：54. 0：36. 5
	莫力达瓦旗	达斡尔族	49：21：30	

（三）产业扶持力度不够，缺乏优势支柱产业

目前扶持人口较少民族发展项目重点是安排实施公共基础设施项目，改善群众生产生活条件。由于人口较少民族基本上都从事传统种养业，农产品多是自给自足，商品化率低，群众增收渠道少，发展后劲不足，难以实现可持续发展。客观上说，目前对特色优势产业的扶持力度不够，办法不多、效果不显著，导致人口较少民族聚居区尚未形成地方优势的支柱产

业，产业发展缓慢，投入大、产出低、质量差，抗风险能力弱。此外，部分人口较少民族聚居区群众通过扶持实现集中定居，但集中定居只解决了居住区的基础设施条件，忽视了农牧业生产后续产业发展的配套措施，导致农牧民后续产业发展乏力。① 2013 年底，青海省人口较少民族地区共有 4113 个农村专业合作组织。但这些合作组织大都规模小、层次低，主要因缺乏发展资金，难以扩大规模、提高产能、发挥效益，带动效果不明显。尽管扶持了一小部分人口较少民族聚居村的专业合作社组织，但因资金投入有限，覆盖范围不到 10%，难以满足实际需求。截至 2013 年底，积石山县扶持人口较少民族项目过于集中在道路、水利等基础设施建设方面，达 158 项，而特色产业（畜牧、蛋皮核桃、马铃薯）项目只有 11 项，产业扶持带动效果不明显，群众增收渠道没有拓宽。2013 年全县农民人均纯收入 3085 元，仅占全省（5107.76 元）平均水平的 60%，也比所在州的平均水平低 541 元。②

（四）农牧业产业化水平低，市场竞争力较弱

人口较少民族农牧民普遍缺乏畜产品加工意识，也缺乏相应的技术和能力，导致产业链条短，缺乏龙头企业带动，农畜产品加工转化增值不够，产品单一，传统农牧业需要改造升级。部分地区种养殖业虽有一定数量，但大部分是家庭式、粗放式经营，产业链条短、档次低，市场竞争力弱，没有形成规模，也没有形成品牌，增收效应不明显。例如，塔吉克族是一个以畜牧业为主的民族，但其生产还停留在比较原始方式上，至今仍沿袭逐水草而居、逐水草而牧的生产方式，夏季上山放牧、秋冬季下山圈养，牛羊肉和奶以自己食用为主，养殖效益较低。

（五）特色优势产业经营水平不高，促进增收能力不足

目前对特色优势产业的扶持力度不足，办法不多，效果不显著，导致人口较少民族聚居区特色优势产业规模小，经营水平不高，尚未形成地方优势的支柱产业，产业发展缓慢，投入大、产出低、质量差，抗风险能力弱。黑龙江省有关部门投资 6128 万元在新生鄂伦春族乡新生新村建设综合

---

① 课题组座谈会材料：甘肃省落实扶持人口较少民族发展情况汇报。

② 课题组座谈会材料：积石山县民族事务委员会，积石山县民族事务委员会座谈会发言稿。

旅游开发项目，并将其申报为国家级少数民族特色村寨，主要目的之一就是希望当地通过发展少数民族特色风情旅游业来带动当地经济发展。据课题组调查了解，尽管该项目已经基本建成，但是截至目前，由于宣传、营销、交通等方面的制约因素，很少有商业化游客去该处旅游，该项目至今没有什么盈利。再例如佳木斯市郊区敖其镇，当地赫哲族的鱼皮画、鱼皮包等手工艺品制作水准相当高，但是没有真正实现市场化、产业化、规模化经营，故而在促进当地群众增收致富方面没有发挥什么作用。当前，黑龙江省人口少数民族乡村群众主要的收入来源除了政府的转移支付以外，主要还是依赖于单一的以种植业为主的传统农业。甘肃省天祝县特色农业种植面积为38.35万亩，仅占全部耕地面积的46%，同时由于受自然条件和资金投入的双重制约，产业发展尚处零散布局，还未能真正形成“一乡一业、一村一品、数村一品”的专业化生产格局。① 甘肃省积石山县花椒、核桃等特色产业规模小、链条短、集中度不高，缺乏龙头企业带动。

三、“十三五”促进人口较少民族特色优势产业发展的主要任务

立足资源特色、发挥比较优势，以市场为导向、壮大特色产业是提升人口较少民族聚居区发展内生动力、增强群众收入的重要途径。应树立把发展特色产业作为提升人口较少民族自我发展能力的有效载体的观念，在推进产业发展过程中，一方面结合聚居区资源状况，另一方面结合市场需求，按照“一族一业”思路，即一个人口较少民族，支持一个特色产业的发展，选准项目，有重点、有步骤地引导当地民族群众参与到相关产业的发展中，充分激发少数民族的参与意识和创造性，增强其自主意识和自我价值实现的愿望。充分利用内外部各种力量，大力构建以“特色资源为基础、特色品牌为核心、特色产品为支撑、特色产业为依托”的特色产业体系，在优势突出的特色产业和特色产品领域，着力打造民族山区特色品牌，形成经济规模，培育竞争优势，为经济社会发展注入更大活力，逐步形成“以特色兴族，以特色富民”的发展模式。

① 课题组座谈会材料：天祝县农业局，天祝县农牧业“十二五”规划执行情况汇报。

（一）加快发展特色优势产业

围绕人口较少民族聚居区丰富的自然资源、人文资源和特色农牧资源，挖掘现有和潜在的特色优势资源，并选择具有规模化、带动性、竞争力，且具有一定基础的优势特色产业集中人口较少民族补助资金进行重点扶持。因地制宜、分类指导、突出重点，发挥比较优势，加大政策扶持力度，着力发展特色产业，引导地方加快产业结构调整步伐，推动特色种植业、养殖业、现代生态畜牧业、特色旅游业、特色餐饮服务业、民族手工业等产业发展。结合新型城镇化建设，合理布局产业，注重产城融合发展。积极培育地方特色工业体系，提高工业对人口较少民族聚居区经济发展的带动作用。建立销售市场，扶持运销大户，积极构建农村现代流通服务网络体系。

（二）提升农业产业化经营水平

加大特色农业生产基地与板块建设，引进、集成、示范推广优良农畜品种和先进适用农业技术，提高农业生产标准化、规模化、现代化水平。大力发展特色种养业、设施农业、高产优质绿色农产品。加快推进特色农产品精深加工，培育扶持一批龙头企业，延长产业链，提升农业综合效益。加强农产品产地市场建设，加快构建跨区域冷链物流体系，加快实施公益性农产品批发市场建设试点。加大农产品品牌培育力度，健全农业社会化服务体系，引导企业和社会力量参与特色农牧产品开发，支持农业企业参加各类博览会、展销会等，推动农牧产品产销对接和市场开拓。支持电商、物流、商贸、金融等企业参与涉农电子商务平台建设。开展电子商务进农村综合示范。

（三）壮大集体经济组织

壮大集体经济实力，发展农民专业合作和股份合作，促进土地所有权、承包权、经营权三权分置，引导和规范土地经营权有序流转，发展各类新型农业经营主体；鼓励和提倡村（社区）干部积极牵头领办或参与农村各类农民专业合作社等经济组织，为农民提供产前、产中、产后服务，进行农产品深加工。大力发展以股份制、股份合作制、租赁制、承包制为主要经营形式的新型村级集体经济。积极发展农牧民股份合作、加大集体资产股份权能改革试点，支持建立农村产权交易所，实施承包土地的经营权和农民住房财产权抵押担保贷款试点，建立市场导向的农村集体经济运营新机制。加大对农村新型集体经济组织的财政性资金支持。设立农村新型集体经济组织发展专项资金，通过补贴、贴息参股、注资等方式支持农村新型集体经济组织发展。制定对农村新型集体经济组织的税收优惠政策，各类支农资金和项目要优先安排给农村新型集体经济组织。

（四）拓宽增收渠道

鼓励和引导有实力的龙头企业和个人以及社会团体到人口较少民族聚居乡村投资，通过龙头拉动、效益覆盖，让农牧民在延伸参与中分享利益。在大力发展民族特色产业基础上，发展人口较少民族聚居乡村集市贸易，推动连锁经营向农村延伸，加快实施人口较少民族聚居区“万村千乡”市场工程、新农村现代流通网络工程和农产品批发市场、农贸市场升级改造。大力发展对外贸易及对外经济合作，扩大边民互市贸易点设置，开展对外劳务合作。大力推进劳务经济产业化发展，建设一批体现民族地域特点的特色劳务基地，树立并宣传、推介一批劳务品牌，促进农牧区富余劳动力就地就近转移就业。发展劳务经济、培育发展劳动密集型中小企业，实现“村企共建”等方面加大投资力度，使人口较少民族地区群众以项目为支撑，实现稳定增收。

四、“十三五”促进人口较少民族特色产业富民的重点工程

（一）实施现代农牧业产业化示范“五个一”工程

1. 集中打造一批标准化的特色优势产业基地，实施“一族一带”工程，即一个人口较少聚居民族支持建设一个优势农产品产业带。

2. 培育发展带动力强的示范性农民专业合作社，实施“一县一社（会）”工程，即一个人口较少民族聚居县支持发展一个合作社或者协会，鼓励合作社参与“农超对接”、“农校对接”、“农企对接”。

3. 培育和引进一批农业产业化龙头企业，实施“一县一企”工程，即一个人口较少民族聚居县扶持一个重点民族企业发展。

4. 完善特色农产品物流体系，实施“一乡一园”工程，即一个人口较

少民族聚居乡镇支持建设一个农产品物流园区。

5. 培育特色农产品品牌，精心打造绿色生态食品品牌、畜牧业品牌，着力打造优势产业和名牌产品，实施“一区一品”，即一个人口较少民族聚居区培育一个农产品品牌。选择一些发展潜力明显、生产数量较大的特色农产品进行重点培育，通过各种措施，使之快速成长为名牌产品。

（二）培植特色主导产业

1. 按照面向市场、因地制宜、突出特色的方针，根据人口较少民族聚居区区位特点、产业基础、资源禀赋、自然条件等，培育一批具有竞争优势的主导产业和特色产业。

2. 根据聚居区实际情况，充分挖掘开发特色优势资源，选择不同项目，宜农则农、宜林则林、宜牧则牧、宜工则工，逐渐形成人口较少民族聚居地区“户有主营项目、村有骨干产品、乡有特色产业”，具有特色经济的发展格局。

3. 围绕一产提升、二产壮大、三产做强目标，实施“一族一业”，即一个人口较少聚居民族，支持培育形成一个主导产业。

（三）壮大民族文化旅游产业

1. 围绕打造民族优势资源和特色品牌，加快推进核心旅游区建设。

2. 加快推进民族文化非物质文化遗产申报，加快民族旅游风景区建设与申报定级。加快休闲度假、康体养生、汽车露营基地及旅游地产项目建设。

3. 大力发展集农业生产、农业观光、休闲度假、参与体验于一体的休闲农业。积极创建“一乡一景、一村一品、一家一特”的乡村旅游品牌，形成“吃在农家、住在农家、娱在农家”的乡村旅游模式。

4. 继续办好民族文化旅游节，完善文化旅游配套建设，改造传统木结构民居，新增乡村旅馆标准客房。

5. 依托民族文化等项目，努力建成全国重点民族文化风情体验基地和民族工艺品设计、加工、交易中心。

6. 大力发展与旅游关联的餐饮、娱乐、物流、信息等第三产业，提高旅游综合效益。

（四）培育新型职业农民

1. 建设布局合理、功能完善的职业农民培训基地，形成政府主导、基地支撑的新型职业农民培训体系。

2. 加强培训和认证平台建设，改善农技推广机构、农业广播学校、农业职业院校、农村实用人才培训基地、农业职业技能鉴定机构的设施条件，建立完善职业农民培训专家团队。

3. 实施多层次、多元化的培训项目，包括经营管理人才培训、农业生产技术培训、职业技能培训等。

4. 实施技工教育倍增计划，积极引导向第二、三产业技术工人转型。加大培训补贴资金投入，通过购买培训成果、社会力量培训等多种形式扩大培训规模。

第二部分：人口较少民族基本公共服务水平研究

一、人口较少民族基本公共服务水平现状

2013 年，2119 个人口较少民族聚居村，适龄幼儿能够接受学前一年教育的村比率、村卫生室达标率和有体育健身活动场地的村比率分别比 2010 年提高 4.6、8.1 和 11 个百分点。人口较少民族义务教育阶段寄宿生实现免费教育。扶持人口较少民族加大提高促进创业与就业水平，积极拓宽群众增收致富的渠道。2011—2013 年，2119 个村累计举办各类培训 43000 多次，实施劳动力转移、实用技术推广和干部培训项目 144 个，参加培训的农牧民达 166 万人次。①

青海省人口较少民族地区的教育、低保、医疗等社会事业全面发展。青海省先后安排项目资金 6057 万元，用于人口较少民族聚居区教育、文化、卫生、体育等社会公共服务事业发展。新建教育基础设施 1680 平方米，配备教育及建设器材；新建卫生室 370 平方米，有效解决 3 个村群总

① 《扶持人口较少民族发展规划实施情况简介》，http：//www. china. com. cn/zhibo/zhuanti/ch－xinwen/2014－09/25/content_ 33612400. htm。

看病难问题；在112个村新建村级文化活动室共10800平方米，在18个村新建了村民文化活动广场；在66个村新建篮球场和体育健身场，极大地丰富了当地群众的文化生活。《规划》提出的“发展科技、教育、卫生、文化等社会事业，促进社会进步。实现基本普及九年义务教育，基本扫除青壮年文盲的目标。加强人口较少民族行政村医疗卫生和文化体育基础设施建设，解决各族群众看病难、文化活动场所少等问题”的任务基本实现。目前，人口较少民族地区全部完成了“普九”任务，全部建立了新型农村合作医疗制度和农村低保制度。通过3年的努力，人口较少民族地区的基础设施条件得到明显改善，群众生产生活水平逐年提高，社会公共服务事业日趋完善。人口较少民族聚居的333个行政村通路率达到95%，通电率达100%，通信息率达95.8%，通广播电视率为100%。136个村有学前教育，244个村有标准卫生室，206个村有合格文化室和农村书屋，123个村有体育健身和民族文化活动场地，273个村有办公场所，社会公共服务事业得到了有效发展。

甘肃省人口较少民族聚居区的教育、医疗事业得到全面发展。新型农村合作医疗参合率达95%以上，新农合和“120”指挥信息平台、预约挂号和健康档案等信息管理系统持续完善，远程会诊连接到乡级医疗机构。人均筹资水平提高到320元，人均公卫补助经费提高到35元。农村孕产妇住院分娩补助、农村妇女服用叶酸、宫颈癌检查、乳腺癌检查4个项目任务完成率超过100%。实施农村无害化卫生户厕的建设，完成15岁以下儿童乙肝疫苗补种。[①] 至2013年底，临夏州在151个人口较少民族聚居村都建有中心完小，3个人口较少民族聚居村义务教育阶段在校学生全部享受“两免一补”优惠政策，人口较少民族所在县市已全部实现“普六”，大部分基本实现“普九”。人口较少民族聚居的24个乡镇都建有卫生院，151个村建有卫生室或卫生所，实现了村村通电话、通广播电视目标。肃南县在社会事业方面整合各类项目33项、资金2064万元，建成九年义务制学校5所、六年制学校4所、幼儿园10所，中学和小学入学率分别达99.8%和100%。全县农牧民平均受教育年限达到7年以上，初中以上文化程度占比45%以上。各乡镇均建成了标准化卫生院，村卫生室覆盖率达到

① 课题组座谈会材料：甘肃省卫生和计划生育委员会，“十二五”民族地区卫生计生事业发展情况及“十三五”规划设想。

45%，广播、有线电视覆盖率和电视人口覆盖率分别达到76%、54%、96%。天祝县在人口较少民族聚居村科拉村建有一个中心完小，7个人口较少民族聚居村义务教育阶段在校学生已全部享受“两免一补”优惠政策。天堂镇人口较少民族聚居区建有1个卫生院，其余聚居村都建有卫生室或卫生所。肃南裕固族自治县、积石山保安族东乡族撒拉族自治县自扶持人口较少民族规划实施以来，在政府投资建设项目拉动、提供公益性岗位、鼓励创业带动就业等多种形式推动下，城镇新增就业逐年增加，就业质量也有明显提升。据统计，规划实施以来，肃南县城镇新增就业累计3652人，下岗失业人员实现再就业2855人，就业困难人员实现再就业465人，城镇登记失业率一直控制在3%以内。累计安置高校毕业生325人，普通高校毕业生就业率近年来均维持在85%以上。新增创业实体278家，发放小额担保贷款2940万元。累计共输转城乡劳动力1.5万余人次，实现劳务收入1.46亿元。积石山县城镇就业人数增长较快，“十二五”以来，以每年约1000人的速度增长，2014年上半年城镇新增就业达到2600余人，累计已提前完成“十二五”确定的规划目标。截至2014年上半年，累计输转城乡富余劳动力26.5万人次，创劳务收入22.7亿元，比“十一五”末累计数分别高出8.3万人次、12.4亿元。[①] 积石山县组织各类劳务技能培训3.7万人次，2014年投资20万元实施少数民族劳务技能特色培训“出彩工程”，培训清真厨师、保安族腰刀锻制技艺、保安族口头文学传承等共1440人次。县劳务培训中心分别开展牛肉拉面、烹饪、瓦工、电焊、民族刺绣等专业技能培训，共培训2000人。在劳务输出方面，积石山县实施劳务输出“围棋战略”，组织专门人员外出捕捉劳务信息、考察用工需求，将目光瞄准东南沿海发达地区和周边劳动力需求量较大的省区，并向长三角、珠三角等农民工输入量多的城市开辟新的劳务基地，初步形成了以东南沿海、长三角地区和西北地区大中城市劳动用工密集型企业为中心的劳务输出基地网络。并建立务工人员输出人员定期回访制度。

黑龙江省人口较少民族全部实现了“普九”。目前，大学（即大专及以上学历）文化程度人口占6岁及以上人口的比重，赫哲族（9.98%）、鄂温克族（7.90%）在全省少数民族中分列第二位和第三位；具有高中

---

① 课题组座谈会材料：甘肃省人力资源和社会保障厅，省人社厅扶持人口较少民族发展规划落实情况的汇报。

（含中专）文化程度人口的比重，赫哲族（21.69%）、鄂温克族（16.80%）在全省少数民族中居第一位和第五位；具有初中文化程度人口的比重，鄂温克族（42.43%）在全省少数民族中居第四位；只接受小学教育的人口数的比重，赫哲族（34.24%）在全省少数民族中居第五位。赫哲族、鄂伦春族、鄂温克族的6岁及以上人口平均受教育年限分别达到9.21年、8.87年、8.88年，高于全省平均水平。医疗卫生设施得到改善，每个民族乡都建有医院，计划生育率、适龄孕产妇入院率、婴儿成活率都达到了100%。新型农村合作医疗试点工作有效推进，鄂伦春族实行了医疗全额免费的特殊政策。黑河市对鄂伦春族、鄂温克族考生普通高中免试入学，重点中学在总分低于录取分数线50分以内照顾录取。报考黑河市民族中学的鄂伦春族学生可免试入学。对鄂伦春族学生实行“三免一补”，即在免学费、书费、住宿费的基础上增加免除食宿费，定额补助交通费。对鄂伦春族大、中专学生每人每年补助学费5000元。黑河市人口较少民族乡村新型农村合作医疗参保率达到100%，鄂伦春族享受免费医疗待遇。

广西人口较少民族聚居行政村的公共基础设施条件得到明显改善，大部分行政村已经基本实现“五通十有”规划目标，群众生产生活条件明显改善。截至2013年上半年，160个人口较少民族聚居行政村中，通硬化路（油路）126个，占78.75%；通电155个，占96.88%；通广播电视149个，占93.13%；通信息147个，占91.88%；通沼气107个，占66.88%；有安全饮用水130个，占81.25%；有安居房146个，占91.25%；有卫生厕所102个，占63.75%；有高产稳产农田117个，占73.13%；有学前教育138个，占86.25%；有卫生室151个，占94.38%；有文化室109个，占68.13%；有体育健身场地61个，占38.13%；有办公场所160个，达100%；有农家小超市71个，占44.38%。广西160个人口较少民族聚居行政村2423个自然村中，通公路2186个，占90.22%；通电2392个，占98.72%；通电话2247个，占92.74%；通邮2034个，占83.95%；通广播电视2344个，占96.74%。① 罗城仫佬族自治县“十二五”以来共投入资金3.5亿元，扶持人口较少民族聚居村自然屯680个，主要用于自然屯改善道路、饮水、文化和卫生等基础设施条件，少数民族群众行路难、饮

① 《广西160个人口较少民族聚居行政村获扶持，基础设施明显改善》。http：//www.gx.chinanews.com/2014/1910_ 0811/107409.html。

水难等问题得到初步缓解。2013 年，仫佬族聚居村农民人均纯收入 4187 元，通公路率 84. 3%，通邮率 87%，通电、通广播电视率 100%，有安全饮用水率 54%。57 个行政村中，通硬化路率 85. 9%，通电、通信息、通广播电视、有安居房、有学前教育、有卫生室、有办公场所的行政村率 100%，通沼气率 61. 4%，有安全饮用水率 73. 6%，有卫生厕所率 43. 8%，有高产稳产农田率 82. 4%，有文化室率 36. 8%，有体育场所率 28%，有农家小超市率 54. 3%，适龄儿童入学率 100%。

截至 2013 年，云南 395 个人口较少民族聚居建制村教育、文化、卫生、新农合、新农保等民生保障水平进一步得到提高。[①] 云南省将对 8 个人口较少民族开展综合保险和学生补助工作，主要针对聚居在云南 10 个州市的 395 个建制村的独龙族、德昂族、基诺族、怒族、阿昌族、普米族、布朗族和景颇族 8 个人口较少民族开展综合保险和学生补助。内容包括每年为人口较少民族聚居区 77. 1 万户籍人口购买人身意外伤害保险；为聚居区 18. 5 万户农房，购买农房保险，提升人口较少民族保障水平。同时，以支付服务费用方式，委托承保公司在保险责任期间，为全省人口较少民族 8100 余名高中生、大学生发放助学补助，降低公共服务运行成本。

2013 年新疆人口较少民族聚居区通油路的村 283 个，完成目标任务的 70. 39%；通电的村 345 个，完成目标任务的 85. 82%；通广播电视的村 346 个，完成目标任务的 86. 06%；通信息（电话、邮、宽带）的村 326 个，完成目标任务的 81. 09%；通沼气的村 115 个，完成目标任务的 28. 60%；有安全饮用水的村 246 个，完成目标任务的 61. 19%；有卫生厕所的村 169 个，完成目标任务的 42. 03%；有安居房的村 359 个，完成目标任务的 89. 30%；有稳定解决温饱的基本农田（草场、经济林地、养殖水面）的村 327 个，完成目标任务的 81. 34%；有卫生室的村 295 个，完成目标任务的 73. 38%；有公共文化室的村 285 个，完成目标任务的 70. 89%；有农家书屋的村 264 个，完成目标任务的 65. 67%；有体育健身场所的村 129 个，完成目标任务的 32. 08%；有活动中心的村 179 个，完成目标任务的 44. 52%；有农家超市的村 128 个，完成目标任务的 31. 84%。参加新型农村合作医疗人数逐年增加，2011 年人口较少民族聚

---

① 《云南帮扶人口较少民族跨越发展》，http://news.xinhuanet.com/local/2014-09/21/c_1112562177.htm。

居区参加新型农村合作医疗人数为368880人，2012年为383024人，2013年为401638人。参加新型农村养老保险的人数逐年增加，2011年全区人口较少民族聚居区参加新型农村养老保险的人数为148841人，2012年为163945人，2013年为173596人。

贵州省人口较少民族聚居行政村有63个，分布在黔东南苗族侗族自治州和黔南布依族苗族自治州的7个县（市）21个乡镇。通过"十二五"以来的重点扶持，贵州省人口较少民族地区"五通十有"均超过规划进度要求。在"五通"方面，"通电"、"通广播电视"已提前实现基本覆盖，"通信息"、"通沼气（清洁能源）"和"通油路"分别完成目标的98.4%、88.4%、68.3%。在"十有"方面，"有安居房"已提前实现规划目标，"有安全饮用水"、"有稳定解决温饱的基本农田"和"有卫生室"均实现规划目标的95%以上，"有文化室"、"有农家书屋"均实现规划目标的84%以上，"有卫生厕所"、"有农家超市"、"有体育健身场所"、"有活动中心"等均实现目标的52%以上。①

二、人口较少民族基本公共服务存在的问题

（一）教育事业发展仍然滞后

教育事业发展依旧薄弱，校舍简陋、教学设备落后，教师结构性缺编与双语教师缺乏并存，尤其是学前和职业教育缺乏。学前教育师资缺乏，尚无学前教育教师编制。例如，青海省人口较少民族聚居区还有197个村没有幼儿园。小学附设学前班和民办幼儿园很大部分还是聘用代课教师和小学兼任教师，化隆县临时聘用幼儿教师达120名，小学兼任教师达113名。甘肃省积石山县学前教育机构不足，全县仅有9所幼儿园，各幼儿园超负荷运转，且还有5185名幼儿未入园，绝大部分幼儿教师都是从小学转岗配置，学前教育专业的教师仅有4人，按照现行的幼儿园配备师生比算，全县尚缺幼儿教师289人。② 有些人口较少民族县尚无一所职业教育学校，建有职业教育学校的区域，也存在教学师资缺乏、教学设备简陋、教学经

① 《贵州省重点扶持人口较少民族地区加速发展》，http：//www.gz.xinhuanet.com/2014－08/22/c_1112181259.htm。

② 课题组座谈会材料：《积石山县民族教育（保安族）情况汇报》。

费不足等普遍性问题。甘肃省积石山县有职教中心一个，但无专业教师、无在校学生、无教学设施，基本处于空白状态。由于长期投入不足，人口较少民族聚居区教育、文化发展及素质比较滞后，适龄群众受教育程度低，甘肃省积石山县尚未实现“两基”目标，人均受教育年限仅4.1年。云南省芒市2013年6000名景颇族在读初中生中，当年读职高为1475人，比例仅为24.6%，很多学生因为支付不起学杂费和生活费，走上了回家务工和外出打工的路。三是人口较少民族聚居区多处于边远山区，教师工作生活环境差，教师队伍年龄结构老化较为严重，严重缺编。

（二）公共文化服务供给缺乏

公共文化活动场所严重不足，乡镇文化站、农家书屋和文化信息资源共享工程服务点建设仍然存在基础设施建设不足，文化场所后期管理经费短缺。群众性文体公益性活动设施缺乏，部分行政村尚无文化活动广场和体育运动设施，无法满足人口较少民族日益增长的精神文化需求。截至2014年，青海省人口较少民族聚居区还有118个村没有合格的文化室和文化书屋，60个村没有村办公场所，210个村没有体育健身场所和民族文化活动场地。另外，多样化的宗教信仰也在一定程度上影响了文化教育发展。青海省民和县土族聚居村中仅个别村有村卫生室、文化室、农家书屋和文化活动室，但标准低下，不能满足人民群众需要。① 青海省互助县已建成的近40%的村级文化活动室没有相应的配套设施，缺乏基本必要的图书，文化室的效能没有充分发挥。② 甘肃天祝县文化、广播影视基础设施建设落后，全民健身场所处于空白。甘肃省天祝县图书更新、报刊征订、文化活动开展以及场馆维护等经费极度缺乏，图书馆藏书7万多册，但大多数是20世纪八九十年代的旧书，无法满足需求。文化体育活动场地严重不足，现有的广场和室内活动场地不能满足市民进行休闲娱乐和锻炼身体的需求。县城没有社区文化活动中心、社区全面健身中心等场地。乡镇文化站、村农家书屋和文化信息资源共享工程村级服务点建设基础设施不足、设备陈旧。社区、军营、园区等尚未建立书屋。文化管理和文化人才

---

① 课题组座谈会材料：《民和县扶持人口较少民族发展“十二五”规划项目实施情况汇报》。

② 课题组座谈会材料：《互助县扶持人口较少民族（土族）发展“十二五”规划项目实施情况汇报》。

队伍建设滞后。截至2014年上半年，甘肃省积石山县还有6个自然村不通电话，96个村无法正常收看电视节目。

（三）卫生医疗条件比较差

医疗资源总体供给不足，供需矛盾突出。卫生事业总体投入不足，基础设施仍然落后，医疗机构基础建设、人才培养、设备更新等缺乏资金。项目建设配套资金难以落实，医疗机构普遍存在负债运行现象。医疗卫生条件差，卫生人才队伍总量不足，缺编严重，结构与分布不合理，培养方式和培养渠道单一，队伍不稳定，特别是高层次卫生人才和全科医生普遍缺乏。[①] 例如甘肃省积石山县县乡两级医疗机构尚缺编386人。无卫生室和卫生室建设标准低情况普遍。村级卫生室设备简陋，缺医少药，技术人员严重不足，看病难、因病致贫问题依然存在，其中因大病返贫比率高达50%。[②] 甘肃省天祝县卫生人才队伍总量不足，县级医疗卫生机构缺乏学科带头人，人才梯队建设出现断层。乡镇卫生院业务骨干少，外科、妇产科、儿科医务人员尤为匮缺，难以承担繁重的医疗卫生服务任务。村级医疗卫生机构基础设施薄弱，条件差，待遇低，人才队伍不稳定。[③] 截至2014年，青海省人口较少民族聚居区还有89个村没有标准卫生室。

（四）社会保障不健全

社会保障水平低、能力弱、覆盖面窄，民营企业和农民工参保率低，应保尽保难度大。城乡养老服务建设滞后，养老问题日益突出。相关社会福利机构短缺，对特殊困难群体的救助工作较为薄弱。例如新疆察布查尔县无综合社会福利中心；县级殡仪馆不达标；乡村医疗卫生机构达标率79.41%；有安居房的农户比率15.22%；乡镇综合文化站达标率为零；县文化馆不达标；县图书馆不达标；没有新华书店；没有人口较少民族标志性文化设施；没有文艺院团；没有公共体育场馆；没有示范性街道（乡镇）社会工作服务中心、社区社会工作站的乡镇。甘肃省天祝县“三无”和孤残人员等特殊群体数量常年居高不下，其中残疾人总数达到1.28万

---

① 课题组座谈会材料：《“十二五”民族地区卫生计生事业发展情况及“十三五”规划设想》（甘肃省卫生和计划生育委员会）。

② 课题组座谈会材料：《积石山县工作汇报》（中共积石山县委、积石山县人民政府）。

③ 课题组座谈会材料：《天祝县医药卫生体制改革情况调研报告》。

人，但与此相适应的社会福利机构严重短缺，对特殊困难群体的社会救助工作较为薄弱。全县目前尚无一座殡仪馆，不能满足各族群众的丧葬要求。

（五）促进创业就业能力不强

人口较少民族创业与就业方面普遍存在市场劣势与自身建设不足双重困难。结构性就业矛盾突出，就业服务、职业培训体系不健全。首先，区域与产业发展滞后，自身劳动力需求有限。其次，促进创业就业体系不健全，政策推动力不强。最后，由于劳动力自身素质较低和就业观念制约。例如新疆察布查尔县劳动就业公共服务机构不达标；青海省人口较少民族培训资金投入不足。甘肃省天祝县贫困人口平均受教育年限低，受过各种教育技能培训的人更少。缺文化、缺技能已经成为群众脱贫致富的主要障碍。2013 年全县农牧民人均纯收入比全省、全市平均水平分别低 694 元和 2564 元。

三、“十三五”提高人口较少民族基本公共服务水平的主要任务

加快推进以改善民生为重点的社会建设，重点加强人口较少民族地区的道路交通、农田水利、农村电网、饮水安全、广播通信等基础设施建设，加快教育、文化、卫生、就业、社会保障等各项事业的发展，建立覆盖人口较少民族聚居区群众的基本公共服务体系，推进基本公共服务的均等化。同时，加大对口帮扶和支援力度，开展人口较少民族聚居区与发达地区的结对帮扶，在人才培养、基础设施建设、民生项目上给予人口较少民族地区以支持。

（一）大力提升教育事业发展水平

加大基础教育和职业教育力度。加大人口较少民族聚居区义务教育阶段的基础设施建设力度，改善教育教学条件，加快义务教育学校标准化和寄宿制学校建设。积极发展学前教育，全面普及学前一年教育，基本普及学前两年教育，有条件的地区普及学前三年教育。增加学前教育师资编制，支持人口较少民族聚居区标准化的中心幼儿园或附设幼儿园建设，逐步扩大双语幼儿园覆盖面。全面实施人口较少民族十二年义务教育和免费

中等职业教育，提高人口较少民族受教育程度。建立教育发达地区对口帮扶长效机制，重点是通过在教育发达地区重点初级中学、高级中学开设人口较少民族班，每年帮助人口较少民族地区培养一批优秀的初、高中毕业生。通过互派教师进行交流培训的办法，帮助人口较少民族地区提高实际办学能力与水平。进一步完善高考招生政策，每年在对口支援高校招生计划中给人口较少民族考生划定一定的招生指标，让人口较少民族地区的优秀学生能接受到优质高等教育，以帮助人口较少民族地区培养本土本民族的优秀人才。[①] 建立中高职院校对口帮扶升学机制，实现人口较少民族地区中职毕业生对口升入高职院校。普及国家通用语言文字，大力推进双语教育。支持人口较少民族聚居区学校双语教师培训工作，提高双语教学质量。改善职业教育实训条件，支持人口较少民族聚居县建设功能完善的职业教育学校，加大专业型、实用型、技能型人才培养力度。进一步办好高校民族预科班，鼓励高校设立人口较少民族班，支持民族院校开展人口较少民族高级人才培养和培训，鼓励在人口较少民族聚居中心城市建设高职院校。大力推进双语教学，全面开设汉语文课程，加强双语师资队伍建设，加大对双语教学研究、双语教材开发和出版的支持力度。

（二）加快构建公共文化服务体系

加强公共文化基础设施建设，加快建设覆盖人口较少民族聚居区的公共文化服务体系，满足聚居区群众的基本文化需求。加大对聚居区民间文化艺术的扶持力度，加大广播电视村村通工程、农村电影放映工程、农家书屋工程、农村阅报栏工程、文化信息资源共享工程对人口较少民族聚居区的倾斜力度。推进“三农”出版物出版发行、广播电视涉农节目制作和农村题材文艺作品创作。完善农家书屋出版物补充更新工作。统筹推进广播电视用户接收设备配备工作，鼓励建设广播电视维修服务网点。大力开展流动服务和数字服务，打通公共文化服务“最后一公里”。加大人口较少民族语言文字工作投入力度，建立人口较少民族语言文字数据库，加大对双语人才的培训和双语出版物的支持力度，支持使用人口较少民族语言文字的地方用双语出版发行各类书籍和刊物以及译制音像制品。积极发展

① 《韩永东代表建议加大对人口较少民族地区教育扶持》，http：//edu. china. com. cn/2015 – 03/13/content_ 35043339. htm

与公共文化服务相关联的教育培训、体育健身、演艺会展、旅游休闲等产业，引导和支持各类文化企业开发公共文化产品和服务，满足人民群众多层次的文化消费需求。建立群众文化需求反馈机制，制定公共文化服务提供目录，开展“菜单式”、“订单式”服务。支持人口较少民族对外文化交流，促进人口较少民族聚居区与其他民族地区以及聚居区内的人口较少民族与其他民族的文化交往交流交融。创新公共文化服务投入方式，采取政府购买、项目补贴、定向资助、贷款贴息等政策措施，支持包括文化企业在内的社会各类文化机构参与提供公共文化服务。

（三）大力提升医疗卫生服务能力

加强人口较少民族聚居区医疗卫生机构基础设施建设，加快推进医疗卫生信息化，加快推进人口较少民族聚居区县乡村三级卫生医疗机构和社区卫生服务中心建设，提高基本公共卫生服务水平。巩固提高新型农村合作医疗参合率，建立新型农村合作医疗可持续筹资机制，同步提高人均财政补助和个人缴费标准，进一步提高实际报销水平。扶持民族医院和民族医药临床基地建设，加快民族医药学科建设和人才培养，推广民族医疗食疗技术，培训乡村民族医药工作者。加大基层医疗卫生队伍建设力度，通过订单定向培养、转岗培训等途径培养一批乡镇卫生院、社区卫生服务中心全科医生，开展“特岗医生计划”，力争实现每一个乡镇卫生院和社区服务中心有两名以上特岗医生。提高乡村医生和公共卫生服务补助标准。加快建立农村医疗急救网络，健全疾病预防控制体系，加大重大传染病、地氟病等地方病防治力度，提高突发重大公共卫生事件处置能力。完善医疗卫生对口帮扶，建设“流动医院”，在有条件的地方发展远程医疗。支持民族医药事业发展，加快推进民族医院建设。鼓励社会资本以多种形式举办医疗机构。加强妇幼保健机构服务能力建设，开展家庭疾病预防、健康保健和妇幼卫生知识的普及指导，加强人口和计划生育服务体系建设，提高人口质量和素质。

（四）促进就业创业

加强就业服务体系建设，按照“实用、实效、实际”的原则，有针对性地开展各类技能培训、创业培训，提升少数民族就业能力，促进少数民族稳定就业。支持发展吸纳就业能力强的服务业、劳动密集型产业和民族特色的技能型产业，支持发展中小型微型企业，多渠道增加就业岗位。为人口较少民族群众就业免费提供创业项目推介、创业培训、政策咨询、供求信息、求职登记、职业介绍等就业服务。鼓励创业促就业，引导有技能、资金和管理经验的农民工返乡创业，落实定向减税和普遍性降费政策，实施劳动者自主创业的小额担保贷款、场地安排等政策。鼓励人口较少民族群众选取合适的项目开展创业，发挥创业带动就业倍增效应。支持开发林场管护、道路协管、城镇公共服务管理等公益性岗位，帮助就业困难人员实现就业。民族地区公益性就业岗位、政府投资和国有企业建设项目就业岗位优先吸纳当地人口较少民族群众。加强人力资源市场建设，培育和推介人力资源服务品牌，加强与发达地区劳务合作，扩大劳务输出规模。大力推行农村劳动力转移就业计划，对未继续升学的农村应届初、高中毕业生实施劳动预备制培训，给予培训鉴定和生活费补贴。支持基层人力资源社会保障公共服务平台等基础设施建设，重点支持创业孵化基地、就业见习基地和实训基地建设，建立健全面向全体劳动者的职业培训制度，完善覆盖城乡的公共就业服务体系。优化中西部中小城市、小城镇产业发展环境，为人口较少民族的农牧民就地就近转移就业创造条件。

（五）健全社会保障制度

健全覆盖城乡居民的社会保障体系，加大投入力度，提高保障水平。加快实现新型农村和城镇居民社会养老保险制度全覆盖，适时提高基础养老金标准，做好城镇职工和城乡居民基本养老保险的制度衔接。巩固基本医疗保障制度覆盖面，稳步提高城镇居民基本医疗保险、新型农村合作医疗的人均筹资标准和政府补助标准，逐步推进各项基本医疗保险制度整合。完善城乡最低生活保障制度，健全低保标准动态调整机制，将人口较少民族聚居村中符合条件的贫困人口全部纳入到农村最低生活保障范围，实现应保尽保。建立健全城乡困难群体、残疾人和优抚对象等特殊群体的社会保障机制，完善失业、工伤保险等制度，加大困难群众重特大疾病医疗救助力度。完善养老服务体系，加强人口较少民族聚居区县乡两级养老服务设施建设，实现标准化的照料型或居住型养老服务覆盖所有的乡镇和城市社区。完善孤儿保障制度，加强儿童福利机构和儿童福利指导中心建设。推进救灾应急能力建设。加强以公共租赁住房为重点的保障性安居工程建设，开展利用住房公积金贷款支持保障性住房建设试点。加强农村教师、医疗卫生人员周转房建设。

四、“十三五”提高人口较少民族基本公共服务水平的重点工程

（一）教育振兴工程

1. 学前教育普及工程。多种形式扩大农村学前教育资源，全面普及学前一年教育，基本普及学前两年教育，有条件的地区普及学前三年教育。新建扩建托幼机构，在小学附设学前班，加快建设幼儿教师专业队伍，保证并优先加大财政对学前教育的投入。

2. 义务教育质量工程。建立城乡一体化的义务教育发展机制，建立健全农村留守儿童关爱和服务体系，实行农村教师奖励计划，设立农村女童义务教育专项补贴，全面提高教育质量，全面提高“普九”水平。

3. 职业教育提升工程。整合利用现有各类职业教育培训资源，统筹职业教育发展。依托大型骨干企业（集团）、重点职业院校和培训机构，建设一批人口较少民族高技能人才培养基地和公共实训基地。加强职业教育“双师型”教师队伍建设。全面实行中等职业教育免费和学生生活补助制度。

4. 双语教学质量工程。大力推进双语教学，全面开设汉语文课程，加强双语师资队伍建设，加大对双语教学研究、双语教材开发和出版的支持力度。

5. 现代远程教育工程。优先推进人口较少民族地区义务教育信息化建设，尤其是支持农村学校信息基础设施建设，使农村中小学 90% 以上的班级配备多媒体远程教学设备。积极开发适合和满足人口较少民族发展现实需要的现代远程教育课程。

6. 高等教育推广工程。进一步办好高校民族预科班，适度扩大招生规模，支持民族院校开展人口较少民族高级人才培养和培训。

（二）公共文化服务全覆盖工程

1. 公共文化设施建设全覆盖工程。加快建设覆盖人口较少民族聚居区的公共文化服务体系，实现人口较少民族聚居区“县有博物馆和文化馆、乡有文化站、行政村有标准化的文化室、自然村有文化广场”。为每个人

口较少民族建设一个博物馆或传习馆并给予经费补助，用于宣传展示人口较少民族的传统文化，开展文化传承和对外文化交流，提高自身发展创新能力。

2. 公共文化服务“五送工程”。县市针对人口较少民族聚居农村地区定期开展送书、送戏、送电影、送展览、送培训活动，每年开展主题文化援建活动。

3. 文化信息资源共享工程。积极发展农村服务点，逐步提高基层文化活动机构提供数字化文化信息服务的能力。实现聚居县建有分中心，乡镇建有基层中心，行政村（社区）建有基层服务点。到2020年，文化信息资源共享覆盖率达到100%以上。

4. 公共文化服务队伍壮大工程。健全公共文化人才培训网络，提高业务水平和服务能力。培养和引进一批具有开拓精神的公共文化创新人才，壮大民间公共文化服务队伍和文化志愿者队伍，培养民族地区的乡土文化能人、民族民间文化传承人。

（三）医疗卫生保障工程

1. 基层卫生服务网提升工程。完善行政村卫生室达标建设，加强乡镇卫生院基础设施建设，以及人口和计划生育服务体系和基层妇幼保健机构能力建设，实现“县有达标县级医院、乡镇有达标的乡镇卫生院、行政村有达标卫生室”。

2. 重点人群医疗保障工程。在人口较少民族聚居区实施儿童先天性疾病治疗和免费保健；妇女重大生殖疾病优先保障治疗；老年人重大慢性疾病和地方病免费治疗。

3. 医疗卫生对口帮扶工程。实施县市中心医院与人口较少民族聚居区乡镇医疗卫生机构之间对口医疗技术支持、人才培训等帮扶，建立发达城市与人口较少民族聚居县中心医院的远程会诊系统，通过远程会诊、远程教育、人才培训、转诊、预约诊疗等有效对口帮扶手段，促进医疗卫生服务能力全面提高。

4. 基层卫生队伍壮大工程。通过调剂解决事业编制，充实社区卫生技术人才。通过县乡村一体化管理，柔性流动一批基层卫生技术人才。通过特岗招聘和提升待遇，支持一批基层卫生人才。通过培训，提升一批基层卫生人才。实现人口聚居区每个乡镇有一名全科医生，每个行政村有合格村医的目标。

（四）就业创业促进工程

1. 新型职业农民培训体系。建设布局合理、功能完善的职业农民培训基地，形成政府主导、基地支撑的新型职业农民培训体系。

2. 加强培训和认证平台建设。改善农技推广机构、农业广播学校、农业职业院校、农村实用人才培训基地、农业职业技能鉴定机构的设施条件，建立完善职业农民培训专家团队。

3. 实施多层次多元化的培训项目。包括经营管理人才培训、农业生产技术培训、职业技能培训等。

4. 实施技工教育倍增计划，积极引导向第二、三产业技术工人转型。加大培训补贴资金投入，通过购买培训成果、社会力量培训等多种形式扩大培训规模。

5. 致富能人培育工程。培养一批致富带头人、当家理财人和实用技术明白人。实施“一村一人”，即一个人口较少民族聚居村选任培养一个致富能人。

6. 加大力度支持吸引返乡农民工创业。建设一批返乡农民工创业园，实施“一县一园”，即一个人口较少民族聚居县支持建设一个返乡农民工创业园，筑巢引凤，以产业推进创业，以创业提升就业。

（五）社会保障提升工程

1. 养老保险、医疗保险人群全覆盖工程。继续完善城镇职工基本养老保险制度，积极推进新型农村牧区社会养老保险工作，实现养老保险制度全覆盖向人群全覆盖转变，力争 2020 年末基本实现对农牧区适龄居民全覆盖。不断完善城乡基本医疗保险政策制度，力争 2020 年实现城乡居民基本医疗保险参保率达 100%。

2. 失业保险、工伤保险、生育保险制度性全覆盖工程。完善人口较少民族聚居区工伤保险制度体系，不断扩大失业保险覆盖面；进一步完善工伤保险政策和标准体系，完善工伤认定制度和劳动能力鉴定制度；全面推进生育保险工作，扩大生育保险覆盖范围，建立健全生育保险医疗服务管理体系和费用结算办法。实现失业保险、工伤保险、生育保险制度性全覆盖。

人口较少民族传统文化保护与传承研究

——以鄂伦春族、鄂温克族、独龙族为例*

摘　要：本课题以内蒙古呼伦贝尔市鄂伦春自治旗、根河市敖鲁古雅鄂温克族乡、云南怒江州贡山独龙族怒族自治县独龙江乡等三地为考察点，分别对鄂伦春族、鄂温克族、独龙族等三个人口较少民族的传统文化进行实地调研。通过考察调研，初步了解三个民族传统文化保护与传承的现状、诉求与机遇。课题组认为：有些民族被边缘化，发展缺乏内生动力；现实体制政策存在不合理，各民族有不同诉求；需要抓住机遇，激活人口较少民族文化的原生动力。在此基础上，就三个民族的传统文化保护及其在现代社会中的应用与发展问题，提出思路与对策。对于鄂伦春族：要正确定位鄂伦春狩猎文化价值；协调林地矛盾，亟须国家的顶层设计；建议设立“中国鄂伦春狩猎文化保护区”。对于鄂温克族：要重新认识和不断提升驯鹿文化的战略价值；建议设立“鄂温克驯鹿自然保护区”；积极推动国际合作，引导鄂温克驯鹿文化走向世界。对于独龙族：要抓住机遇，确保民族文化保护传承工作有序进行；以文化为重点，开发建设与保护传承并举共进；支持贡山县实施《独龙族传统文化抢救与保护项目》。最后，提出下一步工作思路：首先，充分尊重本民族的主人翁地位；其次，处理好保护与开发的关系；再次，有序开展工作，做到循序渐进。建议再进行全面深入细致的实地调查，拿出更具体、更具操作性的实施方案。

根据国家民委经济发展司委托的研究项目需要，从 2014 年 11 月至 2015 年 2 月，我们调研组一行先后到内蒙古呼伦贝尔市鄂伦春自治旗、根河市敖鲁古雅鄂温克族乡、云南怒江州贡山独龙族怒族自治县独龙江乡，分别对鄂伦春族、鄂温克族、独龙族等三个人口较少民族进行实地调研。

---

* 课题负责人：李红杰。课题组成员：孙启军。

通过三地考察调研，初步了解了当前各民族传统文化保护与传承的现状和问题。在此基础上，就人口较少民族的传统文化保护及其在现代社会中的应用与发展问题，提出初步设想。

一、现状、诉求与机遇

这些年来，国家通过实施《扶持人口较少民族发展规划》、生态文明建设等战略，努力帮扶人口较少民族加快发展，积极抢救保护各民族传统文化，鼓励走民族特色文化产业之路，各民族地区经济发展，民生改善，成绩有目共睹。但是，长期以来积累的各类困难和复杂难题，使上述三个人口较少民族的传统文化保护与传承，目前还面临严峻挑战和诸多困难。

（一）民族被边缘化，发展缺乏内生动力

现今一个突出问题是，鄂伦春、鄂温克等民族尽管生活在自己的原住地，可无权支配身边的生态资源，民族传统生计方式被改变、被否定。

这一现象，在内蒙古东部的鄂伦春自治旗、根河市敖鲁古雅鄂温克族乡比较突出。新中国成立时，当地鄂伦春族仅有700多人，1951年成立鄂伦春自治旗时，生活居民基本为少数民族，而自治旗总面积达59880平方公里，相当于现在的三个半北京市面积。从20世纪90年代开始，从环境保护等目的考虑，政府开始全面禁猎和大面积禁牧。这给当地传统驯鹿放养业发展带来了很大限制。自2003年开始，根河市政府实施大规模“生态移民工程”，祖辈从事驯鹿放养的鄂温克族和他们赖以为生的驯鹿，都要从深山林海迁移到山下根河。随着环境的改变，许多驯鹿不适应圈养环境，加上山下苔藓缺少，驯鹿群很快出现诸多不适现象，致使许多养鹿人又带着驯鹿搬回山上。

由于鄂伦春族、鄂温克族传统生计方式被改变、被否定，当今鄂伦春狩猎文化几近消失，鄂温克驯鹿文化面临衰退、消失的危险。两个民族的传统特色文化日渐被边缘化，民族发展失去了最基本的内生资源和动力。现在，鄂伦春族猎户主要从事农耕生产，但没种植业传统的他们，种地是种不过其他民族的，收入很有限，基本靠国家低保过日子，似乎是在吃闲饭，无事可做。敖鲁古雅鄂温克族乡的驯鹿业也步履维艰。面对驯鹿业的国际舞台日益变大，尽管当地有关部门希望在这方面有所作为，但困难重重，难以有所突破。

（二）现实体制政策的不合理与各民族的诉求

对待各民族文化，我们现有一些理念和政策做法，存在矛盾之处：一方面，我们赞美和倡导多样性，并采取各种措施弘扬各民族文化；另一方面，却将一些民族传统文化定性为原始文化、落后文化，采取各种措施，隔断其文化传承，希望早日融入现代文化之中。这样的矛盾做法，导致我们有关政策的不合理。例如，二十年来对鄂伦春自治旗的鄂伦春族传统狩猎予以禁止，文化传承被人为中断。我们却在其他一些地方开辟狩猎场，通过市场运作，吸引国内外大量狩猎爱好者前去狩猎。

我们调研的三个民族，具体情况不同，其发展诉求，也呈现各自的特点。在鄂伦春自治旗，人们似乎更关注文化保护传承，但相关的瓶颈问题，他们又显得自己无能为力。当地同志反映："本地林地矛盾解决不了，我们鄂伦春族的生存发展空间就十分有限，国家能否帮助我们解决这个难题？我们知道传统文化该抓紧保护了，旗里正在规划建设狩猎文化保护区。保护区该怎么操作、怎么建设、怎么运营，目前我们都不太清楚，心里很没底。"在敖鲁古雅鄂温克族乡，也有鄂伦春旗的类似问题。独龙族对民族发展与民族文化充满期待，贡山县一位老县长说："山门全打开了，旅游开发热闹了，我们会很快脱贫富裕，可人口这么少，真怕丢了民族传统，以后就不是独龙族了。现在国家、省、州都要求综合开发独龙江，最好也帮着我们进行文化保护和文化发展，单凭我们几千人口，搞民族文化产业，恐怕没有这个能力和财力。"

（三）抓住机遇，激活民族文化的原生动力

长期以来，政府和学界对人口较少民族的传统文化认识不够，并受人类进化与文明进程思维定式影响，在思想和行动上存在误区，将他们的传统特色文化定格为原始文化。我们应早日摆脱这种错误认识的束缚，当前，我们正赶上了这样的历史机遇。在2014年中央民族工作会议上，习近平总书记已明确指出："认为少数民族文化落后、看不起甚至主张任其消亡的看法是错误的"。

事实上，56个民族依赖当地生态资源形成了传统生计方式，同时孕育了与生计方式休戚相关的特色文化：生活在大兴安岭的鄂伦春族擅长骑马狩猎，孕育了狩猎文化，现被誉为"北半球渔猎民族的活化石"；生活在

林海雪原中的鄂温克族擅长驯鹿养殖，孕育了驯鹿文化，敖鲁古雅鄂温克成为国内唯一饲养驯鹿的民族和全国唯一的“驯鹿文化之乡”，拥有独特的发展潜力；地处横断山脉谷底的独龙族擅长南方山地农业，形成了山地生态文化，被誉为祖国西南最后的一块“处女地”。这些原生态文化，如果换一个视角看，都是非常难得的文化资源，不仅具有产业发展和旅游开发的市场价值，能给当地民族群众创造财富；而且，由此开启的民族工作创新之路，能够进一步提升我国民族工作的国际地位和话语权。

可见，每个民族的优秀传统特色文化，不仅不是原始文化、落后文化，而恰恰是各个民族的传统文化精髓，是中华文化的重要组成部分，是中华民族的共有精神财富。不但不能被否定、被终止，而是更要积极保护、大力传承和创新发展。可喜的是，这些认识正在成为社会的广泛共识。我们有理由相信，抓住机遇，激活民族文化内生的发展动力，一定会为人口较少民族加快发展，与全国同步实现小康做出重要贡献。

二、鄂伦春族传统文化保护与传承思路与对策

鄂伦春自治旗现辖8镇2乡，总人口约28万，共有23个民族，鄂伦春族共2537人，其中鄂伦春猎民1072人，主要聚居在该旗5个猎区乡镇7个猎民村。对这些鄂伦春族来说，狩猎是他们文化的根本，将其传统狩猎文化与现代文明结合起来，进而发挥现代价值，是当地鄂伦春族发展的关键所在。

（一）正确定位鄂伦春族狩猎文化价值

在这方面，鄂伦春自治旗已开始做好前期工作。比如，建设了鄂伦春民族文化博物馆和库图尔其篝火节永久性场地；出版我国第一部鄂伦春语典籍《鄂伦春语释译》，保留了狩猎环境下原生态的鄂伦春民族语言；积极创作大型歌舞诗《猎魂》，荣获全国“五个一”工程奖，等等。同时，努力挖掘由狩猎文化伸衍的鄂伦春桦树皮制作技艺、兽皮制作技艺、斜仁柱制作技艺、民歌赞达仁等民间文化，力争成为国家非物质文化遗产保护项目。此外，定期举办鄂伦春族篝火节、民族文化艺术节、民族运动会等活动，深入开展具有民族特色的群众文化活动，促进民族文化产业发展。

狩猎是鄂伦春族文化的精髓和核心，该民族其他文化几乎都来自于这一文化。当前，恰恰是这一精髓和核心，生存和发展正面临极大的困难和

挑战，亟待我们在认识上和机制上帮助其突破制约、获得发展。

（二）协调林地矛盾，亟须国家的顶层设计

鄂伦春族狩猎文化的保护与传承，目前面临的最大难题是林权问题。长期全面禁猎和存在林地矛盾，让世代居住于此的鄂伦春族百姓上不了山、打不了猎。随着禁猎转产的演变，为数不多的老猎人和民间艺人年事已高，许多鄂伦春族年轻人对民族传统文化的认识淡漠，许多口耳相传的鄂伦春民族文化，尤其是狩猎文化濒临消亡，传统狩猎技艺亟待保护与抢救。

事实上，当地的林权之争、林地矛盾。由来已久，靠鄂伦春族自身努力很难突破。我们建议，由国家统筹规划、顶层设计，协调国家林业局、内蒙古自治区，帮助当地政府积极争取更多的林权和管辖面积。在具体做法上，绕开多年解决不了的林权等问题，先利用已有的鄂伦春猎户和“护林员”身份，以民族文化传承为根本目标，争取在一定范围内还原鄂伦春族的狩猎文化。在此基础上，以猎户乡托扎敏乡和嘎仙洞生态保护区为基础，争取逐步扩大其山脉、山谷、河流和湖泊等相关面积。

（三）建议设立“中国鄂伦春狩猎文化保护区”

通过在一定范围内还原狩猎文化，积累和总结一些经验后，建议设立国家级“中国鄂伦春狩猎文化保护区”。当地政府给经过培训和备案的鄂伦春族猎民和护林员，定季定时发放猎枪，采用封闭与开放、定时放养与限量狩猎相结合方式，在保护区内恢复鄂伦春族的传统狩猎文化。通过这种创新发展，一方面，能有效保护和传承鄂伦春族文化；另一方面，能有力促进鄂伦春民族文化产业化。建立保护区，狩猎文化不能只停留在发掘、整理、继承和弘扬阶段，更要进行积极的探索改革，以产业化形态推向市场，最大限度地发挥人文价值和实现经济效益，从根本上解除由于鄂伦春民族文化“生态失衡”造成的民族文化“水土流失”的困扰。同时，该保护区积极进行转型创新，积极与俄罗斯的同一民族（即埃文基族）进行区域沟通与协作，打造成为具有国际影响的“鄂伦春民族特色文化展示窗口”，向世界展现新常态下充满自信的中国民族风采。

三、鄂温克族传统文化保护与传承思路与对策

我们调研的敖鲁古雅乡，是以鄂温克族为主体的民族乡，总人口 1574 人，其中，鄂温克族 296 人。该乡是根河市唯一的纯林区民族乡镇，也是中国唯一饲养驯鹿的鄂温克族聚居乡。近年来，该乡已逐步开启驯鹿文化国际交流。2008 年加入“国际驯鹿养殖者协会”，2013 年成功承办第五届国际驯鹿养殖者代表大会。

（一）重新认识和不断提升驯鹿文化的战略价值

在森林里放养驯鹿，与驯鹿朝夕相伴，是敖鲁古雅鄂温克人千百年来保持的传统生计方式。可以说，他们的生活生产和精神世界已经离不开驯鹿。当地鄂温克族老人经常讲：“有了驯鹿，鄂温克人才能过得踏实。驯鹿要是没了，我们这个民族就不存在了。”

事实上，驯鹿业是一个古老的世界性生产行业，是人类适应环北极圈生态环境、利用自然的生存创造。据有关资料显示，现今全世界驯鹿主要由生活在瑞典、挪威、芬兰和俄罗斯靠近北极地区的各民族饲养，形成了分布于欧亚大陆北极圈的驯鹿文化带。敖鲁古雅鄂温克民族乡的驯鹿业，不过是环北极圈边缘的“一小块美玉”，但它却是我国唯一的驯鹿业与国际驯鹿文化对话交流的重要渠道，异常珍贵，具有非同一般的战略价值和国际意义。

（二）建议设立“鄂温克驯鹿自然保护区”

前面已述，敖鲁古雅鄂温克族乡也同样存在林权管理矛盾，林地之争从一定程度上制约了鄂温克族驯鹿产业的规模发展。除此之外，当地的“生态移民工程”也启示我们：鄂温克族的传统文化保护与传承，必须与该民族的意愿、生态环境相结合。如果没有顺应该民族的意愿和生存环境，即使出发点和最初愿望是美好的，其保护与传承驯鹿文化也会构成一定的破坏。

当前，根河市敖鲁古雅乡以打造“鄂温克驯鹿文化特色”为目标，正积极改善鄂温克养鹿人生产生活条件，设立了驯鹿补助专项资金，大力发展敖鲁古雅驯鹿种群，努力实现驯鹿产业化发展。课题组建议，当地林业部门和政府要尊重、保护驯鹿放养生态环境，依托境内现有 9 个山林放养

点，再适当扩大放养范围，建立“鄂温克驯鹿自然保护区”，有规模地发展驯鹿放牧业，给鄂温克族驯鹿文化保护与传承提供必要空间。

（三）积极推动国际合作，引导鄂温克驯鹿文化走向世界

近年来，根河市敖鲁古雅鄂温克族乡与俄罗斯、蒙古等驯鹿养殖者的沟通交流比较频繁，多次邀请国外驯鹿养殖专家到该乡访问指导。2008 年“国际驯鹿养殖者协会”秘书长一行亲自到敖鲁古雅实地考察，该乡 5 个养鹿部落顺利加入该国际协会，成为这一国际民间组织的最后成员。2013 年，该乡成功承办了“第五届国际驯鹿养殖者代表大会”，来自俄罗斯、加拿大、芬兰、挪威等 9 个国家、22 个地区的养殖代表和专家学者 200 多人，齐聚根河参加这一盛会，有力促进了敖鲁古雅鄂温克驯鹿文化展示和国际交流。

今后，根河市要用好“国际驯鹿养殖者协会”这一平台，利用“鄂温克驯鹿自然保护区”，倡导科学养殖，实施驯鹿引种改良工程，优化驯鹿种群，改善种群结构，扩大产业规模，开发驯鹿产品，打造完善的产业链条，力争在 5 至 10 年内建设具有国际标准的“敖鲁古雅驯鹿文化产业园”，真正将敖鲁古雅的驯鹿文化品牌做大做强，进入国际市场。

四、独龙族传统文化保护与传承思路与对策

据统计，全国独龙族总人口不足 7000 人，主要集中在云南贡山县。该县独龙江乡，是独龙族唯一的聚居地，也是独龙族文化荟萃之地。该乡总面积 1994 平方公里，下辖 6 个村委会，共 1053 户 4132 人，全部为独龙族。沿独龙江而下，进入缅甸境内，当地独龙族通常被称为日旺人，现约有近 10 万人。随着 2014 年独龙江公路隧道全线贯通，党和政府即将进行独龙江地区综合开发建设，独龙族遇上了难得的发展机遇。

（一）抓住机遇，确保民族文化保护传承工作有序进行

长期以来，由于独龙江乡大山阻隔、交通不便、信息闭塞，外界的侵蚀和影响很小。从这个意义上说，对独龙族传统文化和生态环境保护起到了一种屏障作用。所以，至今独龙族传统文化保存完好，是原汁原味的纯生态文化。去年高黎贡山公路隧道打通，独龙江地区山门大开。这对当地

独龙族干部群众来讲，可以实现综合开发、全乡脱贫、整族致富，是千载难逢的发展良机。从独龙族传统文化保护和传承来看，也是一个崭新的起点。

当前最首要的紧迫任务是，在进行开发建设和脱贫致富过程中，务必做好前期科学规划，切实保护好独龙江地区的生态环境和民族文化，绝不走片面追求发展速度和经济利益，而破坏自然生态和丢失传统文化的老路子。

（二）以文化为重点，开发建设与保护传承并举共进

我们建议，以尊重独龙族生存环境与传统文化的态度，来综合开发建设独龙江地区，走政策引导下的民族自主参与式发展道路，确保经济建设与文化保护并举共进。因为独龙族仅有六千多人，面对现代社会和外来文化冲击，他的发展能力和民族文化成长力量都是非常微弱的，依靠外部力量扶持是民族存续并创新发展的一个重要途径。所以，政府或非政府的投资力量和扶持政策都是非常必要的。

需要指出，无论怎样开发建设独龙江地区，必须保护好、传承好独龙族的原生态文化，两者要做到同步并举。尤其在民族文化保护传承方面，政府应是引导性的，而非主导性的，可以帮助独龙族制定文化保护和发展规划，加强对外宣传，搭建好独龙族与外界沟通交流的文化桥梁。在具体运行和实施过程中，要引导和培养当地人积极参与的习惯，走民族文化自主发展道路，不断提升独龙族的文化自信心。

（三）支持贡山县实施《独龙族传统文化抢救与保护项目》

该项目主要有两大内容：一是实施静态的传统文化抢救与保护。主要包括：独龙族民间歌舞收集整理与传承，独龙族“卡雀哇”节传统仪式整理与保护，独龙族文面习俗抢救与保护，独龙族民间宗教仪式整理与保护，独龙族生产生活习俗整理与保护，独龙族传统婚俗整理与保护，独龙族传统编织手工艺保护和开发等。

二是实施动态的传统文化保护与传承。主要包括：建设1个独龙族传统文化展示与传承中心，即孔当独龙族传统文化展示与传承中心；建立3个独龙族传统文化民间传承基地，即迪政当独龙族“开昌哇”节和传统民

歌“普”传承基地，献九当独龙族竹编工艺编制传承基地，马库独龙族藤编工艺交流传承基地；还要组织好独龙族民间艺人的选拔与培养。

五、下一步工作思路

依据各民族文化的现状与问题，制定切实可行的实施策略，是进行人口较少民族传统文化保护和传承的关键所在。今后，做好此项工作，应坚持这样一个思路：首先，充分尊重本民族的主人翁地位，尊重他们的意愿和选择，尊重他们对本民族文化的自我表达；其次，处理好保护与开发的关系，不仅要保护，也要发展，并在保护和发展中开发好，给当地人民创造价值、带来实惠，这也是提升民族文化自豪感和民族自信心的重要途径；再次，有序开展工作，做到循序渐进，既要把实施策略与当前各民族社会发展趋势相联系，又要保证长期的持续健康发展。只有这样，才能做到人口较少民族传统文化保护传承和创新发展的有机统一，使各民族文化在经济社会发展中得到不断进步。

另外，我们调研的三个民族都是跨界民族。尽管这些民族人口都不多，但由于其特殊的地缘分布和历史文化原因，都具有跨界民族的鲜明特点和优势。我们应认真关注、注意挖掘，不断发挥这些民族的特点和优势。这是这些民族能够实现科学发展的一个重要条件。

由于人员有限、时间紧迫，我们课题组匆匆调研三地，仅是对以上三个民族的传统文化保护与传承问题，有了初步的了解和想法，提出的思路和对策还比较粗浅简单、直白宏观，尚缺乏相应的操作性。我们建议，如有需要和条件，就人口较少民族的各个民族和所处的各个地区，进行全面深入细致的实地调查，以拿出更具体、更具操作性的工作思路和实施方案。

人口较少民族的人力资源开发研究报告*

摘　要：本研究对“十二五”期间人口较少民族人力资源开发进行了较为详细的回顾，分别从民族（即以28个人口较少民族为研究对象）以及民族集聚地区（即以25个人口较少民族自治地方县市为研究对象）两个层面出发，紧紧围绕人力资源测度的“数量”和“质量”两个重要纬度对人口较少民族人力资源开发现状进行了深入的分析。最后从人力资源开发与教育事业发展两个方面提出了相关的政策和建议。

一、导　言

“不让一个兄弟民族掉队、不让一个民族地区落伍”，是党中央、国务院做出的庄重承诺。然而，由于各种原因使然，即使与国内的其他民族和地区相比，大部分人口较少民族及其聚居地区的经济社会发展依然相对落后。显然，在全面建成小康社会的新征程中，人口较少民族及其聚居地区面临的形势更为严峻，任务也更为繁重。而对扶持人口较少民族发展工作来说，在资源相对有限的背景下，需要明确扶持人口较少民族发展的关键领域是什么，需要厘清关键领域中应该采取的政策措施又有哪些。

学术界普遍认为，人力资源是国民财富的最终基础。人口较少民族及其聚居地区经济社会发展的相对落后，原因可能是多方面的。但谈到最根本的原因，最终可能都将指向人力资本的相对匮乏。我们知道，人类的经济生产活动离不开一系列要素的投入，如自然资源、物质资本和人力资本等。要注意的是，无论是自然资源还是物质资本，都是被动的生产因素。相反，人是开发自然资源、积累物质资本、建立经济社会组织并推动社会向前发展的主

* 课题负责人：何立华。课题组成员：成艾华、林琳、寇理、周明月。

动力量。从世界范围内的现实实践看也好，从不同学科的理论实证研究看也罢，大量的事实和证据表明，贫困产生的最根本原因是人力资本匮乏，而经济社会的持续发展一般都与人力资本的不断积累息息相关。可以说，一个民族、一个地区要摆脱贫困落后、要实现长期繁荣，对人力资源的大力开发是不可或缺的必要条件之一。因此，当前扶持人口较少民族发展工作同样如此，应该把大力开发人力资源作为一项重要战略和核心内容。

如果大力开发人力资源是扶持人口较少民族发展的重要战略和核心内容，那么我们势必需要回答下列问题：（1）人口较少民族及其集聚地区人力资源开发的现状如何？（2）与其他民族和地区相比，在人力资源开发方面存在哪些差距？（3）支持人口较少民族人力资源开发需要采取哪些切实可行的有效政策和措施？作为一种有益的探索，利用第六次全国人口普查全面且详细的数据，本研究尝试对此进行系统的回应。①

相应的，本研究的内容安排是，在导言之后，第二部分是对“十二五”期间人口较少民族人力资源开发较为详细的回顾；第三和第四部分分别从民族（即以28个人口较少民族为研究对象）以及民族集聚地区（即以25个人口较少民族自治地方县市为研究对象）两个层面出发，紧紧围绕人力资源测度的“数量”和“质量”两个重要纬度对人口较少民族人力资源开发现状进行了深入的分析；最后则是从人力资源开发与教育事业发展两个方面提出了相关的政策和建议。

二、“十二五”期间人口较少民族人力资源开发回顾

无论是“十一五”时期还是“十二五”时期，人力资源开发都是扶持人口较少民族发展工作的一项重要内容。为了在“十三五”期间更好地推动扶持人口极少民族（以下简称“扶少”）工作顺利开展，需要对过去十年人口较少民族人力资源开发的基本状况进行全面的回顾。本部分的回顾主要包括三个方面的内容：（1）国家对人口较少民族人力资源开发的相关规划以及主要措施；（2）地方政府为推动人口较少民族人力资源开发采取的主要措施及工作情况；（3）人口较少民族及地区人力资源开发取得的主要成效。

① 如无特别说明，本研究报告的数据全部来自于国家统计局人口和就业统计司与国家民族事务委员会经济发展司联合编制的、由民族出版社2013年出版的《中国2010年人口普查分民族人口资料》。

（一）“十二五”规划中扶少人力资源开发的主要措施

在“十二五”扶少规划中，涉及人口较少民族及地区人力资源开发的内容包括两方面，一是规划第三部分“主要任务和重点工程”中的“保障和改善民生”提到要“优先发展教育事业”；另一个则是该部分的第五点“加强人力资源开发，增强自我发展能力”。要特别提出的是，在规划中，无论是教育事业还是人力资源开发，都被重点强调，其重要性和地位被明确规定为“优先”，即要“优先发展教育事业”、要“坚持人力资源开发优先战略”。为了对“十二五”扶少规划中人力资源开发相关内容有一个较为清晰的认识，表1对其进行了简要的汇总。

表1 “十二五”扶少规划中的人力资源开发

战略	任务	途径	措施
人力资源开发优先战略	优先发展教育事业	积极发展学前教育	
		巩固提高“普九”水平	双语教学质量监测；开发人口较少民族校本课程教材；希望工程；春蕾计划。
		加快普及高中阶段教育	
		大力发展职业教育	
		支持高级人才培养	民族院校民族班、预科班适当向人口较少民族倾斜。
		加强干部教育培训	对县、乡、村三级干部及后备干部进行培训；建立和完善人口较少民族干部人才数据库；开展公务员对口培训。
	加强人力资源开发	培养专业技术人才	专业技术骨干培训；国家专业技术人才知识更新工程、青年英才开发计划、高素质教育人才培养工程、文化名家工程、卫生人才保障工程；专业技术人员高级研修班；国家重点人才工程。
		培养技能人才	实施国家高技能人才振兴计划。
		培养农村实用人才	农村适用技术培训；现代农业人才支撑计划、农村实用人才带头人素质提升计划；就业和创业培训；开展科技列车活动；农村劳动力转移培训阳光工程、绿色证书培训；科普惠农兴村计划。
		提高劳动者综合素质	当家理财人培训；妇幼保健培训；文化传承人培训；文明健康生活习惯培训；人口较少民族扫盲工程。

（二）地方政府扶持人口较少民族人力资源开发的主要措施

在党中央、国务院的领导下，相关地方各级地方政府都非常重视人口较少民族的人力资源开发工作。借助国家的大力扶持，各级地方政府也做了相应的规划和部署，并且开展大量有针对性的工作。由于各地的实际情况以及条件不尽相同，各地方政府的政策措施以及具体操作也是各有特色。为了对相关工作有一个全面而深刻的把握，表2对各地方政府扶持人口较少民族人类资源开发的主要措施也进行了简要汇总。

表2 “十二五”期间相关地方政府扶少人力资源开发的主要措施

地区	主要措施
云南	对人口较少民族高中和大学在读学生给予助学补助（其中，普通高中每人每年补助1000元，全日制大学本科和大专院校每人每年补助2000元）；评聘专业技术职称时对人口较少民族给予优惠；3年组织开展各类科技培训7500人次。
青海	3年安排资金176万元对5000多人进行了农业科技知识普及和餐饮、建筑、交通运输及特色手工工艺技能培训；按照每人每年250元的标准另外安排专项资金给予循化县、化隆县人口较少民族农村义务教育阶段寄宿生补贴；中等职业学校免费教育全面普及，并给予农村及城市困难学生每人每年1500元助学金；2013年起分别为城镇、农村牧区幼儿园提供每人每年800、1200元的保育教育费资助。
甘肃	依托与天津市的对口帮扶机制，委托天津医科大学和天津中医药大学为民族地区定向培养医学本科生；组织实施少数民族高层次骨干人才研究生培训计划，近7年累计培养高层次人才和紧缺人才100多人；通过采取“国培计划”、双语教师培训计划和“送教下乡”等措施，近4年为民族地区补充教师4432人；积石山县率先在省内实现了从幼儿园到高中阶段学生全免费。
新疆	采取了一系列特殊政策和就业促进计划，基本解决了2009年底前实名登记的7.5万名未就业的大中专毕业生就业问题；采取特殊倾斜和扶持政策，学前双语幼儿园建设、农村寄宿制学校建设、农村初中校舍改造、农村教师周转宿舍、中小学双语现代远程教育等项目率先在南疆三地州和人口较少民族集聚区实施；实行普惠制职业培训补贴政策，将城镇失业人员、农业富余劳动力、未升学初高中毕业生、未就业高校毕业生和企业新招收技术工人纳入补贴范围，实行免费培训；“十二五”以来，兑现培训补贴9.88亿元，分别举办各类培训班3115、3425、4249次，培训人员为122549、126431、147238人。

续表

地区	主要措施
黑龙江	黑河市制定了培养选拔少数民族干部工作规划，每两年举办一期少数民族干部培训班，每年选送2～3名优秀少数民族干部到经济发达地区挂职锻炼；重视就业工作，对鄂伦春族大中专毕业生进行定向招聘安置；同江市将少数民族中学并到市区，给予学生交通和生活补助；同江市街津口渔业村对赫哲族在校大学生每人每年补助2000元；佳木斯郊区举办各类科技培训班20多期，培训1000多人次；佳木斯郊区实施优秀人才再深造计划，已有16名赫哲族优秀人才到高校、党校等进行深造。

（三）人口较少民族人力资源开发的主要成就

“十二五”期间，中央政府和地方政府都投入了大量的资源、采取了大量措施来推动人口较少民族的人力资源开发和利用。那么各级政府对人口较少民族人力资源开发的大力扶持，其效果如何是一个让人感兴趣的问题。对这一问题的回答，一方面可以通过我们对各个地区“十二五”扶少工作期中检查的结果（如表2所示）得到一定的认识；另一方面，也可以通过全国人口普查的截面数据获得线索，虽然这一数据无法像时间序列数据一样提供扶持效果的直观阐释。

在第六次全国人口普查之后，官方发布了各民族6岁及以上人口受教育基本情况的分组数据。通过对这些分组数据的纵向对比，我们可以较为全面且清晰地了解人口较少民族人力资源开发所取得的成效。图1标注了部分人口较少民族人口20～24岁、25～29岁、30～34岁等三个年龄组别的平均受教育情况。通过对这三个年龄组别的纵向比较，我们可以间接地了解和掌握最近一段时期人口较少民族人力资源开发所取得的显著成效。从图1可以发现，人口较少民族人口20～24岁、25～29岁、30～34岁等三个组别的平均受教育程度曲线基本上都是依次从上到下排列的，即20～24岁这一组的平均受教育程度曲线在图的最上方、30～34岁这一组的平均受教育程度曲线基本上处于另外两条曲线的下方，而25～29岁这一组的则介于另外两条曲线之间。进一步看，以义务教育年限为标准，28个人口较少民族人口20～24岁年龄组达标的民族为20个，25～29岁年龄组达标的民族为17个，30～34岁年龄组达标的民族最少，仅有14个。

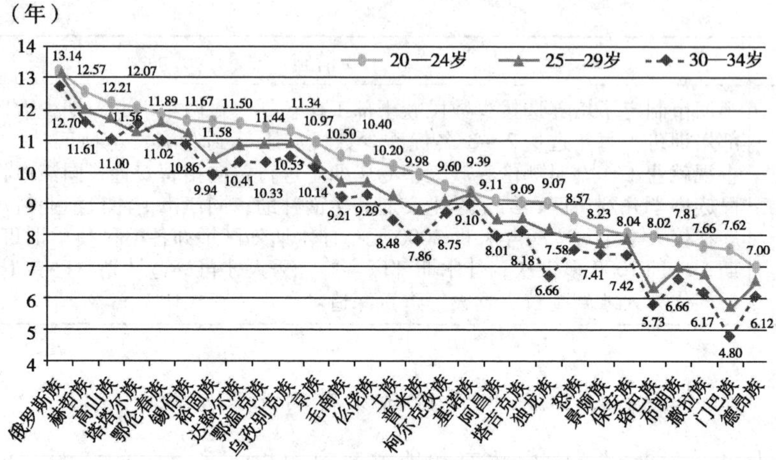

图1　2010年人口较少民族不同年龄人口平均受教育情况

图1主要是从平均意义上展现了人口较少民族人力资源开发所取得的显著成效。需要注意的是，平均受教育程度并不能说明个体之间的组内差异。在组内，某一民族的人口有的受教育程度可能比较高，有的受教育程度可能比较低。相对于前者，需要更多关注和扶持的往往是后者。以义务教育是否达标为区分标准，图2展示了28个人口较少民族人口20~24岁、25~29岁、30~34岁等三个年龄组别受教育低于初中水平（即仅接受小学及以下程度的教育，亦即义务教育不达标）的人口比重。与图1类似，从图2可以发现，人口较少民族人口20~24岁、25~29岁、30~34岁等

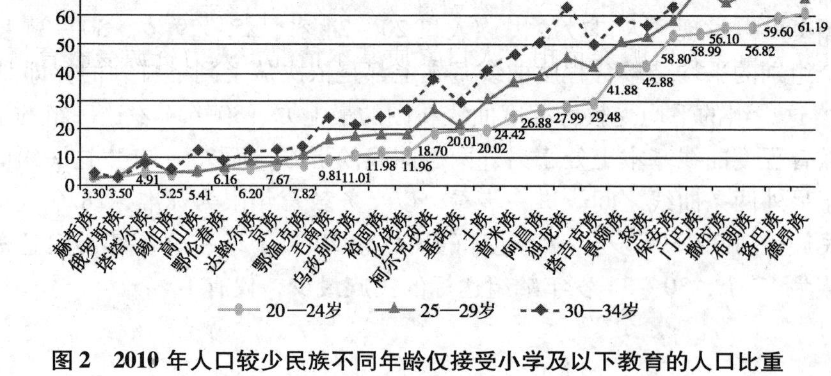

图2　2010年人口较少民族不同年龄仅接受小学及以下教育的人口比重

三个组别的义务教育不达标人口比重曲线也很少存在交叉。不同的是，30～34 岁年龄组的义务教育不达标人口比重曲线基本上是处于图的最上方，20～24 岁年龄组的处于图的最下方，而 25～29 岁年龄组的则处于这二者之间。

因此，无论是表 2 所显示的还是图 1 和图 2 所展示的，我们都可以得到这样一个明确的结论：在最近的几年，人口较少民族的人力资源开发取得了长足的进步，其人力资源质量得到了不断的提升。

三、人口较少民族人力资源开发现状：民族的视角

人口较少民族人力资源开发现状的探讨不仅是一个民族问题，同时也是一个区域发展的问题。因此，在本部分我们着重以 28 个人口较少民族为对象展开讨论；而在下一部分，分析主要针对人口较少民族的聚居地区，即 25 个人口较少民族自治地方县市。

当前的时代是一个以信息、知识和技术密集为特征的知识经济时代，未来经济社会的发展主要依靠人口素质的不断提高。也就是说，随着生产中广泛应用现代科学技术，人力资源的质量在经济社会发展中将起着愈来愈重要的作用。另一方面，虽然对人力资源的考察和测度一般包括数量和质量两个方面，但人力资源质量对数量的替代性较强，而数量对质量的替代性较差，有时甚至不能替代。因此，相对于数量而言，对人力资源质量的考察则更为重要。人力资源质量指的主要是人力资源所具有的体质、智力、知识和技能水平等，通常用健康状况、教育状况、技能等级等指标来衡量。考虑到数据的可获得性以及学术界通行的处理方法，本研究报告主要以劳动人口的教育状况指标来考察人口较少民族的人力资源质量。

以 28 个人口较少民族为考察对象，本部分的内容包括：人口总量、人力资源总量、人口赡养负担、人口素质基本情况、人力资源受教育情况、人力资源受教育情况的性别差异、职业分类的人力资源受教育情况以及行业分类的人力资源受教育情况等。

（一）人口总量

我国人口较少民族有 28 个。在这 28 个民族中，人口数量超过 20 万的有 2 个，在 10 万到 20 万之间的有 7 个，在 10 万以下的有 19 个（参见图 3）。从整体的描述统计特征看，这 28 个人口较少民族人口数量的均值为

67543，组中值为29537，最大值为289565（土族），最小值为3556（塔塔尔族）。但要注意的是，这些民族的人口数量存在很大的差异，其标准差高达78479.39。这种差异也可以通过均值与组中值的简单比较得以显现。虽然人口数量均值为67543似乎表明人口较少民族的人口数量还比较多，但组中值为29537意味着有14个人口较少民族的人口数量是低于3万人的。

图3中，同时还展示了这28个民族2000年（第五次全国人口普查数据）的人口总量情况以及2000至2010年间的人口增长率。总体来看，在这十年之间，28个人口较少民族人口增长率的均值为10.12%，而同期全国的人口增长率为7.26%，说明这28个民族的人口数量保持了一个相对较高的增长态势。但从不同的个体来看，可以说是几家欢喜几家忧。喜的是，有21个人口较少民族的人口数量出现正增长。其中，16个人口较少民族的人口增长率超过了10%，9个超过了20%，2个超过了30%。应该忧虑的则是，有7个人口较少民族的人口出现的负增长。而最需要引起关注的是，人口出现负增长的有5个民族的人口规模还不足2万人，他们分别是俄罗斯族（-1.38%）、乌孜别克族（-14.56%）、独龙族（-6.68%）、高山族（-10.13%）以及塔塔尔族（-27.28%）。

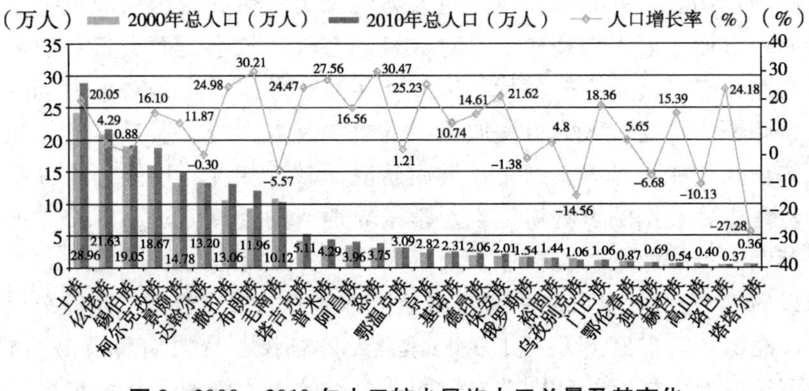

图3　2000—2010年人口较少民族人口总量及其变化

（二）人力资源总量

我们知道，人力资源主要指的是人口总量中具有劳动能力的部分，即劳动力资源或劳动力。我国的现行劳动法规定，企业招收的员工一般要年满16周岁，而员工退休年龄规定男性为60周岁（到60岁退休，不包括

60岁)、女性为55周岁(不包括55岁)。不过，如果以此为标准(即人力资源的统计范围为16~59岁的男性和16~54岁的女性)来测算人力资源，可能既不符合我国的实际国情，也不符合国际的通行惯例。当前，我国的人口老龄化趋势日益明显，延迟退休年龄已经是大势所趋。而在国际上，一般国家把劳动年龄的下限规定为15岁，上限规定为64岁。因此，我们以国际标准为依据，把人口较少民族的人力资源数量情况展示于表3。

表3　2010年人口较少民族人力资源数量　　(单位：人)

民族	人力资源数量	民族	人力资源数量
土族	215124	京族	19300
仫佬族	154487	基诺族	16897
锡伯族	145123	德昂族	14371
柯尔克孜族	128687	保安族	13034
景颇族	105074	俄罗斯族	11761
达斡尔族	102560	裕固族	10747
撒拉族	86270	乌孜别克族	7593
布朗族	84834	门巴族	7124
毛南族	69576	鄂伦春族	6602
塔吉克族	35232	独龙族	4842
普米族	30136	赫哲族	4200
阿昌族	26431	高山族	3017
怒族	26375	塔塔尔族	2625
鄂温克族	23697	珞巴族	2389
统计描述	均值：48504；组中值：21499；标准差57264.7		

从表3可以看出，人口较少民族的人力资源数量的均值为48504、组中值为21499、标准差为57264.7。因此，从数量上看，人口较少民族的人力资源也存在着较大的数量差异。在人口较少民族中，土族拥有的人力资源最多(为215124人)，珞巴族的人力资源最少(仅有2389人)，前者是后者的90倍。组中值为21499，意味着有一半的人口较少民族拥有的人力资源数量低于该值。表3的详细数据则表明，14个人口较少民族拥有的人力资源数量都低于2万。其中，人力资源数量介于1万~2万的人口较少民族为6个，即京族、基诺族、德昂族、保安族、俄罗斯族、裕固族等；

介于5000～10000的人口较少民族为3个，即乌孜别克族、门巴族、鄂伦春族等，而低于5000的则有5个，包括独龙族、赫哲族、高山族、塔塔尔族、珞巴族等。

（三）人口赡养负担

在总量规模之外，考察人口因素对一个民族经济社会发展影响，需要进一步分析其内在结构。人口结构的分析对人口较少民族尤其重要，一方面缘于其人口总量和人力资源数量都相对较小；另一方面不同年龄人口的结构分布对经济社会发展具有重要的含义（如青壮年人口比重高意味着人力资源的相对比例高、人口赡养负担则比较低，从而为经济社会的快速发展提供了有利条件）。图4展示了人口较少民族2010年人口结构特征，其内容包括从人口总量、15～64岁人口比重、少儿抚养比以及总抚养比等。

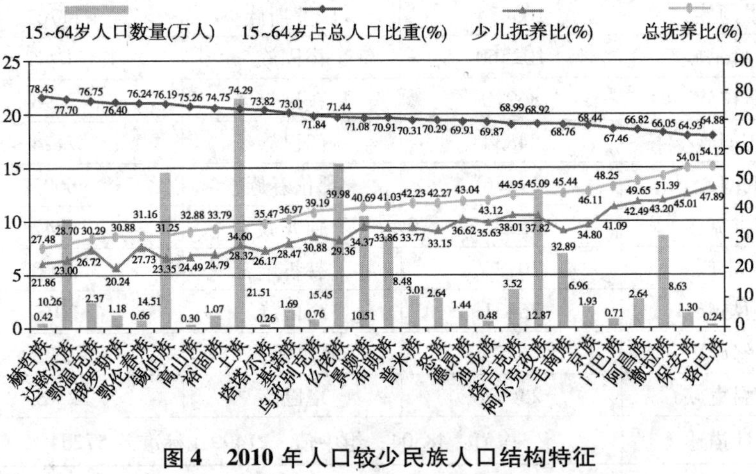

图4 2010年人口较少民族人口结构特征

2010年，全国15～64岁人口占总体的比重是74.47%。以此为基准，28个人口较少民族中有8个民族的15～64岁人口比重超过该值，而其他的20个则低于该值。在这20个民族中，有11个的15～64岁人口比重低于70%。15～64岁人口比重相对较低，意味着人口较少民族有比较高的抚养负担。

2010年，全国的总抚养率为34.28%。从图4可以看出，仅有9个人口较少民族的总抚养比率低于该值，而其他的19个则高于该值。在总抚养率高于全国水平的人口较少民族中，有15个的总抚养率高于40%。而在此之中，有3个人口较少民族——撒拉族、保安族以及珞巴族——的总抚养率高于50%。人口较少民族之所以普遍抚养负担重，一个重要的原因是他们的少儿抚养比普遍偏高。2010 年，全国的少儿抚养比为22.30%。而在人口较少民族中，仅有俄罗斯族的20.24%和赫哲族的21.86%低于这个值。相反，有16个人口较少民族的少儿抚养比超过30%。其中，门巴族、阿昌族、撒拉族、保安族以及珞巴族等5个民族的少儿抚养比超过40%。自然，这5个人口较少民族的总抚养率也同样是最高的一个族群。

（四）人口素质基本情况

虽然人力资源一般指的是年龄分布为15~64岁的人口，但考虑到对人力资源质量的考察不仅仅是一个静态的概念，而是应该既考虑人力资源质量变化的过去，又考虑人力资源质量变化的未来。因此，我们把人口较少民族6岁及以上人口受教育情况列于表4。

表4 2010年人口较少民族6岁及以上人口受教育情况

（单位:%）

民族	6岁及以上人口（人）	未上过学	小学	初中	高中	大学专科	大学本科	研究生
全国		5.00	28.75	41.70	15.02	5.52	3.67	0.33
门巴族	9509	37.43	36.45	12.77	6.28	3.92	3.05	0.11
珞巴族	3213	27.45	48.37	12.85	5.45	2.58	3.27	0.03
撒拉族	113873	21.18	51.53	16.88	5.31	3.01	2.01	0.08
德昂族	18251	19.34	56.92	17.91	3.69	1.44	0.68	0.01
独龙族	6220	16.37	42.17	27.03	7.99	4.53	1.74	0.18
怒族	34002	15.05	46.91	24.29	7.56	4.27	1.85	0.06
普米族	39094	14.55	39.56	27.94	9.90	4.70	3.26	0.10
布朗族	108074	14.27	58.59	18.86	4.70	2.12	1.41	0.04
保安族	17517	11.02	59.61	17.36	6.86	3.43	1.66	0.06
土族	266248	10.81	38.78	29.45	11.35	5.00	4.40	0.21
景颇族	132808	9.44	54.59	26.34	5.92	2.59	1.10	0.03
基诺族	21014	9.09	41.00	34.08	9.39	4.48	1.86	0.10

续表

民族	6岁及以上人口	未上过学	小学	初中	高中	大学专科	大学本科	研究生
阿昌族	34844	8.02	50.01	30.19	6.85	3.02	1.87	0.06
裕固族	13441	6.12	37.62	28.01	13.30	8.82	5.76	0.37
京族	25159	5.53	26.53	40.51	15.75	6.59	4.85	0.25
毛南族	91706	4.23	38.18	39.29	10.46	4.77	2.92	0.15
仫佬族	195734	4.19	37.88	37.67	11.38	5.10	3.55	0.23
塔吉克族	45716	3.50	49.78	29.98	9.05	6.52	1.14	0.03
柯尔克孜族	165498	3.15	45.71	33.19	9.75	6.06	2.08	0.06
高山族	3674	2.59	20.44	35.03	20.20	10.48	10.18	1.09
乌孜别克族	9596	2.04	29.27	29.77	17.63	11.24	9.58	0.46
赫哲族	4940	1.90	16.60	36.98	18.62	11.62	12.89	1.38
塔塔尔族	3244	1.42	21.89	29.81	19.82	13.13	13.35	0.59
鄂伦春族	7884	1.38	17.85	38.27	19.17	12.82	9.69	0.82
俄罗斯族	14516	1.26	14.64	30.45	24.32	15.65	12.72	0.95
鄂温克族	28111	1.24	22.27	39.38	18.92	10.66	7.07	0.46
达斡尔族	121946	1.16	21.00	42.27	17.85	9.68	7.49	0.56
锡伯族	176497	1.12	20.81	44.11	16.84	8.80	7.65	0.68

备注：在本表中，如果人口较少民族未上过学（第3列）、小学（第4列）的人口比重低于全国水平，或者初中（第5列）、高中（第6列）、大学专科（第7列）、大学本科（第8列）以及研究生（第9列）的人口比重高于全国水平，则标注深灰色标记。

通过表4，我们可以发现，仅有9个人口较少民族（表4第1列用深灰色标记）的教育情况是优于全国水平的，而有19个人口较少民族的教育状况是低于全国水平的，其比重高达近70%。其中，德昂族、珞巴族、门巴族、布朗族、撒拉族、保安族6个人口较少民族的未上过学和仅上过小学的合计比重都超过了70%，景颇族、怒族、独龙族、阿昌族、普米族、塔吉克族、基诺族7个人口较少民族的这一合计比重则介于50%～70%之间，都应该是重点关注的对象。

（五）人力资源受教育情况

表4是以6岁及以上的人口为统计口径，这可以为我们整体把握人口较少民族人力资源质量状况提供一些有价值的信息。考虑到扶持人口较少民族发展的紧迫性，以及前文所述的人力资源年龄分布（即年龄为15～64岁的人口），更应该直接分析人力资源的受教育状况。按照小学及以下、初中、高中与大学专科及以上等4个级别，图5展示了各人口较少民族人力资源受教育的情况。

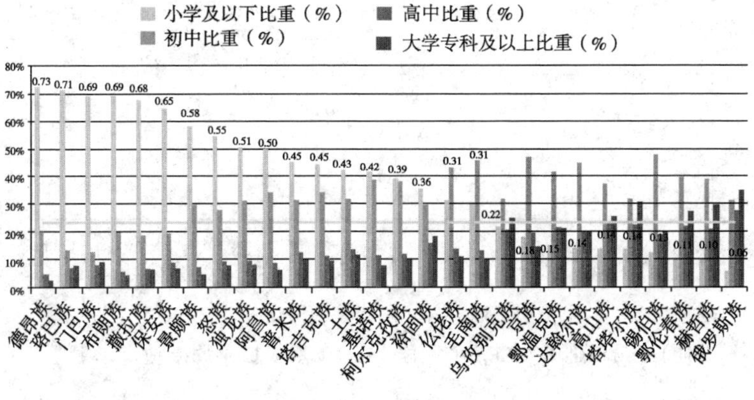

图5　2010年人口较少民族人力资源受教育情况

按照中国义务教育的相关法规，我国公民应该至少接受初中及以下层次的教育。如果一个人接受的教育程度仅为小学或未上小学，则可以认为其接受的教育没有达到标准要求。以全国受教育程度为小学及以下人口比重23.38%为比较基准（图5用浅灰色横线作为标示），根据图5中特别标注的受教育程度为小学及以下人口比重具体数值，我们发现有18个民族的指标值高于该值，占28个人口较少民族的64.29%。在这18个人口较少民族中，人力资源受教育程度为小学及以下的比例超过50%有10个。其中，门巴族、布朗族、撒拉族和保安族6个民族接受教育仅为小学或未上小学的人口比重超过了60%，而德昂族和珞巴族等2个民族则更是超过了70%，都是人力资源质量堪忧的典型。

在考察人力资源受教育程度的差异以外，我们还计算了人口较少民族人力资源的平均受教育年限。平均受教育年限的计算是以不同教育级别的人口比重为权重，未上过学、小学、初中、高中、大学专科、大学本科以及研究生分别以0、6、9、12、14、16和19年计。图6展示了各人口较少民族人力资源的平均受教育年限（全国人力资源的平均受教育年限为9.16年，图中用灰色横线作为标示）。和图5类似，从图6可以看出，有10个人口较少民族的人力资源平均受教育年限高于全国水平，而其他的18个则位于灰色横线之下，低于全国水平。其中，人力资源质量远远低于全国水平的人口较少民族和图5中所观察的是相一致的。

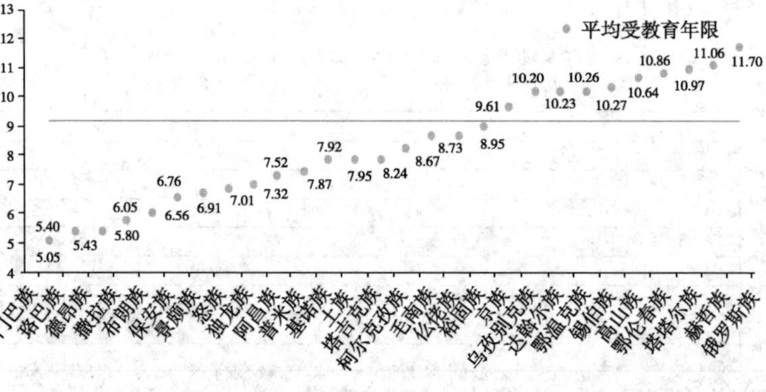

图6　2010年人口较少民族15~64岁人口平均受教育年限

（六）人力资源受教育情况的性别差异

考虑到传统观念的影响，在关注人口较少民族潜在劳动力的受教育程度基本情况之外，我们还考察了这一人口群体的受教育程度是否存在性别差异。图7展示了2010年人口较少民族受教育程度仅为未上过学和小学及以下的15~64岁人口中的女性比重。

图7显示，在小学及以下的人口中，女性所占的比重只有锡伯族、塔塔尔族、乌孜别克族和俄罗斯族等4个民族的比重低于50%。因此，可以初步判定人口较少民族受教育程度未达到义务教育的要求的人群中存在着较为明显的性别差异，即在这一人群中女性的比重更高。而在人口较少民族未上过学的人群中，这一性别差异则表现得更为明显。因为，在图7中可以清晰地看到，未上过学中的女性比重（%）曲线只有一个点位于小学及以下中的女性比重（%）曲线的下方。

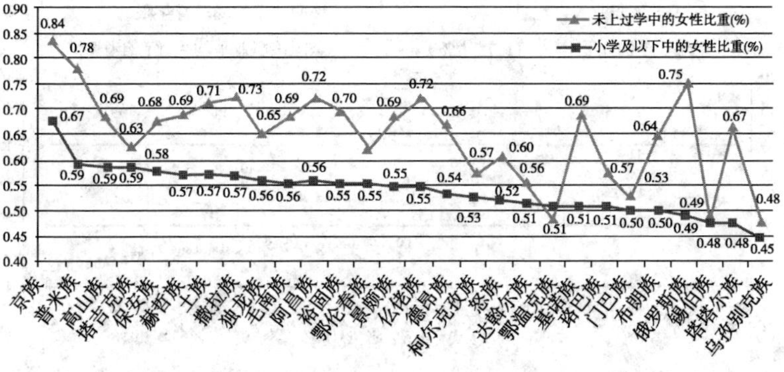

图 7　2010 年人口较少民族人力资源受教育程度的性别差异

（七）职业分类的人力资源受教育情况

根据职业类型的不同，第六次全国人口普查还收集了不同从业人员的长表数据。① 考虑到扶持人口较少民族发展人力资源开发工作的实际情况，本研究报告仅考察国家机关、党群组织、企业、事业单位负责人（简称为担任负责人职务人员）与专业技术人员等两类职业人力资源的质量状况。图 8 和图 9 则分别为从事这两种职业人力资源的基本情况。

图 8 包括了各人口较少民族及全国担任负责人职务人员的两类信息，即该职业在就业人口中的比重以及受教育程度。其中，全国担任领导职务人员在就业人口中的比重为 1.77%（图中用下面的横线条标示），其平均受教育年限为 12 年（图中用上面的横线条标示）。从图 8 可以看出，鄂伦春族、裕固族等 10 个人口较少民族就业人口中在国家机关、党群组织、企业、事业等单位担任负责人职务的比重都高于全国水平（其中鄂伦春族、俄罗斯族、高山族 3 个民族的该指标比重超过全国水平 2 个百分点）。因此，可以初步认为这 10 个民族在各行各业领军人才的培养和开发方面处于

① 第六次全国人口普查采用了长短两种普查表。普查表短表为反映人口基本状况的项目，普查表长表包括所有短表内容和有关迁移、受教育、经济活动、婚姻家庭、生育和住房等情况的项目。根据普查办法和普查表长表抽样细则，10% 的户填报长表，短表由其余的户填报。在职业分类上，第六次全国人口普查的职业类型包括国家机关、党群组织、企业、事业单位负责人，专业技术人员，办事人员和有关人员，商业、服务业人员，农、林、牧、渔、水利业生产人员，生产、运输设备操作人员及有关人员，不便分类的其他劳动者等 6 种。

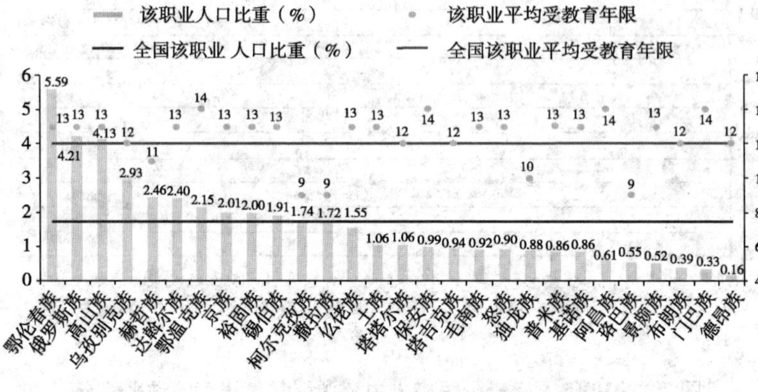

图 8　2010 年人口较少民族担任领导职务人员基本情况

领先位置。从各人口较少民族该职业从业人员的质量看，平均受教育年限最低值为 9 年，最高值为 14 年。其中，低于全国水平 12 年的民族有 5 个，与全国水平一样的有 5 个，而超过全国水平的则有 18 个。这一现象的出现，一方面表明人口较少民族担任负责人职务人员的整体质量较好，另一方面则可以解读为人口较少民族面临相对较高的负责人职务门槛。

图 9 和图 8 包括的信息类似。从全国看，专业技术人员在就业人口中的比重为 6.84%（图中用下面的横线条标示），其平均受教育年限为 13 年（图中用上面的横线条标示）。从就业人口的比重看，专业技术人员的情况和担任领导职务人员非常相似，同样是有俄罗斯族、赫哲族等 11 个人口较少民族的该指标值高于全国水平，稍不一样的是其排序有些许差异。从该

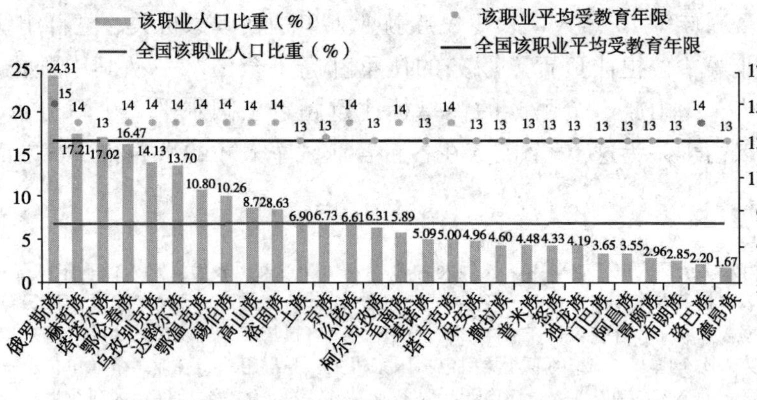

图 9　2010 年人口较少民族专业技术人员基本情况

职业平均受教育年限的看，与担任领导职务人员的情况不同，28 个人口较少民族专业技术人员的该指标值都不低于全国水平。这一现象的出现可能与专业技术人员强调专业属性的职业特征有关。

（八）行业分类的人力资源受教育情况

在行业分类上，第六次全国人口普查的职业类型包括农、林、牧、渔业，采矿业、制造业等20 个类别。考虑到不同行业从业人员的比重差异以及扶持人口较少民族人力资源开发工作的重点方向，本研究报告仅考察农、林、牧、渔业（简称为农业）与教育等两类行业人力资源的质量状况。图 10 和图 11 则分别为从事这两种行业人力资源的基本情况。

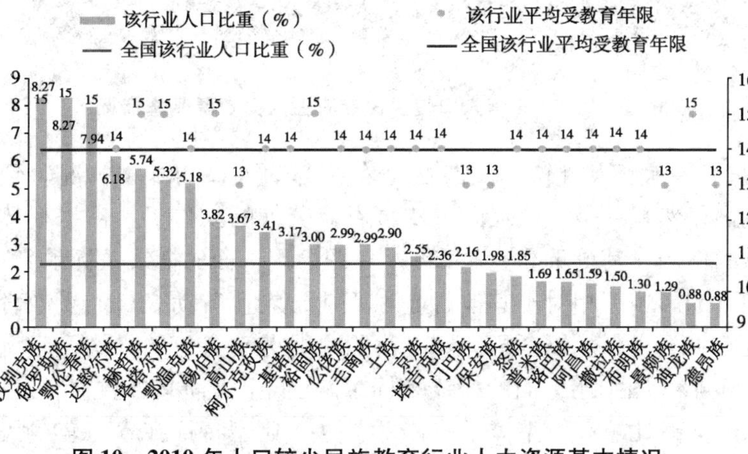

图 10　2010 年人口较少民族教育行业人力资源基本情况

教育事业对人口较少民族及地区的经济社会发展具有重要的意义。教育事业发展如何，一个重要的指标是是否构建了一支高素质的专业化教师队伍。图 10 展示了人口较少民族从事教育行业人员的基本情况。在全国，就业人口中从事教育行业的人口比重为 2. 31%（图中用下面的横线条标示），其平均受教育年限是 14 年（图中用上面的横线条标示）。从就业人口比重看，有 17 个人口较少民族的该指标值是高于全国水平的，其中乌孜别克族、俄罗斯族、鄂伦春族等 7 个民族的该指标值甚至是超过全国水平的两倍有余。从受教育年限看，人口较少民族教师行业人力资源质量整体上和全国基本保持一致的水平。有 15 个人口较少民族的该指标值和全国水平是相同的。有 8 个人口较少民族的该指标值则超过全国水平 1 年。而其他的 5 个民族则低于全国水平 1 年，他们分别是高山族、门巴族、保安族、景颇族和德昂族等。

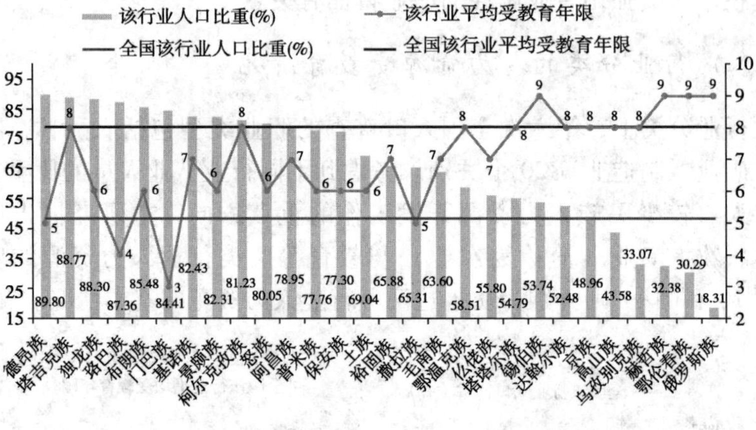

图 11　2010 年人口较少民族农业人力资源基本情况

图 11 展示了人口较少民族从是农业劳动人口的基本情况。到目前为止，我国仍然是一个农业大国，从事农业劳动的人口仍然占据整体就业人口很大的份额，其比重高达 48.34%（图中用下面的横线条标示）。由于历史等因素的影响，相对于其他行业和职业，农业劳动人口的受教育情况一般都处于中下水平。以全国为例，我国农业劳动人口的平均受教育年限仅仅只有 8 年（图中用上面的横线条标示），低于当前义务教育规定的水平。农业从业人口比重高、整体素质偏低，这一典型特征在人口较少民族身上体现得更为明显。在 28 个人口较少民族中，农业劳动人口比重超过 50% 的有 22 个。也就是说，有 78.57% 的人口较少民族有超过一半的劳动人口是从事农业生产活动的。其中，在这 22 个人口较少民族中，农业劳动人口比重超过 80% 的有 10 个，比重介于 60%～80% 则有 7 个。从农业从业人口的受教育情况看，情况也不容乐观。有 16 个人口较少民族的该指标值低于全国 8 年平均水平的。其中，受教育年限为 7 年和 6 年的分别有 5 个和 7 个。而低于 6 年则有 4 个，他们分别是德昂族（5 年）、撒拉族（5 年）、珞巴族（4 年）和门巴族（3 年）等。也即是说，这 4 个人口的农业就业人口平均而言其受教育程度是低于小学的。因此，需要引起特别关注。而图 11 显示的另一个有意思的特征是，在人口较少民族中，如果其农业劳动人口比重大，则其劳动者的素质相对偏低；反之亦然。

四、人口较少民族人力资源开发现状：区域的视角

人口较少民族聚居区主要包括2个自治州、16个自治县和71个民族乡。由于受到统计数据的限制，下面主要以2个自治州、16个自治县的数据为样本来分析人口较少民族人力资源的开发现状。为了统一分析的统计口径，我们分别收集了2个自治州所管辖的县市数据，包括克孜勒苏柯尔克孜自治州的4个县市数据以及德宏傣族景颇族自治州的5个县市数据。也就是说，本部分分析所涉及的人口较少民族聚居区主要指的是表5所列的25个县市。

表5 人口较少民族聚居县市

县（市）	所属省区	居住的人口较少民族	县（市）	所属省区	居住的人口较少民族
阿图什市	新疆	柯尔克孜族	双江拉祜族佤族布朗族傣族自治县	云南	拉祜族、布朗族
阿克陶县	新疆	柯尔克孜族、塔吉克族等	莫力达瓦达斡尔族自治旗	内蒙古	达斡尔族、俄罗斯族
乌恰县	新疆	柯尔克孜族、乌孜别克族、塔吉克族	鄂伦春自治旗	内蒙古	鄂伦春族、达斡尔族、鄂温克族
阿合奇县	新疆	柯尔克孜族	鄂温克族自治旗	内蒙古	鄂温克族、达斡尔族
塔什库尔干塔吉克自治县	新疆	塔吉克族、柯尔克孜族	罗城仫佬族自治县	广西	仫佬族
察布查尔锡伯自治县	新疆	锡伯族、哈萨克族	环江毛南族自治县	广西	毛南族、仫佬族
芒市①	云南	景颇族、德昂族、阿昌族	肃南裕固族自治县	甘肃	裕固族
瑞丽市	云南	景颇族、德昂、阿昌族	积石山保安族东乡族撒拉族自治县	甘肃	东乡族、土族
梁河县	云南	景颇族、阿昌族、德昂族	大通回族土族自治县	青海	土族

① 2010年8月，潞西市正式更名为芒市。由于第六次全国人口普查统计资料采用的名称是潞西市，因此后续分析与此保持一致。

续表

县（市）	所属省区	居住的人口较少民族	县（市）	所属省区	居住的人口较少民族
盈江县	云南	景颇族、阿昌族、德昂族	循化撒拉族自治县	青海	撒拉族
陇川县	云南	景颇族、德昂族	民和回族土族自治县	青海	土族
兰坪白族普米族自治县	云南	普米族、怒族	互助土族自治县	青海	土族
贡山独龙族怒族自治县	云南	独龙族、怒族			

第六次全国人口普查公布的各民族自治地方县数据主要有6岁及以上人口基本状况、15岁及以上文盲人口状况、分行业门类的人口状况、分职业大类的人口状况、2009—2010年人口出生情况以及育龄妇女年龄别生育率和总和生育率等。其中，前两种数据是短表数据，而后四种则是长表数据。根据所获取的上述数据，本部对人口较少民族人力资源开发情况的分析主要从总体情况、人力资源受教育情况、职业分类的人力资源受教育情况以及行业分类的人力资源受教育情况等几个方面来展开。

（一）总体情况

对25个人口较少民族县市人力资源基本情况的考察，既需要注意数量方面的指标，同时更要关注质量方面的信息。基于这种考虑，我们把25个人口较少民族县市6岁及6岁以上人口数量、受教育状况和少数民族人口比重等数据列示于表6。

表6 2010年人口较少民族聚居县市6岁及以上人口基本情况 （单位:%）

地区	6岁及以上人口（人）	其中：少数民族比重	未上过学	小学	初中	高中	大学专科	大学本科	研究生
全国		8.21	5.00	28.75	41.70	15.02	5.52	3.67	0.33
循化	108637	93.11	23.56	50.81	15.21	5.77	1.12	3.50	0.03
民和	321483	53.72	21.48	38.63	26.57	9.35	1.54	2.41	0.02
兰坪	194812	87.86	20.31	41.21	25.98	8.20	1.11	3.17	0.02

续表

地区	6岁及以上人口（人）	其中：少数民族比重	未上过学	小学	初中	高中	大学专科	大学本科	研究生
积石山	256715	89. 86	16. 75	65. 52	12. 46	3. 39	1. 48	1. 48	0. 01
贡山	35126	90. 22	14. 81	48. 45	23. 74	6. 95	4. 42	4. 42	0. 02
互助	329669	25. 66	12. 57	42. 36	32. 09	8. 29	3. 01	3. 01	0. 02
双江	164589	41. 84	11. 08	60. 15	20. 00	5. 17	2. 39	2. 39	0. 01
陇川	165713	52. 98	10. 78	49. 50	28. 00	7. 31	3. 10	3. 10	0. 01
潞西	357826	47. 11	10. 17	49. 04	23. 92	8. 79	5. 33	5. 33	0. 10
梁河	142215	32. 41	8. 93	44. 22	33. 58	8. 60	3. 28	3. 28	0. 01
瑞丽	166940	41. 73	8. 70	37. 38	36. 63	10. 82	4. 37	4. 37	0. 04
盈江	276563	55. 04	7. 74	52. 21	29. 11	6. 97	2. 79	2. 79	0. 01
肃南	31794	53. 76	7. 41	40. 71	27. 22	13. 00	7. 97	7. 97	0. 08
环江	247540	93. 94	5. 81	42. 68	39. 04	8. 46	2. 96	2. 96	0. 02
鄂伦春	214282	10. 03	5. 37	24. 57	48. 92	14. 01	5. 35	5. 35	0. 02
大通	402622	46. 74	5. 31	45. 91	34. 87	9. 13	3. 17	3. 17	0. 02
罗城	271024	74. 22	5. 28	46. 18	38. 10	6. 92	2. 47	2. 47	0. 03
塔什库尔干	33965	91. 77	3. 07	53. 62	21. 45	10. 04	10. 43	10. 43	0. 02
阿克陶	171251	96. 01	3. 00	51. 68	33. 75	5. 32	4. 91	4. 91	0. 02
察布查尔	164020	62. 80	2. 22	33. 50	42. 03	15. 18	5. 75	5. 75	0. 01
鄂温克	129202	38. 78	2. 10	18. 67	45. 34	20. 86	9. 40	9. 40	0. 08
阿合奇	34801	89. 31	2. 04	42. 62	34. 53	8. 72	10. 39	10. 39	0. 02
莫力达瓦	257780	19. 57	1. 91	35. 53	49. 45	8. 78	2. 94	2. 94	0. 03
乌恰	42233	90. 25	1. 84	42. 97	30. 53	13. 32	8. 63	8. 63	0. 05
阿图什	210809	91. 01	1. 51	39. 10	34. 99	11. 93	9. 26	9. 26	0. 06

备注：人口较少民族列3、列4中的指标值如果低于全国水平，则标注灰色标记；而列5到列9中的指标值如果高于全国水平，则标注灰色标记。此外，列1中如果该县市受教育程度为小学及以下的人口比重低于全国的该指标值33.75%，则标注为灰色。

首先，我们看看25个人口较少民族县市6岁及6岁以上人口的数量情况。从表6列2可以发现，人口较少民族县市的人口规模存在明显的差异。其中，人口数量最多的是大通回族土族自治县，其值为402622；数量最少的是肃南裕固族自治县，其值为31794，二者的人口数量相差十倍有余。和肃南类似，贡山、阿合奇、乌恰、塔什库尔干等4个县市的人口数量都是低于5万的，其人口规模相对较小。从人口的民族构成看，除个别地区以外（如少数民族比重为10.03%鄂伦春），大部分县市的少数民族比重都远远高于8.21%的全国比重值（均值为57.19%）。如阿克陶、环江、循化、塔什库尔干、阿图什、乌恰、贡山等的少数民族比重超过了90%，而积石山、阿合奇、兰坪等则接近于90%。

表6列示了各人口较少民族县市6岁及6岁以上人口受教育的详细情况。整体而言，各县市人口的受教育情况不容乐观。其总体特征是，居民受教育程度普遍偏低。在全国，6岁及6岁以上人口受教育程度为小学及以下人口比重33.75%。以此为基准，在25个人口较少各民族自治县市中，仅有鄂伦春和鄂温克等（表6列1中用灰色做了标识）两个县市居民受教育情况是优于全国的，而其他的23个则都是落后于全国平均水平的。其中，受教育程度仅为小学及以下人口比重超过50%的有15个，他们分别是介于50%~60%的盈江、潞西、塔什库尔干、互助、阿克陶、梁河、罗城和大通，介于60%~70%的贡山、兰坪、陇川和民和，介于80%~90%的循化和双江，以及超过90%的积石山。

为了对各人口较少民族县市居民受教育有一个更为直观的认识，基于表6计算了各县市6岁及6岁以上人口的平均受教育年限，并展示于图12中。

图12进一步印证了我们的结论，即各县市居民受教育程度普遍偏低。而且我们还发现，大部分县市的人口较少民族居民的受教育情况更是不容乐观（低于全国的8.70，图中用上面的横线标示）。这不仅体现在人口较少民族居民比当地的汉族居民受到的正规教育要少，而且与全国的少数民族（其值为7.79，图中用下面的横线标示）相比较也是相对较低的。

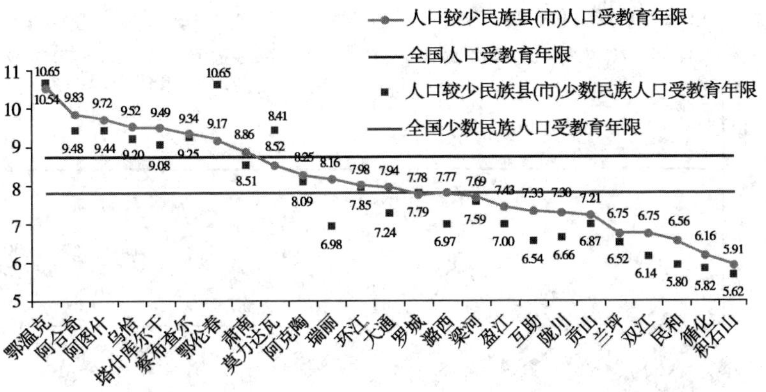

图 12　2010 年人口较少民族县（市）6 岁及以上人口受教育情况

（二）人力资源受教育情况

正如前面所论述的，人力资源一般指的是年龄为 15 ~64 岁的劳动人口。遗憾的是，官方并没有公布 15 ~64 岁劳动人口的详细数据，而是公布了汇总后的 15 岁及 15 岁以上人口的简要短表数据。这一短表数据主要包括分性别、分文盲的人口数量。也就是说，通过对这一数据的分析，我们可以了解到各县（市）15 ~64 岁劳动人口总体中的文盲人口比重。文盲人口比重指标揭示了人口较少民族地区受教育程度最低阶层的相关情况，但这还不足以让我们对其人力资源的基本情况和整体素质有一个较为全面的了解。为了弥补这一不足，我们使用各县（市）分行业门类、分职业大类的人口长表数据，计算了其劳动人口的平均受教育年限。结合这两类数据，我们把人口较少民族县（市）人力资源及其质量的基本情况展示如图 13。

2010 年，全国 15 岁及 15 岁以上人口的平均受教育年限是 8.99 年（图中用横线标示）。从图 13 可以清晰地看到，仅有 4 个人口较少民族县（市）劳动人口的平均受教育情况是优于全国的，分别是鄂温克族自治旗、阿合奇、鄂伦春自治旗以及察布查尔等，而其他的 21 个县（市）的情况是落后于全国平均水平的。在这 21 个县（市）中，劳动人口平均受教育年限低于 7 年的有 6 个，分别是贡山、双江、民和、兰坪、循化以及积石山等。而循化以及积石山劳动人口平均受教育年限更是低于 6 年，即平均而言接受的教育程度低于小学水平，尤其需要特别关注。

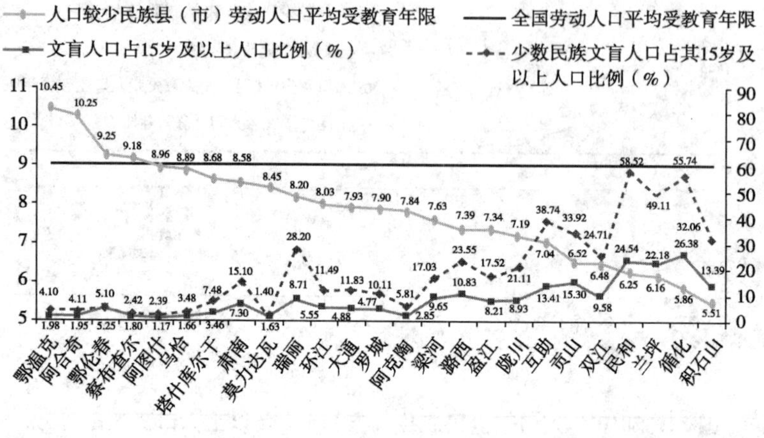

图 13　人口较少民族县（市）人力资源及其质量的基本情况

2010 年，全国 15 岁及 15 岁以上人口的文盲人口比重是 5.35%。从图 13 的数据看，有 10 个人口较少民族县（市）该年龄区间人口的文盲人口比重是低于全国水平的。从位置分布看，这 10 个县（市）主要集中在图 13 的左侧。劳动人口的平均受教育年限看，这 10 个县（市）劳动人口平均受教育年限要么高于全国水平，要么与之接近。相反，在图 12 的右侧，相关县（市）15 岁及 15 岁以上人口的文盲人口比重基本上高于全国水平，其中的部分县（市），如潞西、贡山、双江、民和、兰坪、循化以及积石山等，文盲人口比重都超过了 10%。相应，其劳动人口的平均素质也是相对较低的。

此外，图 13 揭示的另一个值得注意的情况是，在人口较少民族县（市）中，除鄂伦春自治旗和莫力达瓦之外，其他 23 个县（市）少数民族居民文盲人口比重明显高于该县市的平均比重。这意味着在这些县（市）中，相对于汉族，少数民族的文盲人口比重更高。其中，有 16 县（市）少数民族的文盲人口比重超过了 10%，而介于 20% ~30% 有 4 个（瑞丽、潞西、陇川和双江），介于 30% ~40% 有 3 个（互助、贡山以及积石山），超过 40% 的县（市）有 3 个（民和、兰坪以及循化）。

（三）职业分类的人力资源受教育情况

根据第六次全国人口普查各民族自治地方县分职业大类的长表数据，我们可以考察 25 个人口较少民族县（市）不同职业人群的基本情况。与前面的分析类似，仅考察国家机关、党群组织、企业、事业单位负责人（简称为担任负责人职务人员）与专业技术人员两类职业人力资源的质量状况。图 14 和图 15 分别为从事这两种职业的人力资源的基本情况。

在全国，就业人口中国家机关、党群组织、企业、事业单位负责人的比重是 1.77%（图中用下面的横线条标示），其平均受教育年限是 12 年（图中用上面的横线条标示）。从图 14 可以看出，除阿合奇和鄂温克两个县（市）之外，其他的 23 个人口较少民族县（市）担任领导职务人员在就业人口中的比重都低于全国水平。其中，该指标值小于 1% 的县（市）有 15 个。因此，我们可以认为人口较少民族聚居地区在各行各业中的领军人才相对匮乏。

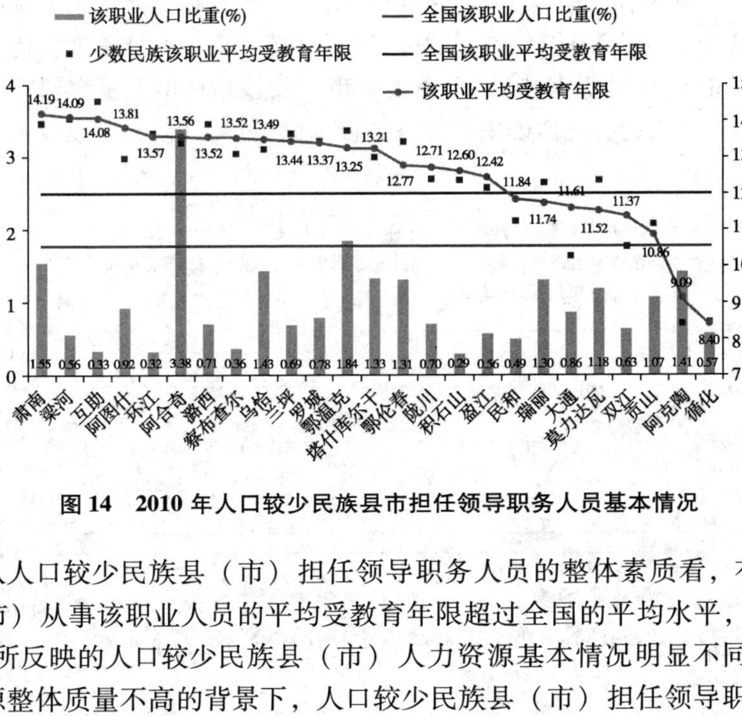

图 14　2010 年人口较少民族县市担任领导职务人员基本情况

从人口较少民族县（市）担任领导职务人员的整体素质看，有 17 个县（市）从事该职业人员的平均受教育年限超过全国的平均水平，而这与图 13 所反映的人口较少民族县（市）人力资源基本情况明显不同。在人力资源整体质量不高的背景下，人口较少民族县（市）担任领导职务人员平均受教育年限普遍高于全国水平，这可能意味着在相关条件的约束下人口较少民族县（市）的居民在各行各业获得成功的门槛相对较高。

在某些领域，为了扶持少数民族地区实现更好的发展，政府非常重视少数民族人才以及干部的培养，并出台了相应的政策措施。然而，从图 14 所展现的情况看，这些政策措施可能并没有发挥其预期的作用。从图 14 我们可以看到，25 个县（市）中担任领导职务人员的少数民族人口在平均受教育年限方面和其他的居民并没有显著的差异。在一些县（市），少数民族担任领导职务人员的人口受教育年限还高于该职业的平均水平。

在全国，就业人口中专业技术人员的比重为 6.84%（图 15 中用下面的横线条标示），其平均受教育年限为 13.37 年（图 15 中用上面的横线条标示）。从就业人口的比重看，25 个人口较少民族县（市）专业技术人员比重的均值为 6.01%，和担任领导职务人员类似，低于全国平均水平。该指标的标准差为 3.99%，最大值为 21.14%（阿合奇），最小值为 0.99%（积石山），表明各县（市）之间存在明显差异。在 25 个人口较少民族县（市），专业技术人员比重超过全国水平的有 7 个，即阿合奇、鄂温克、塔什库尔干、阿图什、肃南、鄂伦春和循化。其中，阿合奇、鄂温克和塔什库尔干 3 个县（市）的该指标值都超过了 10%。而专业技术人员比重低于全国水平的有 18 个，其中有 15 个县（市）的该指标值低于全国水平至少 2 个百分点。因此，总体说来，在人口较少民族县（市），专业技术人员比较缺乏。

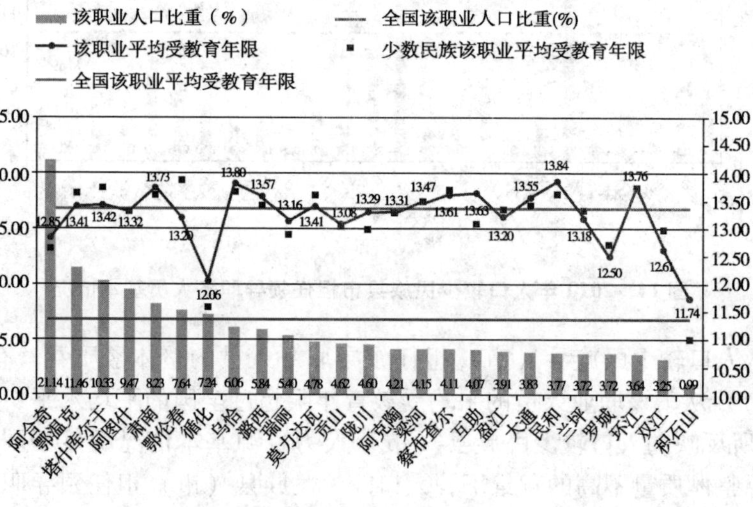

图 15　2010 年人口较少民族县（市）专业技术人员基本情况

从专业技术人员的平均受教育年限看，各人口较少民族县（市）要么稍高于全国平均水平，要么稍低于全国平均水平，差异并不明显。而在该职业的从业人员中，少数民族的情况也和汉族人口基本相同，也是有的县

（市）少数民族该职业的从业人员受教育程度稍高一些，有的则是稍低一些，差异也不是特别明显。

（四）行业分类的人力资源受教育情况

《中国2010年人口普查分民族人口资料》提供的各民族自治地方县（市）分行业门类人口长表数据，同样也包括农林牧渔业、采矿业、制造业等20个类别。和前面的分析一样，考虑到不同行业从业人员的比重差异以及扶持人口较少民族人力资源开发工作的重点方向，在这里我们也只考察农、林、牧、渔业（简称为农业）与教育两类行业人力资源的质量状况。图16和图17分别为从事这两种行业人力资源的基本情况。

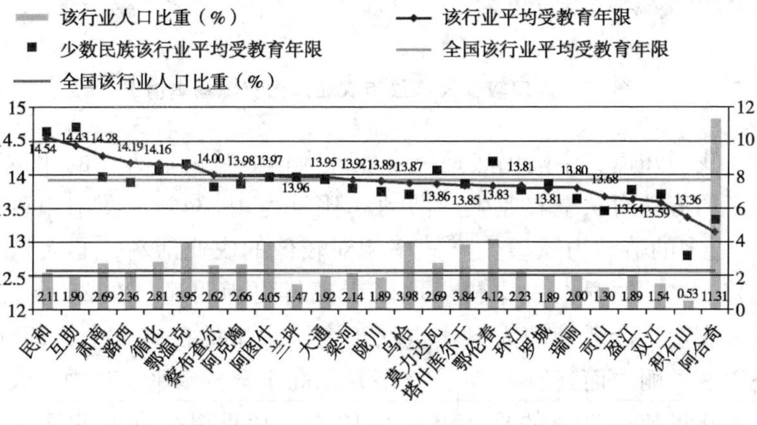

图16　人口较少民族县（市）教育行业人力资源基本情况

在全国，民族自治县（市）就业人口中从事教育行业的人口比重为2.31%（图中用下面的横线条标示），其平均受教育年限是13.94年（图中用上面的横线条标示），基本与全国的情况一致。从25个人口较少民族县（市）的整体情况看，其教育行业平均从业人口比重为2.80%（最大值为阿合奇的11.31%，最小值为积石山的0.53%），略高于全国水平；其平均受教育年限是13.91年，略低于全国水平。因此，就教育行业看，人口较少民族县（市）的情况与全国并无本质的差异，其主要的特征或问题是教师队伍的受教育程度还是相对较低。此外，另一个需要注意的情况是，在人口较少民族县（市），从事教育行业的少数民族人口的平均受教育年限为13.87（最大值为互助的14.71，最小值为积石山的 12.81），不仅低于全国平均水平，也低于该地区的平均水平。

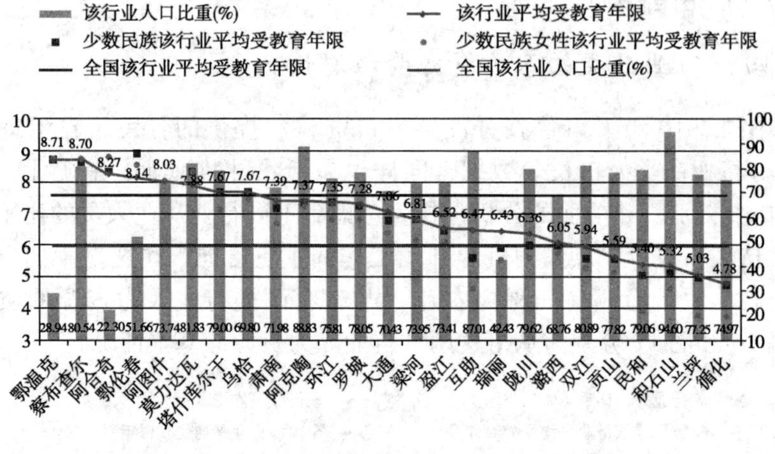

图 17　人口较少民族县市农业人力资源基本情况

我们知道，中国仍然是一个农业大国。从就业人口的比重看，有接近一半的劳动力从事农业生产活动（比重为 48.34%，图中用黄色线条标示）。过多的劳动力从事生产效率相对较低的农业活动，有大量的人口需要转移，这一情况在人口较少地区表现得更为明显。在 25 个县（市）中，从事农业生产活动的人口比重低于全国水平的仅有 3 个，即阿合奇、鄂温克以及瑞丽。而其他 22 个县（市）都高于全国水平。其中，农业生产从业人口比重超过 70% 的县（市）有 19 个，比重超过 80% 的县（市）有 6 个，分别是察布查尔、双江、莫力达瓦、互助、阿克陶和积石山，其指标值分别为 80.54%、80.89%、81.83%、87.01%、88.83% 和 94.60%。

在全国，少数民族自治县（市）就业人口中农业劳动力的平均受教育年限是 7.53 年（图中用上面的横线条标示）。而在人口较少民族县（市），农业劳动力的平均受教育年限为 6.89 年，低于全国平均水平。从个体的情况看，有鄂温克、察布查尔、阿合奇、鄂伦春、阿图什、莫力达瓦、塔什库尔干和乌恰等 8 个县（市）的情况略高于全国的平均水平，而其他的 17 个县（市）则低于全国平均水平的。在这 17 个县（市）中，有双江、贡山、民和、积石山、兰坪和循化等 6 个县（市）的情况尤其需要特别关注，其平均受教育年限都低于 6 年。也就是说，尚未达到当前义务教育规定的水平。

除此之外，另有两个情况需要特别提出。一是相对于当地的汉族，人口较少民族县（市）的少数民族受教育程度更低，其平均受教育年限为6.79年；二是人口较少民族县（市）从事农业生产的少数民族妇女受教育最低，其平均受教育年限为6.39年（为了表达对这一情形的特别关注，图17用黑色圆点做了特别标注）。

五、政策与措施建议

“十三五”时期，是中国全面建成小康社会的重大战略机遇期和攻坚期。在这历史性的关键时期，相对落后的人口较少民族及其聚居地区，能否迎头赶上不掉队、甚至是后来居上，关键取决于能否建立强有力的人力资源储备，从而发挥引领经济社会发展的作用。人口较少民族及其聚居地区要实现人力资源开发水平的快速提升，需要努力落实科教兴国和人才强国的国家基本战略，需要在借鉴国内外先进经验的基础上科学地设计相关政策和措施，需要教育和人力资源开发领域深化改革和制度创新，需要引导和调动社会各方面力量的深入参与。

围绕实现人口较少民族及其聚居地区人力资源开发水平的快速提升，我们认为，深化改革、推进制度创新，需要采取和落实以下七项重大措施：

（一）优化存量，积极推进各类人才队伍建设

人口较少民族的健康可持续发展，归根到底最终需要依靠的是自身的力量。在人力资源开发水平相对落后的背景下，当前最核心的任务之一是大力推动人口较少民族知识技能和文化素质的不断提升。而可采取的主要措施有：1. 培养党政干部人才，主要是以提高领导水平和执政能力为核心，以人口较少民族聚居区县乡主要领导干部、人口较少民族领导干部和后备干部、以乡镇干部为主体的农村基层干部为重点，教育培训与干部自学相结合，建设一支推动人口较少民族发展的高素质党政人才队伍；2. 培养专业技术人才，即进一步扩大人口较少民族专业技术人才培养规模，尤其是要加大对农业、卫生、教育、文化、商贸旅游、服务业、社会管理、企业经营和能源管理等方面的专业技术骨干的培训力度；3. 培养技能人才，主要是加强职业培训，以提升职业素质和职业技能为核心，以技师和高级技师为重点，着重培养行业紧缺、产业发展急需的技能人才，实现技

能人才总量大幅度增加；4. 培养农村实用人才，主要是以提高科技素质、职业技能和经营能力为核心，以农村实用人才带头人和农村生产经营型人才为重点，着力打造服务人口较少民族地区农村经济社会发展、数量充足的农村实用人才队伍；5. 提高劳动者综合素质，如进一步开展当家理财人、文化传承人、传统手工艺、妇幼保健、文明健康生活习惯、扫盲等培训。

（二）夯实基础，优先发展义务教育事业

在所有的方式中，教育不仅是人力资源开发最重要的途径，同时也是最有效的手段。要特别指出的是，人力资本的获取和积累，不仅取决于私人投资，同时也取决于（地区）公共教育投资。从成本（相对）角度看，如果不考虑机会成本的话，因家庭收入、公共设施和服务、语言差异等因素的影响，人口较少民族家庭为了获得某一水平的人力资源可能需要投入更多的精力和成本。从收益角度看，即使是接受了同样的教育，人口较少民族可能由于就业机会、就业报酬等不同而存在显著的差异。因此，相关扶持政策和措施的设计和选择，一方面要着力降低和减少人口较少民族家庭投资人力资源开发的私人成本，另一方面也要着力提升其人力资源开发投资的未来收益。在具体操作上，既要明确各级政府的具体职责，也要激励和鼓励社会（尤其是企业）资源和力量提供更多的人、财、物支持。而主要的措施至少应该包括：1. “十三五”期间应该针对人口较少民族及其聚居地区率先推行“十二年”义务教育；2. 进一步加大人口较少民族聚居地区义务教育基础设施建设力度，如进一步推进校舍标准化建设，如推进人口较少民族地区义务教育信息化建设，尤其是支持农村学校信息基础设施建设；3. 推进教师队伍建设，如对农村教师提供更多的进修培训机会支持，如实行农村教师奖励计划，给地区偏远、条件艰苦的农村学校教师交通和生活补贴，如适当提高工作报酬以及创造更为优越的工作环境，吸引更多优秀的人才加入教师队伍；4. 建立健全农村留守儿童关爱和服务体系，如为农村寄宿学校配备专职的生活辅导教师、进一步提高农村学校寄宿生的生活补贴标准、为居住地离校 3 公里的农村学生提供交通补贴；5. 设立农村女童义务教育专项补贴，如设立人口较少民族女童义务教育专项补贴基金，并根据经济社会发展情况设定补贴标准。

（三）立足现实，大力发展职业技术教育

推动人口较少民族经济社会快速发展，以实现全面建成小康社会的国家战略目标，既需要成千上万的专门技术人才，更需要大量的高素质技能型劳动者。加快发展职业技术教育不仅是人口较少民族聚居地区当前的切实需要，也是参与国际国内产业分工、提高劳动者科学文化水平和生产技能、提高市场竞争力和经济效益的最有效途径。确立职业技术教育在工业化、城镇化、农业现代化建设中的基础性地位，推动人口较少民族地区职业技术教育事业的健康发展，需要：1. 充分考虑各地不同的条件，科学制定人口较少民族地区职业技术教育的发展规划，推行职业技术教育分类指导和特色化建设，鼓励各省市进行多种形式的探索创新，大胆试验、稳妥推进职业技术教育领域的改革；2. 整合利用各类资源，大力鼓励社会力量以多种形式参与职业技术教育，依托行业、企业举办职业技术教育，以就业为导向、以能力为本位、以质量为核心，面向市场统筹职业教育发展；3. 在分类指导、分类管理的框架下，增加政府投入，保证职业技术教育机构获得必要的办学经费；4. 加快人口较少民族地区职业技术教育条件和环境建设，加强职业教育"双师型"教师队伍建设，以企业为主体、职业院校为基础、社会支持为依托，大力推进技能人才培养基地和实训基地建设，强化技能人才培养培训体系建设；5. 引导和鼓励农村未能继续升学并准备进入非农产业就业或进城务工的应届初高中毕业生参与职业培训，全面实行职业教育免费和学生生活补助制度。

（四）重视吸纳，加大人才引进力度

"他山之石，可以攻玉"，在加强人才培养的同时，应该强调和重视人口较少民族聚居地区的人才引进工作。这方面的措施包括：1. 国家实施的重点人才工程，向人口较少民族聚居地区倾斜；2. 制定双向挂职、短期工作、项目合作等灵活多样的人才柔性流动政策，引导党政机关、科研院所和高等学校专业技术人才向人口较少民族聚居地区卫生、教育、文化等领域有序流动；3. 实施专业技术人才"万人培养引进计划"，围绕基层学校、医院、技术推广、城建规划、文化宣传、社会工作等人才需求，培养引进万名急需紧缺的教师、医生、农业技术人员、工程技术人员、文化宣传和社会工作人员等方面的专业技术人才。

（五）放眼未来，实施优生优育计划

人口较少民族及其聚居地区人力资源开发水平相对较低，这是历史原因造成的。为了避免父辈悲剧式的命运再次降临到下一代身上，需要放眼未来，实施优生优育计划，为未来的人力资源开发打下坚实的基础。结合当前的实际情况，我们认为需要采取的措施有：1. 深化计划生育改革，为人口出现负增长以及人口不足10万的人口较少民族设计特殊的计划生育政策，为人口少于10万的人口较少民族农村妇女儿童提供营养健康补贴，并适度提高经济落后地区的营养健康补贴标准；2. 实施妇幼保健工程，对人口较少民族育龄妇女进行妇幼保健、疾病预防知识培训，为农村妇女儿童提供免费的保健服务；3. 实施学前教育普及工程，新建扩建人口较少民族地区托幼机构，加强学前教育基础设施建设，在小学附设学前班，多种形式扩大和强化农村学前教育资源。

（六）直面就业，建立可持续就业机制

增加就业机会、解决就业问题将是我国未来长期面临的最艰巨任务之一。而对人口较少民族及其聚居地区来说，即使是不考虑教育发展和人力资源开发方面的现实差距，由于经济发展、地理区位、文化习俗、语言交流等方面的因素和原因，未来就业问题对其的挑战和考验势必将更为严峻。为了形成有利于促进人口较少民族就业的长效机制，各级政府需要：1. 明确政府在实现人口较少民族充分就业中的主要职责，加大促进就业方面的投入，建立健全的就业保障制度；2. 建立完善的就业信息网络和劳动力市场交流与管理系统，实现供求信息的无阻碍传播；3. 建立适应劳动力市场需求的教育体系，如加强统筹和协调，促进职业技术教育、相关产业发展和毕业生就业的一体化运行；4. 建立适应劳动力市场的、灵活的教育教学体制，如推行弹性学制，允许就学者根据自身情况分阶段完成学业，如根据产业发展需要，调整专业设置、课程内容，积极开创创业教育；5. 通过倾斜性政策和经费支持，建立人口较少民族就业和创业扶持机制。

（七）保障到位，建立完备的资金筹集及管理制度

“最有价值的投资是对人的投资”，为了快速提高人口较少民族及地区的人力资源开发水平，需要提供充足的财力、人力、物力支持。在人口较

少民族及地区义务教育经费、中等职业教育经费、高中阶段和高等教育规模发展的基本建设投入以及相关培训经费严重不足的现实下，需要：1. 确定义务教育经费的最低保障线，根据地方经济社会发展水平和财政收入水平，协调中央与地方以及地方各级政府间的财政关系，建立公平规范的义务教育转移支付制度；2. 增强教育融资能力，形成多元化的教育筹资体系，解决非义务教育阶段（尤其是农村地区学前教育、职业技术教育等）资金不足的瓶颈问题；3. 打破城乡分割，统筹城乡教育协调发展，切实关注和落实农村地区以及弱势边缘群体子女教育的财政支持；4. 进一步完善教育财政管理、监督和评估体系，不断提高资金的使用效益。

城镇化背景下人口较少民族的城乡统筹研究*

摘　要： 改革开放以来，在城镇化快速推进的背景下，我国人口较少民族地区处于社会转型激变期。面对社会生活中传统与现代、封闭与开放、冲突与交融的各种状况，人口较少民族遇到了前所未有的发展新难题。加快新型城镇化建设、统筹城乡经济社会发展对于推动人口较少民族发展进步具有重大的现实意义。本文针对城镇化背景下人口较少民族的城乡统筹问题，研究了城乡统筹和新型城镇化的关系及其对人口较少民族发展的重要意义，并从人口较少民族地区的重点镇和新村建设、特色村镇保护发展等几个方面进行了问题分析，提出了促进人口较少民族地区城乡统筹发展的相关政策建议。

一、人口较少民族城乡统筹发展的重大意义

（一）城镇化概述

城镇化是一个世界性的现象。它既表现为农村人口向城镇的转移和集中，也体现出城镇文明向农村的渗透和扩散，包括城镇的生产与生活方式、科学与技术创新、文化与价值观念等物质与精神方面的内容。

改革开放 30 多年来，中国持续经历快速的城镇化过程。1979 年，中国城镇人口为 18495 万人，城镇化率为 18.96%。2014 年，中国城镇人口达到 74916 万人，城镇化率达到 54.77%。① 1976—2014 年，中国城镇化率

* 课题负责人：王鑫。课题组成员：李俊杰、耿新、胡鹏、谈玉婷。

① 《国家统计局：2014 年中国城镇化率达到 54.77%》，中国经济网，http://www.ce.cn/xwzx/gnsz/gdxw/201501/20/t20150120_4386891.shtml，2015-01-20。

的年均增长超过1个百分点。尤其是自2000年以来，中国城镇化率持续保持着高增长速度，年均增长超过1.36个百分点。诺贝尔经济学奖获得者斯蒂格利茨曾说，美国的新技术革命和中国的城镇化，是21世纪人类进程最深刻的两件事。①

城镇化作为农民转变为市民的过程，对城市社区和农村社区都会产生根本性的影响。从1949年到党的十一届三中全会召开的30年中，我国实行城乡分治的政策，以农补工是这个阶段城乡关系的主要特点。为确保工业和城市的发展，我国建立了“一个体制、三套马车”，即计划经济体制与农产品统购统销制度、人民公社制度和户籍管理制度，通过工农产品价格的“剪刀差”，初步形成了比较完整的工业体系和国民经济体系，使城市实现了较快发展。但带来的问题是，工农业发展失调，粮食和其他生活日用品匮乏，城乡分割的户籍制度将农民牢牢限制在土地上，城乡之间缺少正常的市场联系。城乡二元结构由此形成，并成为制约我国经济社会协调发展的制度性因素。改革开放后，党和政府实行了充分调动农民积极性、促进农村发展的政策，城乡关系逐渐走上健康发展的轨道。在人口从农村向城镇转移的城镇化过程中，农村劳动力被不断吸收到城镇，满足了城镇对第二产业和第三产业发展对劳动力的需求，并且自身的生活方式也逐渐被改变为城镇的生活方式。同时，随着这种以非农业生产为基础的生活方式的不断强化，为之服务的其他部门也不断向城镇集中，促进了城镇的发展和空间的集聚。相应地，由于农村劳动力的流出，农村内部人口结构的变化也导致农村生产结构的变化。但由于“城市偏向”的差别化政策和体制的负面影响，城乡之间的差距仍然在拉大，二元社会结构未能弱化，进一步导致城乡关系不和谐，甚至影响社会的稳定。农民被上楼、农民工无法融入城市、农民利益无处诉求等一系列社会现象，城乡公共服务不均衡、城乡收入差距大、乡村经济增长缓慢等问题，都凸显我国城乡发展中越来越突出的不健康城镇化现象。

以城乡居民收入差距为例，统计表明，1980年中国城镇居民人均可支配收入为478元，同期农村居民人均纯收入为191元，前者为后者的2.5倍；2014年，城镇居民人均可支配收入增加至28844元，农村居民人均可支配收入为10489元，城乡居民人均可支配收入倍差扩大至2.75。在此背

① 李培林：《新型城镇化与突破“胡焕庸线”》，《人民日报》，2015-01-08，(16)。

景下，缩小城乡发展差距成为国家要面对和解决的紧迫课题。

（二）城镇化背景下人口较少民族发展面临的问题

改革开放以来，我国人口较少民族地区国民经济和社会发展尽管取得了骄人的成绩，但由于自然和历史等客观原因的存在，人口较少民族聚居地区经济社会发展总体水平仍然较低，主要表现为：基础设施建设滞后，影响产业发展；自我发展能力弱，缺乏产业支撑，人民群众增收依然困难；人口较少民族优秀文化面临流失；一些地区面临毒品、艾滋病的社会管理防范新问题；教育、医疗等社会事业发展滞后。一个不能忽视的重要变化是，在城镇化发展背景下，人口较少民族地区正处于社会转型期，面对社会生活中传统与现代、封闭与开放的状况，人口较少民族遇到了前所未有的发展难题。

第一，是生计方式的转变。在我国，少数民族问题在一定程度上可以说就是“三农”问题，少数民族基本上居住在农村，从事农业生产。人口较少民族尤其如此。随着社会主义现代化建设的步伐，新生代的农民不再守望一亩三分土地，他们开始走向城市，形成了一个群体——“农民工”。根据全国总工会新生代农民工问题课题组报告显示，我国新生代农民工平均年龄23岁左右，初次外出务工岁数基本上为初中刚毕业年龄。以初中毕业的学历和职业技能，在当今激烈竞争的市场经济环境下，就业异常艰难。可见，在生计方式转变的过程中，少数民族农民工由于没有专门的城市生存技能，只能在低端服务行业和制造业中求生存。① 同时受中国城乡二元体制的约束，他们不能享受城市居民的同等待遇，难以在城市扎根。当他们失去劳动力之后，必须回到农村，养老的问题自然就成了农村的任务。由于自身存在体制、文化和身份三重弱势，人口较少民族农民工群体在社会融合问题上面临更为严重的困境。

第二，是生活方式的转变。当前的农村生活方式可以用翻天覆地的变化来形容，交通便利导致的人员流动，电视、手机的覆盖，互联网宽带的接入，家用电器的普及，已经彻底地改变了民族地区过去那种与世隔绝的状态，打破了当地“田园牧歌”、“自给自足”的传统生存方式。竞争意

---

① 根据《中国发展报告2012》数据，2012年农民工从事主要行业的人数占比，前三位分别是制造业35.7%、建筑业18.4%、居民服务和其他服务业12.2%。

识、商品意识冲击着传统的宗族意识、小农意识、与人为善、珍惜环境的观念，同时也在较大程度上弱化了民族认同感。在市场大潮冲击、媒体的巨大影响下，"吃要营养，穿要漂亮，用要高档"的消费观念在农村悄然兴起，传统服饰退化为某些特定场合的着装，普通话正在取代民族语言，曾经原汁原味、引人入胜的民族原生态歌舞集中到旅游景区和政府主办的各种活动场所。享乐主义的侵入，"黄、赌、毒"也泛滥起来了。一言以蔽之，城市生活风气正在扫荡农村。既有正面的带动，也有负面的影响。面对这样的情势，各民族的精英们都在呼唤民族文化的保护与传承。这不能不说是民族发展的一大问题。

第三，是中学后职业技能教育培训的缺失。面对社会转型，九年义务教育是不能适应社会转型需要的，因为九年基本教育并没有给孩子们提供多少劳动技能，而这些孩子是组成新生代农民工的主力军。因此，中学后职业教育培训显得非常必要。当前，人口较少民族地区相当缺乏中学后职业技能教育培训，即使有这类培训，主要的目的还是为了劳务输出，而不是为了提高劳动生产率的培训。正是由于中学后职业技能教育培训的缺失，使少数民族面对社会转型往往不知所措，应对无章。

（三）加快城镇化建设对于人口较少民族发展的意义

尽快全面建成小康社会、早日实现现代化，"三农"问题是必须攻坚的短板，农村城镇化是一个大战略。现代化最基本的要求就是由农业社会向工业社会转变，由乡土社会向市民社会转变。

因此，加快城镇化建设对于推动人口较少民族发展进步，具有重大的现实意义。

第一，加快城镇化建设，可以有力地促进民族地区第二、第三产业和市场规模的扩张，从而推动少数民族生计方式的转变。目前人口较少民族地区的城镇化率很低，市场规模小，第二、第三产业比重小。据国家统计局统计，2014 年我国城镇化率已达 54.77%，而民族地区城镇化率不足 40%，[①] 人口较少民族地区城镇化率则有着巨大的进步空间。在人口从农村向城镇转移的城镇化过程中，农村劳动力被不断吸收到城镇中，满足了城镇对第二产业和第三产业发展对劳动力的需求，并且自身的生活方式也

① 常理：《探索民族地区城镇化新路径》，《经济日报》，2014-11-26，第 14 版。

逐渐被改变为城镇的生活方式。同时，随着这种以非农业生产为基础的生活方式的不断强化，为之服务的其他部门也不断向城镇集中，促进了城镇的发展和空间的集聚。相应地，由于农村劳动力的流出，农村内部人口结构的变化也导致农村生产结构的变化，为少数民族农民的生计方式转变提供了坚实的基础。

第二，加快城镇化建设，可以促进民族地区农业现代化。农业生产对土地、水源等自然资源的依赖性强，在农业资源既定的条件下，农业人口越多，人均可配置的资源量越少。研究表明，当农村人口数量下降到人口总量的25%以下时，农村土地的价值才能达到市场化的要求，农业土地的集约化生产、规模化生产和专业化水平才能达到一定的水平，农业的科技含量、服务水平和农业成本才会有大幅度的改善，才能实现农业现代化。[①]城镇化建设的过程，就是吸引农民进城的过程，只有当大批农民离开土地进城务工，从第一产业转入第二、第三产业，将城镇的建设投入转化为农民个人收入，实现农村家庭资本的持续积累，进而推动新型农业生产的投入，提升农业的科技含量，促进农业现代化发展。

第三，加快城镇化建设，可以提升民族地区的人力资本。农村人口向城镇转移的过程，同时也是大幅度提升农村人口人力资本的过程。目前，民族地区农村人口人力资本存量同城镇相比存在巨大差距。以人口较少民族较为集中的云南省为例，2010年第六次全国人口普查结果显示，在云南省6周岁及以上人口中，具有大学（大专以上）文化程度的有265.6万人；具有高中（含中专）文化程度的385.0万人；具有初中文化程度的1263.1万人；具有小学文化程度的1994.4万人。同第五次全国人口普查相比，每10万人中具有大学文化程度的由2013人上升为5778人；具有高中文化程度的由6563人上升为8376人。但云南“六普”的人均受教育年限7.6年，仅与全国2000年“五普”的人均受教育年限持平。也就是说，云南人均受教育年限与全国平均水平有近10年的差距。制约人均受教育年限的主要原因是初中以下文化程度人口比重较大，高中以上文化程度人口比重较小，而初中以下文化程度人口大多集中在农村。可以说，农村的人力资本积累尚处于普及初中阶段。若能将尽量多的少数民族农村人口转移到城镇，达到城镇人口的同等受教育水平并实现就业的话，将使少数民族

① 高玉柱：《试论农村城镇化的战略意义和实现途径》，载《石家庄学院学报》，2005（3）。

可有效利用的人力资源数量显著提升。也就是说，加快城镇化建设，可以有效地提升民族地区的人力资本，推动民族地区的发展。

第四，加快城镇化建设，可以促进民族地区的资源和环境保护。人口较少民族大多分布在高寒边疆、偏远省际结合部、石漠化山区等生态脆弱地区，加快农村城镇化进程，尤其是加强中心小城镇建设，吸收原本分散的人口集中居住，尽可能提高宜居土地的居住容量，加强配套生活服务设施的功能复用，使资源、环境和空间得到更合理利用，可以降低生态脆弱地区的人口密度，保护民族地区的独特资源。

（四）城乡统筹与新型城镇化

基于我国“三农”问题而提出的城乡统筹发展，其根本目的在于扭转中国特定的工业化和城镇化进程中城乡关系失调的状况，需要通过一系列政策和制度创新，来理顺城乡发展之间的关系和城乡各类发展要素流通的渠道，彻底改变城乡二元结构的状况。

党的十六大第一次明确提出统筹城乡经济社会发展的方略。十七大进一步提出形成城乡经济社会发展一体化的新格局。十八大提出推动城乡发展一体化，加大统筹城乡发展力度。2012 年中央经济工作会议进一步指出要“走集约、智能、绿色、低碳的新型城镇化道路”。新型城镇化背景下，内涵式的发展取代外延式增长，以不牺牲农民利益为前提，实现城乡基础设施一体化和公共服务均等化为内涵的新型城镇化，为解决我国城乡对立、实现城乡一体化提出新要求。

新型城镇化不同于传统城镇化主要体现在：第一，基本动力不同。新型城镇化的动力是多元协同的信息化、工业化、农业现代化，不再单纯依赖工业发展；第二，目标不同。新型城镇化追求城镇化的质量，即人们生活质量的提高和农民利益的保障，达到资源节约、环境友好、经济高效、文化繁荣、城乡统筹、社会和谐的目标。第三，原则不同。新型城镇化在以人为本、集约高效、生态文明、和谐持续的原则下达到城乡和谐发展，不走粗放式发展道路。

城乡统筹在新型城镇化发展宏观战略中扮演着协调者与落实者的双重角色。一方面，通过实现健康的城乡统筹路径，才能有效规避传统城镇化发展过程中城乡矛盾冲突的怪圈；另一方面，城乡统筹作为新型城镇化的有机组成部分，它是实现新型城镇化的有效手段。

随着城乡统筹发展研究上升到新的层次，其代表性观点不断明确。从城乡统筹发展应完成的任务、达成的目标角度来分析，孔泾源（2010）认为建立促进城乡经济社会发展一体化制度的主要任务是“六个务必”。

其一，务必在建立城乡一体化的规划制度方面，取得新的突破。这是实现资源合理配置、促进城乡一体化的重要前提。包括：建立城乡一体、定位清晰、功能互补、衔接协调的规划体系；加强各级各类规划之间的衔接；按照城乡一体化的目标，加强县域规划工作。

其二，务必在建立城乡一体化的人力资源市场（劳动力市场）方面，取得新的突破。他把这一点视为改善人民生活、促进城乡一体化的重要条件。包括：建立功能完善、平等竞争、城乡统一的人力资源市场；完善覆盖城乡的公共就业服务体系；完善社会保障政策；加强农民工权益保护。

其三，务必在建立城乡一体化的土地市场方面，取得新的突破。城乡土地管理制度改革是关系到农村长远发展、国家长久稳定的重要环节，也是近年来各地统筹城乡改革探索最集中、社会各界关注度最高的领域之一。主要改革任务是：建立促进土地承包经营权资本化的土地流转机制；建立进城农民宅基地和承包地的处置机制；完善土地平衡和耕地保障机制；建立征地补偿和被征地农民安置新机制。

其四，务必在建立城乡一体化的金融市场方面，取得的新突破。他把这一点视为从根本上破解“三农”融资难、促进城乡经济社会发展一体化的重要途径。包括：继续发挥各类农村金融机构功能；加快发展新型农村金融组织，降低准入门槛；积极发展农业保险；推进农村金融产品和服务创新。

其五，务必在促进城乡基本公共服务均等化方面，取得新的突破。他把这一点视为改变农村面貌、促进城乡经济社会发展一体化的着力点。包括：切实把城市与农村作为一个有机整体，着眼于强化城市与农村设施连接，加大农村基础设施投入力度，特别要增加对农村饮水、电力、道路、通信、垃圾处理设施等方面的建设投入，实现城乡共建、城乡联网、城乡共用；巩固和发展城乡义务教育制度，健全覆盖城乡的公共卫生体系和基本医疗制度，完善城乡公共文化服务体系，加快健全覆盖城乡居民的社会保障体系，积极解决好农村教育、卫生、文化、社会保障、住房等关系农民群众的切实利益问题，全面提高财政保障农村公共事业的水平，使广大农民共享改革发展成果。

其六，务必在建立城乡一体化的社会管理制度方面，取得新的突破。他把这一点视为保持社会和谐稳定、促进城乡经济社会发展一体化的重要基础。包括：改变城乡分割、条块分割的管理方式，着力转变职能、理顺关系、优化结构、提高效能，逐步形成城乡社会管理一体化的体制，形成城市工作与农村工作对接、良性互动的新格局；在统筹考虑农民工权益、城镇化进程和城市承载能力等方面因素的基础上，放宽中小城市落户条件，使在城镇稳定就业和居住的农民有序转变为城镇居民，逐步融入城市社会；推动流动人口服务和管理体制机制创新。

从城乡统筹发展应予解决的主要问题来分析，马晓河（2005）认为，统筹城乡发展要“解决五大失衡”。

其一，改善农民的生存和发展环境，解决对农民公共物品供给的失衡。彻底调整城乡二元的公共物品供给制度，把农村的公共基础设施建设由农民为主，改为国家财政为主，使农民享有公共物品供给的国民待遇。

其二，构筑农村最低社会保障线，从制度上解决农村居民在社保基本权益上的失衡。长期的制度设计使我国农民有三大后顾之忧，即老无所养、病无所医和贫无所济，应该逐渐建立起全国统一的社会保障制度，在农村构建基本社会保障线，根据现有国情推行“低水平、广覆盖、有保障、严管理”的政策。

其三，解决农村税费体制上的失衡，逐步走向城乡一体化的税制。统筹考虑农村税费制度和城市税制改革，消除城乡二元税制结构，实行城乡统一的税收制度。对农民同城镇居民一样，按城乡统一标准征收个人所得税。对城乡居民实行公平税费和公平负担，是在农民负担减轻后农村税费进一步改革的主要目标。

其四，解决农村金融供给的失衡，从制度上消除农民贷款难的矛盾。首先允许不同所有制性质的金融市场主体进入农村；其次要积极推进农村信用社的改革；再次是制定和颁布允许农村非正规金融组织存在、运营的相关政策法律。

其五，解决农村居民城市就业的失衡。尽快打破城乡、地区就业壁垒，建立跨地区、跨城乡的统一劳动力市场，制定平等的劳动行业进入制度，实行公平的就业政策；对现行城乡二元户籍制度以及因此相关的政策进行改革，逐步取消现行户籍制度，建立和实行城乡一体的户籍管理制度，打破以往“划地为牢”的做法，从以身份管理为主向以职业管理为主转换，只要进城农民有固定职业、固定收入和固定住址，都可以市民身份进行登记；要尽快消除对农民进入非农产业或城市的种种歧视制度和政策，长期在城市务工的农民在医疗卫生、社会保障和子女上学等方面应享受市民待遇。

二、人口较少民族地区的重点镇和新村建设

（一）人口较少民族地区重点镇城镇化建设问题思考

1. 重点镇在城镇化中的定位

从全国看，全国县城人口平均在15万左右，从总体上看，县城所在地的人口密度较低，吸纳人口的空间较大。目前，全国391个大城市普遍出现了出行难、上学难、就医难、住房难、污染严重、水资源短缺等问题，城市运行效率低下。相比城市而言，县城及重点镇土地成本较低，环境压力较小，是城镇化的最大潜力所在地。重点镇具有较高的城镇化率起点。大多数重点镇处于30%～70%的城镇化快速发展区间，人口集聚效应明显，能消化吸收大量农村人口。若把全国2400多个县城的人口也翻一番，能吸纳约3亿多人口，可有效缓解“城市病”。

重点镇处于农村之头、城市之尾，在城乡发展中具有承上启下的作用，承担着破解城乡二元结构、优化资源配置、辐射带动农村发展、为人口较少民族地区提供公共服务的任务，是解决三农问题的关键，也是城乡统筹发展的重要抓手。

2. 重点镇在城镇化中的作用

第一，有利于解决“三农”问题。推进县城及重点镇的城镇化，有利于加速农村土地流转，实现农业现代化、规模化、专业化经营；有利于农村富余劳动力转移和市民化；有利于集中生产资料，增加农村人均占有农业生产资源比例，提高农民收入，促进新农村建设。

第二，有利于拉动内需。城镇化将吸引大批农民进入城镇生产与生活。这部分人不仅本身成为农副产品的消费者，而且其消费方式也将发生质的变化。目前我国市民的消费水平是农民的3倍以上，若全国城镇人口比重提高1个百分点，全社会消费品零售总额将相应上升1.4个百分点；同时，1个进城农民还将带动8万～10万的城镇建设配套投资，若全国城镇人口比重提高1个百分点，将拉动1.3万亿元投资。

第三，有利于改善民生。农民市民化后，有两个重大转变：一是身份的转变，由农民转变为市民，享受到城镇公共教育、就业服务、社会保障、医疗卫生等公共服务；二是职业的转变，由从事第一产业转变为从事非农产业。这些转化的新市民通过培训实现稳定就业，收入明显增加，生活质量和水平得到提高。

第四，有利于加强重点镇的综合承载能力。重点镇的城镇化有利于加快交通基础设施建设，完善给排水、污水处理、生活垃圾处理等基础设施，建立防洪抗旱抗震消防人防等在内的综合防灾体系，统筹安排教育、医疗、文化、体育等公共服务设施的布局和建设，大力提升这些地区的基础设施水平公共服务水平、城镇管理水平，使这些地区在吸纳人口转移及宜居方面更具竞争力。

3. 重点镇发展现状

（1）城镇化水平不断提升

以内蒙古扎兰屯市为例，该市达斡尔、萨马街、南木、洼堤4个民族乡中的16个民族村均被列入扶持人口较少民族发展“十二五”规划。2012年扎兰屯市城镇化率达到39.1%，城镇人均住宅面积达到39.8平方米，建成区绿化覆盖率达37.2%，分别比2005年提高了1.3个百分点、12平方米、4.8个百分点；累计新增城镇就业0.7万人、实现农村劳动力转移就业4.2万人，城镇登记失业率下降到3.88%，分别比2005年增加0.3万人、增加1.4万人、降低0.02个百分点。

（2）城镇发展定位逐步清晰

重点镇发展定位多元化，一般可分为综合型城镇、资源开发型城镇或水电工程城镇、旅游型城镇、边贸型城镇、工贸型城镇、交通枢纽城镇等。如在武陵山民族地区，水利资源丰富的渝东南彭水县城关镇、铜仁地区思南县城关镇和沿河县城关镇，将建设成为水电工程城镇；旅游资源丰富的湘西州凤凰县城关镇、铜仁地区江口县城关镇和印江县城关镇，将建设成为旅游型城镇；边界贸易发达的渝东南秀山县城关镇、湘西州龙山县城关镇、恩施州来凤县城关镇，将建设成为边贸型城镇；矿藏资源加工业比较发达的湘西州花垣县城关镇、铜仁地区松涛县城关镇，将建设成为工贸型城镇。

（3）城镇综合承载能力不断提高

重点镇的基础设施日趋完善，以内蒙古扎兰屯市为例，2012年扎兰屯市污水处理率达85%，集中供热普及率83.3%，集中供水普及率90.4%，分别比2005年分别提高35、23.3和50.4个百分点。

（4）产业支撑不断增强

重点镇产业快速发展，以扎兰屯市为例，依托农畜林、风景资源优势，初步建成了绿色产品加工业集群及国家4A级旅游区。2012年地区生产总值完成152.4亿元，实现工业总产值174亿元，服务业增加值实现33.1亿元，分别比2005年分别增加122.8亿元、157.8亿元、23.5亿元。

（5）人民生活不断改善

重点镇居民收入不断增加，2012年，扎兰屯市、宁城县、科尔沁左翼中旗城镇居民人均可支配收入分别达20560元、17976元、15519元，比2005年分别提高了12421元、11169元、8815元；农民人均纯收入分别达9151元、6502元和7195元，比2005年分别提高了6391元、3802元、4109元。

4. 重点镇城镇化存在的问题

（1）城镇规划相对滞后

目前，重点镇（及县城）经济快速增长，人口大幅增加，建成区域急速扩大，多数城镇规划没有统筹考虑快速城镇化进程中资源环境、人口集聚、公共服务、基础设施建设、产业发展、环保以及可持续发展等因素，已不能适应城镇化科学发展需求，规划缺乏科学性、前瞻性、适应性。

（2）一些体制机制仍需突破

目前，城乡分割的户籍制度、土地管理制度、公共服务和社会保障制度还没有实现根本性改变，阻碍了农民市民化，限制了城乡要素流动和平等交换，一定程度上固化了城乡二元体制。

（3）产业支撑能力仍较弱

理想的城镇化发展模式是工业化与城镇化适度同步推进、协调发展。世界城镇化的历史证明，城镇化与工业化率相适应的比值应在1.4~2.5。而我国人口较少民族地区该比值尚不能达到这一水平，说明重点镇工业化目前还未能真正有效带动城镇化的发展。

（4）城镇建设投融资渠道不畅

目前，城镇化建设中政府财政投入规模有限，民间资本进入障碍较多，投融资仍以土地出让、银行贷款为主，对资金的需求缺口较大，多元投融资渠道还未形成。

（5）基本公共服务不足

农业人口向城镇的快速转移，导致城镇公共服务供求矛盾凸显。大量农民工虽然居住在城镇，但仍不能在劳动报酬、子女教育、社会保障、住房等方面享受到与城镇居民同等待遇。重点镇城镇基础设施建设标准普遍较低，交通、供热、供气、给排水、污水垃圾处理等基础设施配套水平不高。

5. 重点镇城镇化发展对策建议

（1）科学规划，打造特色小城镇

以主体功能区规划为统领，依据资源环境承载能力和县域主体功能定位，坚持分类指导、有序推进、协调发展的原则，合理做好县城发展规划，突出城镇特点，体现个性，推进县城及重点镇规划、建设、管理统筹实施，努力打造各具特色小城镇。

（2）大力发展培育重点镇的特色支柱产业

根据重点镇资源环境特点、区位条件和经济发展基础，有选择地发展农畜产品加工、能源化工、边境贸易、休闲旅游等适宜产业，构建特色产业链条，推进大商贸、大市场、大物流体系建设，促进农牧业现代化、城镇化、工业化、信息化“四化”互动。

（3）强化金融支持力度

拓宽城镇建设融资渠道，鼓励整合城镇基础设施和公共设施资源，搭建市场化运作的新型融资平台，采取股权、信托、租赁和上市等多种市场化方式融资。进一步发挥信贷资金的主渠道作用，努力扩大对重点项目的信贷投放。支持专业基金管理公司以市场化方式募集资金，支持非公企业平等参与城镇基础设施建设。增加财政社会保障投入，探索设立统筹推进城镇化财政专项资金，主要用于城镇化综合配套改革试点补助和基础设施建设贷款贴息。

（4）完善重点镇基本公共服务能力建设

推进公共教育、就业服务、社会保障、医疗卫生、保障性住房等城市基本公共服务建设。将农民工子女入学学校建设列入城镇总体规划，建立农民工培训就业维权长效机制，提高农民工参加各类保险的参保率，进一步加大保障性住房投资力度，将农民工纳入城镇住房保障体系。统筹地上地下市政公用设施建设，做好新老城区改扩建以及城乡结合部改造，全面提升交通、通信、供电、供热、供气、给排水、污水垃圾处理等基础设施配套水平，合理配置公共资源。

（5）完善城镇化发展体制机制

全面进行户籍管理制度和相关配套制度改革，促进有稳定劳动关系的农民工及新生代农民工转化为城镇居民。逐步建立城乡统一的建设用地市场，加快建立和完善征地补偿安置争议的协调和裁决机制，将失地农民纳入城镇居民养老保险体系和最低生活保障体系。落实更加积极的就业政策，进一步创造就业机会、提升就业能力、改善就业环境，鼓励农牧民进城就业。

（二）人口较少民族地区新村建设问题思考

1. 新村建设与新农村建设规划之间的关系

人口较少民族地区实施的新村建设包括生态移民、整村推进扶贫、集中居住等形式，是社会主义新农村建设的重要组成部分。生态移民是人口较少民族地区最为普遍的扶贫方式并持续多年。移民村寨的基础设施建设与生产条件由此获得较大的改善，不少地方还发展成为样板村寨。

整村推进扶贫是当前我国农村扶贫的主体，它是从村落的基础设施、发展产业、劳动力转移等方面进行全方位的扶持，以期建立村落持续发展的能力。新村建设、整村扶贫的实施，大大改善了村落发展条件和居住环境，提升了村落形象，应该说是新农村建设的重要载体。

集中居住是大城市郊区新农村建设三个集中（土地向规模化集中、工业向园区集中、居住向城镇集中）的体现，在少数民族地区也有所推行。如四川省的白玉县，在居住集中上就实施四圈推进模式，第一圈为县城圈，吸引有条件的农户向县城居住集中；第二圈建制镇圈，鼓励农民向非县城建制镇集中；第三圈为乡政府驻地圈，鼓励行政区范围内的农民向乡政府驻地集中；第四圈为优势村落圈，重点安置生态移民农户。实际运行的结果是相对富裕的农户入围，贫困农户由于缺乏配套资金，还是居住在集中居住区的外围。从这个角度看，集中居住更是一种经济行为，只有在农户具备基本的发展基础之后，才有可能向往集中居住的生活。

尽管人口较少民族地区进行这三种新村建设有广泛的群众基础，但因为缺少合理有效的发展规划，生态移民、整村扶贫、集中居住等之间缺乏有效的连接与延续。目前，应当在新农村建设目标的指导下，通过编制新农村建设规划，有效整合新村建设工程，推动人口较少民族地区新村建设有序发展。

2. 推进新村建设更好发展的政策建议

（1）以新村建设带动生产方式转变，促进现代农业发展条件持续改善

对产业发展进行整体布局规划，引导聚居整理土地，腾挪出产业发展的空间，推动产业实现连片规模发展；实施“龙头企业＋专合组织＋基地＋农户”等经营模式，加快农业的规模化、专业化、标准化和集约化发展；对土地、人力、资金、信息、技术等资源进行优化配置，带动农民主动调整产业结构，促进农业产业化经营新格局的形成。通过新村建设带动影响农业生产方式的转变，促使人口较少民族地区传统农业向现代农业转型的步伐大大加快。

（2）以新村建设带动基础设施配套，促进农村发展环境全面优化

通过新村的规划和建设，直接拉动道路、饮水、用电、供气、通信、垃圾和污水处理、公交站点等农村基础设施工程的开工建设，改善农民的生产生活条件，增强农村的吸引力和资源聚集力，营造农业农村加快发展的良好环境。吸引资本和技术力量积极投身到农业中来，增强农业农村持续发展的能力。

（3）以新村建设带动公共服务加强，促进农村公共服务水平逐步提升

新村建设应注意建立健全村级公共服务活动中心，强化公共服务配置，推进医疗、文化、体育、商业等公共服务体系加快向农村延伸，促进公共服务由单一功能向综合功能转变。不断提升农村公共服务水平，努力实现城乡公共服务均等化。

（4）以新村建设带动新型社区发育，促进农民主体作用不断增强

实现集中居住的农民新村，由于生产的组织化、公共服务的配套以及邻里关系的转变，逐步形成了新型的农村社区。基层政府理应响应农村社区治理的新要求，不断推行基层治理机制创新。通过转变职能，强化为农村社区提供公共产品和公共服务的能力。推进村民自治，增强农民群众自主决策、自谋发展和自我管理的能力。

（5）以新村建设带动思想观念转变，激发农村发展内在动力

通过新村建设，促进农民群众求发展、谋发展的积极主动性，增强其合作观念、集体观念以及参与公共事务的热情。通过流转出租土地，促进农业人口农转商、农转工、农转建和农转服，壮大劳务经济，扶持农民合作组织。促进农民思想观念、价值观念、从业观念的转变，形成改变农村

落后面貌的强大精神力量。

三、城镇化背景下人口较少民族特色村镇保护发展

（一）人口较少民族特色村寨保护发展研究

中国是传统的农业大国，农村地区是传统文化风俗保存最为完整的区域。在过去的工作中，随着城镇化的快速推进，我国新农村建设取得了巨大成就，但也出现村寨历史文脉被破坏、“千村一面”现象严重等问题。人口较少民族地区许多民族村落的总体形态、建筑景观及生活方式具有原生态性，为全国乃至世界独有，具有不可忽视的保护价值。然而，随着城镇化进程的不断推进以及汉文化的不断渗入，这种独特性在不断减弱。为保护少数民族地区村落景观和文化的多样性，如何避免在新农村建设和规划中出现传统历史文脉被破坏，是一个值得深思的课题。

1. 加强特色村寨保护的有效手段

在保护的前提下促进村庄经济发展，通过发展特色经济为民族村落传统文化遗产的保护提供物质保障，并使特色风俗文化具有生命力和创新力。

（1）尊重村寨传统文化

农村村落的规划、建设行为应表现出较强的个体自主性。尤其是少数民族地区，这种自组织性更强。村民基于自身的生产生活需求以及民族传统伦理，综合考虑经济成本，不断建设与审美观念、经济水平相匹配的人居建筑。差异显著的个体建筑散布在村落中，形成了丰富多变的村落景观，也成为村寨文化的基础以及发展动力之源。虽然乡村文化越来越多地受到城市文化的影响，但总体上大多数村落依然受支配于传统民族文化，家族、老人、宗教、传统伦理、风水等传统力量在村寨中享有很高的权威，影响着村落发展的决策与建设行为。因此，应尊重村寨的传统文化、传统思想以及村民自身的价值观，使之在村寨建设中具有较大发挥空间。

（2）加强村寨建设整体规划

在目前新农村建设快速发展、城乡一体化进程不断加快的大环境中，整体规划依旧是农村建设的“指挥棒”。由于一部分村民具有明显的功利主义观，往往目光局限于短期利益，然而特色民族文化资源的保护以及传承均需要长期的、持续的不懈努力，因此，规划的制定以及实施在民族村

寨特色保护工作中不可或缺。在具体规划的过程中，应该在基础设施建设方面追求现代化，而在空间、生活、文化活动与建筑景观方面延续民族特色，倡导塑造保护传统文化的宜居生活环境。

（3）培养村寨特色产业，促进保护发展良性互动

少数民族地区资源丰富，各类动植物资源、传统手工业资源以及特色民族文化资源具有较大的开发价值，成为许多中药材产品、天然护肤品、生物材料的基本原料以及现代艺术的创作源泉。因此，通过培育民族村寨特色产业，将特色资源与经济发展相结合，促进少数民族地区新农村建设。通过对自然、人文资源的挖掘与提升，拓宽思路，化资源为特色、化特色为竞争力，促进民族村庄在保护中求发展，达到保护和发展的良性互动。

（4）打造特色精品村寨

针对交通便捷、原生态民族文化氛围浓厚的人口较少民族村落，积极打造民族特色村寨。重点发展民族村寨特色居住、餐饮和休闲，开发少数民族习俗风情体验、少数民族手工制品参与等旅游活动，吸引外地人旅游度假、艺术爱好者聚集交流，提高民族村寨的品牌形象、促进农村经济发展。

2. 特色村寨建设分类指导

（1）民族文化型村寨

民族文化型村寨是指以少数民族聚居为主的特色村寨，其内部民族建筑保留较为完善、民族文化氛围浓郁，具有发展民族传统文化聚集区域的物质基础和文化基础。民族文化型村庄具有一定的时代性和民族性，涉及艺术、道德、哲学、宗教以及文化的各个方面，对国内外游客有较强的吸引力。

对于民族文化型村寨，应积极发挥其民族特色优势，发展特色民居住宿接待，促进村民与游客的深度交流。打造民族餐饮特色品牌，站在产业开发的角度，提炼民族餐饮文化中的精华。积极举办民族节庆活动，通过政府资金扶持和特色品牌宣传，发展节庆经济，为村寨旅游经济的发展注入新的力量。打造专业民族文化村落，成为具有民族特色的画家村、艺术村，吸引国内外知名大师集聚创作。

（2）生态休闲型村寨

这类村寨的特点在于自然生态资源优势突出，或有原生态的森林、湿

地，或有风景优美的高山、峡谷、河流、湖泊。例如在云南，三江并流、石林、澄江化石地均被联合国教科文组织列为世界自然遗产，玉龙雪山、梅里雪山、腾冲火山热海、卢西阿庐古洞每年吸引了大量游客。这些原生态的自然村落对渴望逃离都市、向往隐逸生活的市民，具有强大的吸引力。对于生态休闲型村寨，应积极发挥其生产功能、生态功能、景观功能、生活功能和示范与教育功能。

（3）边境口岸型村寨

边境口岸型村庄指位于邻国边境地带的村寨聚落。因不同国家在经济、政治等方面具有较大差异，边境口岸型村寨往往成为不同文化交流的窗口，成为两国间日常用品、特色产品贸易的场所。对于边境口岸型村寨，应发挥边境区位优势，完善交通基础设施，建立方便快捷的特色边贸市场，对于基础条件良好、商贸历史悠久的地区，发展成为特色产品交易中心。同时，充分发挥跨境居民文化同宗同源、关系源远流长的文化优势，加快跨境文化交流。

（4）特色资源型村寨

特色资源型村寨指植物资源、动物资源、矿产资源等自然资源较为丰富的村庄，或者在全国范围内具有独特稀缺资源的村寨。由于原来的开发模式极为粗放，开发模式局限于特色资源的开采发掘上，处于价值链底端，且对生态破坏严重，不可持续。因此，应将产业发展的理念引入村寨发展模式，在保护的基础上对特色资源进行开发，增加特色资源产品附加值。

（二）人口较少民族地区特色小镇保护发展——以云南省旅游小镇建设为例

所谓特色小镇，就是以当地独具特色的资源为依托，将城镇规划与建设、特色产业体系培育、特色产品打造、特色文化民俗、特色商贸活动等多维发展元素集聚、融合为一体，发展成为具有独特风情和魅力、对游客具有独特吸引力的特色旅游小城镇。

以小城镇为主体，加速城镇化建设曾是世界各国城市起步阶段的共同选择，对于旅游大省同时也是少数民族聚居最集中的民族省份云南来说，加快发展旅游小镇非常适合云南省情特点，且具有相当的基础和优势，是突破云南传统的城乡“二元结构”走向以小城镇建设为纽带的“三元结构”的必由之路。

1. 旅游小镇保护与发展的意义

（1）促进民族地区特色城镇化发展

特色旅游小镇建设是在城镇化建设的大背景下，统筹城乡协调发展，因地制宜、突出特色，充分发挥城镇在旅游发展中的主体地位和旅游供需关系中的中心作用，依托自然风光、民族文化、历史文化等资源优势，以“旅游资源——城镇——企业”为基本模式，本着“政府引导，市场化运作，企业自愿参与，共建共赢”的原则，充分发挥旅游小镇的资源潜力，建设主题鲜明、特色突出、功能完善、服务配套、具有较强观光休闲功能的旅游小镇，提高小镇居民的生活水平和居住环境，带动农村和城镇的发展，推动城镇化进程和旅游业的发展。

（2）促进民族地区旅游业提质增效

旅游城镇是旅游资源开发的重要依托和保障，是旅游者集散地和旅游设施的集中地，也是区域旅游资源开发的组织中心。结构完整、功能完善的旅游小镇可为区域旅游资源的总体开发、旅游流的合理流动以及区域旅游经济效益提供保障和基建。建设特色旅游小镇，有利于发掘新的旅游资源、新的客源市场、培育新的旅游市场特点、促进旅游企业提升服务质量，也将进一步提高民族地区旅游业的质量和效益。

（3）促进民族地区小康社会建设

《中共中央关于农业和农村工作若干重大问题的决定》指出，“发展小城镇，是带动农村经济和社会发展的一个大战略”。发展旅游小镇既有利于发挥旅游业的关联带动作用，更大规模地转移农业富余劳动力，避免向大中城市盲目流动；又有利于解决农村发展中的一系列深层次矛盾；还有利于带动投资和消费需求增长，扩大内需，拓宽城乡市场，优化国民经济整体结构。通过旅游小镇的建设，还为农村加快发展和群众脱贫致富探索新出路，更好地加强民族传统、历史文化和生态环境建设，推进人与自然的和谐发展。

2. 特色旅游小镇保护开发指导原则

（1）政府引导、市场导向原则

新时期旅游小镇建设要改变过去单纯依靠政府、依靠行政手段搞建设的思维方法，树立“经营城镇”的理念，充分利用市场机制配置资源。旅游小镇在建设过程中不仅要注意小城镇旅游资源的自身价值，还要注意其市场价值，即旅游资源在特定条件下转化为旅游产品后适应市场的特质，如稀缺性、情趣性、经济性、便利性等，因此在旅游小镇建设过程中要遵循市场导向原则。一是旅游资源开发本身的市场化，即根据市场供给状况和需求特点进行项目设置和产品设计；二是筹集资金的市场化，即树立经营城镇的理念，通过采取多种集资方式，吸收民间资本，盘活当地资源。

（2）科学规划、合理定位原则

规划是旅游小镇建设的关键。旅游小镇建设投入大、周期长、见效慢，为使小镇保护、开发与建设工作具有科学性、前瞻性和指导性，必须要搞好统筹规划，加快旅游规划和相关规划的编制工作。鉴于旅游小镇是以旅游为核心带动产业的小镇，旅游小镇规划应以旅游为核心、以城镇规划内容为框架、以保护规划为辅助，吸收旅游规划、旅游管理、城镇规划、城乡管理、历史、文化、民族等相关部门的专家学者共同进行编制。同时，旅游小镇是本地居民的生存空间，规划编制必须引入社区参与的理念，注意听取当地居民的要求和意见。

（3）突出特色、强化主题原则

对于旅游小镇来说，特色就是吸引力，特色就是竞争力，特色就是生命力。各旅游小镇要根据各自优势，发掘历史文化、自然风光、民族风情方面的特色，科学确定旅游小镇风格，建设特色旅游小镇，发展特色旅游产业。如云南的墨江县城——“太阳转身的地方”、沾益县城——“珠江源头第一城”、河口县城——“中越边贸第一口岸”、石林县城——“喀斯特彝文化城”、会泽县城——“钱王之乡”等就是彰显自然、历史、文化优势的定位。在旅游小镇规划与建设中，要坚持继承与创新相结合，重视历史文物古迹、民族传统文化、地方特色文化、自然景观的挖掘和利用，塑造旅游氛围，创造旅游体验环境，建设既有民族地方特色又有时代气息的旅游小镇。

（4）尊重自然、延续文脉原则

每一座小城镇都处于特定的自然环境中，都面临着对历史传统和民族文化的继承和发展，都面临着如何将历史文化、民族文化和具有时代特征的现代风格相结合的问题，都不能割断历史和文化。因此，在旅游小镇的建设中，既应充分尊重自然，保护和延续小城镇的规划格局和风貌特色，又要注意与此相连的小城镇生活方式与风俗的展示，保护独特的生活形态和深厚的地域文化。如云南省玉龙县城是国务院批准丽江撤地建市后新建的一座县城，新城建设的理念是人与自然和谐相处，通过对建筑空间布局、建筑体量和色彩等方面的强调来充分体现纳西文化。

（5）资源整合、塑造品牌原则

旅游小镇一般具有丰富的旅游资源，还具有其他方面的资源。如何以旅游小镇建设为纽带整合各种资源，促进区域经济发展，是一个非常关键的问题。旅游小镇建设过程中应遵循资源整合、产业联动、区域合作、共塑品牌的原则：一是小城镇旅游资源内部整合，即形成品牌，把小城镇内部及周边具有共生关系的旅游资源整合起来，协调利益关系，调整开发行为，创建品牌；二是区域协同发展，即形成路线和产品，小城镇的规划布局必须着眼于有利于区域的整体发展，通过各小城镇间的协作，形成综合的整体效益，充分发挥小城镇的协同作用，形成小城镇带，进而提高区域的整体效益；三是旅游产业与其他产业整合，即形成产业链，旅游活动与相关产业有深刻的联系，可以根据这种联系对旅游资源进行整合，带动旅游经济的发展。如地处云南省西南边陲、中国最大的佤族聚居区的沧源县城是国家二级开放口岸，附近有佤山省级风景名胜区主景区，近年来通过举办以“司岗里狂欢节”为载体的佤文化旅游节，推介周边旅游区（点），佤文化品牌旅游业的打造已初见成效；同时积极推进“旅游搭台，经贸唱戏”，带动了第三产业的发展。

（6）功能完善、设施配套原则

旅游小镇在服务对象上具有两重性，它既是当地居民的生活场所，又是游客的游览对象或集散中心，因此旅游小镇除了具备当地居民的基础设施和服务设施外，还必须具备满足游客观光游览需要的接待服务设施。在旅游小镇开发建设中，要注重旅游资源的开发建设与旅游服务设施、交通设施及基础设施（如水、电）等方面的综合平衡，实现吸引力与接待力的统一，使旅游者以最少的时间和最少的费用，游览最多的景点，获得最丰富的体验。如云南省腾冲县城在建设中不仅注意建设宽敞的道路、优美的绿化、璀璨的灯光、独具特色的建筑式样，把腾越河治理为生态花园河，同时还建设了高品位的文化主题雕塑和腾越文化广场，对新建、扩建的街道坚持“一街一品一特色”，力求形成与腾越文化相融合的建筑群。

（7）保护优先、持续发展原则

许多旅游小镇拥有深厚的历史文化底蕴和浓郁的民族特色。这是旅游小镇发展的凭借和依托。旅游小镇建设应树立可持续发展理念，将保护这些特色旅游资源以及赖以生存的生态环境视为战略问题加以对待。这不仅关系到旅游吸引物的命运，还直接关系到城镇居民的生存环境。在“尊重历史，修旧如旧”的原则下，对一些历史文化古迹进行修复重建，可以为旅游发展提供吸引物，为旅游小镇建设奠定基础。

（8）部门联动、社区参与原则

旅游小镇的建设是一个系统工程，涉及供水、排水及污水处理、垃圾处理、燃气、道路、公共照明、园林绿化、公共交通、镇容镇貌、旅游、治安等方方面面。旅游小镇建设过程中应广泛宣传有关知识、法规，让相关部门、本地居民和社会各方面参与到小镇建设和管理中来，建立部门齐抓共管、群众共同参与的共建机制。旅游小镇“三分建，七分管”，管理水平直接关系着旅游小镇的吸引力和生命力。旅游小镇建设和运营过程中，要积极推进体制创新，积极利用各相关部门的力量，充分发挥当地居民积极性，注意引导教育游客，营造清新整洁的小镇面貌，增强小镇亲和力，提高人居环境质量。

四、促进人口较少民族地区城乡统筹发展的政策建议

我国目前仍处于重要的发展时期，这一点绝不能因为经济发展规模总量在全球跃升到第二位而动摇。我国依然处于经济社会发展的转型期。工业化、城镇化发展的转型期，社会结构的转型期，全力推进工业化、城镇化、信息化、全球化是国家发展的战略选择，是民族自立的必经之途。因此，我们要在重在发展、重在转型、重在国情的认识基础上更加全面地推动城乡统筹规划的制度构建。

对于人口较少民族地区而言，要实现跨越式发展，必须把握国家工业化、城镇化和市场化发展的整体趋势，抓住当前国家主导的西部大开发战略、扶持人口较少民族规划、兴边富民行动等重大政策机遇，把统筹城乡一体化发展、调整农村产业结构、保护和传承少数民族传统文化、提高少数民族素质放在扶持工作的重中之重，不断推动人口较少民族地区加快发展。

（一）设计差别化的城乡发展道路

1. 基本观点

城乡有差别的发展道路是国际城镇化发展历史所证明了的。迄今为

止，一些发达国家，尤其是发达的经济大国的发展历程已经证明并且在继续证明，脱离现代农业，失却繁荣稳定农村的支持，单纯推动工业化、城镇化、信息化、全球化的发展道路充满着极大的危险性、不可预见性和不可持续性。国际城镇化发展实践和一般规律也表明，目前还没有一个人口大国、经济大国的城市化是靠单独发展大城市或特大城市实现的。除个别像新加坡这样的城市国家外，发达国家的小城镇都是承载城镇人口的主要载体。德国是城镇体系和区域结构最均衡的国家之一，城镇化率达 97%，其中 70% 的人居住在小城镇。美国有超过 50% 的人居住在 5 万人以下的小城市和小城镇。我国 2008 年小城镇（县城和建制镇）人口 2.6 亿，占全国人口的 20%，占城镇人口的 40%，也就是说，约 60% 的城镇人口是居住在设市城市中的。显然，走西方国家尤其是美国分散化发展的道路不是中国城市群和大城市郊县发展的首选，更不是我国农村地区小城镇发展的必然，中国的资源环境状况绝对无法承受分散化的城镇发展。

我国是人口大国，又是农产品的生产和消费大国，各地区的发展环境、自然禀赋又有着极大的差别，绝不可能有统一的唯一的城乡发展模式。

2. 城乡统筹规划要体现城乡差异化发展要求

转变城镇化发展方式，统筹城乡发展改革，很重要的一点是要注意体现城乡差异化的发展要求。在我们国家发展中，城市和乡村分别承担着不同的发展任务，不同的城乡聚落空间也分别承担着不同的功能或职能，这种发展任务和职能功能的区别决定着城乡发展的差异性。城乡空间有差异化发展既是国际社会城镇化发展的一般规律，也是中国特色城镇化道路的重要内涵之一。推进城乡经济社会发展一体化，并不是要消除这种空间发展上的差异，履行职能分工的区别，也绝不是要把农村变为城市，而是要求城市和乡村在发展条件上要尽可能地公平，在发展成果上尽可能地共享。

一般来讲，我国广大的农村地区要承担起国家的粮食安全、生态安全、环境安全以及能源安全的重任，以四大安全保证我国城镇化的健康发展。与此同时，作为城市或城镇化发展的重点地区，主要是加强大城市和城镇群的基础设施、生态环境设施和公共服务能力的建设，让城市和城镇群在更大的空间范围内发挥提高经济、社会、生态、文化等综合承载能力的作用。在城镇化发展的城乡融合地区，如城镇密集地区、大城市周边郊县地区、国家重点发展的沿海地区，应该重点推进城乡一体化建设。适时适度推进农村居民点聚落空间调整，下决心再造已经失却的城乡生态环境，形成与城镇合理分布、功能有别、紧密联系的城乡空间布局。这一地区的农村土地价值较高、升值潜力大，极易被以各种名目和形式占用，因此更要注重对农村地区环境空间、绿色空间、生态空间的保护，划定严格的规划控制建设区域。可依据各地自然生态条件，重点发展生态旅游业、现代观光农业和高科技装备的设施农业，保护对于城市生态环境起着重要作用的生态绿地和环境湿地。对于那些尚不具备推进城乡一体化的农业地区、牧业地区、生态保护地区，重点是加强城市基础设施的延伸服务，加大公共财政的支持力度，吸纳支持农牧业产业化、现代化发展的多种服务业。

3. 城乡统筹规划要推动中国现代化发展历程中的历史性的“三个改变”

在城镇化快速发展时期，城乡统筹规划要主动地认识并稳妥地推进“三个改变”。一是改变以往自然经济条件下形成的农村地区聚落方式，重构城乡空间聚落形态，形成以中心城市、县城、重点建制镇、一般镇和中心村为核心的城乡居民点聚落体系。二是要改变以城市为主、为重的公共服务布局模式，形成推进城乡基础设施、公共服务设施和社会保障等基本公共服务均等化建设的制度机制，形成以小城镇为主的农村公共服务中心服务圈。三是要改变以往以农事为主的社会管理模式，探索新型城乡社区的市民社会管理方式，形成依托小城镇的城乡统一协调的社会管理体制。这是伴随城镇化整个发展历程的历史任务。

4. 不盲目追求“普适性”的城乡一体化发展

转变经济发展方式必然要求转变城镇化发展方式。转变城市的发展方式，这更需要注意到统筹城乡发展有着十分鲜明的地域性和阶段性，绝不能盲目地追求“普适性”的城乡一体化发展。不能脱离国情和各地实际追求城乡一体化，否则会削弱政府发展能力，甚至加重居民尤其是农民的负担。不能借口公共财政能力不足而放弃对农村公共事业建设的支持，把解决城乡统筹发展任务无限期地拖延下去。可以说，对统筹城乡发展“度”的把握，是对现阶段各级政府执政能力的考验。地域性主要是指城乡一体化发展要求主要在经济发展条件较好、非农产业高度密集的沿海地区、城镇密集地区、大城市周边地区和内陆二三产业集聚地区先行推动重点推进。阶段性主要指城乡一体化是一个逐步发展的过程，是一个伴随着公共财政实力不断增强、公共财政支出不断向农村倾斜、公共服务在农村不断提升的过程。推进城乡一体化建设，政府必须加大公共财政支出，加大对农村公共事业和社会事业建设的公共财政扶持。例如，浙江省嘉兴市明确，当前阶段重点推进解决城乡就业一体化、基础设施建设一体化、基本公共服务一体化、基础性社会保障一体化和城乡社会管理的一体化，为推动城乡一体化发展建设，政府已经承担了约 80 亿元的地方债务。

5. 政府主导，鼓励各地依据实际开展多样化选择和多模式探索

转变城镇化发展方式，统筹城乡发展改革，更多地涉及不同群体的利益调整和政府的社会治理，鼓励支持各地开展城乡统筹的多样化选择和多模式探索，积极摸索并处理好发展过程中的城乡关系，是各级政府的直接责任。地方政府要在统筹城乡发展改革时，根据中央的决策部署和各地的实际情况，明确给出在一定阶段内不能突破的政策底限，指明必须把握的基本目标方向，提出实践过程中可控的试点方案，讲清楚健康城镇化、新农村建设、城乡一体化发展之间的关系，努力实现各方发展积极性与保护农民利益的统一，实现政府主张与农户民意相结合，上级考核与基层发展实际相结合。了解和把握这一点，对于城乡统筹规划的科学决策是十分重要的。

（二）要促进中小城市和小城镇发展

转变城镇化发展方式，推动城乡统筹发展，必须把城镇化的发展重点真正地转到促进中小城市和小城镇发展上来，实现大中小城市（镇）的包容性发展。小城镇在城乡发展结构中承上启下，既是工业化的重要载体，又是农业产业化的服务依托，还是城镇化的基础支撑。小城镇的比较优势能就近吸纳农村人口，成为农民工回乡创业之地、乡镇企业的再生之地、县域经济的富民之地，其相对较低的比较成本可以使大量农民从农村转出来、待得住、能发展。这些年一些地方普遍推动把城市“做大、做强”的发展思路，相当程度地挤压了小城镇发展“做特、做优”的物理空间和自主发展的政策空间。不少地方把小城镇发展简单地理解为追求实现完整的城镇体系，其后果是引起城市更加扩张性外延式发展，吸纳城镇化发展中释放出来的富余农民已被置于从属地位，极大地削弱了小城镇解决“三农”问题的重要作用。

首先，继续发挥特大城市、城市群在城镇化发展中的核心引领作用。其次，将支持中小城市和小城镇发展纳入各级政府“十三五”规划。第三，充分发挥市场机制对推进城镇化和小城镇建设的基础性作用。政府支配的公共资源要优先向小城镇配置，以吸引各类生产要素和市场要素向小城镇集中。第四，改革城市维护建设税。按照“独立税种、扩大税源、稳定税基、提高税率、专征专管专用”的思路，研究推动将目前的城市维护建设税改革为城乡建设维护税，建立国家专项税收支持村镇基础设施建设维护管理的长效机制。第五，积极推动小城镇行政管理体制改革试点。

（三）依法规范农村居民点（乡镇、村落）的空间调整

我们国家正处在快速城镇化发展过程中。城乡统筹、抓住机遇、适时适度引导调整散落的农村居民点是必然的，也是可行的。对农村居民点过于自然主义的发展显然有悖于国家长期的宏观发展目标，适度规范农村居民点既是促进小城镇发展的有力举措，也是城乡统筹规划工作的重要内容。

首先，农村居民点调整要尊重城镇化发展的客观规律和依循农村发展的实际。从国际城市化发展的一般规律看，城镇化发展过程中城乡居民点调整的重点从来都不是城市，主体也不是建制镇，而是农村的村庄，是农村大量散落的居民点与分散的自然村落。采取和平的、渐进的、利益逐步调整的做法，以城市反哺、城乡共同发展的方式逐步地调整农村居民点，应该是我们借鉴国际上城镇化发展经验得到的最基本启示。保证安居、保障就业、保护农村生产生活链条的正常循环，抓住机遇、尊重民意、依法有序、稳妥实施，应是当前农村居民点调整的基本原则。

其次，农村新居民点建设要有好的规划和公共设施建设保障。农村居民点调整规划要坚持以下基本原则。一是尊重农村生产活动方式的要求，调整的农村居民点要能够满足并服务于现代农业生产发展的需要。二是尊重城乡统筹下农村生活方式的要求，方便基层政府以小城镇（中心村）为中心提供基本公共服务和社会管理，有利于政府公共服务的提供，有利于公共财政支出节减有效。三是尊重农村社会管理的组织方式，有利于充分发挥村民组织的作用。四是尊重科学、尊重自然。要安全选址、生态和谐，确保民安。注重保护农村地区的聚落形态、保护传统水网地区的农村布局特点、传承农村地区的优秀历史文化传统，同时让农村新居民点反映

乡村特色、地域特色和民族特色。要保证农村新建居民点最基本的基础设施和公共服务设施，制定符合地方实际的建设用地标准和基础设施配套要求，根据发展需要不断充实、完善基础性建设的要求。

第三，严格依法规范农村集中居民点建设。农村集中社区建设和农民宅基地的整理必须有严格的地域划定，即严格限定在城市规划区内的城中村。对于城市规划区外的村庄调整应重在以非农产业活动为主的、以非农劳动力转移为主的村庄，重在受自然灾害威胁、生态环境恶化必须实施搬迁的农村居民点，重在基础设施配套和公共服务设施难以企及的农村极度困难地区。节余的土地指标应纳入城乡统筹规划。

第四，严格规范农村新建居民点的动迁。中央文件多次反复强调的“风险可控”，应该是我们在农村居民点调整建设中必须坚守的工作与政策底限。当前最重要、最急迫的是要坚持先建后拆、合理补偿的硬杠杠，绝不能在规划的农村集中居住点的房子还没盖，就让农民先拆房子，甚至让农民自行解决拆房后的临时居住出路。要严格做到没有签订合同不动迁、没有建好房子不动迁、没有建设公共设施不动迁。

（四）改革现行土地管理制度

现行的土地制度也是阻碍城镇化的一大因素。因此，要积极探索农村土地制度的新形式，建立起现代农村土地制度。

第一，明晰土地产权。对土地的产权进行界定，明晰集体和农民在土地产权上的关系，进一步明确农民在土地产权上的主体地位，使农民真正享有对土地的占有、使用、收益和处分权。在土地产权明晰的基础上，可以根据生产力状况和农民自身的需求，发展多种形式的集体经济和合作经济，实现单一的农业经营向多元化的农产品加工和多样化的合作经营方式转换，从而搞活农村经济。

第二，完善土地流转机制。对于土地经营权的转让，要根据土地换保障的平均补偿价格制定补偿标准。当然，对于进城务工并落户城市的农民要根据其意愿依法有偿转让土地经营权，解决好农民进城后土地的再分配。土地经营权的流转必须坚持“依法、有偿、自愿”的原则，以在国家、集体和农民之间合理分配土地收益为核心，在不改变土地农用的条件下，引导农村土地向承包、拍卖、租赁、股份合作等多种形式进行转换。在进行土地流转的同时，要注意对耕地的保护，不能以土地流转为幌子，将农业用地改作房地产开发等。

第三，鼓励多种形式的土地流转制度。目前，我国的土地流转制度主要包括转包、转让、出租、互换、入股五种基本形式。农民在流转承包土地时，除了按照以上几种方式流转外，还可以进行适当的创新，不断发现新的合适的土地流转制度。当前进城务工的农民越来越多，使得农村荒废的土地面积也越来越大，而且农村也有很大部分居民不再以土地为主要的生存来源，而是转向个体经营等。针对这些情况，可以鼓励这些在外务工的人员放弃承包的土地，通过承包地换取城市社会保障，用房基地换取城市的经济适用房或廉租房。

（五）深化就业与户籍制度改革，建立城乡一体化的劳动就业体系

要打破城乡分割的就业制度和户籍制度，取消一切限制农民进城的歧视性政策，建立城乡平等的就业制度和户籍制度，扩大农民就业渠道。坚持就地城镇化和就地就业为主的方针，充分发挥区域块状经济对吸纳农村劳动力就业的巨大作用、县域与中心镇吸纳农村人口门槛低的优势，把工业园区与城镇新区建设结合起来，把产业集聚与人口集聚结合起来，增强区域块状经济和城镇吸纳农村劳动力的能力，促进农民进城务工经商和安居乐业。以提高农村劳动力就业率为重点，按照“公平对待，合理引导，完善管理，搞好服务”的方针，建立统一、开放、竞争、有序的劳动力市场和城乡一体的劳动力就业体制、就业服务体系及劳动就业政策，实现城乡劳动力平等就业。采取“政府买单、市场运作”的方法，加强农村劳动力就业培训，引导农业劳动力向第二、第三产业转移，促进农村居民劳动就业者能享有城镇居民劳动就业者同等的权利和义务，加快推进城乡劳动就业一体化。

（六）妥善解决失地农民就业问题

在我国，就业制度存在明显的二元性，农民基本是自主就业，而且进城务工人员也没有被纳入城市劳动力就业管理体系，不能享受与城市职工同样的劳动保障待遇。因此，需要打破这种不平等的就业体制，有效解决好失地农民的就业问题。

1. 帮助失地农民向第二、第三产业转移

农民从土地上脱离出来，就失去了基本的生活来源，因此需要就业，需要向第二、第三产业转移。要解决好失地农民的再就业问题，就必须一方面发展乡镇企业，利用乡镇企业吸纳大量的农村剩余劳动力；另一方面要向城镇的第二、第三产业输送部分劳动力。

在帮助农民向第二、第三产业转移时，最重要的是要加强对农村劳动力的技能培训和就业服务。人口较少民族多处于我国的边远落后地区，农村劳动力受教育程度普遍较低，缺乏相应的技能和必备的文化素养。因此，要开展多种形式的培训和教育，除了办好农村基础教育外，可以将义务教育与职业教育相结合，从而加强对农民的技能培训和职业教育。

另外，还要建立健全农村劳动力转移的体制机制。从县（市）政府到乡镇府都应建立农村剩余劳动力资源库，并与企业结合，建立起畅通、高效的就业服务信息网络，及时将企业的需求和适合的劳动力相匹配，从而在第一时间帮助农民就业。

2. 鼓励农民自主创业

城镇的就业机会毕竟有限，大量的农村剩余劳动力涌入城镇，会加大城镇的负担，产生各种各样的社会问题，因此，要鼓励农民自主创业。被征地农民由于得到一定的补偿，在满足必要的生活需要后，可以将剩余的资金用于投资创业，自谋出路。例如有些地方的农转非，把积攒的资金用来开棋牌室、做小生意等，这样也解决了自身的就业问题。毕竟农民的资金、技术都有限，因此农民自主创业需要政府的支持和帮助。政府从税收上给予自主创业的农民以优惠，免征或减少其应纳税额；政府要从资金上给予扶持，对自主创业农民在贷款上优先、优待；还要从技术上给予帮助，及时为创业农民提供技术培训和咨询等，帮助他们提高技能和知识。

3. 加大对农民工的保护力度

第一，进一步完善劳动合同制度。督促和监督用人单位按照规定与进城务工人员签订劳动合同，对于不按规定和拒绝签订合同的单位予以查处和纠正，切实维护好农民工的权益。

第二，普及维护农民工权利的法律。许多企业对维护农民工权益的法律不是很了解，因此造成对农民工权益的侵害；大多数农民工本身也对相关的法律不甚了解，因而权益受到损害时常常采取一些非理性的措施，而不是诉诸法律。要通过法律知识的普及，使企业知法、懂法，使农民工能够运用法律手段来维护自身的权益。

第三，坚决查处和惩治拖欠工资的行为。对于拖欠和拒不支付农民工工资的企业给予相应的惩罚，并对当事人按规定处以相应的民事处罚甚至刑事处罚。

人口较少民族发展的金融政策研究*

摘　要： 人口较少民族地区贫困状况依然严重。基于对金融扶持人口较少民族发展现状的分析，本研究重点剖析金融扶持人口较少民族发展存在的困难，并从建立多层次的金融服务体系、健全风险补偿机制、加快农业保险体系建设、优化金融生态环境及对贫困地区实行特惠政策等视角提出促进金融扶持人口较少民族发展的政策建议。

截至2013年年末，在扶持人口较少民族发展监测系统所监测的内蒙古、广西、云南、甘肃和青海等5个人口较少民族聚居区的11个自治县的235.82万人中，尚有贫困人口59.08万人，贫困发生率达到25.05%，表明人口较少民族聚居区总体贫困状况依然严重。而作为一种能力提升型的扶贫方式，金融扶贫通过化“金融排斥”为“金融包容”，提高贫困群体的自我发展能力，促进贫困地区金融和经济发展，并最终帮助贫困群体和贫困地区真正走出贫困。因此，“不断完善金融服务机制，提升金融服务质量，力争到2020年，使人口较少民族聚居区金融服务水平接近全国平均水平，初步建成全方位覆盖弱势群体的普惠金融体系”将成为下一个五年规划中金融扶持人口较少民族发展的重要目标。在此背景下，客观评价“十二五”规划中金融扶持人口较少民族发展已取得的成绩，凝练经验，精细解构存在的问题和困难，并提出相应对策和措施，对制定“十三五”规划人口较少民族发展的金融扶持政策具有重要参考意义。

* 课题负责人：熊芳。课题组成员：李俊杰、陈全功、柏振忠、欧元明、潘跃。

一、金融扶持人口较少民族发展主要成绩

（一）存贷款增长较快，金融支持县域经济力度不断增大

表1是部分人口较少民族聚居区金融扶持状况。该表数据显示，整体而言，金融扶持人口较少民族聚居区的力度不断增大。2013年县域法人金融机构年末存贷款余额均有较大幅度增加。其中，存款余额534.0344亿元，较2012年增加66%；贷款余额321.5363亿元，较上年增加76%。而就地区而言，内蒙古人口较少民族聚居区金融机构存贷款余额增幅最大，依次达到74%、281%。两组数据都表明，随着《人口较少民族发展“十二五”规划》的不断深入推进，金融对人口较少民族县域经济支持力度正在不断增大。

表1　部分人口较少民族聚居区金融扶持状况

地域	县域法人金融机构年末存款余额（万元）				县域法人金融机构年末贷款余额（万元）				城乡居民储蓄存款余额（万元）			
	2013	增长率（%）	2012	2011	2013	增长率（%）	2012	2011	2013	增长率（%）	2012	2011
内蒙古	1588467	74	910798	861306	1130180	281	296900	284897	1067758	11	960794	801013
广西	794076	18	674581	584942	389608	12	346515	288423	748172	16	642484	539941
云南	809176	11	728410	646154	416304	15	362688	299034	400386	12	359001	287566
甘肃	1857405	204	611674	290882	158821	2	155692	137657	187584	12	168063	155607
青海	291220	0	289900	215100	95650	18	81400	71900	120332	2	118253	103566
合计	5340344	66	3215363	2598384	3215363	76	1243195	1081911	2524232	12	2248595	1887693

注：（1）本表数据来源于国家民委扶持人口较少民族发展监测系统；（2）本表数据包括内蒙古自治区的呼伦贝尔市莫力达瓦达斡尔族自治旗、呼伦贝尔市鄂伦春自治旗、呼伦贝尔市鄂温克族自治旗；广西壮族自治区的河池市罗城仫佬族自治县、河池市环江毛南族自治县；云南省的临沧市双江拉祜族佤族布朗族傣族自治县、怒江傈僳族自治州贡山独龙族怒族自治县、怒江傈僳族自治州兰坪白族普米族自治县；甘肃省的张掖市肃南裕固族自治县、临夏回族自治州积石山保安族东乡族撒拉族自治县；青海省的海东地区循化撒拉族自治县。（3）本表“增长率”是指以2012年为基数的环比增长率。

（二）不断完善县域金融组织体系，金融服务平台初步建立

近年来，人口较少民族地区县域金融服务组织体系正在逐步完善，金融服务状况有了较大改善。根据国家民委扶持人口较少民族发展监测系统数据，截至2013年年末，甘肃省张掖市肃南裕固族自治县、临夏回族自治州积石山保安族东乡族撒拉族自治县、云南省临沧市拉祜族佤族布朗族傣族自治县、怒江傈僳族自治州贡山独龙族怒族自治县和怒江傈僳族自治州兰坪白族普米族自治县等人口较少民族聚居区所有乡镇已经实现金融全覆盖。同时，金融服务平台也已初步建立。以甘肃省积石山县为例，至2014年6月，该县设立助农取款服务点26个，布设ATM机21台，POS机62部，发放各类银行卡11.98万张，开办网上银行634个，电话银行386部。调研结果显示，现代电子结算支付工具的逐步应用和金融机构网点的合理布局，基本满足了这些偏远山区农户的基本金融服务需求，使更多人口较少民族聚居区群众享受到现代化金融服务。

（三）坚持重点扶持原则，信贷对农村经济发展扶持力度不断增大

农户在改善生活、改变经营结构和扩大生产中，都有短期的资金需求。如果农户能从金融机构借到一定数额的贷款，那么因家庭经济困难而长期不能起步发展的状况将得到明显改善。因此，引导信贷资金投入农村经济发展，对于改善农户生产水平、提高农户收入，以及促进农村经济发展都有重要意义。从对广西、内蒙古、云南、甘肃、青海、黑龙江和新疆等地的人口较少民族聚居区调研资料来看，金融平台的建立对县域经济坚持了重点支持农村经济发展的原则，资金主要投向“三农”领域。以广西河池市为例，截至2014年6月末，罗成、环江两县金融机构贷款余额55.06亿元，其中，涉农贷款余额47.41亿元，占比达到86.10%。再以甘肃省积石山县为例，该县截至2014年6月涉农贷款余额为15.7亿元，占各项贷款的82.72%。

（四）落实金融优惠政策，特色优势产业获得扶持

1981年，人民银行下发《关于对民族贸易和民族用品生产企业给予低息贷款的通知》（银发［1981］306号），正式启动了对“民贸民品”（指

民族贸易和民族特需产品）优惠利率贷款贴息政策。2003 年、2009 年起，人民银行又先后下文，扩大“民贸民品”优惠利差幅度及承贷机构范围。2012 年 11 月，为适应利率市场化进程，财政部、国家民委和中国人民银行再次发文，规定自 2013 年 1 月 1 日起，中央财政对“民贸民品”贷款按优惠利率政策规定的优惠利差（现行为 2.88%）给予贴息，进一步加大了对“民贸民品”生产企业的支持力度，极大地缓解了“民贸民品”企业资金周转困难，有效降低了企业的生产经营成本，增强了民贸民品企业市场竞争能力，保障了人口较少民族聚居区各族群众生产生活特需品和日常必需品的稳定供应。

人口较少民族聚居区非常重视通过金融优惠政策支持来促进特色优势产业的发展。以广西罗成、环江两县为例，自 2011 年以来，两县充分运用“民贸民品”企业优惠利率贷款政策，支持当地制糖业、酿酒业、茧丝绸加工、饮用水、林木加工、生物循环等民族产业经济项目，拉动当地经济发展的同时促进农民增收。2010—2013 年间，两县金融机构累计发放“民贸民品”企业优惠利率贷款 16.99 亿元，累计获得中央财政贴息 3158 万元。

（五）积极开展信用乡镇建设，农村金融生态环境有一定程度改善

“十二五”规划实施以来，人口较少民族聚居区更加重视金融生态环境建设。一方面是加强对人口较少民族聚居区涉农金融机构开展创建信用乡镇、信用村活动的指导，引导涉农金融机构加大对信用农户的信贷支持。同样以广西罗成县和环江县为例，截至 2014 年 6 月末，两县已创建信用村 17 个，农户信用档案存量数 14.82 万户，对 5.71 万农户进行了信用等级、贷款额度的评定。信用乡镇的建设使农户信用意识提高，农村信用环境明显改善，农村地区诚实守信氛围日渐浓厚，恶意逃避金融债务行为得到有效遏制。另一方面，金融机构还通过不断完善金融服务来改善金融生态环境。结合“金融支少阳光工程”建设，各类金融机构积极构建起支农、惠农、便农的“支付绿色通道”，建立银行卡助农取款服务点，把安全、经济、便捷的现代化支付服务延伸到村屯，并辅以安全用卡、反假人民币、防范金融风险、金融诈骗等金融知识宣传，对农村金融生态环境的改善起到积极作用。

二、金融扶持人口较少民族发展存在的主要问题

（一）贫困问题仍然突出，有效信贷需求不足

人口较少民族聚居区农业基础脆弱，抵御自然灾害能力较弱，农业产量低而不稳，难以摆脱靠天吃饭的窘境，农民脱贫致富奔小康进程缓慢。因此，人口较少民族聚居区群众贫困面大，贫困程度深，收入水平低且不稳定，创业意愿和能力不足，承贷能力差。以广西罗成、环江两县为例，两县均属于石漠化连片特困地区，生存环境恶劣，按照国务院新阶段贫困人口标准统计，环江县尚有贫困村 85 个，其中毛南族聚居区行政村 38 个。罗成县尚有贫困村 57 个，其中仫佬族 32 个。受自然环境制约，农田水利设施滞后，农业基础薄弱，当地农业抵御自然灾害的能力较弱。基础设施建设项目缺乏以及农业风险较大。这些都影响了金融投入的积极性。

（二）金融服务体系尚不能满足经济发展需要

一是金融市场主体少、机构单一，且网点布局不合理。除了银行业和保险业金融机构外，人口较少民族聚居地区基本上没有证券、担保等金融机构，并且金融网点布局不合理，主要集中在县域政府所在地，而人口较少民族聚居乡镇真正服务于农户的往往只有农村信用合作社一家金融机构。二是银行业金融机构的职能逐步退化。政策性银行机构服务功能单一，业务范围狭窄；国有商业银行由于县域机构撤并、网点减少，贷款审批权限上收，金融服务功能逐步萎缩，信贷功能退化。三是农村合作金融机构作为承担支持人口较少民族县域发展的主力，因受自身资金实力影响，压力较大。

县域金融机构信贷资金供给能力被削弱。近年来，国有商业银行转变经营战略，资金大量上划，贷款权限上收，信贷资金向城市集中，农村资金总量匮乏，一定程度上抑制了农村经济的发展。金融机构人均服务面宽，金融服务质量难以提高。农村金融服务手段相对落后，金融服务品种单一。目前，对人口较少民族提供金融服务以农村信用社为主，由于受人口较少民族地区资源、环境、信用状况等条件的限制，开办的金融服务项目相对较少，主要发放小额支农信用贷款及少量的抵押贷款。金融服务覆盖程度仍然较低，面向广大农户的基层网点大多仅能提供存、贷、汇等基

础金融服务，在贷款审批权限方面受限较多，针对农户的信贷产品数量总体偏少，服务方式较为单一。

（三）文化教育水平低，群众金融素养亟待提高

人口较少民族聚居村普遍存在农业综合生产力和开发水平低，以及社会事业发展滞后的现实，在一定程度上影响了人口素质的提高。表2是部分人口较少民族聚居区群众受教育情况。该表显示，内蒙古、广西等人口较少民族聚居区的劳动力人口受教育程度非常低，平均受教育年限只有8.92年，甚至都没有完成九年制义务教育。而且，受过高等教育的人口比例也较低，只有9.91%。特别是广西、云南，分别只有2.67%、4.65%。甘肃省积石山县劳动力人口12.28万人，其中高中以上文化程度1.04万人，占比8.47%，初中程度2.08万人，占比16.94%；小学文化程度8.3万人，占比67.59%，文盲半文盲0.86万人，占比7%。文化素质偏低直接影响着金融素质的提升，人口较少民族群众对金融知识的认知度相对偏低，对金融产品和服务的接受和使用能力也较低，增大了金融知识宣传和普及的难度。同时，文化素质偏低的负面表现还有：受小农意识影响，群众市场经济意识不强，自给自足的思想长期存在，农户利用金融资源扩大生产的情况更是少之又少。就业创业难、信用意识弱、使用信贷工具能力低，难以达到金融产品和所从事“三农”产业的最佳对接，也直接影响了信贷支农效益的最大化。

表2　部分人口较少民族聚居区劳动年龄人口受教育状况

地域	劳动年龄人口（人）	受过高等教育的比例（%）	平均受教育年限（年）
内蒙古	312423	20.96	9.2
广西	375843	2.67	9
云南	306995	4.65	6.16
甘肃	175964	15.82	13.68
青海	76847	7.8	7.5
合计	1248072	9.91	8.92

注：本表数据来源于国家民委扶持人口较少民族发展监测系统。

（四）“民贸民品”贷款条件限制多，优惠政策落实难

“民贸民品”贷款在承贷银行、期限、利率方面存在较严格的限制。“民贸民品”贷款必须是一年期基准利率贷款，贷款银行也限于国有商业银行、农发行和农信社，而股份制银行、邮政储蓄银行等被排除在外。“民贸民品”贷款业务的政策性与银行的商业化经营存在一定的矛盾。国有商业银行普遍上收贷款管理权限，基层行贷款大部分集中在优质客户和好项目上。而“民贸民品”企业大部分存在着基础差、底子薄、规模小、市场竞争力弱等问题，贷款风险系数明显高于其他企业，直接影响优惠利率贷款的发放。以甘肃省肃南县为例，截至 2014 年 6 月，肃南县仅有 1 家银行承办“民贸民品”生产优惠利率贷款，2002 年以来累计向“民贸民品”企业发放贷款只有 116 万元，人民银行累计办理贴息 2. 067 万元。

（五）金融信贷资金与财政扶贫资金尚未形成合力

金融信贷资金与财政扶贫资金有机结合是金融支持人口较少民族脱贫的核心。而当前，由于两种资金渠道信息不通，缺乏利益互动、风险互换的机制，难以形成合力，造成财政扶贫资金紧张不够用，金融有资金不敢投，资金的缺乏严重影响了人口较少民族扶贫工作的进度和效果。近几年，人民银行在很大程度上落实了支农再贷款、民贸民品优惠利率政策贷款、小额担保贷款以及“金融支少”等方面的信贷政策，着重扶持当地经济发展。但实际操作中，由于属于贫困地区，地方财力有限，一些需要地方提供财政配套资金或担保基金的信贷扶持政策难以落实，导致“财政 + 信贷”的国家扶贫政策模式无法产生效力。

三、“十三五”金融扶持人口较少民族发展的主要任务

（一）支持贫困地区基础设施建设

基础设施是人口较少民族加快发展的重要保障。要加大对交通基础设施资金投入力度，加强具备条件的自然村通公路和村庄内道路硬化建设，加强农村公路危桥改造和安保工程建设，满足人口较少民族群众的基本出行需求。要集中资金加强农田水利基础设施建设，加快信息基础设施建设，加快人口较少民族地区水电工程建设，提高移动网覆盖面和宽带通信

工程。提高人口较少民族地区群众自有住房率。进一步完善基本公共基础设施建设。

（二）开展金融教育培训，促进就业创业

加大人口较少民族地区就业创业培训资金投入，开展农村劳动力就业技能和创业培训，促进青年创业就业。加大人口较少地区金融知识宣传培训力度。各相关部门、各级共青团组织、金融机构、行业组织、中国金融教育发展基金会等社会团体要加强协同配合，充分发挥“金融惠民工程”、“送金融知识下乡”等项目的作用，积极开展对贫困地区特定群体的专项金融教育培训。鼓励涉农金融机构加强与地方政府部门及共青团组织的协调合作，创新开展贫困地区金融教育培训。

（三）促进贫困群体脱贫致富

完善国家扶贫贴息贷款政策；推动贫困地区金融产品和服务方式创新；积极发展农村保险事业；加强贫困地区农村信用体系建设。包括安排专项扶贫资金并整合动员其他各类资金投入贫困地区、促进财政扶贫资金贴息政策并为贫困地区特色龙头企业提供优惠贷款、发展灵活多样的小额信贷、探索社区发展基金和村级互助资金合作组织等。要充分发挥扶贫龙头企业和农牧民专业合作组织的产业带动作用，鼓励采取“公司＋基地＋农牧户”和“公司＋专业合作社＋农牧户”等多种模式，实现风险共担、互利双赢使贷款效益最大化。

（四）加大对农业的扶持力度

加大资金投入力度，加快人口较少民族地区农牧业实现现代化建设和产业化建设。采取贷款贴息、财政补助等方式，建设高效种植和养殖基地，加大对农产品加工龙头企业、农产品储藏保鲜和产地批发市场的扶持，延长农业产业链，促进农业增产增效。大力发展农村直接融资。推进农村信用体系建设。发展农村交易市场和中介组织，改善农村支付服务环境。加大农村保险资金投入。鼓励金融部门对人口较少民族地区“民贸民品”企业发放优惠贷款，支持符合条件的涉农企业在多层次资本市场上进行融资，鼓励发行企业债、公司债和中小企业私募债。逐步扩大涉农企业发行中小企业集合票据、短期融资券等非金融企业债务融资工具的规模。

支持符合条件的农村金融机构发行优先股和二级资本工具。发挥农产品期货市场的价格机制和风险规避功能。积极推动农产品期货新品种开发，拓展农产品期货业务。完善商品期货交易机制，加强信息服务，推动农民合作社等农村经济组织参与期货交易，鼓励农产品生产经营企业进入期货市场开展套期保值业务。

（五）加大对特色产业的扶持力度

加大资金投入力度，因地制宜发展民族特色产业。开展乡村旅游特色县乡、村庄试点，积极发展自然生态旅游、乡村休闲度假旅游、民俗文化旅游、农业观光旅游、健康养生体验旅游，在人口较少民族聚居区打造具有民族特色的旅游精品线路。加大对特色产业资金扶持力度，培育和壮大民族品牌产业，发展民族软件、民族医药、民族手工业、民族特色餐饮、民族特色建筑业、民贸民品、民族文化产业等。利用资金引进技术，通过消化吸收、示范推广和技术培训等工作，促进县域特色产业和县域经济的发展。

四、宁夏惠民小额贷款公司的经验

宁夏惠民小额贷款公司始于1996年，是国内唯一一家经历了操作主体由项目办公室、妇女发展协会（在民政部门注册的社会团体）、小额信贷服务中心（在民政部门注册的民办非企业单位）和宁夏惠民公司（工商局注册）的小额信贷机构。由于该模式具有很强的适应性、可复制性和巨大的社会效应，成为中国最成功的小额信贷机构之一，被国内外同行誉为“盐池模式”。如图1所示，宁夏惠民小额贷款公司成立以来，其贷款规模不断上升，单笔平均贷款余额维持在2万元，贷款客户数也有一定幅度上升，表明其较好的扶贫效应。不仅如此，从2008年开始，公司的自负盈亏率达到106.7%。公司2010、2011、2012、2013年的利润分别为80万、180万、295万、331万，步入微利基础上的可持续发展阶段。

（一）秉持“社会扶贫”的宗旨

成立之初，宁夏惠民小额贷款公司就确立了明确的社会扶贫的宗旨：在经营实践中，始终坚持以“低收入家庭”为服务对象。公司要求，推广员每到一个村子开展小额信贷，除了需要对该村的基本情况、社情民意、农户之间的社会关系等方面进行调查外，还必须进行农户的贫富排序，其中20%相对好的家庭为富裕户，20%差的农户为贫困户，之间60%的农户为中等户。公司主要以20%的贫困户和60%的中等户为服务对象。虽然近年随着公司业务拓展，一些当地的富裕户加入进来，但比较而言，宁夏在全国属于欠发达地区，其平均收入低于全国平均水平，而南部山区的农户收入更低，和全国水平相比，即使是当地的富裕户，在全国的范围也属于收入较低的农户。

（二）精准的贫困瞄准机制

如何使信贷渗透到低收入家庭？相对高的利率、小的额度以及必要的时间成本，使贷款产品对富裕家庭失去吸引力，从而保证贷款能够透过优势人群而到达低收入家庭，这就是惠民小额贷款公司的自动瞄准机制。宁夏惠民小额贷款公司的贷款呈现以下几个特点：特定的对象（贫困妇女）、小的额度（2000元起步）、较高的利息（年利率10.2%以上）、短的周期（半年、一年）。同时还要求客户付出较大的时间成本，参加村级阅读例会以及其他一系列活动。在这种信贷机制下，富裕户就不愿意参加，从而保证了信贷能够渗透到达真正需要贷款的客户。2010年，宁夏惠民小额贷款公司对3199户贷款农户的统计结果显示，中下等收入的农户占总贷款数量的91.18%。

（三）建立一个富有亲情的客户网络组织体系

以信贷为主线，以自然村为单位成立村级信贷大组（由若干个联保小组组成），村级信贷大组通过社区推广员（每个推广员负责20个村组）以及协调员（由每个协调员管理5名推广员）和信贷公司联系起来，这样就形成一个从借贷农户到联保小组、信贷村组、推广员、协调员、营业部经理、总经理层层负责的“富有亲情的客户组织网络”。建立有效的客户组织是公司业务区别于其他银行的关键，也是惠民公司的优势所在：

1. 解决信息不对称问题。通过地缘关系将分散的农户集中起来，利用他们之间相互熟知的优势，由客户进行相互选择，从而实现客户内部识别，达到降低信贷风险的目的。信息不对称还表现在另外一个方面：许多农户需要贷款，但因为银行里没有认识的人，担心即使提出贷款申请也不能得到批准。而惠民公司通过就近服务的原则招聘推广员，让他们深入到自己服务村子，主动找到愿意贷款的妇女，就可以免除农户的这种担心。

2. 保证高的还款率。组建客户组织是防范风险的主要手段。有效的组织将每个贷款客户置身于一个小团队的道德约束圈内，个别成员一旦违规，尤其在出现还款拖欠时，将面临来自两方面的道德谴责和压力：一方面，纵向的压力，一个人不还款，和他关系很好的推广员的报酬首先受到影响，同时，还影响协调员乃至中心主任的业绩和报酬。这种自下而上的纵向连带关系的还款约束力，取决于各层次关系的紧密程度。主任、协调员、推广员、客户彼此的关系越是紧密，还款的约束力越大。另一方面，横向的压力，一个客户违约，联保小组的成员首先要承担责任，进而影响村大组所有客户的贷款。

3. 帮助公司降低成本。惠民公司利用其建立的信贷网络组织最大限度地降低成本，原因有两个：一是惠民小额贷款公司的员工了解自己的客户，即使是开始阶段推广员对一些客户不了解，也可以借助客户与客户的相互熟知来剔除那些有风险的客户，从而降低客户筛选的成本；二是通过约定，使惠民小额贷款公司的客户在一个规定的时间集中于一个固定地点和我们的业务人员见面，并开展贷款、还款等一系列相对一致的活动，从而大大降低了公司的成本。

（四）发展非金融服务，提高贫困户综合能力

“盐池模式”设计的基本理念是：贷给客户一笔资金固然重要，而提升贷款者的能力更为重要。2013 年公司用于支持客户能力建设的费用占公司年度操作费用的 12%，主要用于以下几方面的工作：

首先，配合政府的产业政策，推动地方经济的发展。2013 年宁夏惠民小额贷款公司在盐池、同心两县共参加支持了 19 个示范村建设工作。其次，培养、选拔农村文艺、科技骨干，组建“惠民公司”文艺宣传队。通过选拔、培训 40 名优秀青年农民，进行系统培训。遍布各个乡镇的这些文艺骨干发挥了二传手的作用，带动并提高了农村广大妇女参与文艺、科技活动的积极性。第三，按照“大众化、经常化、健康化”的原则，在盐池县组织信贷妇女开展了第十三届、同心县组织了第四届农民科技文体系列活动，内容包括文艺表演、科技竞赛、趣味接力赛等，这些活动都极大地活跃和丰富了城乡文化生活。最后，公司建设各级（一、二、三级）农民活动室 224 个，用于贷款妇女客户每月参加例会活动和日常联谊场所。

2013年，共组织了5期、378人次大组长培训活动。其他非金融服务还包括：生产资料调剂、捐资助学、农业保险、信息保障、意外死亡客户贷款免除等方面，现已建成物资调剂中心5个。设立“北京友成普融——惠民公司携手助力贫困大学生奖学金”，又与宁夏扶贫与环境改造中心合作“晨曦计划”扶贫助学公益行动。2013年，公司已累计为303名宁南山区贫困大学生、中小学生资助13余万元。最后为家庭出现重大灾难的死亡客户免除其贷款，2013年共为5户贷款客户核免贷款11万元。

多样化的非金融服务提高了客户经营项目的成功率，增加了客户的收入，2012年对122个村组2126户小额信贷客户项目经营情况统计结果显示：户均每年每笔1000元贷款可纯盈利388.46元（毛收入728.54元）。有30%以上的客户选择了新的经营项目，参加信贷3年的家庭，其收入平均增加73%以上，95%的家庭收入有了不同程度的增加。

总结领先型金融机构扶贫的经验，主要有以下四点：第一，植根农村、服务贫困群体的理念。领先型金融机构认为，只要能享受到优质服务，贫困群体将是小型金融机构的忠实客户。相反，企业客户虽然在经济下行、信贷紧缩时会选择小型金融机构，但在经济上行、信贷放松时为获得更大贷款额度或更优惠贷款利率就会转向大型金融机构。因此，领先型金融机构普遍认为，服务贫困群体是小型金融机构生存的必然选择。第二，建立一个成本低廉的新型农村金融服务网络。农闲时让信贷员收集、整理贫困农户的信息。一旦这些农户需要，金融机构就可以大批量、低成本地为他们提供贷款。这样，每个信贷员发放和管理的就是单笔贷款额度小、但总额大、成本低的贷款，金融机构的利润得以保证。第三，重视非金融服务。领先型金融机构认为，提供贷款虽然能解决贫困群体的资金需求，但只有培养能力才能真正帮助他们走出贫困。因此，除了提供金融服务外，还非常重视同时提供非金融服务，以激发贫困群体自我发展的内在动力和活力，如组建文艺宣传队、开展农民科技文体系列活动、举办各种培训及日常联谊，等等。这些非金融服务也大大降低了金融机构的经营成本和信用风险。第四，重视创新。如引入财政资金担保的各类贷款，包括妇女创业贷款、“千村信贷、互助资金”捆绑合作的扶贫贷款等。另外，宁夏惠民小额贷款公司通过和宜信合作，将业务拓展到经济发展更为落后的同心县。这些金融创新在帮助贫困群体脱贫致富的同时，也为金融机构带来新的利润增长点。

五、金融扶持人口较少民族发展的创新研究

（一）加强金融机构对贫困群体的服务意识

金融机构要学习国内外领先型金融机构扶贫的经验，真正认识到贫困群体也是金融机构可以服务的对象。金融扶贫既是金融机构社会责任的具体体现，也有助于金融机构自身的发展。因此，金融机构应该积极下沉服务重心，主动为人口较少民族聚居区贫困群体服务。

一是适当扩大小额信用贷款发放范围，降低担保抵押贷款条件。农民贷款难的主要难题体现在缺乏有效的担保抵押上，各类金融机构在适度扩大小额信贷贷款发放范围和额度的基础上，继续引导各类金融机构在政策允许、风险可控和商业可持续的前提下，进一步加大金融创新力度，满足多样化的金融需求。在巩固现有的农户小额信用贷款、农户联保贷款等产品的基础上，鼓励各类金融机构主动开展金融产品和金融服务方式创新，积极稳妥推进土地承包经营权、农民住房财产权、林权“三权”抵押贷款业务，健全“企业＋农民合作社＋农户”等农业产业链金融服务模式，促进扶贫企业、农业专业合作社和贫困农户形成稳定的利益关系，提高金融服务集约化水平。二是要进一步加大商业银行对县域的资金投放力度。要充分认识到金融机构越来越严重的商业化经营倾向，回归县域金融服务县域经济的本来功能。三是金融机构要牢固树立社会责任意识，大力发展普惠金融。县域金融机构在做好一般性“三农”贷款、小微企业贷款的基础上，要进一步加大妇女创业小额贷款、下岗失业人员贷款、助学贷款、大学生村官创业贷款等专项贷款的发放工作，使优惠政策更多地惠及人口较少民族群众，切实担负起支农支小的作用，让金融扶贫开发政策惠及弱势群体，促进金融信贷服务大众化。

（二）强化金融机构对重点领域的扶持

加大对新型农业经营主体的信贷支持力度。不断完善生物资产抵押机制，加大对人口较少民族地区种养殖业大户、家庭农场、农民专业合作社等新型农业经营主体的生物资产抵押贷款额度。加大扶贫小额信贷覆盖建档立卡贫困户的比例和规模。将建档立卡贫困户的扶贫小额信贷额度上限提高到5万元，将符合条件的能人大户的贷款额度上限提高到20万元，将

贷款期限放宽至3年。加大对“民贸民品”优惠利率幅度。更新“民贸民品”目录。依照贫困人口所在地区经济发展程度，合理确定扶贫小额信贷和民贸民品优惠利率贷款的贴息水平。完善国家助学贷款政策。将人口较少民族聚居区家庭困难的城市户口的普通高校学生纳入国家助学贷款资助范围。对于人口较少民族聚居区特殊困难的学生按照5000元/年标准提供在校期间生活费优惠利率贷款。

（三）增加信贷供给

鼓励发展村镇银行、小额贷款公司、资金互助社等新型农村金融机构，重视非营利性金融机构服务贫困人群的意愿和优势，不断提高农村妇女和贫困人群的信贷可及性。大力发展人口较少民族聚居区电话银行、网上银行业务；推广信贷工厂、代理银行等金融服务模式，消除人口较少民族聚居区金融服务空白乡（镇）。引导互联网金融向人口较少民族聚居区的小微企业和农（牧）民提供信贷服务。

（四）培育融资担保

鼓励组建政府出资为主、重点开展涉农（牧）（渔）担保业务的县域融资性担保机构或担保基金，支持其他融资性担保机构为农（牧）（渔）业生产经营主体提供融资担保服务。完善多户联保机制，推广“公司+基地+农（牧）（渔）户”、“产业集群+农（牧）（渔）户”及“基金+农（牧）户”等多种担保方式。推广以农业机械设备、运输工具、水域滩涂养殖权等为标的的新型抵押担保方式。

（五）提升金融服务

加大农村金融服务网络和服务渠道建设力度，推动金融服务重心下沉，深化助农取款、汇款、转账服务和手机支付等多种形式，提升人口较少民族聚居区金融服务普惠度和便利度。加强人口较少民族聚居区农牧业保险基层服务体系建设，鼓励保险机构在人口较少民族聚居区设立基层服务网点。积极推广“信贷+保险”服务模式，鼓励发展扶贫小额保险。对接“社会保障一卡通工程”，进一步完善人口较少民族聚居区城乡居民基本医疗保险、社会养老保险代收代付系统。推出“金融机构+农村合作医疗保险+参保户”，以及“金融机构+农村社会养老保险+参保户”等多种金融服务模式。

（六）重视非金融服务

提供贷款虽然能解决贫困群体的资金需求，但只有培养能力才能真正帮助他们走出贫困。因此，除了提供金融服务外，还应该重视提供非金融服务，以激发贫困群体自我发展的内在动力和活力。主要有三点：一是通过送金融知识下乡等活动，让农民了解各种产品和金融服务，懂得如何运用这些金融知识为自己的生产经营活动服务，培养信用意识，并注重防范金融风险、金融诈骗。其中，特别是对扶贫小额信贷政策、知识进行宣传，让建档立卡贫困户知晓相关程序和政策。二是联合有关部门，开展农业生产实用技术和生产经营管理知识的普及，帮助农民掌握从事各类生产经营的技术手段和经营管理的基本知识。要想贷款能发挥效应，还得让农户掌握一门技术。而从调研情况来看，最好的生产技术知识的普及是由本村镇的致富能人结合自己的致富方式，对农户进行的培训和指导。三是重视精神文明建设，如组建文艺宣传队、开展农民科技文体系列活动、举办各种培训及日常联谊，等等。这些非金融服务也可以大大降低金融机构的经营成本和信用风险。

六、金融扶持人口较少民族发展的政策支持

（一）建立多层次、多类型的金融机构服务体系

虽然都是为贫困群体服务，但是不同类型的金融机构，其定位和比较优势并不相同。一般来说，非营利性的金融机构扎根乡土、了解乡土社会，在农村地区具有较为明显的信息优势，而且其经营规模一般较小，组织架构和管理制度相对简单，服务“三农”的流程也更为便捷和高效，并且本身就以贫困农户为服务对象。相对而言，营利性微型金融，特别是大型商业银行如农业银行等，并不具有天然的地理优势；并且往往是因为政策原因才为农户提供服务，在服务对象上，并不仅限于贫困农户。因此，应该充分重视非营利金融机构服务贫困群体的意愿，积极鼓励、引导非营利性金融机构服务于人口较少民族聚居区贫困群体。此外，还应积极引导农户发展资金互助组织等民间或合作制金融机构；同时，要在这些地方积极探索政策性金融和合作性金融相结合的发展模式。

（二）健全风险补偿机制

政府牵头建立风险分担机制，为金融机构提供风险分担的机制和制度，在政策上对县域涉农金融机构给予更好的支持和倾斜，力求最大限度补偿风险损失，为人口较少民族聚居区金融服务提供保障。具体而言，一是中央财政应进一步加大对人口较少民族聚居区发展的资金倾斜力度，设立财政专项资金，建立人口较少民族聚居区农牧业贷款风险补偿机制，对金融机构农牧业贷款给予特殊费用补贴。二是要强化财政扶贫资金的杠杆作用，创新信贷精准到村、到户机制，构建扶贫小额信贷为导向、产业金融为支撑和合作金融为补充的金融扶贫新格局。三是建立农牧业贷款贴息制度，对重点发展的农牧业项目给予贷款利息补贴。四是鼓励组建政府出资为主、重点开展涉农担保业务的县域融资性担保机构或担保基金，支持其他融资性担保机构为人口较少民族聚居区农牧业生产经营主体提供融资担保服务。

（三）加快农业保险体系建设

针对人口较少民族聚居区自然环境相对恶劣、农户耕种生产保障力相对较弱的现状，加快完善政策性农业保险经营机制，扩大农业保险险种，分散和降低农户贷款风险，建立健全农业再保险体系，鼓励商业性保险机构开展农业保险业务，逐步形成农业风险转移分担机制。鼓励保险机构在人口较少民族聚居区设立服务网点，进一步提高贫困地区保险密度和深度。积极探索开办与人口较少民族聚居区农牧业关系密切的种植业和养殖业保险业务，切实加大中央财政对人口较少地区的保费补贴力度，扩大农业保险覆盖面，充分发挥保险的风险分散作用。鼓励发展扶贫小额信贷保险。

（四）优化金融生态环境

组织开展信用户、信用村、信用乡（镇）创建活动，推进农户、家庭农场、农民合作社等经济主体电子信用档案建设，多渠道整合社会信用信息，完善信用评价与共享机制。把全国扶贫信息网络系统与银行信用系统结合起来，建立建档立卡贫困户个人信用档案。改善人口较少民族地区金融支付服务环境，推广非现金支付工具和支付清算系统，不断提高人口较少民族地区支付服务水平。加快推进人口较少民族地区支付服务基础设施建设，逐步扩展和延伸支付清算网络的辐射范围，支持符合条件的农村信用社、村镇银行等银行业金融机构以经济、便捷的方式接入人民银行跨行支付系统，畅通清算渠道，构建城乡一体的支付结算网络。畅通人口较少民族地区金融消费者诉求渠道，妥善处理金融消费纠纷。

（五）对贫困地区实行特惠政策

以各级财政资金来源为主，对发放涉农贷款的商业银行，提供财政贴息、保费补贴等方式合理补偿，提高风险防范能力。力争获得贷款的建档立卡户及普通高校学生最终实际负担利率不超过贷款利率的50%，力争民贸民品优惠利率贷款贴息率不低于3%。

灵活运用货币政策、包容性监管政策，激发金融机构服务于人口较少民族聚居贫困地区和贫困人口的主动性。一是建议国家在制定信贷政策时，充分考虑人口较少民族贫困地区实际，给予该地区商业银行更大的贷款审批权限，对其实行有差别的信贷政策。二是对服务于贫困地区的金融机构实施包容性监管，提高对农户贷款的风险容忍度。依据金融机构经营地区经济发展实际情况，给予普通农户贷款2%的风险容忍度；对建档立卡贫困户扶贫小额信贷给予3%的风险容忍度。完善国家农户贷款补偿补贴政策，将农村信用合作社和农村商业银行纳入到补贴范围。加大对不良贷款的认定和核销力度。

运用特殊优惠的财税政策进一步加大对人口较少民族聚居金融机构的扶持力度。要加强财税、农村金融政策的有效衔接，在坚持市场化的前提下，发挥财税等扶持政策的支撑作用。比如对农户提供金融服务的所有正规金融机构都在所得税和营业税等方面给予相应的减免政策等。

主要参考文献

1. 莫罕默德·尤努斯．穷人的银行家．北京：生活·读书·新知三联书店，2006.

2. Asif Dowla，Dipal Barua. 穷人的诚信．北京：中信出版社，2007.

3. 熊芳．微型金融机构社会扶贫功能研究．北京：科学出版社，2014.

4. 沈素平，杨栋会．农村金融需求调查研究——基于云南人口较少民族区域调查数据．财政金融．2013（8）.

5. 薛成莉．人口较少民族生存与发展现状分析．中共伊犁州党校学报．2014（2）.

6. 关于全面做好扶贫开发金融服务工作的指导意见．银发［2014］65号.

7. 关于创新发展扶贫小额信贷的指导意见．国开办发［2014］78号.

8. 关于金融服务“三农”发展的若干意见．国办发［2014］17 号．

9. 关于民族贸易和民族特需商品生产贷款贴息管理暂行办法的通知．财金［2012］139 号．

10. 关于印发湖北省创新发展扶贫小额信贷实施方案的通知．鄂政扶发［2015］9 号．

11. 关于做好家庭农场等新型农业经营主体金融服务的指导意见．银发［2014］42 号．

12. 董伟．甘肃探索双联惠农贷款．中国青年报，2013 - 12 - 09. http：//zqb. cyol. com/html/2013 - 12/09/nw. D110000zgqnb_ 20131209_ 1 - 04. htm? fina.

13. 甘肃省努力构建金融扶贫新模式．甘肃日报，2014 - 9 - 8. http：//gansu. gansudaily. com. cn/system/2014/09/08/015173494. shtml.

14. 扶持人口较少民族发展甘肃省调研资料汇编（一）、扶持人口较少民族发展甘肃省调研资料汇编（二）．

15. 扶持人口较少民族发展新疆维吾尔自治区调研资料汇编．

16. 扶持人口较少民族发展广西壮族自治区调研资料汇编．

17. 扶持人口较少民族发展黑龙江调研资料汇编．

18. 扶持人口较少民族发展云南省调研资料汇编．

19. 宁夏惠民小额贷款公司内部资料．

20. 重庆开县民丰互助合作会内部资料．

人口较少民族传统文化保护传承*

摘　要：对人口较少民族文化保护传承的模式有四种：政府部门主导、民间团体组织、民间群众自我活动、研究者研究，都取得一定效果，也各有优缺点。从人口较少民族文化的拥有者是人口较少民族群众这一点来说，文化保护传承一定要以人口较少民族群众为保护传承主力，一定是让他们的文化得到保护和传承。要发动社会各界力量，以政府部门为主旨，发动群众、带动群众，一起保护传承文化。

一、前　言

人口较少民族的传统文化是我国民族文化的重要组成部分，也是我国民族文化中特色鲜明的部分。我国 55 个少数民族中，人口较少民族占了 28 个，数字比例达到了一半。众所周知，文化是民族的血脉，是人民的精神家园，是民族生命力、凝聚力和创造力的重要源泉。很难想象，没有文化的民族能得到发展和繁荣；更难想象，没有文化的民族能够长久生存。一个多民族国家，其与生俱来的、多样化的民族文化本身就是国家最大的资源，就是国家发展的天然条件和丰富内在动力。正因为文化具备这样的作用，世界各国都特别重视文化的保护、传承和创新，注重维护文化多样性。而我国人口较少民族文化的保护传承问题更加紧迫，更加敏感。

进入 21 世纪以来，国家对人口较少民族传统文化给予了高度重视，并采取了一系列措施进行保护、传承。时至今日，十几年过去了，人口较少民族传统文化是否得到了保护和传承？其保护和传承现状如何？效果怎样？我们应该怎样调整政策，进一步采取措施，有效保护和传承这些文化？通过调研，我们将对这些问题进行梳理，并尽可能予以回答。

---

* 课题负责人：孟凡云。课题组成员：黎帅、谭芬芬。

二、人口较少民族传统文化保护传承的政策措施及其实施

（一）人口较少民族传统文化保护传承的发展历程

1. 扶持人口较少民族发展开始阶段没有文化保护内容

我国对人口较少民族的关注和扶持开始于世纪之交。1997、1999 年费孝通先生在谈到鄂伦春族文化存亡问题时，称其为“小民族”，希望帮助鄂伦春族尽快发展；2000 年，国家民委组织有关专家学者开展了“中国人口较少民族经济和社会发展调查研究”，把人口较少民族作为一个单独类型集中研究，这在中国还是首次。2001 年，《国务院办公厅关于扶持人口较少民族发展问题的复函》首次在文件中使用“人口较少民族”概念。[①]

在 1997—2004 年对人口较少民族开始关注的阶段，人口较少民族的发展保护政策措施中，涉及传统文化保护方面的内容不多。

2. 扶持人口较少民族发展的后续阶段文化保护趋势的加强

2005 年以后，国家多个部委联合，陆续开展了“十一五”、“十二五”时期扶持人口较少民族发展规划的实施，对人口较少民族进行帮扶，开始有传统文化传承保护方面的内容，并呈现逐步加强的趋势。“十一五”规划中关于文化传承保护的内容不多，在“主要任务”中提出了“保护和尊重人口较少民族的语言文字、风俗习惯和宗教信仰自由，抢救和保护人口较少民族的濒危文化遗产，发展少数民族文化”的目标，在具体政策措施方面没有实际内容。尽管规划中“没有安排人口较少民族文化保护与发展的专项资金，但也对民族文化保护与发展提供了某些硬件方面的支持”。[②] 比如，各人口较少民族地区建立的博物馆、文化馆（站）、人才培养、广播电视台（站）、群众文艺团体等是文化保护传承的主要阵地和生力军。此外，政府和社会各界的文化保护意识和行动都十分普遍。政府部门、社会各界精英人士联合进行的科学研究项目也取得了很大成绩。2006 年，国家民委组织相关学者立项开展中国人口较少民族文化保护与发展调查研究，2008 年形成《中国人口较少民族文化发展与

① 杨圣敏主编：《中国高校哲学社会科学发展报告：1978—2008》（民族学），224 页，桂林，广西师范大学出版社，2008。

② 张海洋主编：《厚德载物——人口较少民族文化保护与发展》，10 页，北京，中央民族大学出版社，2010。

保护调查报告》，引起政府和社会对人口较少民族传统文化的广泛重视。“政府、社会各界精英和商家也支持开展了一些文化保护与恢复工作……也足以给岌岌可危的人口较少民族文化注入些许活力……为人口较少民族今后的文化保护与发展探索指出很多可资参考的路径，并延续了执行保护项目的人才香火”。①

各地政府部门2006、2008年的两次国家级非物质文化遗产名录的组织、申报过程中，对传统文化保护起到重要作用，其中涉及人口较少民族的传统文化。阿昌族的传统叙事长诗《遮米麻和遮帕麻》、阿昌族户撒刀锻制技艺、鄂温克桦树皮制作技艺、塔吉克族“鹰舞”、基诺族“大鼓舞”、赫哲族“伊玛堪”、鄂伦春族“摩苏昆”等都入选了第一批国家级非物质文化遗产名录。

自2005年至今十多年时间里，很多国家政策文件都有文化保护和传承方面的内容（见表1）。

表1　2005年以来国家部委下发与人口较少民族文化发展有关的政策文件

时间	文件
2005	《扶持人口较少民族发展规划（2005—2010年）》
2007	《关于加强公共文化服务体系建设的若干意见》
	《关于进一步加大对少数民族文字出版事业扶持力度的通知》
2009	《关于进一步繁荣发展少数民族文化事业的若干意见》
2011	《扶持人口较少民族发展规划纲要（2011—2015年）》
	《少数民族特色村寨保护与发展规划纲要（2011—2015年）》
	《兴边富民行动规划（2011—2015年）》
	《中华人民共和国非物质文化遗产法》
2012	《国家“十二五”时期文化改革发展规划纲要》
2014	文化部《关于推动特色文化产业发展的指导意见》

这些政策文件中，对人口较少民族传统文化传承保护有直接影响的，一是2009年国务院《关于进一步繁荣发展少数民族文化事业的若干意见》

① 张海洋主编：《厚德载物——人口较少民族文化保护与发展》，10页，北京，中央民族大学出版社，2010。

（简称“国务院 09 意见”），二是 2011 年《扶持人口较少民族发展规划（2011—2015 年）》（简称“扶少十二五规划”，同期的政策还有《少数民族特色村寨保护与发展规划纲要（2011—2015 年）》、《兴边富民行动规划（2011—2015 年）》）。前者是在少数民族（包括人口较少民族）文化事业发展过程中起到重要作用的纲领性文件。从文件性质可以得知，其内容翔实、措施具体，自成体系；后者文件中关于人口较少民族文化的部分，题目是“发展文化事业和文化产业，繁荣民族文化”，既有明确目标，也有具体保障措施，比 2009 年文件更有针对性。

（二）人口较少民族传统文化保护传承政策的实施

1. 人口较少民族传统文化保护传承政策实施的主体

扶持人口较少民族的政策由中央政府相关部委制定，下发各人口较少民族地区的地方政府执行。因此，中央政府及各部门是政策的制定者；地方政府部门是政策实施主体，也就是传统文化保护传承的主体。

中央参与各种“扶少”政策制定的部门有：国家民委、国家发展改革委、财政部、中国人民银行、国务院扶贫办、文化部、国家体育总局、新闻出版广电总局等。

人口较少民族地区高度重视扶持人口较少民族发展工作。各省、自治区成立了由副省长（副主席）担任组长、有关部门为成员的“省级扶持人口较少民族发展领导小组”，州、县（市）人民政府及有关乡镇都成立了“领导小组”和专门的工作机构，制定具体扶持措施，分工明确，把任务层层落实到单位和县、乡镇，落实到个人，把扶持人口较少民族发展的各项政策措施和项目落到实处。比如，2002 年新疆维吾尔自治区针对区内 4 个人口较少民族制订了《关于进一步加快人口较少民族发展的意见》《新疆人口较少民族“十五”期间经济和社会发展规划方案》。2006 年，广西环江县认真落实国家扶持人口较少民族发展政策，在对毛南族分布聚居情况及聚居区经济社会发展状况等方面进行调查研究并征求意见、论证的基础上，制定了针对毛南族的专项建设规划《环江毛南族自治县扶持人口较少民族（毛南族）发展规划（2006—2010 年）》。① 云南省委、省政府先后出台了发展人

① 谭冬梅：《扶持人口较少民族发展的政策及其实践研究——以广西毛南族为例》，广西民族大学，2012。

口较少民族社会经济的一系列政策性文件。《关于采取特殊措施加快我省7个人口较少特有民族脱贫发展步伐的通知》中把7个人口较少民族作为实施《云南省农村扶贫开发纲要》的重点给予扶持；2005年编制实施了《云南省扶持人口较少民族发展规划（2006—2010年）》；[①] 国家“扶少十二五规划”下达后，云南省及德宏州也相继制定了发展规划和实施细则。[②]

具体执行政策过程中，市州县政府、民宗局、发改局、文体局、广电局、教育局、扶贫办等是政策的具体执行者或项目的批复者。例如，环江毛南族自治县人民政府及6个项目乡镇立即成立了“扶持人口较少民族工作领导小组”，并规定了相应的工作职责。领导小组的组长由自治县县长担任，副组长由自治县常务副县长担任，小组成员由发改、民族、教育、财政、扶贫、农业、交通、水利、卫生、广电等部门的负责人组成。领导小组通过召开小组会议，然后按照“四通五有三达标”的目标任务，以文件形式把扶持人口较少民族的各项任务和责任分解到各有关部门。[③] 以上工作是针对人口较少民族扶持工作的，其中包含文化保护内容。

除制定政策外，政府部门还是各种大小类型活动的组织者，如节庆活动、文体竞赛活动、产业园规划、生态区的划定，等等。这些活动从形式到内容都离不开政府机关的主导。因此，政府部门实际上就是民族文化传承保护活动的事实主导者。

各级各类学校也是文化保护传承的主力军。在政府支持下的文化保护传承工作中，人口较少民族地区的教育部门要求当地中小学编写民族文化教材，开展民族文化传承保护的知识教育，请来少数民族文化专家和民间艺人，学唱民族歌曲，跳民族舞蹈，学民族语言，习民族工艺，穿民族服装，讲民族故事等，不一而足。

具体实践中，还有一些文化保护传承活动不是由政府组织，而是由一些民间团体出面组织协调的。如毛南族的“民族文化研究会”，环江县各个乡镇的“山歌协会”，云南省芒市、梁河县、陇川县的阿昌族研究会等。他们积极参与文化活动的组织和协调工作，甚至出面组织大规模的节庆活

---

① 朱玉福、伍淑花：《中国扶持人口较少民族发展的政策及其实践研究》，载《贵州民族研究》，2011（3），24页。

② 德宏州民族宗教事务局编印：《扶持人口较少民族发展规划汇编（2011—2015）》，2011。

③ 谭冬梅：《扶持人口较少民族发展的政策及其实践研究——以广西毛南族为例》，广西民族大学，2012年硕士论文，20页。

动、文体活动等，也成为民族文化保护的生力军。

一些文化企业和社会名人也起到了宣传文化、保护文化的重要作用。比如，布朗族的茶文化企业、毛南族的酒文化和饮食文化企业、阿昌族的户撒刀生产企业等等，都在弘扬民族文化中发挥作用。

在这些活动中，政府部门、民间团体是活动的组织者和设计者，文化企业是文化产品的生产者，而人口较少民族的群众既是文化的参与者，又是文化产品的消费者。

2. 人口较少民族传统文化保护传承政策的实施

扶持人口较少民族发展“十二五”规划中有很多涉及人口较少民族传统文化保护传承的内容，既是对人口较少民族单独实行的政策，也是文化保护传承政策正式开始的起点。非遗文化保护工作的内容，也可以归类其中。我们就以此文件中的传统文化保护传承内容为考察点，考察这些政策的实施情况。

第一，加强公共文化基础设施建设，如图书馆、文化馆、广播电视台和发射台（站）、互联网公共信息服务、新华书店、广播电视村村通工程、博物馆、民俗馆或民族文化体育场院等、农村电影放映工程、农家书屋工程、文化信息资源共享工程对人口较少民族聚居地区的倾斜力度。而且在“扶少‘十二五’规划”的考核指标提出了特别具体规定：2015 年，“（自然）村有合格文化室和农家书屋”的比例要达到 85%，行政村的合格率为 100%；71 个民族乡镇综合文化站达标率也是 85%，在人口较少民族聚居的地区，建设民族博物馆、民俗博物馆、生态博物馆和民族文化体育广场的比率为 50%，实施农民体育健身工程，公共体育设施达标率 85%；人口较少民族聚居地区的县有文化馆、图书馆、新华书店、人口较少民族标志性文化设施、文艺院团、公共体育场馆的比率也是 85%。

在以前工作基础之上，又经过 4 年的努力，目前我国人口较少民族地区大部分都已经达到了县有图书馆、文化馆、广播电视台和发射台、博物馆、新华书店、文化广场，乡有文化站、文化中心舞台等基础文化设施的标准，基本的文化设备也都配置齐全，广播电视村村通工程、农家电影放映工程、农家书屋工程等普遍惠及乡村。有些地区如赫哲族生活地区的博物馆、文化站、图书室虽然不是针对赫哲族的，但这类文化设施很早就建立起来，赫哲族文化在其中占据重要位置；鄂温克和鄂伦春族生活地区 2008 年左右建起民俗博物馆；毛南族地区的博物馆 2013 年建立起来，文化馆得到扩建等等。

但是，还有一些民族地区没有完成这些基础设施建设任务。阿昌族生活的德宏州梁河县和陇川县都没有博物馆，只有文化广场。其原因是因为项目建设需要地方政府配套。云南德宏是贫困地区，靠国家的财政转移支付来维持正常的行政运转，无力负担地方配套款。在这种情况下，规划就只能停留在图纸上，无法落实在现实中。

第二，加强公共文化服务能力建设。加强经费保障，培养专业人才，扶持少数民族文艺院团，打造一批少数民族文学艺术精品力作，加强民族语言文字音像制品、书报刊等文化产品的出版发行，提高少数民族语言广播影视节目制作能力，加强优秀广播影视作品少数民族语言译制工作。举办具有民族特色的文化展演和体育活动，支持基层开展群众性民族传统节庆文化活动。优先支持人口较少民族对外文化交流。

在这一方面，应该说政策实施过程中成绩颇多。民族特色文化展演、体育活动和传统节庆文化活动基本都能保证有规律的运行。鄂伦春族的古伦木沓节、京族的唱哈节、阿昌族的阿露窝罗节、毛南族的分龙节等等每年都能举办一次，有效地宣传、保护了民族传统文化。但问题也较多，如经费没有得到真正的保障，因为文化体制改革的整体趋势，所有文艺团体都将自谋生路，人口较少民族的文艺院团的生存危机更加严重，很多院团都已消失，勉强维持生存的文艺院团也改弦更张，另谋他路。人口较少民族大多是有语言、没有文字的，既有语言又有文字的民族较少。所以，使用人口较少民族语言文字生产的文学艺术、报刊、书籍、音像影视制品等很少。大部分文学艺术、报刊和书籍都是将这些民族的文化产品整理后，用汉字发表出版；而将汉语或世界其他国家民族语言文字的制品译制成人口较少民族语言的几乎没有，也无法将人口较少民族的作品制作成汉语或其他语言制品发行推广。云南德宏州的少数民族电影电视译制中心，主要从事傣族、景颇族语言文字的译制工作，使用阿昌族语言译制电影电视几乎是不可能的事。人口较少民族之间、人口较少民族与其他民族、其他地区之间的文化交流存在较大障碍。

第三，保护民族文化遗产。抢救文化遗产，加强非物质文化遗产发掘和保护，积极推进非物质文化遗产生产性保护，培育一批非物质文化生产性保护企业和示范基地。大力推动文化生态整体性动态保护，建立一批人口较少民族文化生态乡、村。实施少数民族特色村寨保护工程，推进民族特需商品传统工艺和技术保护。

在保护民族文化遗产方面，非物质文化遗产申报立项工作取得功绩甚大，时间上比扶少规划开始得早，成绩上也比扶少规划的成绩大。在2006、2008、2011、2014年4次国家级非物质文化遗产申报立项中，总计1372项非遗名录，人口较少民族的文化保护项目众多，引人注目。在省、市、县级的非遗申报中，人口较少民族也取得了很大成绩。与此同时，也有很多民族文化的代表人物被推举为国家、省、市（州）、县级别的非遗文化的传承人，为文化保护传承打下一些基础。

根据国家在非遗文化“保护为主、抢救第一、合理利用、传承发展”的宗旨，确立并列入非遗文化名录之后，只是完成了抢救工作，保护、利用和传承发展工作还需要进一步加强。但非遗文化的生产性保护、示范基地和示范企业培育方面进展缓慢。比如，毛南族的“花竹帽”文化产品，销量有限，只是文化生活中的点缀；阿昌族的户撒刀产品，花样繁多，生活中应用广泛，但受社会环境假冒伪劣的冲击以及社会治安禁刀的影响，内外滞销。而人口较少民族文化的生态整体性动态保护，文化生态乡村的建立、少数民族特色村寨保护等等，几乎没有进展。毛南族地区一直想将下南乡南昌屯打造成文化生态名村，但现在也没有从计划转变为现实；阿昌族地区将梁河县的丙盖村、陇川县的贺姐村划定为生态保护村，划定后并无任何举措，询问相关的工作人员和当地村民均不知所以然。

第四，大力支持民族文化产业发展。充分发挥人口较少民族文化资源优势，把文化产业作为推动人口较少民族文化繁荣发展的重要引擎和经济发展新的增长点，大力培育市场主体，培育壮大文化骨干企业。改造提升文艺演出业、节庆活动、特色文化活动、民族音像业等传统产业，积极发展新型文化业态。推动实施一批具有战略性、引导性和带动性的重大文化产业项目。加快文化产业基地建设，推进产业集聚，支持和加快发展具有地域和民族特色的文化产业群。鼓励文化产业与教育、科技、信息、体育、旅游等领域联动发展和多样化发展。

在民族文化产业方面，可以说，效果较好的文艺演出业、节庆活动、特色文化活动普遍存在，但大部分都没有形成产业化，虽然已经形成了地区性影响，但还有待于进一步扩大范围。比如，毛南族的分龙节、京族的唱哈节、鄂伦春族的古伦木沓节、塔吉克族的切拖卡特尔节、布朗族的桑堪节、阿昌族的阿露窝罗节等等，都在民族节日文化的挖掘、整理、传承和创新中形成了内容丰富的文化内涵，并和经济发展相结合，成为地方文化和经济相联系的发展亮点。

文化产业创新方面也取得一定的成绩。2013 年，黑龙江省佳木斯市利用文化产业发展专项资金，扶持鱼皮制品企业发展，恢复和开发了 6 大类 100 余种赫哲族鱼皮艺术品，被国家、省、市博物馆收藏，产品远销美国、澳大利亚、俄罗斯、韩国。目前，全市有鱼皮深加工企业 5 家，年生产能力 4 万余件。敖其湾赫哲族文化产业园区有 4 家手工艺品公司，年人均创收 7000 元。同江市在街津口建立了赫哲族传统手工艺品示范基地，目前已有 7 家赫哲族手工艺品作坊，生产工艺品 20 余种。[①] 黑龙江省将赫哲族的伊玛堪文化与皮影戏文化结合，形成新的艺术产品。伊玛堪说唱是赫哲族特有的口头说唱艺术，2011 年被联合国教科文组织列入“急需保护的非物质文化遗产名录”；黑龙江省“望奎皮影戏”与其他 10 省共同申报的中国皮影戏同年也被列入“人类非物质文化遗产代表作名录”。2015 年 1 月 30 日，“‘伊玛堪皮影戏’《西温莫日根》在哈尔滨进行首演。《西温莫日根》将伊玛堪说唱与皮影戏相结合，是黑龙江省对非物质文化遗产进行传播式保护的新探索”。[②]

尽管有一定的成绩，但无论是当地还是全国范围内的文化市场主体的培育、文化产业基地、文化与多领域联动发展的产业集聚都还没有形成。

（三）人口较少民族传统文化保护传承实践的积极效果

经过自 2005 年开始的重点扶持，人口较少民族文化保护传承、繁荣发展方面取得了一些重要成绩。

1. 社会整体重视人口较少民族文化的保护传承

社会大部分都认识到人口较少民族文化保护的重要性。文化是人口较少民族自信、自立和自觉的重要基础和心灵依托，民族差异根本上就是文化的差异。在某种意义上说，只有文化延续，民族才能延续。人口较少民族的文化处境直接影响到民族聚居地区文化价值体系的延续，甚至威胁到人口较少民族人口的再生产，直接关系到国家和谐社会建设和可持续发

---

① 中国人民政治协商会议佳木斯市委员会：《关于我市少数民族文化发展情况的调查报告》，2013，http：//www. jms. gov. cn/html/dept_ wyh/content/2014/03/35139383 2174047. html。

② 新华社黑龙江分社：《“非遗”赫哲族伊玛堪传承人：传袭一刻不能停》，2015－2－9。

展，关涉中央政府的兴边富民、文化固边、生态保护等多项决策的实施，影响到国家文化交流和国家形象塑造。“漠视人口较少民族传统文化，势必出现以其他民族文化取代人口较少民族文化的现象。由于他们人口基数少，这种状况可能就会使得人口较少民族的文化面临灭顶之灾，无法延续和再生。而文化消亡之时就是这些民族在中国永远消失之日……无数经验证明，丧失文化之后，即使生活条件有了质的飞跃，人们的满意感也难以提高，甚至抱怨增加而产生酗酒、吸毒等与社会软性对抗的方式。因此，只有发展民族文化才能更好地体现以人为本的宗旨。”① 2000 年以来国家对人口较少民族发展的扶持政策，从开始阶段没有文化保护内容，到 2011 年十分重视，所有行动，提出丰富内容的计划，再到现在的理念更新，提倡并践行文化生态保护，是一个重大的变化。而这社会的认识变化就发生在十几年当中，不可谓不迅速。

2. 人口较少民族的文化自觉意识普遍建立

文化自觉是对自身文化的觉醒与反省，是对文化生命力的坚定信念，是民族成员对本民族文化的深刻认识，并能把握文化发展规律，担当起发展民族文化的责任。只有在认识自己的文化、对自身文化价值充分肯定后，才能在多元文化体系中找到自己的位置，与其他文化共同和谐共处，共同推动文化繁荣发展。经过十多年的扶持发展，所幸各人口较少民族都能具备了这样的认识。

人口较少民族的成员，不论男女老幼，普遍建立起了对自己文化的认同感和自豪感，愿意为保护发展传承自己的文化尽力。“人口较少民族被扶持后，对本民族的自我认同度升值。”② 很多阿昌族群众脸上挂着自豪的笑容，对着调查者讲述自己的民族文化内容，如数家珍，娓娓道来。社会各界精英更是在文化保护中冲锋陷阵，竭心尽力，提出新的文化发展理念，设计文化活动，发展文化产业，为政府的文化保护建言献策，在实践中为文化保护出力。毛南族书画家、知名文化人士谭孔孙联合了几位当地知识分子，到南昌屯进行考察，扎在当地 2 个月的时间，发动群众搞好文化设施建设，联系社会人士出谋划策，组织了“2014 年元旦耀桑大联欢”，

---

① 张海洋主编：《厚德载物——人口较少民族文化保护与发展》，23 页，北京，中央民族大学出版社，2010。

② 蔡红燕：《论人口较少民族地区政策扶持实效中出现的新问题———以云南省保山市布朗族、阿昌族与德昂族为例》，载《保山学院学报》，2012（1），85 页。

参加活动的有耀桑本屯村民，周边村屯的群众、环江摄影家协会、书法协会、环江生活休闲群、文学界、艺术界、电视媒体、网络媒体及社会各界人士几百人，很好地宣传了民族文化，在民族文化生态建设上做出了有益的尝试。而在这场活动过后的一年以后，南昌屯村民自己就搞起了文体活动。村内的男女老幼一起欢聚在文化广场上，载歌载舞，好不欢畅。阿昌族著名的全国人大代表曹明强在宣传阿昌族文化方面十分用心，他将由阿昌族“活袍”（巫师）唱诵的《遮帕麻和遮米麻》叙事长诗录制成磁带和光盘，放在车上经常播放；开办茶厂、酒厂，为阿昌族的饮食文化发扬光大奔波着。同江市成立了赫哲族少儿艺术培训中心，培训学员 20 多期 400 余人次。几年来已有 20 余人分别考入中央民族大学和沈阳、大庆、佳木斯等艺术学校。市郊区政府开办“伊玛堪”讲习所，每周授课两次。① 笔者在数次民族地区的调查中也深深感到，这些年来参与到民族文化保护行列的人士越来越多了，调查的内容越来越丰富，重大文化活动时进行调查几乎应接不暇。

3. 文化保护传承理念上的进步

在人口较少民族文化保护传承的实践的探索中，各有关部门对文化保护传承的理论有了显著进步。现在从政策制定者、到实践者及民族精英人物都能认识到，须在“文化生态”保护视野下，对人口较少民族传统文化进行保护、传承、创新和发展，尤其是我国非物质文化遗产已经从抢救性保护、整体性保护，过渡到建立文化生态区保护。这本身就是巨大进步。

2005 年的“扶少十一五规划”没有文化保护的内容，2011 年的“扶少十二五规划”不仅内容十分丰富，而且提出了“大力推动文化生态整体性动态保护，建立一批人口较少民族文化生态乡、村，实施少数民族特色村寨保护工程”等先进理念。现在“扶少十二五规划”即将结束，现实中的文化生态整体性保护方面的实际行动似乎不多，但很多民族已经划定了生态保护村。尽管举措较少，尚谈不上成效，但“思想有多远，人就能走多远”。有了这样的理念，并且逐渐向着这样的方向努力，民族文化的生态保护前景应是十分美好的。

这里，笔者感觉十分遗憾的是，我国很多学者很早就注意并提出了文化

---

① 中国人民政治协商会议佳木斯市委员会：《关于我市少数民族文化发展情况的调查报告》，2013，http：//www. jms. gov. cn/html/dept_ wyh/content/2014/03/351393832 174047. html。

保护中的生态保护理念，[①] 但始终没有引起相关部门的重视，社会关注也较少，以至于文化保护的成绩相比较而言不尽如人意。

4. 一些濒临消亡的民族文化得到保护、传承和发展

在国家政策扶持与民族地区政府的积极参与下，人口较少民族文化保护传承取得了很大的成绩。目前我国的国家级非物质文化遗产名录中，有1/3的遗产都是少数民族的文化遗产；各省自治区的非物质文化遗产名录中，边疆地区（省市县）和民族聚居区的非遗名录主要以少数民族非遗为主，其中人口较少民族的文化遗产项目占有很大比例。这些入选非遗名录的文化遗产，都是在近些年的保护传承政策下挖掘、整理的。

很多人说，我国大规模非遗申报时代已经结束，在非物质文化遗产方面，我们已经进入了“后申遗时代”，应该从非遗文化申报进入到非遗文化保护阶段，即重视生产性保护和文化生态保护。笔者同意进入非遗文化保护阶段的提法，但关于非遗文化的申报，还应该大有可为。文化，绝不仅仅是精神文化和技艺文化，文化的内容应该更为广泛。即使是狭隘的精神文化和技艺文化也还远远没有整理完毕。而广泛意义上的文化，必定带来更广范围的非遗文化。我们的文化整理归纳总结还有更为光明的前景。笔者在云南阿昌族地区调查中了解到，当地政府和文化精英进一步挖掘阿昌族文化，将“过手米线”、阿昌小炒等饮食文化、阿昌对歌舞蹈等文体技艺进行整理创新，对阿昌族青年及其他民族青年进行培训，既丰富了当地村民的文化生活，提高其生活技艺，又弘扬了阿昌族文化，取得良好的成绩。梁河县九堡乡丙盖村进行民族歌舞培训班。毛南族地区南昌屯利用民俗村活动，对村内男女青年进行毛南族歌舞、饮食文化培训，使得青年一代掌握了相关技术，少年一代增加了文化自豪感。

5. 文化保护传承的硬件建设取得重大建树

经过两个五年规划的帮扶，人口较少民族地区的文化基础设施和传输网络普遍建立起来。大部分县都有了民族博物馆、文化馆、图书馆、文化站、民俗博物馆、文化广场等；大部分乡镇都有了文化站、文化活动场地，村里有了农家书屋等；电视广播站、电子信号网络、流动电影放映等

---

① 何耀华：《建立民族文化保护村的理论与实践》，载中国西南民族学会《西部大开发与西南民族研究》，贵阳，贵州民族出版社，2001；段超：《对于西部大开发过程中文化资源与文化生态保护问题的再思考》，载《中南民族大学学报》，2001（6）。

体系也建立起来。在文化产品供给制作上，人口较少民族文化的节日文化、歌舞文化和特殊技艺文化都得到了恢复和发展，形成了一定数量的精品文化，在全国乃至世界范围内发挥影响和作用。

三、人口较少民族传统文化保护传承的目标、标准及对策

（一）人口较少民族传统文化保护传承的目标

我们对人口较少民族传统文化的保护传承要达到的目标是，全面系统地保护传承民族文化。尊重人口较少民族本身，以人为本，使其保持自己的自然环境和人文环境，以自己的文化如历史习惯、风土人情、传统习俗、生活方式等而自豪。尽一切可能，动员社会各界力量，帮助他们整理归纳并宣传其文学艺术、行为规范、思维方式和价值观念，在社会自身的前进发展中自然继承优秀文化，剔除文化糟粕。同时，在他们的生活区域内，将文化内容与生产活动相结合，发展景观农业、景观林业和小型文化产业等，让文化在生产中发挥作用，成为物质产品的文化内核，也成为当地民众安身立命的重要基础。

（二）人口较少民族传统文化保护传承的标准

1. 人口较少民族文化保护传承要强调平等性

多民族国家民族关系的和谐最重要的表现是文化上的尊重和平等对待，人格上的尊重和平等对待。这一点在文化保护政策中更要强调。人口较少民族的文化是中华传统文化宝库的重要组成部分，各民族在历史上、现实中都对国家的形成和发展做出了重大贡献。要制定出为人口较少民族发展而努力的政策和计划，也才能让人口较少民族群众真正当家做主。实现文化上的平等。

多元民族文化，包括主流社会和少数民族的传统文化不是社会发展的阻力，而是社会可持续发展的资本和国家文化魅力的所在。人口较少民族与其他民族之间是相互依赖、共存共荣的关系。人口较少民族需要借鉴其他民族的发展经验来发展自己的文化，同时人口较少民族文化的发展也促使其他民族反思自己，总结经验，实现人与自然、人与社会的和谐与可持续发展。

2. 人口较少民族传统文化保护传承要具备全面性

文化功能主义认为，社会是一个难以切割的整体，研究一种文化，必须对当地社会进行全面考察，把当地社会的家庭、经济、法权、政治、巫术、宗教、技术等行为特质放在一个整体里加以分析。生态人类学比文化功能主义的立场更为全面，不仅将人类社会和文化作为研究对象，更把人类生活的自然环境也看做是一个系统中不可分割的组成部分。生态人类学着重研究人类群体与周围环境间的关系，把人类社会和文化视为特定环境下适应和改造环境的产物。因此，人类社会、人类文化必然和人类所处的自然环境关系密切。

所以，我们需要做的是，从文化生态意义上对民族文化进行全面的、整体的保护传承。这是文化保护传承切实有效的基础。在发展融合的过程中，人口较少民族的传统文化自然会出现某种扬弃，其精华部分会被融进新文化中。扬弃的过程必须尊重人口较少民族的主体愿望，而不是外在的强制转化，不是外在力量以自己的标准越俎代庖地替他们来做决定。

3. 人口较少民族传统文化保护传承要体现群众性

人口较少民族的群众既是传统文化的拥有者，也是传统文化的消费者。所以，传统文化的保护传承要立足于人口较少民族群众的需求，走群众路线，发动群众参与文化保护传承，并发挥其文化保护传承主力军的作用。没有人口较少民族群众的参与，文化保护传承不可能成功；将人口较少民族群众当成没有文化的“文盲”，文化保护传承也必将会走进死胡同。国家文化保护政策必须能够真正为人口较少民族所认同、支持，发挥他们的自身主观能动性，积极让他们自我选择适合发展的道路。这是群众性的表现和衡量标准。

在人口较少民族文化保护政策制定的过程中要探索完善群众参与机制，在保护政策实施的过程中，也要吸引群众参与到项目管理机制中，使所有项目切实可行，行有成效。广泛发动人口较少民族的广大干部群众参与到项目论证、设计、实施的各个环节，确保项目取得实效。

4. 人口较少民族传统文化保护传承要保持动态化

人口较少民族文化保护传承的目的一定是为了满足当地群众对物质文化或精神文化的需求，是本民族为区别于其他民族，强化自己重要文化特征的行为。不管文化作为区别也好，或是作为需求也好，文化都应该是活态的、动态的，随时随地随处可见的，并使用着的。以往的民族文化保护重视实物、技艺、书籍、文艺、歌舞等等，按照文化分类，虽然这些都属于高级文化和大众文化系列，但品种单一、数量极少，且很大部分是静态的、是死的，是用来给人们观看而摆放的。这不符合文化保护传承的目的。文化保护传承是为了服务当地人口较少民族群众，是为了让群众的一言一行都体现出文化，在现实中展示文化的魅力的。

（三）人口较少民族传统文化保护传承的对策

1. 建立人口较少民族文化生态保护区

新中国成立后，尤其是改革开放给当地经济带来发展。经济发展和社会进步使得人口较少民族的传统生产生活方式已经或正在发生变迁，也导致了部分少数民族优秀传统文化的消失、解体。比如饮食、居住、出行、服饰等习俗失去了民族特色，民族语言、文字、传说、信仰、行为规则、自治制度等文化渐渐消失。21 世纪的扶持人口较少民族政策虽然加快了当地的发展，但文化却还是在继续流失中。原因在于，我们的文化保护是单层次的、片面的、甚至是割裂的、碎片式的保护。文化保护需要完整的、全面的保护，在人口较少民族地区建立生态保护区。

在生态保护区内，可以分别建设民族博物馆、民俗博物馆、生态博物馆、民俗村、历史文化名村、旅游文化名村、文化遗产展示基地、文化遗产生产基地等，使这些民族的自然景观和文化景观、物质文化遗产和非物质文化遗产得到整体保护、原地保护和社区居民自己保护，从而保护民族语言文化、传统的民居建筑、生计方式、生活习俗和自然环境原貌。此外，建设人口较少民族数字博物馆，将实体博物馆以数字化方式完整地呈现于网络之上，使人口较少民族文化得到更好的传承和发展。

其中，生态博物馆的建设已经有成功的例子可以学习借鉴。生态博物馆是将文化遗产、自然景观、建筑、可移动实物、居民的传统风俗的演示等原状地、自然地保护和保存在其所属社区和环境中。在贵州六枝地区隆戛乡建立的我国第一处隆戛苗族生态博物馆就是一个很好的范例。它最终成功地保护了当地苗族的文化环境、文化状态、生活及生产方式。这个博物馆展现给我们的是原汁原味的原生态的民族文化，既保护了他们的有形文化如服饰、建筑、工艺品等，也成功地保护了口头与非物质文化如民歌、口传神话、诗歌等。[①]

2. 确保人口较少民族在自己文化体系内生存发展无忧

人口较少民族文化保护政策重建了人口较少民族群众的文化自信和文化自豪感。但在自信和自豪的同时，他们在自己文化体系内的自我生存和发展渠道却没有建立起来。比如，家族式的非遗文化传承人，自己年老力衰之后，儿子却不愿意继承；或者是，能在外面找到较好出路的孩子不会考虑继承，只有外面生存出路不好的孩子才会考虑继承父祖辈的衣钵，导致文化传承质量下降。为什么在文化自信的基础上，文化还是不能传承？就是因为在自己的文化体系内没有生存空间、没有上升渠道。所以，人口较少民族传统文化保护传承的政策设计，是与其他政策密切相关的。国家整体少数民族政策的设计，要让人口较少民族在传承自己文化的过程中，回到自己的体系内至少生存无忧。

3. 人口较少民族文化保护力度超过所有地区

人口较少民族原本就在历史发展过程中处于弱势地位，人口少、资源少、话语权少、人口再生产的速度低。其文化生产能力脆弱，遇到外界压力和冲击之下容易消失。所以，国家才出台扶持政策。但是，如前所述，国家对其他地区的扶持力度更大，使得其他地区、其他民族的发展进入到加速度状态。相比之下，人口较少民族地区的发展速度反而变慢，两者之间的差距越来越大。这同样会导致人口较少民族传统文化的消失。因此，扶持人口较少民族文化发展的力度和速度，与其他地区、其他民族的文化发展相比，应要加大。只有这样，才能确保他们的文化保护传承能够确有成效。

4. 明确人口较少民族传统文化保护传承的实际主体

无论是两次扶少规划的实施，还是非遗文化申报，我们都过多地注重了文化设施的建设，有形文化的征集、摆放和展示，文体和技艺文化的展演，文化自上而下的传输等。这些做法一方面是对外宣传人口较少民族传统文化，一方面是把人口较少民族群众当成文化传输的对象。我们应该认识到，民族传统文化保护传承，更重要的是民族内部成员的传承，是老一辈传给下一代，是长者传授给少者。“传者的核心是人。在传统社会中，

---

① 祁惠君：《人口较少民族民间文化的保护及传承》，载《民族文学研究》，2005（4），168页。

传统文化代际传承的传者往往为师者、父兄、尊长。横向传播的传者较为复杂，多表现为社区、村落、同龄群体间的横向传播，但官员、商人、士兵、传教士等在文化传播中均发挥过重要作用。在现代社会中，学校、政府、企业、社会组织、现代媒体等也成为传统文化的传者。传统文化的受者主要是人，其中青少年是主要群体。”① 因此，人口较少民族文化保护传承一定要明确主体，政策的顶层设计中要在民族成员内部找到传输内容、传输场所、传输主力和传输动力，要了解其民族人口的主体需求，采取措施促进人口较少民族本身和外界的文化自觉，主动地传承文化。最重要的是找到真正的传输文化的主力军。

特别应该指出的是，在政策实施的过程中，人口较少民族地区的政策实践很多时候已经大大超出了政策规定的范围，尤其是民间团体和本民族精英们组织的活动，内容丰富、文化基础扎实，为扶持人口较少民族发展的理论提供了实证基础。这些实践活动对完善政策、验证理论、提升理论，使理论进一步指导现实发挥了作用。这种突破和指导作用，都是由当地人口较少民族群众和当地精英人物共同创造出来的。所以，文化保护传承的主力就是人口较少民族本身。

5. 各部门协调配合，共同保护人口较少民族传统文化

人口较少民族传统文化保护传承要多部门协调一致、统一思想，扶持人口较少民族发展政策与国家其他政策有待进一步加强协调和整合。“十二五”期间，在人口较少民族地区还实施了扶贫开发、沿边开放、西部大开发、兴边富民行动等政策措施。这些措施中，有的只关注经济发展和地区开发，对民族传统文化的保护传承重视不够，甚至直接产生破坏作用，损害了当地的自然环境、资源环境，冲击了行为准则和社会规则，引起文化的衰退。要特别注意人口较少民族地区的经济开发一定要认真评估经济发展的政治价值、生态价值、文化价值，避免民族文化受到损害，使经济开发与文化保护双赢。因此，扶持人口较少民族发展，不仅是人口较少民族聚居地区、人口较少民族和民族工作部门的事情，也是事关全局的大事和各地各部门的共同责任。一定要注意克服新农村建设与保护传统文化二者在部分地区出现的不协调现象，杜绝影响民族文化的整理、传承和弘扬

---

① 段超：《中华优秀传统文化当代传承体系建构研究》，载《中南民族大学学报》，2012(2)，2页。

的事件发生。

6. 抓好人口较少民族传统文化保护传承中的环节

文化传承过程中，离不开各种各样的重要或非重要的环节和细节，抓好每个环节和细节，诸如组织者、传承手段、活动类型、文化产品制作等等，使这些环节都能够做到多样化、多元化，整体的文化保护传承活动就会取得更好的效果。比如，文化活动的组织者要广泛发动社会力量，动员民间团体和社会精英举办丰富多彩的文化活动，通过各种竞赛活动，将民间力量和群众力量发动起来，真正积极参与到活动中；在文化活动类型上，要规模大小皆宜，既有省市（州）县大规模的节庆活动和品牌文化艺术节，也要有乡镇和村落内的小型文体活动；文化产业开发要找准项目，经过专业人士调查论证，找准着力点，对于具有市场开发潜质的传统手工技艺和民间艺术进行合理开发利用，在生产中加以保护，并以此带动一批传统特色工艺的产业发展；要特别注意从民族内外选拔、培养各类有一定理论水平的保护民族文化的专业人才，提高制作大型剧目、音像制品、动漫产品、影视作品的工作效率与水平等。

传承方式要做到传统与现代结合，文化与生活结合，文化与经济结合等。传统文化的传承方式主要有两种，即传统传承方式与现代传承方式。传统传承方式主要有民间传承、学校教育传承、媒体传承，现代传承方式有新媒体传承、场馆传承、产业传承等。民间传承，包括体现于生产、生活方式中的师徒、家庭、社区、节日等各种传统传承方式；现代学校教育仍是文化传承的主要场所之一；媒体传承，以典籍为代表的纸质媒介、报纸、杂志、广播、电视、网络等现代媒介；场馆传承，博物馆、纪念馆、文化馆、艺术馆、资料馆、图书馆、档案馆等场馆对于文化传承越来越重要。文化产业传承是一种消费型的动态传承方式，产业化的传统文化以一种形象化的手段和新的形式对受者产生教育。十年来扶少规划将重点放在场馆传承、媒体传承和教育传承上，产业传承没有形成规模，民间传承又重视不够，文化在保护中仍在流失。而民族文化保护传承的主体应该是人口较少民族本身，传承的主要方式应该是民间传承。其他传承方式要与民间传承相配合，才能取得较好的效果。比如，场馆到民间去搜集展示材料，或者直接把民间办成生态博物馆；媒体宣传民间传承的内容；小学学校开设在乡村里、人口较少民族居住的地方；高校相关专业与人口较少民族地区建立合作关系。而民间传承模式中，对村寨中的老人要给予特别重视。美国黑人学者杜波伊斯说过“对于非洲黑人部落来说，每一个老人都是一座图书馆”。

结　论

国家对人口较少民族传统文化保护传承工作进行十多年，取得的成绩非常突出，但存在的问题也很多，距离文化保护传承的理想效果还相差较远。新时期的文化保护传承工作，我们还需继续努力，在原有成绩的基础上，吸取教训、总结经验，在文化生态保护理念指引下，在政策体系内给予人口较少民族文化以发展的空间，相关部门共同配合，实行最大力度的扶持，明确主体，抓好各个环节和细节，传承手段多样化、现代化，争取实现民族文化传承工作成效最大，实现文化传承工作的全面性、平等性、群众性和动态化。

第三篇　人口较少民族地区调研报告

Chapter 3　Regional Reports on the Small Minority Nationalities

扶持人口较少民族发展调研总报告*

人口较少民族是指全国总人口在30万人以下的28个民族。人口较少民族聚居区总人口701.7万人，其中，人口较少民族153.5万人，占21.9%，占28个民族全国总人口的90.6%；分布于全国13个省（区）和新疆建设兵团，包括2119个聚居村、71个民族乡、16个自治县（旗）、2个自治州。《扶持人口较少民族发展规划（2011—2015）》实施以来，人口较少民族面貌发生新的变化，人口较少民族地区基础设施显著改善，结构调整步伐加快，人民生活明显改善，社会事业稳步推进，发展能力逐步增强，呈现又好又快发展的良好局面。然而，受自然、历史等因素影响，人口较少民族发展仍然存在诸多困难和问题。

为全面掌握《扶持人口较少民族发展"十二五"规划》实施具体情况，并为编制"十三五"规划做好前期准备工作，由国家民委经济发展司与中南民族大学联合组成的四个调研组，于2014年7—8月分赴青海和甘肃、新疆、黑龙江、广西和云南开展人口较少民族发展情况实地调研，本报告为四个调研组情况的总报告。

一、扶持人口较少民族发展存在的主要问题

1. 基础设施建设仍然不足，生产生活条件急需改善。一是水利基础设施薄弱。田间工程配套设施差，灌区和提灌工程设施年久失修，供水能力严重不足，人畜饮水安全问题突出。如广西环江毛南族自治县水利工程严重老化，工程型缺水问题严重；青海省人口较少民族地区人畜饮水困难，有59个村没有通安全饮用水，在已通水的274个村中，70%的村水质安全没有保障，15%的村供水时断时续。二是乡村道路建设滞后。人口较少民族聚居村大都地处偏远，地势高峻，地形复杂，自然条件严酷，建设成本

* 执笔人：柏振忠

高，道路等基础设施条件仍较薄弱，需要长期大力投入。如新疆人口较少民族多聚居在偏远贫困山区、绿洲外围、高寒牧区、边境一线，区域内基础设施薄弱，特别是村组公路、牧道等急需改善。云南直过民族主要居住在滇西边境山区，由于道路等基础设施建设滞后，生产生活条件异常艰苦，导致贫困面大、贫困程度深，特别需要大力长期扶持。三是通讯、电力设施落后。部分乡镇、村的群众用电难、通讯难问题仍很突出。农村有线电视、网络覆盖率低，部分偏远山区网络通信还处于盲区。四是公共服务设施不完善。城镇给排水、垃圾、污水处理、集中供热等公共服务设施不配套。

2. 产业发展水平仍然落后，市场带动能力有待提升。一是特色优势产业扶持力度不足，支柱产业形成困难。目前，项目资金安排上对产业发展的关注不够，办法不多，扶持力度不足，导致地方产业发展慢，产出低，抗风险能力弱，难以形成具有区域优势的支柱产业。二是产业化水平低，产业支撑能力弱。一些地区产业缺乏规模化、集约化经营，不能形成完整产业链，产业化水平程度低、质量差，市场带动能力弱。如黑龙江佳木斯市敖其镇赫哲族的鱼皮画、鱼皮包等手工艺品制作历史悠久，但由于加工分散，市场发育程度低，产业支撑当地经济发展能力弱。三是农村合作经济组织发育不良，带动群众增收效果不明显。近年来，从事特色种植、养殖和加工业的各类农村合作经济组织及企业发展迅速，但由于经营规模小，合作层次低，发展资金缺乏，使得其在扩大规模、提高产能、提升效益上面临诸多困难，带动群众增收致富的效果也不甚明显。

3. 社会发展短板仍然突出，传统文化保护困难重重。一是医疗卫生条件差。村级卫生室设备简陋，缺医少药，技术人员严重不足，特别是高层次医疗专业人员严重紧缺，“看病难”问题突出，“因病致贫返贫”现象严峻。二是教育事业发展依旧薄弱。校舍简陋，教学设备落后，教师工作环境较差，教师结构性缺编与双语教师缺乏双重困难并存。特别地，由于没有教师编制，使得学前教育、职业教育发展萎缩，一些自治县没有一所合格的职业教育学校，而那些建有职业教育学校的区域，教学师资缺乏、教学设备简陋、教学经费不足等问题依然严重。三是群众性文体公益性活动设施缺乏。部分行政村尚无文化活动广场和体育运动设施，人口较少民族日益增长的精神文化需求难以满足。四是民族传统文化保护和发展面临困难。当前，一些独具特色的民居建筑被钢筋水泥取代，民族歌舞被电子娱乐蚕食。如塔塔尔族“撒班节”被列为国家级非物质文化遗产名录，但特色建筑少见，民族服饰、歌舞不再流行，特别是由于人口少，民族语言、文字正逐步消失，继承发展民族文化面临巨大困难。

4. 群众文化素质仍然较低，干部队伍建设亟待加强。一是群众文化素质仍然较低。由于居住分散、生产方式特殊，人口较少民族的教育发展难度较大，群众文化水平普遍较低。如新疆人口较少民族农牧民中不会说普通话、不会写汉字现象仍较普遍，多从事与祖辈相同的简单农牧劳动。在推行定居兴牧、退牧还草工程后，剩余的农牧劳动力由于缺乏技能，不愿不敢外出打工，处于闲置半闲置状态，并有可能成为当地社会的不安定因素。二是干部队伍建设亟待加强。干部人才队伍总量不足、结构不优现象仍较突出。特别是在基层干部队伍中，担任县市乡主要领导的人口较少民族干部稀少，使得人口较少民族群众的呼声不容易在政治层面得到有效回应。

5. 生态环境状况仍然脆弱，抵御灾害手段十分有限。人口较少民族地区生态位次十分重要，是国家保护生态安全的核心区域。然而，这些地区的生态环境十分脆弱，山体滑坡、泥石流、地震、寒潮、霜冻、洪涝、干旱、冻雨等自然灾害频繁发生，而“靠天吃饭”难题没有明显改变，抵御自然灾害手段十分有限。例如，2013 年黑龙江发生特大洪灾，同江市两个人口较少民族乡房屋、耕地被淹，导致农业生产绝收，345 户 1039 人全部返贫。甘肃省保安族和撒拉族聚居地 80% 以上的耕地为山旱地、陡坡地，自然条件恶劣，旱涝、病虫、冷冻、疫情、地震等灾害频发，仅 2013 年遭受严重自然灾害的村就有 174 个，受灾面达 64. 68%。由于缺乏生存条件需异地搬迁的人数达 14527 人，占比 5. 13%。

二、强化扶持人口较少民族发展的对策建议

1. 加大基础设施建设力度，切实保障改善民生。相当部分人口较少民族地区仍然处于生产生活条件较差状况，道路建设、水利灌溉、人畜饮水等民生改善仍然是当地面临的迫切问题。因此，继续强化整村推进项目建设，加大对人口较少民族聚居区的道路、学校、人饮、灌溉等基础设施投入，改善群众生产生活条件。建议开展重点排查，针对生产条件恶劣，基本生活条件缺乏保障的地区进行重点专项扶持，彻底解决政策死角，切实保障改善民生。

2. 加大特色产业扶持力度，培育富民强区产业。发挥资源优势，积极发展特色产业。如赫哲族渔猎文化、鄂伦春族狩猎文化堪称中华民族文化的“两朵奇葩”，蕴涵着独特的民族魅力和极高的文化传承价值。可以通过打造渔猎、狩猎文化生态区，开创特色旅游品牌，扶持重点特色产业，完善和延伸产业链，培育产业集聚带，促进旅游、商贸、运输、餐饮、文化娱乐等产业协同发展，用旅游的发展促进文化的保护和发展，用文化方面的发展促进旅游事业的发展，使特色产业真正成为富民强区产业。大力推进现代农业发展，提高农民组织化程度，构建新型农业经营体系，促进农业增效农民增收。

3. 加强教育培训支持力度，提升发展内生动力。一是加强教育支持力度。加大资金投入力度，给予专项教师编制，实现乡乡都有幼儿园的目标。加强校地、校企合作，定向招生、委托培养少数民族大学生，为人口较少民族地区输送优秀人才。二是强化职业技能教育培训。建议将职业教育“一县一所”纳入“十三五”发展规划，加大资金力度，彻底解决职业教育空白县。围绕生产、经营领域特色产业开发，有针对性地开展职业技能培训，提升人口较少民族地区群众的生产、经营和管理水平。三是加强人口较少民族干部培养力度。确立大力培养和选拔人口较少民族干部的导向，着重培养会讲当地民族语言、熟悉本地民族特色的优秀干部。四是优化配置教育资源。人口较少民族地区教师收入水平适当高于所在省市县教师平均收入水平，并在职务职称晋升、工作调动等上享有一定优先权。

4. 加强民族文化体系建设，繁荣发展传统文化。一是加强公共文化基础设施建设。加强图书馆、文化馆、广播电视台（站）、互联网、新华书店等公共文化基础设施建设，重点建设一批人口较少民族标志性文化设施。二是繁荣民族文化事业。加大对人口较少民族文化产品、广播影视作品翻译制作扶持力度，推进人口较少民族语言文字规范化、标准化和信息化处理。三是支持对外文化交流。推荐人口较少民族优秀舞台艺术作品走出国门，不断拓展对外文化交流合作渠道，扩大辐射力和影响力。四是挖掘和保护非物质文化遗产。培养传承人，建立资源数据库及网络，完善名录体系，继续扶持人口较少民族优秀精品项目和开展濒危文化遗产挽救性保护。

5. 加大资金投入支持力度，出台特殊金融政策。一是继续加大对人口较少民族聚居区的财政转移力度。中央财政建设资金、其他专项建设资金、各项财政扶贫资金适当向人口较少民族聚居区倾斜。积极引导、争取政府机构、社会团体及对口支援、个人援助、捐助资金投向人口较少民族聚居区。二是出台特殊金融扶持政策。鼓励政策性金融机构、商业性金融机构以及新型农村金融机构在人口较少民族地区设立营业网点，引导金融机构继续对民族贸易和民族特需商品生产贷款给予利率优惠，支持人口较少民族特色工艺、优势产业、民族文化加快发展，重点支持人口较少民族地区基础设施建设和富民安居、定居兴牧工程建设。

6. 加强自然生态环境保护，提升抵御灾害能力。摸清和找准人口较少民族抵御自然灾害能力的薄弱环节，认真、科学地做好中长期建设规划，并建立项目储备库，对那些防灾能力强、建设潜力大、产业发展前景好和群众积极性高的项目要优先立项建设。有机整合各类项目资金，有效解决建设资金投入不足和项目建设交叉、重叠，资金分散，工程质量差、工程效益低等问题。同时，积极探索适合各民族群众的基础设施管护模式，强化重视建后的管护工作。

7. 实施整村整乡推进战略，促进民族团结和谐。建议在“十三五”规划文本中，淡化“民族”，突出“区域”。即只要是有人口较少民族同胞分布的乡村，在扶持人口较少民族政策实施过程中，提倡整村推进乃至整乡推进，使得该村乃至该乡的全部群众，不分民族差异，共同分享人口较少民族政策带来的实惠和红利，从而避免产生新的人为矛盾，促进民族团结和社会和谐。

黑龙江省扶持人口较少民族发展调研报告*

按照国家民委开展《扶持人口较少民族发展规划（2011—2015）》（以下简称《规划》）中期评估工作的要求，本调研组于2014年8月份对黑龙江省扶持人口较少民族发展状况进行了专题调研。我们在哈尔滨听取了黑龙江省民委的专题汇报，并赴黑河市爱辉区新生鄂伦春族乡、张地营子乡小新屯俄罗斯族村、坤河达斡尔族满族乡、佳木斯市郊区敖其镇赫哲族村、同江市街津口赫哲族乡等地，采取召开座谈会、实地走访、入户调查等方式，深入了解黑龙江省人口较少民族发展状况和《规划》落实的具体情况，对存在的一些问题进行了初步的思考。

一、黑龙江省人口较少民族经济社会发展基本情况

黑龙江省是一个多民族杂散居的边疆省份，现有赫哲族、鄂伦春族、鄂温克族、俄罗斯族、达斡尔族、锡伯族、柯尔克孜族7个人口较少民族，分布于省内8个市（地），21个县（市、区）。建有75个人口较少民族聚居村和16个人口较少民族聚居的民族乡（镇）。截至2013年底，人口较少民族聚居村总户数为37809户，总人口达到123190人①。

自国家民委等五部委联合下发《规划》以来，黑龙江省高度重视扶持人口较少民族工作。2011年至2013年，全省投入到75个人口较少民族村的少数民族发展资金共计26329万元，共扶持207个项目。其中2011年投入5723万元，扶持40个项目，2012年投入8804万元，扶持97个项目，2013年投入11802万元，扶持70个项目。截至2013年年底，全省75个人口较少民族聚居村农民人均纯收入8387元，比2010年增长31.3%，达到

* 执笔人：李天华

① 数据均由黑龙江省民委提供，下同。

同年全省农民人均纯收入 9634 元的 87.1%。按照“一减少、二达到、三提升（五通十有）”的具体考核目标，75 个村全部实现通电、通水、通电话和通广播电视；通宽带的村有 74 个，占 98.7%；有办公场所的村有 72 个，占 96%；通白色路面的村有 70 个，占 93.3%；有农家店的村 70 个，占 93.3%；有安居房的农户比率≥85% 的村 65 个，占 86.7%；有合格文化室和农家书屋的村 64 个，占 85.3%。以上 10 个指标已经达到“十二五”期末的标准。而以下指标的完成情况尚不尽如人意：建有标准化卫生室的村 60 个，占 80%；有固定的健身和民族文化活动场地的村 55 个，占 73.3%；无卫生厕所农户比例≤15% 的村有 41 个，占 54.7%。总的来看，黑龙江省人口较少民族的经济社会发展还是取得了巨大的成效。

（一）人口较少民族生产生活条件日益改善

《规划》实施以来，黑龙江省对基础设施建设给予重点投入，取得明显成效。一是交通设施不断改善。2011 年以来，黑龙江省先后修建或改建了街津口赫哲族乡至同江市区、八岔赫哲族村至同抚公路、四排赫哲族乡至饶河县城、十八站鄂伦春族乡至大兴安岭林业局、抚远县至同江市、逊克县至黑河市、新生鄂伦春族乡至爱辉区等总里程 700 多公里的 7 条水泥路以及同江市街津口赫哲族乡莲花河大桥。8 个人口较少民族乡所在地修建了水泥路、江河护岸和护坡。12 个村修建了水泥路、砂石路。二是生活设施不断改善。黑龙江省重点实施了人畜饮水自来水工程和群众住房条件改善工程，省农委、民政、发改委等也给予大量投入。通过一批建设项目的实施，绝大多数人口较少民族村面貌发生了显著变化。特别是同江市、饶河县赫哲族标准化小区的建成，成为黑龙江省人口较少民族新农村建设的标志性、代表性成果。

（二）人口较少民族群众增收渠道不断拓宽

一是初步形成了绿色、特色农业格局，种植业收入增加。人口较少民族群众积极发展优、专、绿、特产业，优良品种率达到 95% 以上，绿色、特色作物种植面积占到 90% 以上。黑河市爱辉区新生鄂伦春族乡大力发展芸豆种植产业，成为远近闻名的芸豆高产之乡。二是形成畜牧业和特色养殖业格局，养殖业收入增加。新生鄂伦春族乡新生鄂伦春族村建立了肉牛养殖繁育基地，肉牛存栏300头，绒山羊达到1361只，同时还养殖野猪。同江市八岔赫哲族乡八岔赫哲族村建立了农户联营养殖小区，建成标准牛舍1040平方米和综合服务室60平方米，采取外购、繁殖、引进优良品种等方法，养殖西门塔尔牛200头。同江市街津口赫哲族乡建成了集繁育、养殖、观赏为一体的黑龙江名、优、特鱼养殖基地，年产鱼苗500万尾，产品畅销山东、湖北等地。逊克县边疆俄罗斯族村建立了肉牛、奶牛养殖小区，全村养殖户达到70户，肉牛、奶牛存栏270头，网箱养鱼3万尾。这些特色养殖业已经取得良好的经济效益。三是形成第三产业迅速发展的格局，劳务输出和旅游业收入增加。人口较少民族群众跨国、跨地区劳务输出明显增多，仅2013年就输出劳务1000多人次，实现收入超过1000万元。

（三）人口较少民族社会事业协调发展

黑龙江省坚持人口较少民族经济社会统筹发展，相继出台了一系列特殊的财政扶持政策，重点加大对教育、卫生、文化等的投入，人口较少民族社会事业发展较快。省民委在2011年至2013年的3年间，投入的少数民族专项资金就达到1300多万元，占同期少数民族发展资金总额的23.4%。在人口较少民族学生入学、升学、就业等方面采取了加分、减免学费等特殊政策，学生入学率、巩固率、毕业率都超过98%。全省人口较少民族中小学校实施网点调整和改扩建项目，同步发展寄宿制和现代远程教育，强化师资培训，目前大多数人口较少民族学校进入规范化、标准化学校行列，人口较少民族全部实现了“普九”。目前，大学（大专及以上学历）文化程度人口占6岁及以上人口的比重，赫哲族（9.98%）、鄂温克族（7.90%）在全省少数民族中分列第2位和第3位；具有高中（含中专）文化程度人口的比重，赫哲族（21.69%）、鄂温克族（16.80%）在全省少数民族中居第1位和第5位；具有初中文化程度人口的比重，鄂温克族（42.43%）在全省少数民族中居第4位；只接受小学教育的人口数的比重，赫哲族（34.24%）在全省少数民族中居第5位。赫哲族、鄂伦春族、鄂温克族的6岁及以上人口平均受教育年限分别达到9.21年、8.87年、8.88年，高于全省平均水平。同时，对人口较少民族濒危文化进行了抢救式的整理、保护和传承。赫哲族伊玛堪、鱼皮制作工艺、桦树皮制作工艺，鄂伦春族古伦木沓节、鄂伦春族摩苏昆等5项非物质文化遗产列入国家名录。赫哲族嫁令阔、赫哲族萨满舞、鄂伦春族赞达仁、鄂伦春族吕日格仁舞、鄂伦春族兽皮制作技艺、鄂伦春族桦树皮船制作技艺、鄂伦春族桦树皮镶嵌画、鄂温克族瑟宾节等17项列入黑龙江省非物质文化遗产名录。另外，黑龙江省专门开办了黑龙江省艺术学校人口较少民族才艺班；每个民族乡都建有文化站；赫哲族、鄂伦春族都建立了博物馆、歌舞团、风情园；小学教育中开展了双语教学。如，同江市建立了赫哲族博物馆，成立了赫哲族文工团、少儿培训中心、赫哲族研究会，整理出版赫哲族歌曲集。人口较少民族语言文字的挖掘、抢救、整理也形成系列工程，已完成了黑龙江省鄂伦春族、鄂温克族、赫哲族等6个民族的语言抢救整理工作，制作了音像资料。这些成果填补了黑龙江省少数民族语言文字工作的空白，在全国民族语文会议上受到与会专家的一致好评。医疗卫生设施得到加强，每个民族乡都建有医院，计划生育率、适龄孕产妇入院率、婴儿成活率都达到了100%。新型农村合作医疗试点工作有效推进，对鄂伦春族实行医疗全额免费的特殊政策。

二、黑龙江省扶持人口较少民族发展中存在的问题

（一）人口较少民族经济社会发展不平衡

总的来看，位于边境县（市、区）的16个人口较少民族村，因为较早就享受到了“兴边富民”等项目的扶持，基础设施和民生项目建设速度较快，发展情况普遍较好。例如：黑河市爱辉区新生鄂伦春族乡人口不足2000人，各级各部门对该乡的资金投入累计已超过1亿元。仅2011—2013年，各级各部门对该乡的资金投入每年均超过2000万元。该乡新生新村综合旅游开发项目总投资6000多万元，总建筑面积5056平方米。该乡鄂伦春族学校总投资1500万元，现校舍总面积1900平方米，2011年荣获“省级模范希望小学”称号。乡中心卫生院总投资300万元，建筑面积1000平方米，配备了7名医务人员及X光机、B超机、心电图机等医疗器械。鄂伦春族群众全部享受免费医疗待遇。2012年该乡使用资金1935.62万元建设完成鄂伦春民居25栋50户，相关配套设施仓房25栋、村内街道铺设辅路彩砖5026平方米。2013年该乡使用资金1428.2万元改扩建岭上人博物馆、博奥韧广场附属设施、主要街道架设“鄂伦春弓箭”式特色路灯90盏。爱辉区坤河达斡尔族满族乡由汉、达斡尔、满、蒙古、鄂温克、鄂伦

春、朝鲜7个民族构成。少数民族人口占总人口的52.4%，其中达斡尔族占32.6%。该乡2013年农牧民人均纯收入11050元，比全省平均水平高出14.7%。另外，像嘉荫县、逊克县、同江市等边境县（市）的鄂伦春、达斡尔、赫哲等人口较少民族均已达到“五通十有”目标。

与之相比，黑龙江省内陆地区的59个人口较少民族村发展相对滞后，其中有25个村需修路147.75公里，需要资金7956.9万元，要达到规划目标有一定的压力和困难。同样隶属于黑河市的嫩江县不是边境县，该县联兴乡哈什太鄂伦春族村1189人，2013年农牧民人均纯收入仅3314元，仅及全省平均水平的1/3。齐齐哈尔市富裕县友谊乡东极达斡尔族村1664人，2013年农牧民人均纯收入仅5800元，仅及坤河达斡尔族满族乡平均水平的1/2。

（二）人口较少民族产业提升和增收能力不足

根据我们调研掌握的情况，黑龙江省人口较少民族乡村基础设施建设总的来看强于当地汉族乡村，而且尽管发展不太平衡，但是人口较少民族群众的温饱问题均已解决。关键问题在于受技术、观念、环境等因素的限制，人口较少民族乡村在形成产业链、提升产业化水平方面难度较大，达不到规模化、集约型经营标准，经济发展缺乏强有力的产业支撑，经济结构调整步伐较慢，导致自身“造血”能力不足，自我发展能力薄弱，群众增收后劲不足。例如前述黑河市爱辉区新生鄂伦春族乡，总的发展状况还算不错，但是其各项事业发展主要还是依靠各级各部门对该乡的资金投入，即长期依靠“输血”维持发展势头。而这终非长久之计，缺乏自身发展的可持续性。实际上，黑龙江省有关部门投资6128万元在该乡新生新村建设综合旅游开发项目，并将其申报为国家级少数民族特色村寨，主要目的之一就是希望当地通过发展少数民族特色风情旅游业来带动当地经济发展。据我们了解，尽管该项目已经基本建成，但是截至目前，由于宣传、营销、交通等方面的制约因素，很少有商业化游客去该处旅游，该项目基本没有盈利。再例如佳木斯市郊区敖其镇，当地赫哲族的鱼皮画、鱼皮包等手工艺品制作水准相当高，但是没有真正实现市场化、产业化、规模化经营，故而在促进当地群众增收致富方面没有发挥应有的作用。当前，黑龙江省人口较少民族乡村群众主要的收入来源除了政府的转移支付以外，主要还是依赖于单一的以种植业为主的传统农业。

（三）人口较少民族抵御自然灾害能力薄弱

黑龙江省75个人口较少民族村中，大多数农业基础设施不够完善，各民族群众基本上都是“靠天吃饭”，抵御自然灾害能力薄弱。其中尚有9个村31588亩土地需进行低产田改造。部分人口较少民族乡村临江而居，而防洪大坝等基础设施缺失，极易遭受洪涝灾害。例如，2013年黑龙江发生特大洪灾，抚远县损毁通乡公路18公里，该县两个赫哲族乡镇损失惨重；而同江市八岔赫哲族乡6个自然村以及街津口乡大部分耕地被淹，基本绝收，致使两个民族乡345户1039人全部返贫。

（四）人口较少民族扶持政策实施过程中出现一些新的矛盾

黑龙江省人口较少民族村中问题较为严重的还有28个村，需要大量资金投入，而国家确定的人口较少民族村支持额度偏小，所以要在2015年使“五通十有”目标全部达到还有较大的压力和困难。在资金使用方面，县乡基层政府普遍反映项目资金使用受到约束，即缺乏灵活性，同时普遍希望减免地方资金配套比例，以减少地方财政负担。例如黑河市爱辉区2013年财政收入仅1.5亿元，而财政开支达10亿元，缺口全靠国家和上级财政转移支付填补，因此强烈要求对于上级投入的人口较少民族资金减免地方资金配套比例。而这与上级部门对资金“专款专用，有效监督”的使用要求是存在一定矛盾的。另外，国家以及地方各部门对人口较少民族的特殊扶持政策本意是缩小各民族间的经济社会发展差距，促进民族团结和社会和谐。但是在实践中，一些政策的实施也带来了一些新的问题。例如，前述2013年黑龙江发生特大洪灾，同江市八岔赫哲族乡6个自然村以及耕地被淹，黑龙江省责成大庆石油管理局对口援建八岔乡赫哲族村寨。大庆石油管理局拨款1.6亿元为200多户赫哲族灾民修建了崭新的特色村寨及高标准住宅，而八岔乡的1000多户汉族及其他少数民族同胞则没有享受到同等的待遇，导致各民族间出现一些新的隔阂和矛盾。

三、相关对策建议

（一）在“因族举措”的同时，也要注重“因地制宜”，在总体上加大对人口较少民族扶持力度的同时，应该适时考虑部分民族乡村扶持政策的退出机制

如前文所述，在黑龙江省，即使是同一个人口较少民族（例如同属鄂伦春或者达斡尔族）的不同乡村，由于分布在不同的区位，或者由于其他一些原因，在经济社会发展的各个领域，差距可能比较大。对于那些按照“一减少、二达到、三提升（五通十有）”的具体考核目标，仍然有多项指标尚未达标，或者说仍然处于相对落后状态的人口较少民族乡村，当然应该继续从资金投入等各方面加以扶持，甚至应该进一步加大扶持力度。但是对于那些各项指标均已达标、尤其是人均收入远高于全省平均水平的人口较少民族乡村（根据我们调研掌握的数据，2013 年，黑龙江省 75 个人口较少民族村中，有 17 个村的农牧民人均收入高于全省农村人均收入平均水平，占 22.7%，其中最高的达到全省平均水平的 1.54 倍），是否还有继续扶持的必要？这值得进一步探讨。我们认为，应该效仿国家扶贫办制定的全国贫困县退出机制，适时考虑制定部分已达标人口较少民族乡村扶持政策的退出机制。这样一方面更加符合公平原则，另一方面也可以让有限的资金更多地投向那些仍然处于相对落后状态的人口较少民族乡村，即“把钱用在刀刃上”。

（二）从“输血”式扶持转向“造血”式扶持，大力扶持特色产业发展，增强人口较少民族自身发展能力

要充分发挥各部门职能作用和综合协调作用，发挥人口较少民族所在县（市、区）政府的主体作用，加大项目支持和资金投入力度，形成上级政府推动、地方政府联动、各部门参与的互动局面。一是大力推进发展现代农业，推进专业合作社建设，促进民族乡村土地规模经营，促进农业增效农民增收。二是发挥生态资源优势，积极发展特色旅游业。赫哲族、鄂伦春族主要聚居在黑龙江省。赫哲族渔猎文化、鄂伦春族狩猎文化在中华民族文化中堪称“两朵奇葩”，是宝贵的精神财富和物质财富，具有鲜明的文化代表性，蕴涵着独特的民族魅力，具有极高的传承价值。黑龙江省

完全可以运作构建“赫哲族渔猎文化生态区”、“鄂伦春族狩猎文化生态区”，打造黑龙江特色旅游品牌。关键是要积极探索在市场经济条件下保护和发展少数民族文化的新机制、新模式，把发展少数民族地区的文化旅游和保护少数民族文化结合起来，用旅游的发展促进文化的保护和发展，用文化方面的发展促进旅游事业的发展，达到相得益彰的目的。

（三）有针对性地进一步加强基础设施建设，提升人口较少民族抵御自然灾害能力

要通过深入调查研究，摸清和找准人口较少民族抵御自然灾害能力的薄弱环节，认真、科学地做好中长期建设规划，并建立项目储备库，对那些防灾能力强、建设潜力大、产业发展前景好和群众积极性高的项目要优先立项建设。要有机整合各类项目资金，以有效解决建设资金投入不足和项目建设交叉、重叠，资金分散，工程质量差、工程效益低等问题。同时要重视建后管护，积极探索适合各民族群众的基础设施管护模式。如乡村统一管护模式、专业协会管护模式等。

（四）倡导整村推进乃至整乡推进，促进民族团结和社会和谐

建议在“十三五”规划文本中，淡化“民族”，突出“区域”，即只要是有人口较少民族同胞分布的乡村（例如黑龙江省的16个人口较少民族乡、75个人口较少民族村），在扶持人口较少民族政策实施过程中，提倡整村推进乃至整乡推进，使得该村乃至该乡的全部群众，共同分享人口较少民族政策带来的实惠和红利，从而避免产生人为的新矛盾，促进民族团结和社会和谐。

云南、广西两省（区）扶持人口较少民族发展调研报告*

为全面掌握《扶持人口较少民族发展规划（2011—2015 年）》实施情况，客观、科学评价“十二五”规划落实情况，总结规划编制和实施的工作经验，为研究编制“十三五”规划做好前期调查研究工作，受国家民委经济发展司委托，在中南民族大学党委的精心部署下，在云南、广西两省（区）民委系统的大力支持下，由国家民委经济司和中南民族大学组成的联合调研组，于 2014 年 8 月 10 日至 8 月 24 日，先后对云南、广西两省（区）的扶持人口较少民族发展工作开展了为期半个月的实地调研。调研主要采用座谈会、村屯考察、典型户走访等方式进行，召开省区级座谈会 2 次、市州级座谈会 3 次、县级座谈会 2 次、乡镇座谈会 2 次、村屯级座谈会 3 次，深入 2 省（区）4 市（州）9 县（市）24 个村寨开展实地调研考察，涉及德昂、景颇、阿昌、布朗、京、毛南、仫佬等 7 个人口较少民族。

调研过程中，依照国家民委等五部委《关于开展人口较少民族发展规划（2011—2015）中期评估工作的通知》，重点调研“十二五”规划重点工程、项目、资金的实施使用情况，“扶少”工作的主要做法和典型经验，“扶少”工作面临的突出困难以及下一步推进该项工作的政策建议。

一、调研的基本情况介绍

（一）精心安排调研地点和调研行程

根据国家民委经济司的部署和中南民族大学课题组的安排，经过多次与云南、广西两省区民族工作部门沟通协商，确定了调研对象、调研内

* 执笔人：潘泽江

容、调研形式、调研行程，使得调研工作富有成效。

1. 省（自治区）级座谈会 2 次。云南省“扶少”工作座谈会、广西壮族自治区“扶少”工作座谈会。围绕中期评估方案（民委发［2013］258 号）所列重点内容，由省（区）民委组织部门座谈会，民委、发改委、财政厅、人民银行、扶贫办、教育厅、人力资源和社会保障厅、统计局、文化厅、交通厅、水利厅、卫生和计划委员会、政策研究室等单位参加。听取两省（区）“十二五”规划实施情况汇报及“十三五”规划初步设想。

2. 市州级座谈会 3 次：德宏州、保山市、河池市座谈会。听取市州级职能部门关于“十二五”规划实施情况汇报及“十三五”规划初步设想，并收集部门资料。

3. 县市级、乡镇级、村屯级座谈会 8 次：施甸县、东兴市、巫头村、水源镇、四把镇等。访谈县、乡（镇）、村干部，听取各级部门的意愿，获取一手的数据和资料。

4. 实地考察项目村屯 29 个。以云南德宏州为例，调研组深入芒市三台乡沪东娜、帮囊德昂族村，遮放镇拱岭景颇族自然村，盈江县平原镇勐町村拉勐傣族村、勐展村大团结景颇族村、太平镇芒允村芒峡傣族村、雪梨村上下帮瓦、俄琼景颇族村等 8 个村寨实地调研，访谈乡镇、村干部，考察农户生产生活情况。

（二）云南、广西两省（区）“十二五”“扶少”工作的基本情况

1. 资金、项目到位情况较好，少数民族群众满意度较高。从调研组考察的情况来看，截至 2014 年 7 月，“十二五”期间的项目、资金依照规划能够如期到位，项目村屯的基础设施建设、产业结构优化调整、农户增收、社会事业发展成效明显，得到当地人口较少民族干部群众的一致好评。以广西环江毛南族自治县为例，2011 年以来共投入 2.6 亿元，扶持毛南族聚居的 72 个行政村的 1490 个自然屯，使得项目村屯的生产生活条件得到了极大的改善。截至目前自然屯通路率 89.1%、通电率 98.7%、通电话率 91%、通邮率 61.4%、通广播电视率 97.3%。

2. “十二五”规划目标基本实现，但实现的程度是低层级。以广西罗城仫佬族自治县为例，“十二五”以来共投入资金 3.5 亿元，扶持人口较

少民族聚居村自然屯680个，主要用于自然屯改善道路、饮水、文化和卫生等基础设施条件，少数民族群众行路难、饮水难等问题得到初步缓解。2013年，仫佬族聚居村农民人均纯收入4187元，通公路率84.3%，通邮率87%，通电、通广播电视率100%，有安全饮用水率54%。57个行政村中，通硬化路率85.9%，通电、通信息、通广播电视、有安居房、有学前教育、有卫生室、有办公场所的行政村率100%，通沼气率61.4%，有安全饮用水率73.6%，有卫生厕所率43.8%，有高产稳产农田率82.4%，有文化室率36.8%，有体育场所率28%，有农家小超市率54.3%，适龄儿童入学率100%。可以说，“十二五”投入的成效是显著的，到“十二五”末基本可以实现规划目标。然而，理应清醒地认识到，实现规划的层级是低层次的。以通路为例，许多村屯虽然实现有通村/屯公路，项目村屯的交通条件实现历史性改观，但是从项目组实地调研的情况来看，云南德宏州大多数通村公路基本上是弹石公路，由于没有排水沟、排水涵洞，部分路段已经被雨水冲断，许多路段雨天根本不能通行；90%以上通屯公路基本上是沙石路，由于南方雨水多，很多区域的道路坑坑洼洼，一般车辆很难通行。再加之，村屯公路普遍短缺管护资金，由于项目村寨大多分布在海拔较高的高山地区，垮坡、泥石流频发，通村公路的未来通达率堪忧。

3. 扶持成效呈现较大的差异性，亟须实施差异化的扶持策略。

（1）跨界类人口较少民族。这类民族主要分布在我国的边境线地区，在“扶少”规划和兴边富民规划的支持下，生产生活条件得到了较大的改观，但由于民生工程历史欠账很多，与沿海、内地发展差距正在直线拉大。由于地缘、族缘、血缘关系，与境外同一民族的交往仍然十分密切，受境外影响很大。近年来境外的宗教组织势力渗透力度增大，这类组织利用捐资建村级教堂、灾难教会成员互助等方式不断吸纳少数民族入会，入会人数呈加速递增趋势，理应引起高度警惕。加大跨界少数民族扶持力度，事关稳边固疆。

（2）直过类人口较少民族。该类少数民族通过扶持，基础设施条件、民生保障等得到了较大的改观，基本摆脱了刀耕火种的状况，但由于社会发育层次低，再加之双语教育师资缺乏，该类少数民族受教育情况堪忧，产业结构过于单一，可持续增收途径有限，表现出难以适应市场化、全球化的潮流，实现同步小康仍然任重道远。

(3) 海洋类人口较少民族。京族是我国唯一的海洋民族，主要居住于京族三岛，由于海洋捕捞和边境贸易，在“扶少”规划的支持下，率先实现了小康，家家都有渔船，家家都有别墅。但是，其可持续发展仍然面临着诸多困难，一是海洋养殖技术落后、持续增收的难度加大；二是海潮每年都侵袭京族三岛，生存空间面临缩小的趋势；三是本民族文化面临衰落趋势；四是受教育程度相对较低，民族干部培养面临瓶颈。

(4) 大石山区类人口较少民族。这类民族主要分布在广西、贵州的大石山区，主要包括毛南族、仫佬族。由于典型的高山喀斯特漏斗形地貌，石多土少，雨水难以储积，生态极为脆弱，道路建设成本高，通路率低，行路难、饮水难仍然是困扰该区域发展的重要瓶颈。另外，由于国家主体功能区战略的推进，该类区域将主要承担生态保障功能，该类少数民族农户将普遍面临生计转型的巨大压力。

(5) 散杂居地区类人口较少民族。该类少数民族主要分布在非自治州、自治县所在的区域，如保山市的德昂族、阿昌族、布朗族，由于不在自治地区区域，享受民族特殊扶持政策扶持的力度小，加之这类地区地方政府的财力捉襟见肘，难以拿出足额的资金实施扶持。这类少数民族的村寨资金项目到位率很高，但由于分拨的资金项目少，对于加大扶持力度的呼声很高。

二、“十二五”规划存在的问题

“十二五”规划是指导“扶少”工作的纲领性文件，在推进人口较少民族经济社会发展中正发挥着日益重要的作用，深受地方政府、少数民族群众的首肯和好评。然而，由于人口较少民族的经济社会发展情况差异较大，我们在调研中也发现“十二五”规划在顶层设计上尚存在以下问题：

（一）没有充分考虑“扶少”规划与其他行业扶持规划的有效耦合

在现行条块分割的行政体制下，由于部门利益的追求或专项资金考核需要，使得“扶少”规划难以与其他行业扶持规划相耦合，具体表现在项目村的“扶少”的政策、项目、资金难以与其他行业部门加以整合。在项目村寨调研时，调研组发现，一般是“扶少”资金投入这个村寨，则扶贫部门、发改部门、水利部门则投入那个村寨；即使同时都投入一个村寨，基本上都是你投入路，我投入水利，他投入文化卫生设施。由于资金投入过于分散，难以集中力量办大事、办实事，导致项目投入绩效差，难以有效发挥叠加效应，直接影响到稀缺“扶少”资金的投入成效。理顺部门间利益关系，实现资金、项目、政策的村级平台的有效整合，势在必行。

（二）没有充分考虑“整村推进”与“精准扶贫”的有效结合

在云南、广西各个层级的座谈会上，各地干部都普遍反映“扶少”资金投入难以通过审计验收的问题：在中央财政资金分类管理里面，少数民族发展基金归属于扶贫类资金。而新一届政府对扶贫资金的投入导向，是“精准扶贫”，即要求扶贫资金重点投资于项目区的农户产业增收项目，而且要求扶贫到户、责任到人，以期充分发挥扶贫资金的扶贫功能。然而，由于人口较少民族主要聚居于西部偏远山区、边境一线，基础设施差，贫困问题突出，生产生活条件差，社会事业发展严重滞后，所以“扶少”资金大多投资于基础设施建设，聚焦于整村推进，这种投入模式显然有悖于扶贫类资金的投入导向。因而，在项目审计时，常常难以过关。下一步妥善处理整村推进与精准扶贫关系，事关“扶少”工作的成效巩固和拓展。

（三）没有完善的确保“六大工程”贯彻实施的保障性措施

纵观“十二五”规划，指导思想和主要任务明确，并设置了基础设施建设工程、特色优势产业发展和群众增收工程、民生保障工程、繁荣发展民族文化工程、人力资源开发工程、和谐家园建设工程等六大工程，并提出了“五通十有”、“一减少二达到三提升”等约束性/预期性目标，涉及100多项指标。然而，由于指标太多太细，各地区、各民族的经济社会发展差异太大，导致确保“六大工程”实施的难度很大；再加上，规划中对短缺工程的完善、项目实施的保障措施、资金如何投入、项目怎样管理考核、奖惩机制如何构建等问题着墨不多，一定程度上使得“十二五”规划高高在上，难以得到有效实施。

（四）没有实施差异化分类的扶持政策

不同民族同一政策，不同区域同一政策，不同村寨一律投入同一，扶持和评价实施“同一竿秤”，一定程度上窒息了“扶少”规划的实施成效。

例如，由于人口较少民族中各类别差异明显，作为我国唯一的海洋民族——京族，是我国经济上最富裕的民族之一，基本上已经提前实现了小康目标，但是扶持该民族发展的目标仍然也是“五通十有”，显然有悖于该民族的发展现状。再比如，云南的直过民族德昂族，由于社会发育层次低，语言沟通困难，难以适应市场化、全球化潮流。因而，对于这类民族应该加大扶持力度，扶持重点应该放在教育和人才培养上。

三、调研区域人口较少民族发展存在的突出问题

（一）人口较少民族聚居区生存条件恶劣，现有扶持资金远不能满足发展需求

由于人口较少民族聚居区自然条件恶劣，经济社会发展相对滞后，扶贫开发难度大。如云南省的德昂族、景颇族、布朗族等人口较少民族为直过民族，社会发育程度低。此外，由于主要居住在自然条件恶劣的滇西边境山区，生产生活条件差，贫困程度深，脱贫难度大。按照国务院新阶段贫困人口标准统计，广西160个人口较少民族聚居行政村中有103个贫困村。这些村位于大山深处，山高坡陡，大都属于自然条件恶劣的大石山区或石漠化地区。人口较少民族聚居区的生产生活条件难以在短时间内有质的改变，需要长期的、持续的扶持。

据测算，广西160个人口较少民族聚居行政村，仅仅是到“十二五”末基本实现“五通十有”的目标，缺口资金达3亿元，如果加上各个自然村基本解决通路、通电、通电话、通邮、通广播电视及有安全饮用水等与民生关系最直接的问题，缺口资金合计约需5.6亿元。从广西“十二五”时期前三年的投入情况看，各行政村涉及“五通十有”的项目，主要依靠民委、发改委等部门扶持人口较少民族发展专项资金给予支持，其他扶持人口较少民族发展厅际联席会议制度成员单位的资金则主要投入人口较少民族聚居的县、乡和部分行政村，直接针对160个人口较少民族聚居行政村的不多。因此，迫切需要国家进一步增加民委部门扶持人口较少民族发展专项资金的额度。

（二）基础设施落后，生产生活条件差，抵御自然灾害的能力十分脆弱

人口较少民族聚居区大部分地处边远高山地区，海拔高、土地资源少，农民人均耕地不足，基础设施建设滞后，缺乏能实行产业化的项目。2013年云南、广西人口较少民族聚居村的贫困人口分别为269239人和179013人，贫困发生率分别为34.9%和41.1%，远高于全国8.5%的水平。有些群众虽然目前基本解决了温饱问题，但脱贫标准不高，经济基础不牢固。如表1所示，云南和广西2013年人口较少民族聚居村中自然灾害发生率高达52.60%和41.25%，自然灾害频发（见表1），导致农民收入很不稳定，因灾致贫和因灾返贫的比例高。

表1　2013年云南、广西自然灾害发生率

受灾类别	云南		广西	
	数量（个）	比例	数量（个）	比例
遭受严重自然灾害的村	208	52.60%	66	41.25%
遭受旱灾的村	139	35.20%	47	29.38%
遭受水灾的村	65	16.46%	36	22.50%
遭受病虫害的村	77	19.49%	29	18.13%
遭受冷冻灾害的村	95	24.05%	28	17.50%
遭受干热风灾的村	53	13.42%	15	9.38%
遭受动物疫情灾害的村	40	10.13%	19	11.88%
遭受泥石流的村	45	11.39%	2	1.25%
遭受地震灾害的村	18	4.56%	0	0.00%
遭受其他灾害的村	46	11.65%	19	11.88%

（三）农民持续增收难度大，产业化扶持力度不够

目前扶持人口较少民族发展项目重点是安排实施公共基础设施项目，改善群众生产生活条件。由于人口较少民族基本上都是传统种养业，农产品多是自给自足，商品化率低，群众增收渠道少，发展后劲不足，难以实

现可持续发展。客观地说，目前对特色优势产业的扶持力度不足、办法不多、效果不显著，导致人口较少民族聚居区尚未形成地方优势的支柱产业，产业发展缓慢，投入大、产出低、质量差，抗风险能力弱。

（四）社会事业发展滞后，人口素质有待提高

由于长期投入不足，人口较少民族聚居区教育、文化发展相对滞后，适龄群众受教育程度低，科技推广难度大，农业科技含量低。同时，群众市场意识弱、小农思想严重，提高农民现金收入很困难。

（五）整村推进扶贫模式群众受益不明显，且客观上造成了民族间的不平等

人口较少民族聚居行政村多地处山区，受居住环境和生产条件影响，平均每个行政村包含自然村多，人口居住分散，极大地增加了扶持建设的成本。据统计，2013 年末广西 160 个人口较少民族聚居行政村有 2429 个自然村约 431776 人，平均每个行政村有 15 个自然村 550 户 2750 人，其中有的行政村包含几十个自然村，如东兴市黄竹村包含 39 个自然村，环江县下南村包含 52 个自然村，有些自然村到村委会所在地需要走几公里的山路。尽管很多行政村初步实现了“五通十有”的规划目标，但其中的很多自然村仍然处于不通公路、不通信息、缺乏饮用水，甚至不通电等居住环境比较恶劣的状态，“最后一公里”的问题并没有得到解决，严重影响群众的生产生活。在人口较少民族聚居的自然村中，目前尚有 810 个没有安全饮用水、261 个没有通路、370 个没有通邮、130 个没有通电话、85 个没有通广播电视。

此外，由于云南、广西人口较少民族分布普遍存在“大杂居、小聚居”的特点，人口较少民族聚居行政村获得了专项扶持，基础条件不断改善，发展速度逐步加快，而周边其他少数民族村屯或人口较少民族聚居比例未达到 20% 的村屯却得不到照顾，发展缓慢，扶持人口较少民族与兄弟民族间形成了事实上的“不平等”，造成了“同族不同策，同村不同策”的矛盾。其他民族群众存在一定的情绪失落甚至心理失衡，不利于民族团结和社会和谐。

（六）水利基础薄弱，水利建设相对投入不足

由于广西的毛南族、仫佬族处于滇黔桂石漠化片区，导致了人口较少民族地区水利建设任务重、难度大，且投入明显不足，建设总体滞后，欠账较多。突出表现在：一是水资源开发利用工程明显不足，水资源开发利用率低，缺乏控制性、综合性大中型蓄水工程，导致区域应对水资源时空分布不均，抵抗特殊干旱年份风险的能力严重不足。如广西环江毛南族自治县和罗城仫佬族自治县水利基础设施薄弱，工程型缺水问题未从根本上得到解决。水利工程严重老化，年久失修，灌溉效率低。普遍存在“水在河中流，地在岸上旱”的情况。二是民生水利基础薄弱，实施难度大。山区农村人口居住分散，地形地质条件复杂，解决农村人口饮水安全问题面临繁重任务。同时，饮水不安全和饮水困难人口数量庞大，两县规划内尚有6.6万人饮水不安全和饮水困难，并且农村安全饮水工程规模化集中供水率不高，特别是大石山区严重缺水区域人口比重较大，资金缺口大。

（七）资金不足，建设标准低，影响项目质量

由于扶持资金有限，群众需求又十分迫切，扶持人口较少民族发展项目大都无法足额安排资金，项目资金普遍偏紧，甚至出现资金缺口，有时地方上只能采取降低建设等级标准实施项目。如云南省德宏州芒市三台山乡很多村级公路还是砂石路，道路晴通雨阻，通行能力大大降低；有的村级道路路面仅有2.5米宽，会车能力差；屯级道路的等级和质量都比较差。特别是广西有160个少数民族聚居村中有一半左右属于甘蔗种植区，这些村屯承压能力很低，容易受到重型甘蔗运输车辆的破坏。如果是低等级、低标准的路，往往一两个榨季就破坏严重难以通行了。

（八）民族教育对推动人口较少民族发展的作用尚未凸显

改变人口较少民族的观念、提高人口较少民族群众的科学素养关键在于大力发展民族教育事业。受历史原因和自然条件的限制，云南和广西的人口较少民族的教育投入不足，办学条件还比较薄弱。一是基础教育发展滞后。人口较少民族聚居区，交通不便，群众居住分散，为方便学生就近入学，校点设置比较多，布局比较分散，校点布局与规模办学效益矛盾仍十分突出。加上民族地区教学设施十分落后，有的社区连基本的教学设施

都不具备。二是民族职业教育的发展跟不上经济发展的步伐。如云南省芒市2013年6000名景颇族在读初中生中，当年读职高为1475人，比例仅为24.6%，很多学生因为支付不起学杂费和生活费，走上了回家务工和外出打工的路，赚取基本的生活费。三是人口较少民族聚居区多处于边远山区，教师工作生活环境差，教师队伍年龄结构老化较为严重，严重缺编。

四、“十三五”规划文本的建议

（一）紧密围绕中央对国家和民族发展的长远战略规划

十八大以来，党中央既提出了“四化同步”、“五位一体”等战略部署，也提出了城乡统筹发展、扩大内陆沿边开放、加快生态文明建设、建设两个丝绸之路经济带等。这既为人口较少民族和民族地区实现跨越式发展创造了历史机遇，同时也是编制“十三五”规划文本的出发点、立足点。扶持人口较少民族，需要将改善民生与追求可持续发展相结合，需要走“参与式”、“融合式”发展道路。

（二）认清人口较少民族和民族地区发展现状

通过深入实地调研，收集、整理所掌握的一手资料，全面评估“十二五”规划实施情况，厘清现状与规划目标之间的具体差距，厘清人口较少民族和民族地区发展现状与其他地区（尤其是发达地区）之间的具体差距，分析这些差距之所以存在的深层次原因，探寻缩小这些差距切实可行的政策和措施。在分析和探寻的同时，既要掌握共性问题，紧抓核心矛盾和关键问题；又要了解个性需求，因地制宜、有的放矢，提出针对性的应对策略。

（三）明确“十三五”扶持人口较少民族发展的工作重点

保民生、促发展始终是扶持人口较少民族发展的工作重点。从具体内容看，既要“保两头”，即要对人口较少民族的青少年教育和老年养老进行重点关照；又要“扶中间”，即要对人口较少民族的产业、就业等进行必要的倾斜和扶持。在制定政策和措施时，要注意与其他规划和扶持政策（如“兴边富民”、“村村通”工程等）的衔接和协调，要避免帮扶重叠、重复投资。要“有所为有所不为”、与其他规划和扶持政策形成合力，切实提升扶持效率。

（四）构建实现“十三五”规划目标的途径和抓手

扶持人口较少民族发展，既要重视间接途径，更要增加直接途径，如通过直接补贴鼓励人口较少民族的青少年接受更多的教育，对人口较少民族生活困难的老年人给予养老补贴、实现“老有所养”。在制定政策和措施时，要考虑项目顺利实施的微观机制，鼓励地方政府根据“十三五”规划目标编制扶持人口较少民族发展的地方规划，鼓励有条件的地方编制人口较少民族发展的村级规划。要提高项目实施的效率，鼓励人口较少民族居民积极参与各项项目的建设和监督。

五、“十三五”期间扶持人口较少民族发展的建议

（一）因地制宜，进行分类指导

在区域分布上，我国的人口较少民族涉及内蒙古、辽宁、云南、福建、新疆等13个省区。在不同省区，其社会经济发展水平存在明显的差异。即使在同一省区内，不同人口较少民族的社会经济发展水平也不尽相同，甚至存在明显的差距。以广西为例，2013年东兴市农民人均纯收入为10542元，罗城县的农民人均纯收入则为4450元，后者仅为前者的42.21%。又如云南的德昂族、怒族，属于直过民族，其社会发展还处于一个较低的水平。社会经济发展水平的不同，往往意味着不同人口较少民族的内在需求不同。因此，需要通过深入细致的调查，掌握不同人口较少民族的特殊需求，制定符合人口较少民族和民族地区实际情况的政策措施，给予有针对性的帮扶：按照人均纯收入对人口较少民族进行分类（如以是否达到10000元/年划分为两类），制定不同的帮扶标准；对于那些有显著特性的民族进行有针对性的帮扶，如属于跨境民族的德昂族、景颇族等；明确对不同类型民族帮扶的主要内容，如经济发展落后的德昂族、景颇族，产业扶持应该是重点；面临大石山区荒漠化威胁的仫佬族、毛南族等，生态文明建设和生态补偿是重点之一。

（二）顺势而为，增加扶持资金

自“十二五”规划实施以来，人口较少民族地区的社会经济事业取得

了一系列成就，贫困人口逐步减少，贫困程度逐步降低，群众逐步增收。但也要看到，受各种因素的影响，许多人口较少民族地区依然基础设施建设薄弱、产业发展水平低下、产业结构不合理、人均收入普遍偏低。要根据实际情况提高帮扶标准，因为从调研的情况看，相比于已实现“五通十有”和“一减少、二达到、三提升”的村寨，那些未达标的村寨要实现“十二五”规划目标要付出的建设成本更高、难度更大。由于人口较少民族人口比例低于20%的村寨不在扶持的范围之内，因此出现了“同族不同扶”现象，对民族团结工作产生了一定的负面影响，需要通过特定的政策和途径给予一定的帮扶。由于实现全面建成小康社会目标的难度依然很大，而且与其他民族的发展差距依然在扩大，因此需要适当扩大帮扶的内容，如生态文明建设、人力资本投资、迁居城市的住房优惠等。

（三）抓住关键，实施重点攻坚

要立足当前人口较少民族和民族地区发展中的突出问题和矛盾，更多在就业、教育、住房、收入以及公共服务均等化等方面下功夫，真正改善人口较少民族的生活，真正提升人口较少民族的自我发展能力。在全面评估“十二五”规划实施情况的基础上，发现实现规划目标存在较大差距的人口较少民族和民族地区，探讨其不能完成目标的内在深层次原因，紧抓其核心矛盾和关键问题，提出针对性的应对策略，实施重点攻坚，如建立“十三五”规划的“正面清单”明确今后五年时间内应该做什么、怎么做、要达到什么目标等。要注意与其他规划和扶持政策（如“兴边富民”等）的衔接和协调，既要避免帮扶重叠、重复投资，更要“有所为有所不为”，与其他规划和扶持政策形成合力，切实提升扶持效率。

（四）实事求是，扩大帮扶范围

中央提出，到2020年我国要全面建成小康社会。从发展情况看，民族地区与其他地区相比仍有较大的差距，如民族8省区的生产总值之和仅相当于广东一个省的水平。因此，财力许可的条件下，有必要进一步加大对人口较少民族和民族地区的扶持力度。而扩大帮扶范围，可以把人口规模在30万和50万之间的少数民族纳入到规划扶持的范围之中；可以扩大扶持人口较少民族的区域范围，如不仅以行政村为目标，还可以把人口较少民族人口比例超过一定数值的乡、县视为帮扶目标，实行整乡推进、整县推进；根据人口较少民族和民族地区的实际需要，创新帮扶方式，增加帮扶内容。

（五）谋划长远，发展教育事业

由于历史、地理等原因，民族地区社会经济发展水平较低，地方财力十分有限，长期以来教育事业欠账太多，教育事业基础薄弱，而农村地区更甚。我们掌握的调研数据显示，人口较少民族学生占各学段学生的比例低于其人口在总人口中的比例，并且这一比例呈现下降趋势。此外，在九年义务教育阶段之后，人口较少民族学生的高中及大学升学率非常低。就贫困问题而言，最大的问题是少数民族受教育程度低、缺乏人力资本，因而影响其就业以及家庭收入。在城镇化的背景下，要消除贫困，尤其是割断贫困在代际之间的传递，最必须采取的、最有效的解决办法是大力发展教育事业。其中工作的重点有：弥补人口较少民族地区的教育欠账问题，无论是学前教育、义务教育，还是普高教育、职高教育以及成人教育，都需要按照相关建设标准解决其资金缺口问题，解决其“上学难”、“上好学校更难”的问题；鉴于人口较少民族收入低、教育成本高等特征，需要为所有处于受教育阶段的人口较少民族学生提供超过其他民族学生的补贴，进行精准帮扶，解决其上不起学的问题；适当提高教师待遇，吸引更多优秀人才，以推动人口较少民族地区教育事业的发展；试点创新，在人口较少民族地区推行包括职高教育在内的十二年义务教育；加强人口较少民族高级人才的培养，如在所有的民族院校以及部分农业大学设立民族班。

（六）重视社保，实现老有所养

从调研所掌握的材料看，人口较少民族地区的社会经济发展水平相对落后以及家庭因素，部分老人的生活非常艰难。而随着生育率的不断下降，可以预见，人口较少民族也将逐渐步入老龄化社会。因此，无论是当前抑或是未来，如何实现老有所养是“十三五”规划需要直面的问题。要解决这一重要问题，根据实际情况和现实需求探寻多种养老模式，如敬老院养老、社区养老、互助养老等，并投入相应资金进行硬件、软件设施建设；对生活困难的人口较少民族地区老人给予精准帮扶，如适当提高基础养老金标准的补助数额，或在一定年龄后给予适当的生活补贴；给予一定的资金支持，如提高人口较少民族地区参保人的补贴力度和补贴份额，进一步推进新型农村社会养老保险试点工作。

（七）扶持产业，提升增收能力

解决人口较少民族地区相对贫穷、相对落后的面貌，争取全面建成小康社会，需要大力发展包括现代农业在内的现代产业。在把握好政府与市场之间关系的前提下，根据地方特色和比较优势，鼓励和支持人口较少民族大力发展生态农业、有机农业、家庭农场、休闲农业、乡村旅游等特色产业、优势产业；发展特色和优势产业，重点培育和扶持一批具有一定前后联系效应的龙头企业；立足于特色和优势产业，为人口较少民族家庭提供技术支持、资金支持，扩大其增收渠道和增收能力；对于自然条件恶劣的地区，需要大力开展职业技术培训，为人口较少民族提供智力支持，提升其就业能力，拓展其就业渠道，促进人口较少民族人口的有序城镇化。

（八）明确权责，加强项目管理

扶持人口较少民族发展，地方政府是其中最为重要的力量。一方面，地方政府扶持人口较少民族发展需要中央政府的资金支持、顶层指导；另一方面，相比于上级部门，地方政府更了解当地实际情况，在项目的实施过程中也掌握更多的信息。显然，如何明确地方政府的权责，如何提高地方政府的积极性和主观能动性是规划目标顺利实现的必要前提。因此，需要完善现有扶持人口较少民族发展的基金管理办法，给予地方政府一定的权限，使其可以在一定条件下根据实际需要整合各种资源，以实现扶持资金效益的最大化；在上级监管之外，还需要社会力量的参与和监管，扶持项目的相关信息需要向公众公开。

青海、甘肃两省扶持人口较少民族发展调研报告*

2005 年 5 月 18 日，国务院通过《扶持人口较少民族发展规划（2005—2010 年）》，并由国家民委、国家发展改革委、财政部、中国人民银行、国务院扶贫办五部委组织实施。该规划提出，“根据党中央、国务院的要求，制定扶持人口较少民族发展规划，采取特殊政策措施，集中力量帮助这些民族加快发展步伐，走上共同富裕道路”。该规划的发展目标是，“通过 5 年左右的努力，使人口较少民族聚居的行政村基础设施得到明显改善，群众生产生活存在的突出问题得到有效解决，基本解决现有贫困人口的温饱问题，经济社会发展基本达到当地中等或以上水平。再经过一段时间的努力，使人口较少民族达到全面建设小康社会要求”。

2011 年起，中央和地方相关部门在认真总结扶持人口较少民族发展政策实施效果和经验的基础上，结合人口较少民族的发展实际，开始实施《扶持人口较少民族发展规划（2011—2015 年）》，该规划加大了扶持力度和扶持对象。该规划的实施，是我国全面深入实施第二轮扶持人口较少民族发展政策的重要标志。2014 年，在第十二届全国人民代表大会第二次会议上，国务院总理李克强说：“我国是统一的多民族国家，各民族都是中华民族的平等一员。要全面正确贯彻党的民族政策，坚持和完善民族区域自治制度，促进民族团结进步、共同繁荣发展。认真落实中央支持少数民族和民族地区发展的政策措施。扶持人口较少民族发展，继续实施兴边富民行动。”

为了全面掌握《扶持人口较少民族发展“十二五”规划》实施情况，并为编制“十三五”规划做好前期调研，国家民委经济发展司与中南民族大学联合调研组一行 4 人，于 2014 年 8 月 3 日—8 月 16 日赴青海和甘肃两

---

* 执笔人：李海鹏。

省调研人口较少民族发展情况。联合调研组分别在甘肃和青海省级层面，循化、民和、互助、天祝、肃南、积石山等县，红崖子沟、官亭和大河家等镇组织政府各部门召开座谈会。同时，联合调研组分别深入实地走访祁连玉文化产业园、国家级非物质文化遗产保安腰刀传承人、人口较少民族聚居村陈家村、韩陕家村、大墩村。调查活动得到了两省民委、地方政府部门的大力支持以及当地农户的积极配合，基本达到了预期目标。

一、扶持人口较少民族“十二五”规划实施情况

青海省和甘肃省坚持“国家扶持，省负总责，县抓落实，整村推进”的方针，紧紧围绕“加强基础设施建设，改善生产生活条件；调整经济结构，发展特色产业，促进群众增收；发展科技、教育、卫生、文化等社会事业，促进社会进步；加强培训，提高人口素质”四大主要任务，使各项优惠政策得到落实，扶持人口较少民族政策的目标、任务基本实现。

（一）两省人口较少民族的基本情况

《扶持人口较少民族发展规划（2005—2010 年）》（以下简称《规划》）将青海省撒拉族、甘肃省撒拉族、保安族、裕固族作为重点扶持的人口较少民族之一。2011 年，增加青海省土族纳入《扶持人口较少民族发展规划（2011—2015 年）》。

表 1　青海省和甘肃省人口较少民族基本情况

指标	计量单位	甘肃省	青海省
聚居村个数	个	269	333
自然村个数	个	1490	974
年末总户数	户	59781	78397
年末总人口	人	283122	340823
其中：人口较少民族人口	人	121455	270961
劳动力总数	人	152254	188599
其中：外出务工人员	人	71594	112458

（二）青海省项目资金使用情况

项目资金来源上，主要依靠中央扶持。2011—2013 年青海省人口较少民族发展项目数为 304 个，资金总额为 35113 万元，资金绝大部分来源于中央扶持资金。具体来看，中央扶持资金 34671 万元，占比为 98.74%；省级配套资金 77 万元；群众折劳折资 355 万元。从项目类别上看，基础设施建设类、生产发展类和社会发展类中央扶持占比均高达 98% 以上。

从项目资金投向看，主要用于基础设施建设，资金使用占比为 49.46%；其次是社会发展，占比为 36.66%；再次是生产发展，占比为 13.86%。

基础设施建设项目资金主要用于道路桥涵建设，占比为 66.38%，其他依次排序为人畜饮水（13.78%）、农田水利（9.60%）、村容村貌整治（7.50%）、沼气等能源建设（1.11%）、小城镇建设（1.00%）。

生产发展项目资金主要用于养殖业和种植业发展，资金占比分别为 53.63%、28.16%，其他依次排序为农副产品加工（7.84%）、少数民族传统手工艺（7.61%）。

社会发展项目资金主要用于文化体育类，资金使用占比为 93.94%，其他依次排序为教育科技（3.59%）、医疗卫生（2.46%）。

（三）甘肃省项目资金使用情况

项目资金来源上，主要依靠中央扶持。2011—2013 年甘肃省人口较少民族发展项目数为 617 个，资金总额为 40113 万元，资金绝大部分来源于中央扶持资金。具体来看，中央扶持资金 37816 万元，占比为 94.27%；省级配套资金 1960 万元，配套占比为 4.89%；群众折劳折资 337 万元，占比为 0.84%。

从项目类别上看，基础设施建设类中央扶持占比最高，为 95.54%；其次为生产发展类，中央扶持资金占比为 94.17%；再次为社会发展类，中央扶持资金占比为 88.99%。

从项目资金投向看，主要用于基础设施建设，资金使用占比为 75.96%；其次是社会发展，占比为 19.24%；再次是生产发展，占比为 3.72%。

基础设施建设项目资金主要用于道路桥涵建设，占比为 75.40%，其他依次排序为农田水利（15.20%）、人畜饮水（5.35%）、小城镇建设（2.99%）、沼气等能源建设（0.59%）、村容村貌整治（0.48%）。

生产发展项目资金主要用于种植业和养殖业发展，资金占比分别为41.02%、42.23%，其他依次排序为旅游业（11.39%）、商业设施建设（4.02%）、少数民族传统手工艺（1.34%）。

社会发展项目资金主要用于教育科技发展，资金使用占比为74.89%，其他依次排序为文化体育（19.56%）、社会保障（1.94%）、医疗卫生（1.79%）、广播电视（1.55%）、办公用房建设（0.26%）。

二、扶持人口较少民族发展“十二五”规划取得的成效

（一）基础设施建设取得重大突破，生产生活条件明显改善

扶持人口较少民族政策实施以来，青海省人口较少民族地区狠抓了一大批对加快发展具有重大带动作用的交通、水利、通讯、环保、教育、卫生等基础设施项目。人口较少民族累计获得各项扶持资金43171万元，累计完成中央专项资金4.32亿元，其中中央预算内投资1.58亿元，少数民族发展资金2.74亿元。规划实施以来，青海省积极加大基础设施建设力度，先后在9个村修建通村道路39.5公里，在42个村实施村道硬化项目，修建道路176.6公里，在31个村修建桥梁32座，有效地解决了7.89万群众出行难问题；对2000亩农田土地进行平整，新建改造农业灌溉防渗渠系27.3公里，修建防洪渠、防洪堤及防洪坝4.14公里，有效改善了耕地灌溉面积；对38个村的饮水管道进行维修，解决了16个村的人畜饮水困难，5.04万人受益；对34个村的村容村貌进行整治，有效改善了人居环境，3.23万人口较少民族群众受益；新建教育基础设施1680平方米；新建卫生室370平方米，有效解决3个村群众看病难问题；在112个村新建村级文化活动室10800平方米，在18个村新建村民文化活动广场，在66个村新建篮球场和体育健身场，丰富了当地群众的文化体育生活。

人口较少民族发展“十二五”规划实施三年来，甘肃省基础设施建设类项目数为558个，资金额为30468万元，占资金总额的75.96%。其中道路桥涵类项目418个，资金额为22973万元，占基础设施资金总额的75.40%；农田水利项目95个，资金额为4630万元，占基础设施资金总额的15.20%；人畜饮水项目35个，资金额为1630万元，占基础设施资金

总额的5.35%；沼气等能源建设项目3个，资金额为180万元，占基础设施资金总额的0.59%；小城镇建设项目4个，资金额为910万元，占基础设施资金总额的2.99%；村容村貌整治项目3个，资金额为145万元，占基础设施资金总额的0.48%。积石山县145个行政村中，141个行政村有卫生室，通沥青（水泥）路的133个，通村率91.7%，1296个自然村中通电话的1290个，能接收广播电视信号的1296个。通公路的有1203个，全县公路通车总里程达719.87公里，比2010年增加160公里。47287户农村家庭中使用集中式供水的农户21971户，占总户数的46.5%，农村通电率达100%。

（二）居民收入大幅提升，群众生活水平明显提高

青海省人口较少民族聚居区的全省人口较少民族聚居区年末总人口达到34.08万人，其中人口较少民族为27.10万人；粮食总产量和经济作物总收入从2011年的115916吨、54256万元增加到现在的126440吨、57946万元，分别增长了8%和6%；劳务输出总收入70449万元，较2011年增长了13%，农民人均纯收入从2011年的2491.96元增加到现在的4199.68元。当前，青海省人口较少民族地区人民群众精神面貌焕然一新，谋求经济发展、改变自身命运的积极性非常高涨，进一步坚定了建设全面小康社会的信心和决心。

甘肃省是全国贫困问题较为突出的省份，长期以来由于自然、历史、地理位置和文化等原因，贫困面广、贫困程度深。全省87个行政县（区）中58个被确定为国家集中连片特困片区贫困县，17个为“插花贫困县”。3个人口较少民族中裕固族主要分布在肃南县，撒拉族和保安族主要分布在积石山县。其中肃南县属于17个“插花贫困县”之一，积石山县一直以来是国家扶贫资金重点扶持的贫困县之一。“十二五”期间，通过整村推进等项目实施，人口较少民族贫困问题得到极大的缓解。积石山县农民人均年收入由2011年的2279元提高到2013年的3085元。贫困人口下降到8.63万人，贫困面下降到37.02%，人口较少民族聚居的大部分贫困村实现基本解决温饱和稳定解决温饱的目标。肃南县2011年按照新的贫困标准2300元计算，实有扶贫人口2000人。至2013年底，已减少扶贫人口1700人，现有扶贫人口300人，贫困村5个。按照国家整体脱贫标准，2013年底肃南县实现了整体脱贫。互助县实施扶持人口较少民族发展项目

成效显著。互助县自2011年实施扶持人口较少民族发展规划以来，争取到位扶持较少民族专项规划项目资金2610万元，少数民族发展资金2478万元，共计5088万元。基础建设成效明显。安排2373万元实施了106.4公里的村级道路硬化工程，项目区受益群众达7865名；安排320万元实施了5个土族行政村安全饮水工程，解决了6070名群众的饮水问题；安排77万元实施了卫生厕所、沼气池项目，为389户群众建成了卫生厕所；实施村道整治16公里。产业发展有序推进。实施刺绣、养殖、优质油菜种植、农家乐等项目。“五通十有”成果丰硕。土族聚居地区呈现出生产发展、生活改善、民族团结、社会和谐的良好局面。

（三）各项社会事业全面发展

青海省人口较少民族地区的教育、低保、医疗等社会事业全面发展。青海省先后安排项目资金6057万元，用于人口较少民族聚居区教育、文化、卫生、体育等社会公共服务事业发展。《规划》提出的“发展科技、教育、卫生、文化等社会事业，促进社会进步。实现基本普及九年义务教育，基本扫除青壮年文盲的目标。加强人口较少民族行政村医疗卫生和文化体育基础设施建设，解决各族群众看病难、文化活动场所少等问题”的任务基本实现。目前，人口较少民族地区全部完成了“普九”任务，全部建立了新型农村合作医疗制度和农村低保制度。通过3年的努力，人口较少民族地区的基础设施条件得到明显改善，群众生产生活水平逐年提高，社会公共服务事业日趋完善。人口较少民族聚居的333个行政村通路率达到95%，通电率达100%，通信息率达95.8%，通广播电视率为100%。136个村有学前教育，244个村有标准卫生室，206个村有合格文化室和农村书屋，123个村有体育健身和民族文化活动场地，273个村有办公场所，社会公共服务事业得到了有效发展。

甘肃省人口较少民族聚居区的教育、医疗事业得到全面发展。至2013年底，临夏州在151个人口较少民族聚居村都建有中心完小，3个人口较少民族聚居村义务教育阶段在校学生全部享受“两免一补”优惠政策，人口较少民族所在县市已全部实现了“普六”，大部分基本实现了“普九”。人口较少民族聚居的24个乡镇都建有卫生院，151个村建有卫生室或卫生所，实现了村村通广播电视目标。肃南县在社会事业方面整合各类项目33个，资金2064万元，建成九年义务制学校5所，六年制学校4所，幼儿园

10所。全县农牧民平均受教育年限达到7年以上，初中以上文化程度占比45%以上。各乡镇均建成了标准化卫生院，村卫生室覆盖率达到45%，广播、有线电视覆盖率和电视人口覆盖率分别达到76%、54%、96%。天祝县在人口较少民族聚居村科拉村建有一个中心完小，7个人口较少民族聚居村义务教育阶段在校学生已全部享受“两免一补”优惠政策。天堂镇人口较少民族聚居区建有1个卫生院，其余聚居村都建有卫生室或卫生所。

（四）人口较少民族地区特色经济得到快速发展

特色经济成为加快人口较少民族地区经济发展的一个有力引擎。根据人口较少民族地区得天独厚的自然、地理、气候、资源禀赋、民族传统文化等条件，青海省各地因地制宜发展民俗文化、生态旅游业、特色农业、特色林业及经济林果、特色生物产业、传统民族工艺、养殖业等特色经济，着力打造特色产业。促进土地经营权流转，发展农村专业合作社，在黄河谷地建成了“两椒一核”特色种植基地，在河湟流域建成蔬菜、特色果品种植基地；利用黄河流域丰富水资源，大力发展库区水产养殖；充分利用当地资源，大力发展农区苗木、中藏药材种植和牛羊育肥、“八眉猪”两种繁育、獭兔等特色养殖基地建设，通过扶持200多个农村专业合作社，带动1800多户群众脱贫致富。以公司加农户的形式，重点培育、扶持了伊佳、天香、黄河魂等20个农畜产品加工龙头企业和“撒拉族刺绣”、“土族盘绣”、“热贡唐卡工艺”等具有鲜明地方特色的民族传统手工业。

（五）民族文化保护繁荣发展

《扶持人口较少民族发展“十二五”规划》实施以来，积石山县200多户具有保安族特色的民居得到了修缮改造和有效保护，建成总投资1262万元的保安族民俗博物馆。肃南县开工建设了民族歌舞团排练厅和肃南县红湾寺镇旅游文化市场等扶持人口较少民族发展项目2个。新建乡文化站4个、村文化室34个、民俗民间文化保护村2个，先后编制了《甘肃炳灵寺石窟文化保护规划》、《马蹄寺石窟群文化保护规划》，开展了炳灵寺石窟岩体加固和渗水治理保护工程等文物保护单位的抢救维修保护工程。“裕固族民歌与服饰”入选非物质文化遗产国家级保护名录，永靖县炳灵寺石窟、肃南县马蹄寺石窟群由国务院公布为全国重点文物保护单位。保安族传统手工技艺“保安腰刀锻制技艺”被列入国家级非物质文化遗产名录。

（六）民族团结进一步稳固，各族人民凝聚力和向心力明显增强

扶持人口较少民族政策直接解决了人民群众最关心、最直接、最现实的诸多切身问题，得到各族干部群众的衷心拥护。扶持人口较少民族以广大各族群众的根本利益为出发点，密切了党和政府与各族群众的血肉联系，使各民族间“三个离不开”的思想意识更加牢固，鼓舞了各族干部群众自力更生、艰苦奋斗的士气，增进了各族人民之间的了解和信任，进一步增强了各族群众对祖国的凝聚力，对维护祖国统一、反对民族分裂，巩固边防、强国睦邻发挥了积极作用，增强了中华民族的自豪感、凝聚力和向心力。

例如，2014 年，大通县整合扶持人口较少民族（土族）发展项目，争取扶持资金 1130 万元，发挥聚合优势，在城关、青林、逊让、景阳、多林 5 个乡镇实施基础设施、文化传承及产业发展项目，推动人口较少民族所在地区发展。改善基础设施方面。整合资金 484 万元，改善人口较少民族所在农村基础设施建设，提升人口较少民族群众的生活水平。组织实施青林乡中庄村等 6 个村饮水安全工程，城关镇塔哇村等 3 个村 3.6 公里村级道路硬化，多林镇下浪加村村级综合办公服务中心维修，多林镇哈州村等 4 个村篮球场修建项目。传承土族文化方面。整合资金 438 万元，在城关镇、多林镇、青林乡修建 5 个土族文化室，每个文化室配备乒乓球案、乐器、音响、棋牌等文体娱乐设施；修建 5 个文化广场，每个广场修建土族特色文化长廊，彩绘体现土族渊源和发展历程的文化墙；在青林乡毛合湾村、多林镇下浪加村仿照传统土族农家院落格局，用青砖修建“松木花大房”结构土族民俗文化展览馆 2 个，馆内陈设土族生产生活用具、字画等，展示土族民俗风情，打造土族文化特色示范村。培育致富产业方面。整合资金 208 万元，重点实施逊让乡麻什藏村土鸡特色养殖、古谷家村牛羊育肥，多林镇哈州村马铃薯种植示范基地、哈州村普丰农资营销合作社建设、上浪加村蛋鸡养殖，景阳镇土关村苗木种植等项目。通过带动农户修建畜棚、集中养殖、连片种植，有力地支持了土族村产业经济的发展，拓宽了农民增收渠道。

表 2　青海省和甘肃省扶持人口较少民族发展取得的成效

指标	单位	甘肃省			青海省		
		2013 年	2010 年	新增	2013 年	2010 年	新增
贫困人口（扶贫对象）	人	152278	147784	4494	113512	130178	-16666
农牧民人均纯收入	元	2939	2207	732	4200	2438	1762
耕地面积	亩	413802	409010	4792	658930	651869	7061
其中：有效灌溉面积	亩	142331	119219	23112	141831	148613	-6782
经济林果面积	亩	74410	34859	39551	43662	55185	-11523
温室大棚	亩	1955	1535	420	14047	5422	8625
粮食总产量	吨	122459	83575	38884	126440	136926	-10486
经济作物总收入	万元	37677	20856	16821	57946	54187	3759
劳务输出总收入	万元	65608	28121	37487	70449	60067	10382
村级集体经济年收入	万元	4296	2109	2187	1622	1536	86
农民专业合作组织个数	个	234	79	155	318	160	158
农民专业合作组织成员人数	人	20436	1828	18608	5059	2310	2749
适龄幼儿能接受学前一年教育的村个数	个	148	114	34	235	217	18
参加新型农村合作医疗人数	人	234141	129331	104810	307013	293011	14002
参加新型农村社会养老保险人数	人	120593	46403	74190	189589	151300	38289
有致富带头人的村个数	个	234	191	43	253	232	21
有种养殖能手的户数	户	2725	1145	1580	3675	1873	1802
扶持新建设施农业（大棚）的户数	户	254	123	131	328	25	303
扶持新建设施畜牧业（大棚）的户数	户	2314	717	1597	742	34	70

三、扶持人口较少民族发展“十二五”规划目标完成情况

（一）“一减少、二达到”达标情况

1. 减贫率指标达标情况

甘肃省人口较少民族聚居村2010年贫困人口147784人，贫困发生率54.41%。2013年贫困人口数为152278人，贫困发生率53.78%，较2010年增加4494人，贫困发生率也仅下降0.8个百分点。较目标规划的人口较少民族聚居区贫困人口数量减少一半（76932人）的任务目标差距较大，在剩下一年多时间内实现目标难度较大。

青海省人口较少民族聚居村2011年贫困人口127236人，贫困发生率38.14%。2013年贫困人口数为113512人，贫困发生率33.3%，较2011年贫困人口仅减少13724人，贫困发生率也仅下降5个百分点左右。较目标规划的人口较少民族聚居区贫困人口数量减少一半（63618人）的任务目标差距较大，在剩下一年多时间内实现目标难度较大。

2. 农牧民人均纯收入达标情况

从增长趋势来看，甘肃省人口较少民族聚居村农民人均纯收入从2010年的2206.73元直线增长到2013年的2938.53元，增长幅度为33.16%，年均增长10.02%。与青海省平均水平比较来看，人口较少民族聚居村农民收入年均增长水平低于甘肃省平均水平（14.25%），且绝对收入差距从2010年的1217.97元，扩大到2013年的2169.23元，农民人均纯收入与青海省平均水平比值也从2010年的64.44%下降到2013年的57.53%。按照此发展趋势，要在2015年实现与全省水平相当的发展目标，其难度相当之大。

从增长趋势来看，青海省人口较少民族聚居村农民人均纯收入从2010年的2437.54元直线增长到2013年的4199.68元，增长幅度为33.16%，年均增长24%。与青海省平均水平比较来看，人口较少民族聚居村农民收入年均增长水平高于青海省平均水平（20%），农民人均纯收入与青海省平均水平比值也从2010年的63%上升到2013年的66%。按照此发展趋势，在2015年约可达到全省平均水平的70%。

3. 聚居村整体农民人均纯收入达到全国平均水平（8370元）的民族个数指标达标情况

缺乏该指标具体的数据，但从现有数据估算看，已经达到的民族：裕

固族（10705 万元）；有一定可能性完成的民族：撒拉族（5403 元）；差距较大的民族：土族、保安族。

（二）“三提高”达标情况：“五通十有”指标完成进度分析

1. 青海省：“十二五”末能完成一半（8 个指标）

已提前完成指标：户通电率、建制村通沥青路率。

预计提前完成指标：自然村广播电视覆盖率、自然村通电话率、适龄幼儿能够接受学前一年教育比率、有村办公室比率。2013 年实际已完成规划目标值的 85% 以上。

预计能够完成指标：有安居房的农户比率、村卫生室达标率、有合格文化室和农家书屋的村比率。2013 年实际完成规划目标值 60% 以上，略高于时间进度。

预计完成有难度指标：集中供水覆盖率、农家店覆盖率。2013 年实际完成规划目标值比例明显低于时间进度。

预计不能完成的指标：有体育健身和民族文化活动场地的村比率、有卫生厕所农户比率、通宽带率。2013 年完成值与规划目标值相差极大。

无法确定完成的指标：有高产稳产基本农田比率、清洁能源使用率。主要是无法准确确定当地平均水平，且无法判断当地平均水平的变化。

2. 甘肃省：“十二五”末能完成一半（8 个指标）

已提前完成指标：户通电率、有办公场所的村比率、自然村广播电视覆盖率。

预计提前完成指标：自然村通电话率、有合格文化室和农家书屋的村比率、建制村通沥青（水泥）路率。2013 年实际已完成规划目标值的 85% 以上。

预计能够完成指标：适龄幼儿能接受学前一年教育的村比率、集中式供水覆盖率。2013 年实际完成规划目标值 60% 以上，略高于时间进度。

预计完成有难度指标：通宽带率、农家店覆盖率、村卫生室达标率、有安居房的农户比率。2013 年实际完成规划目标值比例明显低于时间进度。

预计不能完成的指标：有体育健身和民族文化活动场地的村比率、有卫生厕所农户比率。2013 年完成值与规划目标值相差极大。

无法确定完成的指标：有高产稳产基本农田比率、清洁能源使用率。主要是无法准确确定当地平均水平，且无法判断当地平均水平的变化。

表3 青海省和甘肃省扶持人口较少民族发展规划“五通十有”达标比率时间进度

“五通十有”指标	2015目标值	青海			甘肃		
		达标村或户	比率	进度	达标村或户	比率	进度
建制村通沥青（水泥）路率	≥80%	290	87%	100%	198	74%	92%
户通电率	≥85%	329	99%	100%	254	94%	100%
自然村通广播电视率	≥90%	870	89%	99%	1334	90%	100%
通宽带率	≥95%	102	31%	33%	110	41%	43%
自然村通电话率	100%	826	85%	85%	1275	86%	86%
村通沼气（清洁能源）设施率	≥当地平均水平	65	20%	100%	95	35%	100%
集中式供水覆盖率	≈80	30291	39%	49%	32630	55%	69%
有安居房的农户比率	≥85%	44167	56%	66%	17319	29%	34%
有卫生厕所的农户比率	≥85%	22804	29%	34%	9821	16%	19%
有高产稳产基本农田或稳定增收产业比率	≥当地平均水平	7191	9%	100%	5189	9%	100%
适龄幼儿能够接受学前一年教育比率	≥85%	235	71%	84%	148	55%	64.73%
村卫生室达标率	≥95%	244	73%	77%	101	38%	40%
有合格文化室和农家书屋的村比率	≥85%	215	65%	76%	207	77%	91%
有体育健身和民族文化活动场地的村比率	≥85%	123	37%	44%	50	19%	22%
有村办公场所的村比率	≥85%	273	82%	96%	240	89%	100%
有农家店的村比率	≥85%	142	43%	51%	107	40%	47%

四、青海省和甘肃省人口较少民族地区存在的现实困难

（一）青海省人口较少民族地区存在的现实困难

青海省扶持人口较少民族工作虽然取得了一定成绩，但是，由于人口较少民族聚居区大多地处偏远地区，自然条件艰苦、环境恶劣，且劳动者素质低、起步晚、发展慢、经济滞后，存在较多困难。

1. 基础设施条件仍然落后

目前，333 个行政村的通路率为 95%，还有 17 个村未通路；且已经通路的 316 个村除其村委会所在地的自然村或者中心村已经实施道路硬化外，965 个自然村中的 184 个自然村村道还未硬化。这些地方群众出行仍然十分困难。

2. 通水及人畜饮水安全问题较大

因地理、环境、气候等因素制约，青海省还有 59 个村没有通安全饮用水。在已经通水的 274 个村，70% 都是就近引用山涧水、地表水或地下水，虽然通水但是水质安全没有保障。此外，因天气变化、水源枯竭，管道堵塞、渗漏等原因，15% 的村供水还存在时断时续、或有或无的现象，有的断水长达三四个月。

3. 社会公共服务事业还不完善

目前，全省还有 89 个村没有标准卫生室，118 个村没有合格的文化室和文化书屋，60 个村没有村办公场所，210 个村没有体育健身场所和民族文化活动场地。社会公共服务事业还有待进一步加强。

4. 特色产业扶持投入不足

随着经济社会发展，群众脱贫致富欲望强烈，从事特色种植、养殖和加工业的各类农村合作组织及企业如雨后春笋般地迅速发展起来。到 2013 年底，全省人口较少民族地区有 318 个农村专业合作组织。但是，这些合作组织大都规模小、层次低，主要因为缺少发展资金，难以扩大规模、提高产能、发挥效益，带动效果不明显。

5. 劳动就业培训资金投入足

因人口较少民族聚居区基础设施薄弱，有限的专项资金大多安排在基础设施建设中，使得培训资金投入严重不足，不到 1%。而受当地自然条件和可耕种土地面积较少等因素制约，农村剩余劳动力转移就业、创业的

问题就日显突出。

6. 还有一部分人口较少民族群众未纳入扶持范围

因行政区划和人口比例原因，青海省还有38个纯撒拉族群众聚居的自然村（共涉及撒拉族2785户13469人）和36个土族行政村（共75201人，其中土族12477人）没有纳入扶持规划。这些村由于地处丘陵地区，发展不平衡，基础设施不完善，缺乏产业支撑，社会事业发展滞后，民生问题突出，自我发展能力不强，但是大都是人口较少民族，急待纳入人口较少民族发展规划扶持解决。

（二）甘肃省人口较少民族地区存在的现实困难

1. 项目资金规模小，且实施程序不符合地方实际

“十二五”期间，国家扶持人口较少民族发展相比于地方发展实际，资金量偏小、单个项目投资规模较少，而按照项目测量、预算、招投标、监理等正常程序，不仅拖延项目时间，而且会极大增加项目前期成本。此外，项目资金下达迟，往往为年底下达，导致项目建设滞后一年。

2. 各种自然灾害频发，部分聚居地农牧民生存条件恶劣

甘肃省人口较少民族聚居地处偏远、自然环境恶劣。保安族、撒拉族和裕固族聚居区地势高峻、地形复杂。保安族和撒拉族聚居地80%以上的耕地为山旱地、陡坡地，自然条件严酷，农业基础脆弱，产量低而不稳，靠天吃饭问题突出，抵御自然灾害能力不强，土地产出率低，稳定解决温饱难度大。2013年甘肃省人口较少民族聚居村遭受严重自然灾害的村有174个，受灾面达64.68%。其中遭受旱灾的村有154个，旱灾受灾面达57.25%。此外，遭受水灾的村33个，受灾面达12.27%；遭受病虫害的村有68个，受灾面达25.28%；遭受冷冻灾害的村有45个，受灾面达16.73%；遭受干热风灾的村有12个，受灾面达4.46%；遭受动物疫情灾害的村有25个，受灾面达9.29%；遭受泥石流的村有15个，受灾面达5.58%；遭受地震灾害的村有5个，受灾面达1.86%。遭受其他灾害的村有19个，受灾面达7.06%。由于地理位置偏远和自然条件恶劣，2013年由于缺乏生存条件需异地搬迁的人数为14527人，占比为5.13%。

3. 基础设施条件薄弱，生产发展和民生改善困难较大

甘肃省人口较少民族聚居村大都基础设施条件薄弱，道路建设严重滞后。如临夏州尚有35个行政村不通油路，晴通雨阻的情况仍十分突出；肃

南县县乡道路总里程 1342 公里，其中油路只有 320.5 公里，仅占 23.9%，县境内只有一条二级公路，通外道路等级低，还有 6 个乡镇的 23 个村未通公交车。二是人口较少民族聚居区部分中小学校舍简陋、教学设施差。三是水利基础设施薄弱。田间工程配套设施差，灌区和提灌工程设施年久失修，供水能力严重不足，人畜饮水安全问题突出。四是部分乡镇、村的通讯、电力设施落后，群众用电难、通讯难问题突出。农村有线电视、网络覆盖率低，部分偏远山区网络通信还处于盲区。五是公共服务设施不完善，城镇化水平低。城镇给排水、垃圾、污水处理、集中供热等公共服务设施不配套。

4. 社会事业发展短板突出，学前和职业教育缺乏

一是医疗卫生条件差，村级卫生室设备简陋，缺医少药，技术人员严重不足，特别是高层次医疗专业人员十分紧缺，“看病难”、“因病致贫”问题依然存在。二是群众性文体公益性活动设施缺乏，部分行政村尚无文化活动广场和体育运动设施，无法满足人口较少民族日益增长的精神文化需求。三是教育事业发展依旧薄弱，校舍简陋、教学设备落后，教师结构性缺编与双语教师缺乏并存，尤其是学前和职业教育缺乏。学前教育师资缺乏，尚无学前教育教师编制。有些人口较少民族县尚无一所职业教育学校；建有职业教育学校的区域，也存在教学师资缺乏、教学设备简陋、教学经费不足等普遍性问题。

五、青海省和甘肃省扶持人口较少民族政策实践中存在的问题

（一）缺乏科学指导政策实践的理论体系

扶持人口较少民族发展的相关理论研究相对滞后，不足以科学地指导政策实践。20 世纪五六十年代，我国开展了包括人口较少民族在内的大规模的以民族识别为主要内容的民族调查工作，但是把人口较少民族发展问题作为一个类型集中研究并采取行动措施，则是 21 世纪初以来的事情。总体而言，由于人口较少民族大多居住在偏僻之地，社会经济发育程度低，加之人口少且居住分散，国家和全社会对人口较少民族社会经济发展情况不是完全了解。其主要原因之一就是对人口较少民族社会经济研究的缺失。为了掌握人口较少民族经济和社会发展的基本情况，为国家实施扶持

人口较少民族政策提供决策依据，2000 年 7 月，国家民委组织中央民族大学、北京大学等单位共同开展了对 22 个人口较少民族经济和社会发展问题的专题调查研究，初步掌握了人口较少民族经济和社会发展的基本情况，为国家实施扶持人口较少民族政策提供了重要的决策依据。但是，相对而言，我国扶持人口较少民族政策的实践丰富多彩，而其理论研究滞后于政策实践且显得力不从心，还不足以科学地指导政策实践。

（二）人口较少民族内部产生新的不平衡

由于我国少数民族的分布是“大杂居、小聚居”，所以国家在具体落实扶持政策时，不可能要求纳入政策范围的人口较少民族聚居村必须是 100% 的单一人口较少民族。《规划》确定主要依据是人口较少民族占行政村总人口的 30%。按照这一规定，在人口较少民族地区还有很多个村会因为没有达到 30% 的比例，而得不到相应的扶持。如青海还有约三分之一的土族和撒拉族行政村因人口达不到这一比例，所以不能纳入《规划》扶持的范围。

另外，《规划》的项目扶持是以行政村为单位，《规划》的目标要求，也只是针对行政村一级，以致有的自然村、社即使全部是人口较少民族，但由于在行政村中人口较少民族比重较小，从而未被列入扶持范围，有的相邻的两个人口较少民族自然村、社，由于属于不同的行政村，在规划外的就不能享受到国家的特殊扶持。

所以，目前只解决了行政村一级的基础设施落后和农民增收困难，而直接影响到群众生产生活的自然村（屯）一级的基础设施还非常落后。这样就势必导致处于同一区域内的同一人口较少民族，由于是否享受政策扶持的差别，产生新的发展不平衡。人口较少民族内部因为政策原因造成的不平衡发展、经济社会发展的不平衡极易导致群众心理的不平衡，而群众心理的不平衡又是滋生冲突和纠纷的温床。

（三）其他民族产生某种程度的排斥心理

从理论上来说，我国各民族在获得国家扶持上都享有完全平等的权利。但是扶持人口较少民族发展政策所追求的是加快特定民族的发展，例如在青海省就具体化为扶持人口较少的撒拉族和土族的经济社会发展。《规划》把扶持的对象确定为人口较少民族集中分布行政村。这样做的好处是可以确保扶持资金确确实实用于人口较少民族，防止政策资金的外溢，从而可以充分发挥扶贫开发资金效益，在较短的时间内就能解决人口较少民族发展面临的关键性问题。但是，人口较少民族往往是与其他民族交错杂居的，在同一区域内其贫困的程度相差不大。如果只对某个单一民族进行扶持，而同一区域内的、相同发展水平的其他民族没有特殊政策的扶持，也会造成发展的不平衡和民族情绪的滋生。以青海省为例，同样是生活在境内的回族、藏族，其生产生活条件也比较贫困，即便其与土族、撒拉族群众邻村而居，也难以从扶持土族和撒拉族发展的政策措施中享受到可能更加急需的直接、具体的帮助。这样的情况长期持续下去，很容易使其他民族的一些成员产生不同程度的排斥心理。

（四）基础设施建设与文化建设不平衡

从两省扶持人口较少民族的情况看，文化建设的不足主要表现在以下几个方面：一是国家规划安排文化基础设施建设项目少、资金少，几乎都只是用于文化活动室的土建，其他文化基础设施建设的经费严重不足。以“广播电视村村通”为例，由于国家经费安排的限制，“村村通”项目被列为经费配套工程，实施需要地方政府拿出相应的配套资金，但人口较少民族所处的地方政府普遍存在财政困难的问题，使得多数地方政府无法解决相应的配套资金，因而多数人口较少民族聚居村无法观看有线电视，多数群众都是通过自己出钱购买卫星地面接收器来收看电视节目。二是文化活动经费的缺乏使得文化室的功能无法体现。三是，文化室项目的安排存在不合理，比如农家书屋的利用率就很低。

（五）项目和资金的管理存在风险

我国的人口较少民族扶持政策的实施主要以各种项目的建设为依托，专项资金则是项目得以进行的基础。全国扶持人口较少民族项目实施情况良好，但也存在一些不容忽视的问题：

一是，项目规划与投入资金的衔接出现问题。主要体现在三个方面：首先，项目所得到的实际资金量与所需资金量差距较大，达不到应有的规模效果，使资金难以统筹安排合理配置，不可避免地出现分散、浪费和低效益现象；其次，项目申报和批复实施时间跨度大，项目资金缺口大。扶持人口较少民族的项目申报和下达资金计划的时间跨度较大，在原材料和劳动力价格猛涨的情况下，上报的资金已不能完成上报的项目规模；再次，有些项目需要地方政府拿出配套资金才能实施，由于地方财政困难、群众收入有限，个别项目的地方“自筹”资金出现问题，导致有的项目成为“半拉子工程”，或降低工程项目标准，使工程质量难以保证，项目目标难以达到。

二是，项目立项与专款专用的衔接出现问题。有的民族地方为了能够保证最大限度地、最快地使报批的项目资金得以划拨，在实际工作中曾出现了同一项目向不同的单位与部门同时申报又同时获批的情况，导致专款专用的资金重复投入于某一项目的情形发生。

三是，项目资金的流失和挤占挪用现象客观存在。人口较少民族地区有时在中央争取的专项资金，由于中间环节过多过长，可能导致项目资金不能全部用到项目上，中间流失较为严重。

（六）项目安排缺乏科学性

虽然部分人口较少民族聚居行政村制定了村级发展规划和项目设计，并且提出了具体的项目实施方案，但有些项目安排缺乏科学性，尤其是没有充分征求群众意见，比如青海省沼气池项目就存在建好用不了的问题。

六、深入实施扶持人口较少民族发展政策的建议

（一）对被扶持的民族：扩大聚居村扶持范围

结合我国人口较少民族和民族地区的现状，《扶持人口较少民族发展规划（2011—2015年）》把人口在10万至30万但发展相对落后的景颇族、仫佬族、锡伯族、达斡尔族、柯尔克孜族、土族6个民族也纳入扶持范围，由此扶持对象达到了28个。虽然扶持对象增加了，但是扶持对象的范围却没有相应地调整。2005年《国家扶持人口较少民族发展规划（2005—2010年）》确定的640个行政村的主要依据是人口较少民族占行政村总人口的30%，“十二五”规划将这一比例放宽到20%。如今，将人口较少民族占行政村总人口不足20%，但接近20%的行政村，以及将人口较少民族聚居的自然屯也纳入扶持范围的诉求非常强烈。为了防止新的民族矛盾的产生，党和政府应该扩大人口较少民族聚居村扶持范围。扶持范围扩大了，相应地就要加大资金的投入。

（二）对其他民族：由民族扶持过渡为区域扶持

扶持人口较少民族发展政策的实施是按照人口较少民族占总人口达到20%的行政村来确定的。这样做的好处是可以防止扶贫开发资源一定程度上的外溢，快速降低贫困的发生率，在短期内解决人口较少民族社会发展面临的关键性问题，从而实现“解决中国近一半少数民族发展问题的政治意义”。但是，即便是在行政村一级，人口较少民族往往也是跟其他民族交错杂居的，而且在行政村区域内，他们的贫困程度相差不大。在这样的条件下，应该将民族扶持与区域扶持相结合。

（三）加大农村基础设施建设力度，切实改善民生

相当部分人口较少民族地区仍然处于生产生活条件较差状况，道路建设、水利灌溉、人畜饮水等民生改善仍然是当地面临的迫切问题。因此，继续强化整村推进项目建设，加大对人口较少民族聚居区的道路、学校、人饮、灌溉等基础设施投入，改善群众生产生活条件。建议开展重点排查，针对生产条件恶劣、基本生活条件缺乏保障的地区进行重点专项扶持，彻底解决政策死角，切实改善民生。

（四）完善政策的绩效评估体制

上一阶段的扶持政策是以基础设施建设和产业扶持为重点，对文化建设的扶持力度不够是显而易见的。所以，该阶段对扶持政策效益的评价，主要是以单一经济发展指标作为评价的标准。然而，旨在促进人口较少民族经济、社会快速发展的人口较少民族扶持政策，关注的不应该仅仅是人口较少民族地区的社会经济各项指标的增长，更重要的应该是人口较少民族的整体进步与发展。所以，我们对人口较少民族扶持政策效益的评估应该延伸到包括经济和文化在内的宏观效益的评估，从宏观层面评估扶持政策对人口较少民族社会发展的作用。

（五）探索以文化的繁荣促进经济发展的方式

首先，要建立民族文化博物馆。民族博物馆是民族文化遗产的贮藏所和守护者，通过博物馆这个载体，既有利于保持少数民族文化的特色与内涵，又使多样的少数民族文化得到延续和传承。其次，抓人口较少民族村

寨文化建设。文化保护不能仅仅停留在图书馆里保存几本民族古籍，或在博物馆里保存几件民族文物，那是远远不够的。在下一轮扶持政策的实施过程中我们要使民族文化摆脱“两难选择”，使人口较少民族文化成为可以开发利用的资源，从而促进人口较少民族地区的经济发展。村寨文化是民族民间文化的基础，是民族文化的基本单元，它被看作是微缩的民族社会。一个典型的村寨，往往具有该民族的文化、社会组织，以监督政府政策的实施，从而能有效防止各级政府在职能发挥上产生“缺位”、“越位”等问题。

（六）加大特色产业扶持力度，重点培育富民产业

人口较少民族地区拥有自然和旅游等丰富的特色资源，加大特色资源的开发力度，重点扶持特色产业，尤其是竞争性产业扶持力度，培育富民产业。例如加快发展祁连玉石等新兴产业，打造畜牧、蛋皮核桃等特色的农牧业，着力培育以裕固风情、保安文化等为载体的旅游、商贸、运输、餐饮等第三产业，完善和延伸产业链条，使得特色产业真正成为富民产业。

（七）加强教育培训力度，提升人口较少民族发展内动力

第一，加强学前教育。建议加大资金投入力度，实现乡乡都有幼儿园的目标。给予学前教育专项教师编制，确保学前教育正常开展。第二，加强职业技能培训。建议将职业教育“一县一所”纳入“十三五”发展规划，加大资金力度，彻底解决职业教育空白县。同时，加强对已有职业学校的维修改造，加强其硬件建设。加大师资引进和培训力度，增强培训效果。第三，加强教育资源的倾斜力度。建议给予人口较少民族地区教师高于全省和所在地州教师平均工资的报酬，建立教师晋升、调动优先等导向性机制。第四，加强干部培养力度。确立大力培养和选拔人口较少民族干部的导向，着重培养熟悉人口较少民族语言、民族特色的优秀干部。

（八）加强人口较少民族地区公共服务体系建设

为人口较少民族，特别是那些守边固土不能实施移民搬迁的边民，实施更加有效的生活保障措施，使他们具有更大的生存权和更好的发展权，从根本上获得自我发展能力提升的基础条件。要注重人口较少民族地区的

医疗卫生、文化、科技等基层服务网络体系建设，针对薄弱环节进一步推动卫生室、文化活动室及民族特色博物馆的建设，提高人口较少民族聚居区基本公共服务水平；不断提高社会保障水平，进一步建立和完善新型农村合作医疗、新型农村养老保险、农村居民最低生活保障等社会保障制度，使其全面覆盖人口较少民族聚居区。

新疆维吾尔自治区扶持人口较少民族发展调研报告*

为了全面掌握《扶持人口较少民族发展“十二五”规划》实施情况，并为编制“十三五”规划做好前期准备工作，由国家民委经济司扶贫处和中南民族大学组成的调研组于2014年8月17日—25日期间，对新疆扶持人口较少民族发展作了专题调研。

调研组一行深入阿勒泰地区、伊犁哈萨克自治州、昌吉回族自治州3地6县2市（哈巴河县、布尔津县、阿勒泰市、伊宁市、新源县、察布查尔县、奇台县、吉木萨尔县）1个民族乡（奇台县大泉塔塔尔族乡）的14个人口较少民族居住村展开深度调研，全面收集资料。调研中，共举行县级座谈会3次、乡级座谈会1次，村级座谈会3次，参观各类项目基地及公司企业23处，听取相关负责人汇报二十余次，并对28户农牧民进行了面对面的访谈。调研组认为，“十二五”期间，新疆维吾尔自治区党委、人民政府认真贯彻落实中共中央关于扶持人口较少民族发展的各项政策措施，新疆人口较少民族发展取得了一定的成效，“十二五”规划部分目标已经实现。在此过程中，该地区也积累了一些较好的、值得推广的经验和做法，但由于客观条件及其他各种因素限制，“十二五”规划部分目标较难完成，特别是减贫率这一指标很难完成；并且，新疆人口较少民族发展呈现出一些新的亟待解决的难题，需要在“十三五”规划中继续予以更多、更强有力的支持。

---

* 执笔人：陈全功

一、新疆人口较少民族发展“十二五”规划实施情况

（一）新疆人口较少民族基本情况

新疆“十二五”期间扶持的人口较少民族有8个，分别是塔塔尔族、乌孜别克族、俄罗斯族、塔吉克族、撒拉族、达斡尔族、柯尔克孜族、锡伯族等8个民族，主要分布在伊犁、塔城、阿勒泰、昌吉、阿克苏、克州、喀什、和田等8个地州、36个县市、161个乡镇、402个人口较少民族聚居行政村，总人口为450745人。“十二五”规划实施以来，新疆各地各部门按照“国家扶持、省负总责、县抓落实、整村推进”的方针，坚持科学发展、以人为本，统筹规划、多方配合、形成合力，实施了一批群众直接受益的项目，解决了一些群众面临的实际困难。人口较少民族聚居区基础设施建设进一步加快，生产生活条件明显改善，特色经济迅速发展，社会事业稳步推进，当地群众的自我发展能力显著提高。

（二）主要目标完成情况

1. “五通十有”目标正在逐步实现

2013年，通油路的村283个，完成目标任务的70.39%；通电的村345个，完成目标任务的85.82%；通广播电视的村346个，完成目标任务的86.06%；通信息（电话、邮、宽带）的村326个，完成目标任务的81.09%；通沼气的村115个，完成目标任务的28.60%；有安全饮用水的村246个，完成目标任务的61.19%；有卫生厕所的村169个，完成目标任务的42.03%；有安居房的村359个，完成目标任务的89.30%；有稳定解决温饱的基本农田（草场、经济林地、养殖水面）的村327个，完成目标任务的81.34%；有卫生室的村295个，完成目标任务的73.38%；有公共文化室的村285个，完成目标任务的70.89%；有农家书屋的村264个，完成目标任务的65.67%；有体育健身场所的村129个，完成目标任务的32.08%；有活动中心的村179个，完成目标任务的44.52%；有农家超市的村128个，完成目标任务的31.84%。

2. 贫困人口逐步减少

据统计，2011年新疆人口较少民族中贫困人口（扶贫对象）为

131483 人；2012 年为 122338 人，比上年减少 9145 人；在此基础上，2013 年贫困人口进一步减少为 120003 人。两年来共减少贫困人口 11480 人，减贫率为 8.73%，较目标规划的人口较少民族聚居区贫困人口数量减少一半（65741 人）的任务目标差距较大，在剩下一年多时间内实现目标难度极大。2010 年扶贫移民搬迁 450 户，2011 年 869 户，2012 年 1790 户，2013 年 1803 户。

3. 民生保障水平不断提高

农牧民人均纯收入逐年增加。2011 年，人口较少民族聚居区农牧民人均纯收入为 5050.43 元，2012 年为 5731.34 元，2013 年为 6360.65 元。2013 年比 2010 年增加了 1310.22 元，增长了 25.94%。

参加新型农村合作医疗人数逐年增加。2011 年，人口较少民族聚居区参加新型农村合作医疗人数为 368880 人，2012 年为 383024 人，2013 年为 401638 人。

参加新型农村养老保险的人数逐年增加。2011 年，全区人口较少民族聚居区参加新型农村养老保险的人数为 148841 人，2012 年为 163945 人，2013 年为 173596 人。

（三）调研地区典型县（乡）主要目标完成情况

1. 察布查尔县

察布查尔县是全国唯一以锡伯族为主体的多民族聚居的自治县，同时也是国家扶贫开发工作重点县、边境县。全县总面积 4485 平方公里，辖 13 个乡镇、1 个国营农场、1 个农村经济管理中心，全县总人口 19.8 万人（含兵团人口），由 25 个民族组成，少数民族占 72%，其中锡伯族为 2.1 万人。2013 年，全县实现生产总值 41.53 亿元，增长 16%。完成规模以上工业增加值 4.68 亿元，增长 18.5%。公共财政预算收入 3.25 亿元，增长 25%。全社会完成固定资产投资 77.38 亿元，增长 17.2%。社会消费品零售总额 2.66 亿元，增长 15.2%。城镇居民人均可支配收入达 15615 元，增长 11.3%。农牧民人均收入 9992 元，增长 15.2%。

（1）基础设施保障水平尚待提升

截至 2012 年底没有通二级及以上公路、乡镇通沥青（水泥）路率为 0；建制村通沥青（水泥）路率为 89.06%；有客运站的乡镇比率为 0；建制村通班车率为 0；耕地有效灌溉率 92.93%；使用集中式供水的户占比

0；自然村广播电视覆盖率45.31%；通电话率为100%；行政村通宽带率为0；有农贸市场乡镇比率为0。

（2）民生保障水平尚需提高

劳动就业公共服务机构不达标；无综合社会福利中心；县级殡仪馆不达标；乡村医疗卫生机构达标率79.41%；有安居房的农户比率15.22%；乡镇综合文化站达标率0；县文化馆不达标；县图书馆达标；没有新华书店；没有人口较少民族标志性文化设施；没有文艺院团；没有公共体育场馆；没有示范性街道（乡镇）社会工作服务中心、社区社会工作站的乡镇。

（3）自我发展能力提升较为明显

全部乡镇均设立金融机构；2012年县域法人金融机构存款增长11.24%，贷款下降4.35%；城镇居民人均可支配收入14061元，增长16.07%；人均社会消费品零售总额1215.58，增长15.75%；城镇化率15.79%。

2. 奇台县大泉塔塔尔族乡主要目标完成情况

奇台县大泉塔塔尔族乡成立于1989年7月，是全国唯一的以塔塔尔族为主体的民族乡。全乡总面积1349平方公里，总人口971户4449人，分属塔塔尔、哈、汉、维吾尔、回、蒙古等民族，少数民族占总人口的78%，其中，塔塔尔族1379人，占总人口的31%。

（1）基础设施保障水平基本达到目标

完成的有：2011年已经通油路、通电；截至2013年建制村通班车率为100%；耕地有效灌溉率95.40%；使用集中式供水的户占比91.64%；户通电率96.09%；自然村广播电视覆盖率、通电话率均为100%；行政村通宽带率为100%；拥有农贸市场。

未完成的有：没有客运站。

（2）民生保障水平不断提高

已完成的指标有：乡村医疗卫生机构达标率为100%；乡镇综合文化站已经达标；有合格文化室和农家书屋的行政村比率100%；拥有人口较少民族标志性文化设施；乡镇公共体育设施已达标。

未完成且压力较大的指标有：没有建立敬老院或福利院；没有示范性街道（乡镇）社会工作服务中心、社区社会工作站。

部分完成的指标有：新型农村社会养老保险参保率由2011年41.67%

提升到 53.38%；新型农村合作医疗参合率由 2011 年 83.15% 提升到 87.41%；有安居房的农户比率由 2011 年 46.04% 提升到 63.70%。

（3）自我发展能力提升明显

城镇居民人均可支配收入由 2011 年的 9703 元增长到 2013 年的 12452 元，增长率为 43.08%；人均社会消费品零售总额由 2011 年的 7137.58 元增长到 2013 年的 8561.47 元，增长率为 19.95%；技能劳动者比率由 2011 年的 6.06% 提升到 2013 年的 6.56%。

二、主要做法和经验

"十二五"以来，新疆扶持人口较少民族发展工作开展顺利，成效显著，其主要做法和经验归纳为以下五个方面：

（一）领导重视，组织管理有序

新疆维吾尔自治区党委、人民政府高度重视扶持人口较少民族发展工作。2011 年 2 月，自治区召开领导小组专题会议，对"十二五"期间做好人口较少民族发展工作提出"以保障和改善民生为出发点，以增加农牧民收入、增强自我发展能力为目标"的总体要求。2013 年 6 月，自治区人民政府调整、充实了扶持人口较少民族领导机构和成员单位，并要求各人口较少民族聚居州、县成立领导小组，全力推进该项工作。各级民委通力协调，抓好规划，落实项目，定期监督检查，形成一套有效的工作机制和方法，取得良好效果。

调研过程中，各人口较少民族聚居州、县和乡领导，汇报了近年在扶持人口较少民族发展工作中实施的政策和措施，展示了各项措施所带来的成效，基层部门对民委的组织协调以及实施的项目给予高度评价；受访农牧民对党和国家的扶持政策非常感谢，满意度高。有序的组织管理，也使得投入资金不出差错、不被挪用，项目执行顺利。

（二）规划先行，以项目引领各项工作

为落实扶持人口较少民族发展工作，自治区政府结合区域实际，将国家扶持人口较少民族发展"十二五"规划细化和具体化，编制和印发《新疆维吾尔自治区扶持人口较少民族发展规划》，储备项目 2771 个；自治区发改委还编制完成《新疆维吾尔自治区扶持人口较少民族发展"十二五"

专项建设规划》，规划项目1191个。人口较少民族聚居区所在的8个州、36个县，均制定了相应的扶持人口较少民族发展规划，并指导完成402个人口较少民族聚居村“十二五”发展规划，确保各项工作的顺利开展。

扶持人口较少民族发展工作涉及经济、社会、文化、生态各个方面，没有规划、胡子眉毛一把抓就会导致党和国家的扶持政策落实不了。新疆自上而下，先立规划，后建项目库，将资金落实到实处，有计划、有步骤地推动人口较少民族发展。调研过程中，各县、各乡和各村谈及的均是项目安排情况、实施情况，调研组看到的也是一个一个的项目实施情况。例如，哈巴河县喀拉阿尕什村，有乌孜别克族12户58人，“十二五”期间被纳入扶持范围，落实了3个项目273万资金，涉及畜牧、节水灌溉、村级道路。这种以项目为载体，具体实在、不放空炮接地气，取得良好效果，让国家的扶持政策落到实处。

（三）资源整合，集中资金办实事

扶持人口较少民族发展需要大量资金投入。按照国家财政支出有关规定，人口较少民族扶持资金以村为单位划拨，数量有限。新疆在推进扶持人口较少民族发展工作中，整合各部门资金，结合定居兴牧、安居工程、特色村寨、兴边富民项目，集中力量办大事，取得良好效果。例如，布尔津县冲乎尔镇阿克阿依日克村结合该县实施的定居兴牧工程项目，于2012年投入50万元为农牧民定居点修建了25座棚圈。奇台县大泉塔塔尔族乡，“十二五”期间共整合中央预算内资金1873.8万元，涉及项目15个，为该乡道路建设、节水灌溉、特色民居、农牧民实用技术培训、村级文化活动中心建设等，其资金来源有扶持人口较少民族发展资金、兴边富民资金。

（四）民生与产业发展同步推进

新疆把改善民生、提高农牧民自我发展能力作为扶持人口较少民族发展工作的主要目标。因此，在项目安排中对民生和产业发展两大块非常重视，投入较多，成效也较显著。

民生方面，主要扶持人口较少民族农牧民的道路建设、饮用水、棚圈、用电建设，打通“最后一公里路”，挖掘“最需要的一口井”，起着花最少的钱办最实际的事、雪中送炭的作用，弥补其他资金项目所没有完成的工作。例如，布尔津县冲乎尔镇阿克阿依日克村定居点面临一道河沟，需要修建一座村组石桥，但交通部门没有这一规划，资金无法落实。2014年该村申请的扶持人口较少民族发展资金80万元获得批准，已经进入项目实施阶段，干群的满意度很高。

产业方面，人口较少民族发展资金主要扶持特色经济发展，如手工艺培训、蔬菜种植、牛羊养殖、有机水稻种植等，为人口较少民族农牧民提供了多种就业机会，增加了家庭收入。例如，奇台县塔塔尔族乡利用人口较少民族发展培训及购置刺绣设备项目资金的支持，投入500万元对当地一些妇女定期进行手工刺绣和机器绣的培训，兴建刺绣产业园，其产品远销区内外及英国、哈萨克斯坦，既让妇女参与劳动，又增加了农牧民家庭收入。再例如，察布查尔县于2013年下达人口较少民族发展资金569万元，实施项目6个，其中产业发展项目3个，资金293万元。调研组考察的纳达齐牛录乡优质水稻种植项目，扶持资金100万元，新建优质水稻2500亩，人均增收400元；绰霍尔乡龙沟村设施蔬菜基地建设项目，扶持资金90万元，建设拱棚450座，户均增收2万元以上。

（五）把民族团结进步创建活动融入扶持人口较少民族发展工作中

新疆在扶持人口较少民族发展过程中，紧密结合民族团结进步创建活动，二者相互融合，既促进了区域和农牧民发展，也增进了各民族感情，维护了社会稳定。具体做法体现在两点：一是在项目安排上，不是将资金简单地平均分配给各人口较少民族农牧民，而是以村组为单位进行项目扶持，该项目既惠及人口较少民族农牧民，也惠及同村组的其他民族群众。例如，调研地哈巴河县喀拉阿尕什村安排的饮用水项目、村组道路修建项目，使得村内所有民族群众受益。二是在具体工作过程中，注意将民族团结和经济社会发展结合起来，在扶持过程中广泛宣传党和国家的政策，营造和谐氛围。特别是新疆地区推行的访民、惠民、聚民的“三民”活动，让广大干部深入到农牧户中，摸清楚了基层情况，凝聚了各民族群众感情，创造了一个和谐、稳定的社会局面。

三、存在的主要困难和问题

由于新疆地广人稀，自然条件恶劣，维护民族团结和社会稳定任务较重，“十二五”规划实施过程中，面临一些困难和问题，主要表现在：

（一）基础设施依然薄弱，瓶颈制约大量存在

新疆人口较少民族多聚居在偏远贫困山区、绿洲外围、高寒牧区、边境一线，且受历史、自然等诸多因素影响，区域内基础设施薄弱。特别是村组公路、牧道、饮水、棚圈、定居安居房等，急需加大投入予以改善。

按照“十二五”规划评估方案，新疆“五通十有”达标率整体水平还比较低。如克孜勒苏柯尔克孜自治州 124 个人口较少民族聚居村中，未通公路的村 60 个，占总数的 48.4%；未通电的村 38 个，占总数的 30.6%；未通广播电视的村 28 个，占 22.6%；未通信息（宽带）的村 46 个，占 37.1%。

在调研过程中，调研组看到部分农牧民的居住、饮水、卫生医疗、文化娱乐等设施简陋，甚至欠缺，生产生活条件相当艰苦，需要扶持的资金相当大。例如，为定居点农牧民打一口 120 米深的水井，需要几万元；修建一个定居房，需要 10 万元以上。由于人口较少民族农牧民本身较为贫困，根本拿不出相应的资金，导致饮水难、定居难、行路难、看病难等问题出现。因此，在十三五期间，需要创新资金投入方式，加大投入力度，改善基础设施建设，破解发展制约瓶颈。

（二）贫困问题仍然突出，农牧民增收渠道单一

在新疆，特别是南疆地区，一些人口较少民族聚居村长期以来以牧业为主，从事农业生产效益不高，所在村组地处边远，信息闭塞，加之农牧民群众整体科学文化素质不高，思想观念比较落后，主动致富能力不强、“等靠要”思想严重，因此，贫困问题仍然突出。在新疆南疆人口较少民族聚居区，95%的是贫困村。按照新扶贫标准，新疆地区人口较少民族聚居区家庭人均纯收入低于 2300 元的扶贫对象有 40.29 万户 176.87 万人，分别占全疆扶贫对象 78.23 万户 329.77 万人的 51.5%、53.6%，贫困人口比例最高的塔什库尔干县（塔吉克族）达到 74.29%。

长期以来，新疆农牧民的生产比较单一，增收渠道较少，脱贫难度较大。例如，哈巴河县的塔塔尔族村，以种植业、畜牧业结合的生产方式为主，其中放牧所得仅能维持家庭生活资料，种植小麦、玉米受自然气候影响，特别是水源不足的影响较大，收获有限，因而贫困人口较多。

（三）产业发展后劲不足，传统农牧业急需提升

新疆人口较少民族的产业主体是农牧业，第三产业刚刚起步。对于大多数农牧民家庭来说，农牧业就是单一的种植、放牧，产品相当原始，以自产自销为主。例如，塔吉克族是一个以畜牧业为主的民族，但其生产还停留在比较原始的方式上，至今仍沿袭逐水草而居、逐水草而牧的生产方式，夏季上山放牧、秋冬季下山圈养，牛羊肉和奶以自己食用为主，养殖效益较低。人口较少民族农牧民普遍缺乏畜产品加工意识，也缺乏相应的技术和能力，导致产业链条短、产品单一，传统农牧业需要改造升级。

近年来，人口较少民族聚居区尝试发展旅游业和手工业，取得一定效果。例如，察布查尔县的锡伯风情园、新源县的“中国哈萨克族第一村”和那拉提草原项目、塔城市的俄罗斯民俗风情街项目、木垒县的乌孜别克民族文化旅游项目，以及奇台县的塔塔尔族刺绣等，初步构建旅游业、手工业、农牧业复合发展的产业模式。但是，新疆其他地区的产业发展还比较落后，旅游业还处于粗放、分散的初级阶段。

（四）民族传统文化保护和发展面临困难

新疆人口较少民族大多拥有独具魅力的传统文化，但是，在经济社会发展中，一些民族的传统文化正在流失和消亡。在城市和乡村建设大潮中，一些独具特色的民族房屋、民居被钢筋水泥取代；在紧张繁忙的工作和生活压力下，少数民族舞蹈和歌唱被快餐式的电子娱乐所蚕食。例如，塔塔尔族“撒班节”被列为第三批国家级非物质文化遗产名录，但具有塔塔尔族特色的民族建筑十分少见，很少有人穿着民族服饰，民族歌舞也只有在重大节日的时候才能见到。由于人口少，其民族语言面临着巨大挑战。例如，塔塔尔族的20世纪八九十年代出生的孩子，对自己民族的文字已经很少能书写了，在继承和发展本民族文化方面存在着很大的困难和问题。

（五）劳动力素质仍然较低，干部队伍建设亟待加强

由于居住分散、生产方式特殊，新疆人口较少民族的教育发展难度较大，群众文化水平普遍较低。调研过程中发现，一些受访农牧民不会说普通话、不会写汉字，双语教育亟待发展。有些受访的青年牧民在初中毕业

后就不愿读书，回家放牧，过着与祖辈相同的生活。一些人口较少民族聚居县市推行定居兴牧、退牧还草工程后，出现了剩余劳动力，但由于缺乏技能，他们都不愿、不敢外出打工，处于闲居状态，可能导致不安定因素的形成。

新疆人口较少民族聚居区人才干部队伍总量相对不足，基层急需人才和公共服务。在所调研地区，担任县市乡主要领导的人口较少民族干部很少，人口较少民族群众的呼声在政治层面不容易实现。

（六）扶持工作机制仍需完善

新疆在扶持人口较少民族发展工作中，严格管理，遵守财政纪律，保证了资金有效使用。但有两个方面需要完善：

一是扶持模式和扶持对象比较狭窄、死板，以人口较少民族聚居村为单位来安排项目资金，要求扶持到户。这样，一些人口较少的民族乡、民族县，直至民族州都没有纳入到扶持范围之中；一些村为了防范群众之间产生矛盾，将项目资金平均使用。这种“以点带面、以户带区”的扶持模式，使得干部群众均产生较大意见。干部的意见是：人口较少民族乡、自治县、自治州，因纳入的村少而获得的专项扶持资金较少，虽有其名没有其实，无法开展该地区的扶持工作。人口较少民族群众的意见是：扶持的应该是人口较少民族，要专款专用，不能用在其他民族农牧户乃至整个村组之中。

二是扶持资金安排实行轮流制、单一制。有些县市在扶持项目和资金安排的时候，对全县各乡镇各村情况进行通盘考虑，统筹使用：某村镇如果得到诸如兴边富民、特色村寨、部门扶持资金项目，就不会再考虑人口较少民族发展资金，有一就不能有二；这样，一些人口较少民族村镇可能几年都不能获得相应扶持，扶持力度大大减弱。

（七）资金管理和项目实施步调不一致

调研过程中，新疆人口较少民族聚居州、县、乡普遍反映，上级扶持资金往往存在到位滞后问题，导致资金和项目实施脱节。例如，阿勒泰地区反映，由于该地区入冬较早，如果扶持资金到位晚，进入冬季后就无法实施项目建设，影响了项目及时启动和工程进度，致使有些项目推迟施工，资金停留在账面，有的只好来年跨年度使用。

四、“十三五”期间扶持人口较少民族发展的建议

总体思路：深入贯彻落实科学发展观，坚持各民族共同团结奋斗、共同繁荣发展的主题，以全面建设小康社会和构建社会主义和谐社会为目标；以切实改善民生为核心，加强基础设施建设，提升发展保障能力；以增强人口较少民族自我发展能力为主线，培育壮大特色优势产业；转变发展方式，发展文化教育事业，切实提升人口素质，提高人口较少民族人民生活水平；加强民族文化建设，促进民族文化大发展大繁荣。

（一）整合各类政策和资金来源，加大对基础设施建设的投入

目前，国家对包括人口较少民族在内的少数民族地区给予了多项扶持政策，既有国家惠农政策的支持，又有专项用于少数民族和民族地区的政策支持，但这些政策在很多地方都是“各自为政”，合力不强。“十三五”期间，应强化各类政策和资金的有效整合，集中力量，充分发挥政策和资金的集聚效应。重点是加强民生工程和基础设施建设。一是加大水利工程建设，特别是重点水资源配置工程建设和人畜安全饮水工程建设。二是加快交通建设。进一步加快人口较少民族聚居区通县（市）公路、重要的口岸公路、国边防公路和农村公路建设，包括乡村道路和牧道的改建扩建建设。三是加快推进电力建设。加大电网建设投资力度，大幅度提高跨地区输电能力。大力发展人口较少民族聚居地区农村小水电、风能、太阳能等清洁能力，有效解决边远山区牧民缺电、少电和无电的问题。

（二）优化产业结构，立足资源优势发展特色产业

一是大力推进农牧业现代化。强化特色农牧业的基础地位，积极调整农牧业结构，大力发展特色农作物生产。将特色林果业打造成为新疆人口较少民族聚居区农民增收的重要支柱产业。畜牧业要加强推进畜群畜种的结构合理化，促进传统畜牧业向现代畜牧业转变。现代设施农业的重点是发展设施农产品加工和储藏保鲜业，创建一批设施农产品品牌。二是农牧业产业化经营。要加大对养殖业龙头企业、农产品加工龙头企业、农产品储藏保鲜和产地批发市场的扶持，延长农牧业产业链，促进新疆人口较少民族聚居区农村发展合作经济，鼓励和引导工商资本到人口较少民族聚居

村发展适合专业化经营的现代种养殖业，向农业输入现代化生产要素和模式。同时，积极搭建营销平台。建立从农产品生产、加工、运输、仓储、配送到消费的现代一体化的农产品物流体系。三是实施农产品品牌战略，培育和壮大民族品牌产业。大力发展民族医药、民族手工业、民族特色餐饮、民族特色建筑业、民族文化产业等。建设一批集制作、培训、销售、展示为一体的，体现民族地域特点的民族刺绣、民族服饰、民族刀具、民族地毯、民族家具、民族乐器、民族饰品、民族餐饮、民族旅游等特色劳务基地，吸纳人口较少民族聚居地区富余劳动力就地就近转移就业。四是加快产业园区建设。充分发挥伊宁、塔城等人口较少民族聚居地区现有国家级边境经济合作区的作用，加快建成一批国家级的边境经济技术合作区。通过对口支援等方式，在有条件的人口较少民族聚居县（市）建设产业园区，使之成为带动人口较少民族聚居区经济社会发展的重要增长点。五是发展人口较少民族特色文化旅游。通过充分挖掘和发展人口较少民族特色文化旅游，吸引世界各地的文化旅游者。

（三）改进扶贫模式，完善扶持机制

一是点面结合，以区域发展带动人口较少民族地区发展。增加扶持模式和扶持对象的灵活性，以人口较少民族群众为扶持对象，将人口较少的民族州、民族县，直至民族乡都纳入到扶持对象中来。二是大力培育龙头企业、农村合作组织，通过畜牧联营、草畜联营等途径，建立企业和农户之间的利益共享、联系紧密的双向合作模式。三是大力实施新型农民培养工程，着力培养贫困地区农村特色产业示范带头人，科技种植养殖能手和农民经纪人，切实增强人口较少民族群众的自我发展能力。四是在政策设计上，要充分发挥将人口较少民族发展项目的实施与调动群众生产生活积极性相结合，发挥项目区群众参与项目实施的热情和主动性，推动农牧民实现自我管理的能力和水平。

（四）大力发展教育事业，提升人口素质

没有教育的先行，就无法建立与发展相匹配的外部环境。大力发展教育事业，加强人才队伍建设是人口较少民族地区发展的内在动力。一是加强农牧民生产技能培训。紧紧围绕畜禽养殖、特色旅游、民族特色产品开发，有针对性地开展技能培训，进一步提高人口较少民族村农牧民群众的

生产经营水平。二是通过培育一批思路广，脑筋活的农村经纪人，有计划、有组织、有规模地引导人口较少民族村富余劳动力有序转移，促进农牧民增收致富。三是通过与对口高校进行合作，定向培养人口较少民族的高素质人才。

（五）加强民族文化建设，注重民族传统文化的保护与发展

一是加强公共文化基础设施建设。加强人口较少民族聚居区地州、县级图书馆、文化馆、广播电视台和发射台（站）、互联网公共信息服务、新华书店等公共文化基础设施建设，在“十三五”期间，力争实现402个人口较少民族聚居村都有文化室、图书馆、科技室。重点建设一批人口较少民族标志性文化设施（如民族博物馆、民俗博物馆、生态博物馆或民族文化体育广场等）。继续在人口较少民族聚居区实施广播电视村村通工程、农村电影放映工程，以及新闻出版“东风工程”，以满足人口较少民族农牧民学习知识文化的需要。二是大力开展人口较少民族文化事业。加大对新疆人口较少民族文化产品、优秀广播影视作品翻译制作的扶持力度，支持新疆人口较少民族语言文字出版单位基础设施建设和生产设备技术改造，推进新疆人口较少民族语言文字规范化、标准化和信息化处理。三是支持对外文化交流。大力推荐新疆人口较少民族优秀舞台艺术作品走出国门，不断拓展对外文化交流合作渠道，通过与周边国家举办各种文化交流活动，扩大新疆人口较少民族文化的辐射力和影响力。四是保护民族文化遗产。继续扶持新疆人口较少民族优秀精品项目和濒危文化遗产挽救性保护，重点加强丝绸之路遗产地挽救性保护设施项目。加强对新疆人口较少民族文化传承人的保护和培养。五是非物质文化遗产挖掘和保护。加大对入选国家和自治区级非物质文化遗产名录的人口较少民族文化遗产的保护力度，培养非物质文化传承人，建立非物质文化遗产资源数据库及网络，充分挖掘新疆人口较少民族文化遗产，完善非物质文化遗产名录体系，编撰出版非物质文化遗产系列丛书，实现非物质文化遗产记录呈现项目，落实项目保护措施。

（六）拓宽资金投入渠道，出台金融扶持政策

一是继续加大对新疆人口较少民族聚居区的财政转移力度。中央财政建设资金、其他专项建设资金、各项财政扶贫资金适当向人口较少民族聚

居区倾斜。积极引导、争取政府机构、社会团体及对口支援、个人援助、捐助资金投向人口较少民族聚居区。二是出台金融扶持政策，鼓励政策性金融机构、商业性金融机构以及新型农村金融机构在新疆人口较少民族聚居区设立营业网点，加强金融服务力度。引导金融机构继续对民族贸易和民族特需商品生产贷款实行利率优惠政策，支持新疆人口较少民族特色工艺和产业发展，加大对新疆人口较少民族聚居区发展种植业、农业产业化、民族文化旅游产业等的支持。鼓励金融机构积极探索与新疆人口较少民族发展专项项目和资金合作开发模式，重点支持新疆人口较少民族聚居区基础设施建设和富民安居、定居兴牧工程建设。

（七）注重人口较少民族干部的培养和使用

人口较少民族人才是党和政府联系群众的桥梁和纽带。人口较少民族聚居地区的较少民族来自本民族群众，植根于本民族地区。他们对改变本民族地区的落后面貌、提高本民族的生活品质，有着普通干部替代不了的责任感和使命感。同时人口较少民族聚居区的人口较少民族干部与本民族群众有着天然的联系，知晓本民族群众的思想感情和要求愿望，这使得他们在大力宣传贯彻党的路线、方针、政策的同时也能确实反映本地群众的基本要求，因此要加大对人口较少民族的人才培养和智力扶持。建议国家拿出一定量的资金支持人口较少民族技工和技术人员地、县、自治区三级培训；建议国家民委牵头组织对人口较少民族中、高级人才进行培训；建议实施人口较少民族干部交流、任用以及培养计划。

（八）完善项目规划和资金管理工作

一是加大对各级项目工作人员的培训力度，举办高层次、高水平的培训班，切实提高业务人员整体素质和工作能力。二是建立动态规划调整机制。完善规划体系建设，落实规划跟踪评估机制，及时发现经济运行中出现的偏差和失调，认识到规划实施中存在的问题，适时调控规划目标和任务，并根据评估结果，建立科学的论证机制，将规划内容调整动态化、程序化、标准化，提高调整决策的灵活性、针对性和有效性。三是加强少数民族发展资金项目管理，确保资金项目安全运行。要继续严格执行项目评审制度，严把项目质量关，减少资金项目重复浪费和低层次徘徊。及早做好调查研究，广泛征求意见，对可行性强、见效快、能够带动农牧民群众增收致富的项目尽快纳入项目库计划，增加项目储备。进一步规范考核评价机制，破除资金项目分配环节的平均主义，坚持以项目实施的社会经济效益为导向，严格执行奖惩制度，激励各地做好资金项目的主动性和积极性。要进一步做好资金项目监督检查力度，定期或不定期对各地项目执行情况进行督导检查，对违规使用资金项目的情况，要果断采取通报批评、限时整改、领导约谈、调减项目资金额度等方式处理，确保少数民族发展资金项目落到实处。

第四篇　省区扶持人口较少民族发展总结报告

Chapter 4　Regional Executive Summary Report on the Support for the Development of Small Minority Nationalities

内蒙古自治区实施《扶持人口较少民族发展规划（2011—2015年）》情况总结*

一、内蒙古自治区《扶持人口较少民族发展规划（2011—2015年）》工作开展情况

（一）内蒙古自治区人口较少民族基本情况

“十二五”期间，我区共有4个民族（即达斡尔族、鄂温克族、鄂伦春族、俄罗斯族）被列为人口较少民族进行扶持，较“十一五”增加了达斡尔族。这4个人口较少民族主要分布在我区呼伦贝尔市的扎兰屯市、根河市、额尔古纳市、阿荣旗、莫力达瓦达斡尔族自治旗（简称莫旗）、鄂伦春自治旗、鄂温克族自治旗、牙克石市、陈巴尔虎旗（简称陈旗）9个旗（市）、49个苏木（乡、镇）、192个嘎查（村）。据2014年底统计，我区人口较少民族聚居的9个旗市总人口219.33万人，其中人口较少民族13.80万人，占比达到6.29%；3个人口较少民族自治旗总人口66万人，其中人口较少民族11.26万人，占总人口的17.06%；12个人口较少民族乡总人口10.97万人，其中人口较少民族2.5万人，占总人口的22.79%；192个聚居村总人口130221人，其中人口较少民族63649人，占总人口的48.88%。

（二）项目资金落实情况

自进入十二五以来，我区围绕《扶持人口较少民族发展规划（2011—2015年）》提出的“到2015年，人口较少民族聚居村基本实现‘五通十有’，人口较少民族聚居区基本实现‘一减少、二达到、三提升’”目标，充分发挥各级党委、政府主导作用，积极引导各部门认真实施《扶持人口

---

* 内蒙古自治区民族事务委员会

较少民族发展规划（2011—2015 年）》。2011—2014 年，我区人口较少民族聚居的 9 个旗市，尤其 3 个自治旗、12 个人口较少民族乡及 192 个人口较少民族聚居村共获得各类扶贫资金约 7 亿元。其中：各级民族工作部门少数民族发展资金 35650 万元，实施项目 877 个；发改部门扶持资金 11537 万元，实施项目 174 个；扶贫部门扶持资金 12533 万元，实施扶贫项目 86 个；财政部门扶持资金 9730 万元，共实施项目 42 个。项目主要用于基础设施建设、特色种养殖业、棚圈舍饲建设、购置大型农机等群众增产增收项目以及民族文化活动室、民族广场等建设。通过项目集中扶持，人口较少民族聚居区基础设施显著改善，结构调整步伐加快，人民生活明显改善，社会事业稳步推进，发展能力逐步增强，呈现出生产发展、生活提高、生态改善、民族团结、社会和谐的良好局面，为我区全面实现小康社会奠定了坚实基础。

（三）考核验收统计情况

根据国家民委等五部门《关于印发实施〈扶持人口较少民族发展规划（2011—2015 年）〉考核验收办法通知》（民委发［2014］13 号）要求，结合内蒙古自治区扶持人口较少民族工作实际，印发了内蒙古自治区民委《关于开展〈扶持人口较少民族发展规划（2011—2015）〉考核验收的通知》，并制定了考核验收方案，要求 2014 年 7 月—12 月，由人口较少民族聚居旗（市）民族宗教事务局对照考核验收标准进行自查；呼伦贝尔市民委于 2015 年 6 月底前按一定比例对人口较少民族聚居村进行抽查验收；10 月底前，自治区对人口较少民族聚居村进行不低于 30% 的复验。经统计，截至 2014 年底，192 个人口较少民族聚居村有贫困人口 22748 人，较 2010 年 35979 人减少 36.77%；2014 年，全区农村牧区常住居民人均可支配收入 9976 元，在人口较少民族聚居的 9 个旗市中，除鄂伦春自治旗（6905 元）、莫力达瓦达斡尔族自治旗（7419 元）农牧民人均收入明显低于全区平均水平外，其他旗市均高出全区平均水平；12 个人口较少民族聚居的民族乡当中，除鄂温克旗巴彦塔拉达斡尔乡（9604 元），莫旗巴彦鄂温克民族乡（6500 元）、莫旗杜拉尔鄂温克民族乡（8500 元）、陈旗鄂温克苏木（9056 元）、根河敖鲁古雅乡（7200 元）明显低于当地平均水平外，其他民族乡农牧民人均收入均高出当地平均水平；192 个人口较少民旗聚居村中有 77 个村人均收入接近或高于当地平均水平。192 个人口较少民族聚居村“五通十有”情况较规划初期大幅提升，除通沼气（清洁能源）不适合北方高寒天气，使用率不足50%外，其他项达标率均超过50%，其中通油路、有农家超市达标率75%，有安居房、有卫生室达标率超过80%；通电话（电话、宽带）、通广播电视、通信息、有办公场所等达标率均在85%以上。

二、扶持人口较少民族发展工作的主要做法

国家扶持人口较少民族发展政策的出台，是从根本上解决人口较少民族生产生活问题的重大举措，是党和国家关心人口较少民族的直接体现，是我区少数民族群众脱贫致富的大好机遇。为了认真贯彻落实《扶持人口较少民族发展规划（2011—2015）》，我区积极组织、广泛宣传、周密部署，全力推进扶持人口较少民族发展工作。

（一）把加强和完善基础设施建设放在首位，为民族聚居地区发展提供保障

一是加快交通基础设施建设。2011—2014年，累计投资19.3亿元，完成人口较少民族聚居旗（市）农村公路建设2044.2公里，有效提高了农村公路安全水平和整体通行能力。同时加强村庄内道路硬化建设，其中：2014年完成街巷硬化842.8公里，完成投资5062.9万元，解决了人口较少民族群众的基本出行需求。截至目前，80%以上的人口较少民族聚居行政村实现了通沥青（水泥路）。二是加强农田水利基础设施建设。通过大型灌区续建配套、病险水库治理、节水示范等工程建设，促进有效灌溉面积、农村安全饮水人口不断增加。三是完善农村牧区配套设施建设。在实施新一轮农村电网改造升级工作中，以人口较少民族聚居的嘎查（村）、民族乡、自治旗为重点，共解决2361户无电用户、10577人的用电问题，实现无电地区电力全覆盖。同时因地制宜发展太阳能、风能等可再生能源，解决不通电行政村、自然村用电问题。四是加强农村、牧区危房改造。2011年—2015年，共投入17000万元，完成3个自治旗9200户危房改造任务。

（二）以发展特色优势产业为核心，促进农牧民群众增产增收

一是推进现代农业建设，加快农业发展方式转变，各地根据当地产业

优势、民族特色，发展农牧业优势产业，逐步形成了“一村一品”、“一村多品”的发展格局。如：根河市敖鲁古雅鄂温克族乡孟库依村的敖鲁古雅使鹿部落景区，鄂伦春旗阿里河镇齐奇岭村的滑子蘑种植，大杨树镇多布库尔猎民村的生态农业、民俗旅游、特色养殖，鄂温克旗锡尼河西苏木巴彦呼硕嘎查的肉羊养殖、阿荣旗音河达斡尔鄂温克民族乡以白瓜子、马铃薯、奶牛、柞蚕为四大主导产业，建有集基地、收购、加工、销售于一体的音河白瓜子产业园区，不仅是阿荣旗的“奶牛之乡”、“白瓜子之乡”，如今已成为我区最大的白瓜子集散地。二是充分发挥人口较少民族文化资源优势，把文化产业作为推动人口较少民族文化繁荣发展的重要引擎和经济发展新的增长点。目前我区有人口较少民族文化产业园8个，即莫旗达斡尔民族文化园区、鄂温克马文化产业园区、鄂温克旗巴彦呼硕文化旅游景区、根河敖鲁古雅新村、根河非遗产业园、鄂伦春旗拓跋鲜卑民族文化园区、阿荣旗查巴奇鄂温克民俗文化园、阿荣旗音河达斡尔鄂温克文化基地等。少数民族文化园区的建设，不仅推动当地民族文化产业发展，同时也提高了当地旅游经济收入。

（三）大力发展民族教育、卫生等事业，促进民族地区整体素质提升

一是通过改善民族教育学校办学条件，优先发展民族学前教育、设立民族教育专项资金，并在内蒙古民族大学、呼伦贝尔学院等院校设立人口较少民族预科班等方式，着力培养少数民族人才特别是人口较少民族人才，培养各行业专业技术人才，农村、牧区实用人才及致富带头人。二是开设人口较少民族校本课程，如根河民族小学《桦树皮材质在小学美术设计·应用课中的利用与研究》、额尔古纳市《俄罗斯民间美术、音乐在小学教学中的应用》、莫旗民族学校剪纸、民族舞蹈、民族艺术品手工制作、围鹿旗等和鄂温克旗民族学校《鄂温克语教程》等地方课程教材，通过对民族历史文化、风俗习惯的教学，进一步加强了民族文化的传承。三是不断完善农村牧区三级卫生服务网络建设。确保基本医疗设备、药品配备齐全，满足基层少数民族群众基本医疗需求。

（四）积极构建文化平台，传承和弘扬少数民族传统文化

一是加强公共文化基础设施建设。目前，我区9个人口较少民族聚居

旗（市）均建有县级图书馆、博物馆；12个民族乡综合文化站均达到“四有标准”；192个嘎查（村）中有81.77%建有综合文化室，满足了少数民族群众的基本文化要求。二是每年推出达斡尔族“斡包节”、俄罗斯族“巴斯克节”、鄂温克族“瑟宾节”、鄂伦春族“篝火节”以及根河市敖鲁古雅鄂温克“使鹿文化节”等民族节庆活动，彰显少数民族传统文化。三是加强民族文化传承人队伍建设，保护和传承民族文化遗产。目前，内蒙古自治区人口较少民族国家级非物质文化遗产项目12项、自治区级42项、盟（市）级67项。为加大对传承人的保护力度，给予非物质文化遗产传承人一定支持，鼓励并支持他们开展各种传习活动，积极推荐非物质文化遗产传承人参加各种各样展示活动。

三、取得的主要经验

（一）坚持组织领导，形成合力

作为一个少数民族自治区，实现各族人民“共同团结奋斗、共同繁荣发展”是中心工作、是终极目标。2014年6月，为了确保扶持工作扎实推进，将内蒙古自治区扶持人口较少民族发展领导小组组成人员进行调整，由分管副主席任组长，自治区民委牵头此项工作，发改委、财政厅、扶贫办等18个厅局为成员单位。在自治区党委、政府坚强领导下，相关厅局密切合作，各级各部门在安排项目和资金时，按照规划内容，优先考虑人口较少民族聚居地区，形成了各级部门倾力支持人口较少民族聚居村地区加快发展的合力。

（二）坚持统筹规划，整村推进

我区人口较少民族聚居地区普遍存在底子薄、基础差、起步晚、发展慢、自然条件恶劣等情况。这一实际也决定了对这些地区的扶持工作不可能一蹴而就，更不可能一劳永逸，必须以科学发展观为指导，循序渐进，坚持治标与治本相结合、扶贫与扶志相结合、生产与生活相结合的原则，有主有次、协调发展，有轻有重、统筹发展，有先有后、整体发展，不刻意追求发展速度、不盲目确定发展项目、不随意分配发展资金，因地制宜，一村一品，进村入户，整村推进。

（三）坚持区域帮扶，共谋发展

2011年内蒙古自治区制定鄂伦春旗、莫旗重点区域帮扶工作，并制订方案，确定自治区22个厅局进行区域帮扶，针对鄂、莫两旗是人口较少民族聚居地区的客观实际，对当地基础设施建设，民族优势产业，基层组织建设等进行扶持。

外因是发展条件，内因是发展的根本。没有人口较少民族群众观念的转变就没有人口较少民族聚居地区发展的内生动力。因此，在重点区域扶持过程中，坚持从转变群众观念入手，通过反复宣传引导、教育培训等形式，引导群众转变因循守旧的保守观念，“等、靠、要”的依赖观念和以自我为中心的狭隘观念，从而主动要求发展、主动配合发展、主动为发展贡献力量。

（四）坚持循序渐进，逐步深入

我区人口较少民族多聚居在较为偏僻和贫困地区，与其他地区相比一无工业基础，二无经济实力，三无人才优势，四无经验可鉴。因此，各地在实施扶持过程中不好高骛远、急功近利，坚持从本地区的实际出发，遵循“打基础、上台阶、求发展”的原则，一抓基础设施，注重“建”；二抓知识教育，注重“教”；三抓扶贫济困，注重“送”；四抓典型培养，注重“引”；五抓基层组织，注重“带”，通过以点带面的方式循序渐进，逐步深入。

（五）坚持科学管理，提质增效

自国家开展扶持人口较少民族发展工作以来，我区人口较少民族聚居地区成为全区少数民族发展资金的最大受益地区之一。为了确保项目符合当地经济社会发展方向，能够让广大群众受益，按照中央审批权下放及责任、权利、资金、任务“四到旗县”要求，2014年年初，经与内蒙古财政厅商定，将财政扶贫资金（少数民族发展资金）项目审批权下放到旗（市），使项目资金使用提质增效，在放权的同时加大对资金监督管理力度，并形成各级财政、审计、民族部门不定期对项目的实施和资金的使用情况进行监督管理，有效地避免了资金管理与项目管理的脱节，以及资金流失浪费等现象的发生。

四、存在的问题及“十三五”规划的建议

实施《扶持人口较少民族发展规划（2011—2015 年）》5 年来，我区人口较少民族聚居地区的变化有目共睹，192 个人口较少民族行政村基本实现“五通十有”约束性目标，扶持工作取得了明显成效。但是，目前扶贫攻坚任务仍很繁重，一些人口较少民族聚居嘎查（村）基础设施落后，社会事业发展滞后，群众收入仍然较低，特别是与全面建成小康社会要求的差距不容忽视，需要国家进一步加大支持力度。为了更好地做好扶持人口较少民族工作，使“十三五”规划更具针对性、实际性，结合实际情况，特提出以下提 5 点建议：

（一）综合实力低，需加大差异化扶持力度

我区人口较少民族聚居村多为基础差、底子薄、历史欠账多的行政村。多数贫困人口居住在偏远落后的地区，自然环境恶劣，生态环境脆弱，农业基础设施、生产技术落后，经济结构单一，依然存在靠天吃饭、广种薄收的现状。另外，我区人口较少民族聚居区多位于全国交通网络的末梢，全年平均气温低，交通、就业、上学、取暖等因素使得生活成本大幅增加，生产生活等各方面都需要加大投入，导致农牧民群众的实际可支配收入增长缓慢。建议加强政策顶层设计，提高人口较少民族聚居地区增产增收的政策导向，进一步加大扶持资金力度，形成普惠化与差异化政策相结合，输血与造血并行，进一步加快人口较少民族聚居地区全面建设小康社会的速度。

（二）加快社会事业发展的步伐

民族乡村医疗卫生设施薄弱，人才匮乏，少数民族群众科学文化素质水平亟待提高。随着项目的实施和效益的显现，少数民族群众精种精养意识逐渐增强，但有限的科学文化知识又限制了他们的发展。有能力的少数民族年轻人多选择迁离原居地或是外出打工。因此，必须加大对人口较少民族干部、群众的培训力度，提高人口较少民族群众素质，增强自我发展能力，形成自我发展机制。建议加强人口较少民族文化的传承与保护，特别是对人口较少民族年轻一代人才的培养，给予政策支持和资金保障。

（三）建议制定差别化的考核验收标准

“五通十有”中个别指标在我区落实较为困难。如：“通沼气”，当地人口较少民族聚居地区集中在祖国最北端，由于冬季平均气温低、无霜期较短的特点，通沼气在当地人口较少民族聚居地区实用意义不大，而且成本较高。建议上级部门能够在编制“十三五”规划时根据各地具体地理环境、天气原因和发展状况，依据各地差异制定有差别化的考核验收标准。

（四）扩大扶持人口较少民族范围

我区除2011年已被批复的192个人口较少民族聚居村外，还有62个人口较少民族比例高于20%的嘎查（村）及社区未被列入扶持范围，村相邻而待遇不同。为更好地促进人口较少民族聚居地区经济社会全面和谐发展，按照中央民族工作会议强调的“民族因素和区域因素相结合”，实现人口较少民族聚居区“共同团结奋斗，共同繁荣发展”的目标，建议将这部分人口较少民族聚居区域列入“十三五”规划予以扶持，扩大政策覆盖面，让更多的少数民族群众受益。

（五）统计数据整合统一，减少内容重复统计

国家每年要求上报的各类民族工作统计、统计报表、人口较少民族监测系统等数据内容重复，且任务重时间紧，而基层统计人员明显不足。建议国家民委坚持以问题为导向，将几个专项工作的数据统计工作，整合到一个监测系统下运行。这样既减少了数据统计的工作量，也解决了“上面千条线，下面一根针”的现实困难。

辽宁省扶持人口较少民族发展工作情况*

一、主要工作和成效

我省是锡伯族的发祥地，锡伯族人口13万，占全国锡伯族人口的70%。“十二五”以来，我们紧紧抓住国家扶持人口较少民族发展的重要机遇，扎实推进锡伯族乡村发展。

一是统筹规划。编制了《辽宁省扶持人口较少民族发展基础设施建设“十二五”规划》，制定了《辽宁省贯彻〈扶持人口较少民族发展规划〉的实施意见》，为推进锡伯族乡村发展提供政策保障。二是工程惠民。实施便民畅通工程，投入8421万元为锡伯族乡村修建村路，方便群众出行；实施增收致富工程，投入6842万元，安排特色产业127个，千方百计促进农民增收；投入3094万元，解决35个锡伯族村饮水安全和村容村貌改善问题；实施民族文化发展工程，投入3084万元，为21个村修建民族文化广场、健身活动场所、文化民俗场馆，传承民族文化，活跃群众生活。三是效果显著。截至2014年底，锡伯族聚居村农民人均纯收入实现12329元，超过全省平均水平，比2010年增加2844元，年均增长6.78%；行政村通油路、户通电实现100%，自然村广播电视覆盖率达到99.6%，自然村通电话率达到97.1%，行政村通宽带率达到96.2%。

二、存在的困难和问题

面临的一些困难和问题主要是：一是随着城镇化进程加快，我省部分锡伯族聚居村（主要是沈阳市的锡伯族聚居村）面临整体动迁改造，安排基础设施项目和产业发展项目受到影响和制约，下一步如何支持、支持什

---

* 辽宁省民族事务委员会

么，需要研究。二是部分锡伯族聚居村文化卫生等公共服务设施建设不足。未通广播电视、未通清洁能源、没有安全饮用水和没有卫生厕所、卫生室、文化室、健身场地和办公场所等问题不同程度存在。我省人口较少民族聚居的81个村中，有20个没有文化活动场地、18个没有标准卫生室。三是文化保护和传承措施不力，锡伯族文化特色不突出。我省大部分锡伯族聚居村，虽然锡伯族人口多、比例高，但了解锡伯族文化的并不多，能说会写锡伯族语言文字的寥寥无几，对本民族文化的保护发展意识淡薄，投入不够。四是部分锡伯族村的村容村貌与优美乡村建设的要求差距较大，亟待改善。由于地处北方，受自然条件和传统生产生活方式的制约，烧柴取暖、污水排放、生活垃圾等严重影响生活环境，部分聚居村的脏乱差问题亟待解决。我省锡伯族聚居村基本没有集体收入，所在地县乡财政又无力投入，这都是造成村容村貌问题的主要原因。目前尚有23个村没有卫生厕所，21个村内道路没有硬化。五是发展不平衡。我省81个锡伯族聚居村分布在沈阳、大连、抚顺、丹东、锦州、辽阳和铁岭等7个市。沈阳、大连的46个村发展较好，但与当地平均水平相比还存在较大差距。其他35个村地处山区和丘陵，发展严重滞后。以农民人均纯收入为例，2014年沈阳、大连的锡伯族村是人均1.5万元，其他地区仅为1万元。

三、编制“十三五”规划的建议

一是建议调整扶持范围。比如城镇化进程中，宁路村、国公寨村、井泉村等锡伯族聚居村已动迁或者面临动迁，扶持项目无法安排；沈阳、大连的多个村基础条件较好，经过“十二五”期间的扶持，已经实现“五通十有”，具备较好的发展基础与后续动力，缺乏进一步扶持的现实需要。因此，我省需要动态调整扶持对象，充分发挥扶持较少民族发展资金“雪中送炭”的效应。同时，我省尚有25个锡伯族人口占20%以上的村尚未纳入扶持范围，建议在编制“十三五”规划时给予增补。二是建议把人口较少民族社会事业发展工作放到突出位置。进一步加大对民族特色文化、教育、体育项目和传统特色餐饮项目的扶持力度。三是建议把村容村貌整治作为重点工程。大力加强美丽、宜居乡村建设，改善少数民族群众生活环境。

吉林省关于扶持人口较少民族发展工作总结及有关意见和建议*

2015年是《扶持人口较少民族发展规划（2011—2015年）》实施的收官之年。我省有3个人口较少民族村（前郭县吉拉吐乡锡伯屯村、扶余市三骏满族蒙古族锡伯族东达户村和西达户村），按照“实事求是、量力而行、因地制宜、突出重点”的原则，自制定《吉林省扶持人口较少民族（锡伯族）发展“十二五”专项建设规划》以来，强化领导、整合资源，取得了良好的实效。

一、人口较少民族村经济社会发展成效显著

（一）人口较少民族村经济保持稳步发展

截至2014年，全省3个锡伯族村粮食总产量达到13465吨，比2010年增加1254吨。经济作物总收入达到2010万元，比2010年增加105万元。劳务输出总收入达到1561万元，比2010年增加854万元。农民人均纯收入达到8982元，比2010年增加1777元。农民专业合作组织成员人数由2010年的30人增加到现在的115人。

（二）人口较少民族村基础设施建设得到加强

2014年三骏乡在扶持人口较少民族村发展中，扶持人口较少民族村项目2个，新修水泥路3780米，新修涵278座。国家共投资1150万元，到2015年6月两项工程全部完工。前郭县吉拉吐乡锡伯屯村在2014年投入资金1239万元（中央财政投资1150万元，省里配套89万元），分别用于水泥路建设885.2万元、旧砖道清理及运出48.7万元、附属设施建设投资

---

* 吉林省民族事务委员会

305.3 万元；投入资金 140.6 万元（中央财政投资 138 万元，自筹 2.6 万元），建设文化活动室 100 平方米、农民书屋 100 平方米；修建水泥路总长 15004 米，共计巷路 44 条（原旧砖路 40 条、长 14526 米，土路 4 条、长 478 米），广场升级改造 4565 平方米，增设路灯 486 盏，栽植金叶榆 2059 棵，部分道路绿化亮化；2015 年，计划总投资 280.6 万元，用于修建水泥路工程附属工程。

（三）人口较少民族的民生进一步得到改善

截至 2014 年，3 个人口较少民族村年末总人口达到 6430 人。三骏乡东、西达户村使用集中式供水户共有 875 户，安居房共有 792 户，占总户数 80% 以上。参加新型农村合作医疗 2282 人，参加新型农村社会养老保险 1144 人，切实保障农牧民的生产生活。前郭县锡伯屯村村内原有道路破旧，村民出行“晴天一身灰，雨天一身泥”，出行特别不方便。通过中央及省对锡伯族进行人口较少民族扶持资金的扶持，锡伯屯村进行了村内巷路硬化及排水工程，从根本上解决了村民出行问题。道路亮化绿化工程的实施，为锡伯屯村营造了良好的生态环境，解决了村民夜晚出行照明问题，村容村貌大为改观。

（四）特色优势产业进一步得到发展壮大

发展特色优势产业是增强人口较少民族聚居区发展内生动力、增加群众收入的重要途径。锡伯屯村利用现有“三边”优势（城边、路边、江边），发挥锡伯族擅长编织的特长，积极引导村民发展草编生产。目前，锡伯屯草编已初具规模，年可解决 500 多名剩余劳动力就业，草编户发展到 170 户，每户人均纯收入增加 2000 元。锡伯屯村还牢牢地把水稻生产这个主导产业抓在手上，积极发展订单农业，提高水稻单产，增加单位面积的经济效益。同北显公司合作，每年为村民签订 400 公顷“秋田小町”品种的种植合同，打造特色品牌。

二、扶持人口较少民族发展存在的问题

多年来通过国家政策的扶持，经济社会得到了一定程度的发展，但也不同程度地存在一些问题，主要表现在以下三个方面。

（一）群众参与意识较差

扶持人口较少民族政策是党的民族政策的重要内容，落实好这项政策，需要社会各界的共同努力。但是，在推进扶持人口较少民族的项目建设上，群众参与意识不强。比如，在修路、打井等扶持项目实施过程中，有的存在“等”、“靠”思想，群众出工出劳、以工代资的热情还不高，增收致富的主动性和积极性还没有很好发挥出来。

（二）项目实施地配套措施还不够完善

对于国家扶持人口较少民族专项资金，因县（市）财力不足，地方财政配套难度大。从我省看，三个锡伯族村集体经济力量薄弱，一些投资较小的项目前期费用相对较大（如科研、环评、评审、初步设计、实施方案等），村集体支付困难，基础设施的后期维护和管理也不同程度地存在一些问题。地方根据《规划》制订了实施方案，但还缺少年度规划和具体落实措施。部分扶持政策与国家其他优农惠农政策还需合理统筹，例如有的村内水泥路与国家村村通公路未能合理衔接，影响了扶持效果。致富带头人和骨干力量、人才的培训也急需加强。

（三）锡伯族传统文化正在消失

在长期的生产生活中，由于锡伯族与汉、蒙古、满等其他民族生活在同一地区，语言文字、传统习俗等逐渐消失。尽管有多位专家、学者进行了调研，但不够系统。一些熟悉民族语言、文字的锡伯族老人相继去世，年轻人对传统文化知之甚少。如何抢救和保护锡伯族传统文化，是急需解决的大问题。

三、有关意见建议

（一）进一步加大宣传力度，调动群众参与积极性

少数民族和民族地区的发展关系到民族团结和社会稳定，关系到全面建成小康社会目标的实现。要广泛宣传党和国家关于扶持人口较少民族发展的政策和《规划》的指导方针、目标任务、重点工程，动员全社会进一步关心、支持人口较少民族的发展。同时，通过广泛宣传，使人口较少民族群众充分认识这项工作的重大意义，由全面深入的理解转化为积极参

与，变“国家的事”为“自己的事”，提高脱贫致富主动性。

（二）注重人才帮扶，加强对少数民族群众的科技教育培训

一是结合人口较少民族村实际，通过干部下派、招收村官、科技干部下乡等方式，指导和帮助他们制定科学的发展规划，进一步加强扶持人口较少民族工作的组织领导、社会参与、项目管理等机制建设。二是各级政府要有计划地举办科普宣传讲座，开展劳动力技术技能培训，组织到发达地区参观学习，鼓励致富能人转变观念，带领群众脱贫致富。

（三）进一步加大政策资金扶持整合力度

一是拓宽融资渠道。整合以工代赈、国土整治、粮食基地建设、扶贫新村、新农村建设、帮扶项目等建设资金，形成“组合拳”，解决项目启动、建设及后期管理的资金问题。二是扶持政策、资金向发展民族特色经济倾斜，努力转变经济增长方式，提高少数民族群众自我发展能力。如大力发展稻米加工、鳇鱼养殖、开发稻草编织产品等，切实提高少数民族群众的致富能力和生活水平。

（四）坚持项目带动，提升发展速度及质量

一是降低项目门槛和成本，保证小微项目的顺利实施。二是加大项目实施监督力度。省直各有关部门要充分发挥职能作用，继续履行统筹规划、组织实施、监督检查的职责。三是人口较少民族所在地要加强组织领导和统筹协调，全面落实各项任务，特别要加大项目实施监督力度，严格按照国家专项资金管理的有关规定和办法，加强监督管理，确保项目质量和建设实效。四是项目后期的运行维护费用，既要以政府扶持为主，也要注意通过发展集体经济、动员村民自筹资金加以解决。

（五）抢救和保护民族文化，充分利用锡伯族古老风俗和特色文化发展经济。一是加大对锡伯族传统文化的研究，注意对锡伯族非物质文化遗产的挖掘及对非物质文化遗产代表性传承人的培养。二是充分利用锡伯族特色文化优势发展地方经济。如可以利用锡伯族善于捕养鳇鱼的这一历史传统，及《规划》扶持东、西达户村目前在建的码头，发展鳇鱼养殖、餐饮业及锡伯族民俗特色风情旅游业。可以结合锡伯族民族传统文化，利用民贸民品优惠政策开发少数民族特色品牌产品，发展锡伯族特色产业。

黑龙江省扶持人口较少民族发展工作总结及关于“十三五”规划的建议*

黑龙江省现有赫哲族、鄂伦春族、鄂温克族、俄罗斯族、达斡尔族、锡伯族、柯尔克孜族7个人口较少民族，分布于省内8个市（地），21个县（市、区）。建有75个人口较少民族聚居村和16个人口较少民族聚居的民族乡（镇）。截至2014年底，人口较少民族聚居村总户数为37609户，总人口达到118531人。

一、人口较少民族发展现状及达标情况

为实现国家民委等五部委联合下发的《扶持人口较少民族发展规划(2011—2015年)》所要求的在“十二五”末期使人口较少民族聚居区实现“一减少、二达到、三提升”和“五通十有”目标，黑龙江省制定多项优惠政策，建立专门组织机构，推进组织实施，加大资金投入和宣传力度，因族施策，人口较少民族聚居区呈现出生产发展、生活提高、生态改善、民族团结、社会和谐、文明进步的良好局面，扶持工作取得了显著成效。截至2014年末，全省75个人口较少民族聚居村农民人均纯收入9369元，比2010年增长43.2%。基础设施不断改善，75个村中，建有标准化卫生室的60个，有村级办公场所的72个，有标准的文化室和农家书屋的64个，有固定的健身和民族文化活动场地的55个，有农家店的70个，通水泥路的村有70个，有宽带的行政村有74个，全部行政村实现通电、通水、通邮、通电话和通广播电视；群众生活水平显著提高，大部分少数民族群众摆脱了贫困；产业发展初见成效，产业结构逐步优化，生态环境良好，资源循环利用，形成了产业发展多业并举、收入来源多点并收的良好态势；社会事业加快发展，人口较少民族聚居县全部实现了“普九”。人

* 黑龙江省民族事务委员会

口较少民族聚居区群众上学难、看病就医难等问题有所缓解，群众文化生活日益丰富；自我发展能力明显增强，培养了一批脱贫致富带头人和实用技术明白人等。人口较少民族群众从“要我发展”转变为“我要发展”，以主人翁的姿态参与到家乡建设中，为可持续发展打下坚实基础；扶持政策深入人心，扶持人口较少民族发展取得良好的政治、经济和社会效益，成为新时期促进民族团结进步事业的民心工程，推动了各民族共同繁荣发展的德政工程和造福各族群众的幸福工程。

2011 年至 2014 年，全省投入到列入国家《扶持人口较少民族发展规划》的 75 个人口较少民族村的少数民族发展资金共计 37313 万元，共扶持 260 个项目。其中 2011 年投入 5723 万元，扶持 40 个项目，2012 年投入 8804 万元，扶持 97 个项目，2013 年投入 11802 万元，扶持 70 个项目，2014 年投入 10984 万元，扶持 53 个项目。

二、扶持人口较少民族发展工作中存在的问题

由于自然和历史等原因，人口较少民族聚居区经济社会发展总体水平仍然较低。“十二五”时期，黑龙江省扶持人口较少民族发展范围进一步扩大，人口较少民族在加快发展的进程中还面临不少困难和问题：经济发展不平衡，发展差距仍较大。产业提升困难，群众收入较低。基础设施建不完善，瓶颈制约仍然存在。资金使用受到约束。民生问题仍然突出。基层组织建设薄弱，自我发展能力仍然不强。加之 2013 年黑龙江省遭受百年不遇的特大洪灾，使一部分人口较少民族聚居村粮田绝产、房屋毁坏，导致全省人口较少民族村农民人均收入偏低，部分人口较少民族村的群众由于水灾致贫、返贫，乡村基础设施遭到严重损坏。

具体原因包括：

（一）边境和内陆经济发展不均衡

位于边境县（市、区）的人口较少民族村近些年投入大，基础设施和民生项目建设速度快。而与之相比，内陆人口较少民族村尤其是“十二五”期间新增的人口较少民族村经济总量小、自我投入能力不足。如“十二五”期间新增加的达斡尔族、锡伯族、鄂温克族等共 18 个村发展相对滞后，要达到规划目标有一定的压力和困难。

（二）产业提升和群众增收有困难

人口较少民族乡村由于受资源、资金、技术、观念、环境等因素的限制，形成产业链、提升产业化水平难度较大，达不到规模化、集约型经营标准，经济发展缺乏强有力的产业支撑，农业经济结构调整步伐较慢，收入来源较为单一，缺少创新发展的思路和意识，缺乏致富带头人和技术能人，农民增产增收后劲不足。

（三）农业基础设施建设还不够完善

部分人口较少民族村临江而居，受自然灾害影响较重，易发生洪涝灾害。比如2013年水灾抚远县损毁通乡公路18公里，维修需大量资金；西部地区部分人口较少民族村内涝严重，土地减产绝产现象频发，急需实施“旱改水”项目。

（四）资金使用受到约束

作为国务院扶贫工作改革试点，《黑龙江“两大平原”现代农业综合配套改革试验区》已启动，国家拨付的涉农资金被整合，少数民族发展资金虽然省政府已不占用，但在使用方向上、投向上、方法上都有较大改变，主要是变输血为造血、变分散为集中。黑龙江省人口较少民族村中问题较为严重的还有18个村，需要大量资金投入，而一方面国家确定的人口较少民族村支持额度小，另一方面基础设施建设受到“大气候”限制，所以“十二五”目标全部达到还有较大的压力和困难。

三、意见和建议

（一）深入贯彻落实民族工作会议精神，进一步明确人口较少民族聚居地区发展基本思路

要实现全面建成小康社会的宏伟目标，必须以习近平总书记“四个全面”战略思想为指导，深入贯彻落实中央民族工作会议和全省民族工作会议精神，按照中央和我省对民族地区加快发展作出的一系列新决策、新部署、新要求，推动人口较少民族聚居地区经济发展迈上新台阶。一是要进一步解放思想、转变观念，不断增强市场意识，使市场在资源配置中起决

定性作用。二是要创新思路和发展方式，放管结合，搞好服务，提高基本公共服务水平。三是要在确保如期完成“十二五”规划目标任务的同时，谋划、编制好“十三五”扶持人口较少民族发展规划，不断增强经济工作的主动性、预见性和创造性。

（二）寻找人口较少民族聚居地区新的经济增长点，积极融入国家和省级发展战略

要把握国家实施“一带一路”战略的历史机遇，结合我省“两大平原”现代农业发展改革，加强顶层设计，搞好与战略规划以及全省其他部门的对接。人口较少民族聚居地区在经济发展中要稳增长、提质量、增效益，适应我国经济发展“新常态”。一是要坚持优化产业结构，大力发展特色种植养殖业，扶持特色农牧产品加工，不断提高产品附加值。鼓励发展民族特色村寨旅游、休闲度假旅游、农业旅游等特色旅游，逐步把旅游业做成人口较少民族聚居地区的支柱产业。二是要突出重点、统筹推进，加紧谋划和上马一些新的大项目，夯实发展基础。尤其要大力引导产业项目向人口较少民族聚居地区优先布局，逐步提高在当地加工、深加工比例。三是要增强人口较少民族聚居地区创新能力，培育和发展战略性新兴产业，推动产业层次向高端攀升。

（三）推进基础设施建设步伐，着力解决人口较少民族聚居地区民生问题

基础设施建设要更多地面向边疆农村，打通“毛细血管”，解决“最后一公里”问题。继续大力推进人口较少民族地区交通道路建设，努力解决好农村人口饮水安全问题。创新扶贫理念和手段，进一步提高扶贫效能，阻止贫困现象代际传递。把整体扶贫与精准到户有机地结合起来，确保习总书记“全面实现小康，少数民族一个都不能少，一个都不能掉队”的重要批示如期实现。整合资源，发挥金融扶贫“四两拨千斤”的作用，用有限的少数民族发展资金引导和带动金融资本、社会资本参与扶贫开发。必须高度重视人口较少民族聚居地区教育、医疗、养老和就业问题，解决好群众最关心的民生问题。

福建省实施《扶持人口较少民族发展规划（2011—2015年）》总结评估报告*

在党中央和国务院的高度重视和有关部委的大力支持下，我省认真贯彻实施《扶持人口较少民族发展规划（2011—2015年）》，积极开展帮扶工作，全省高山族同胞面貌发生了新的历史性变化。他们生产的发展、住房的改善、生活有保障、得病有医保、教育有资助、困难的补助，大部分高山族同胞家庭收入已和当地持平，有部分家庭收入还略高于当地水平。

2011—2014年，国家下拨我省中央扶持资金6470万元，其中国家民委下达的人口较少民族发展资金1870万元。主要用于：一是投入生产帮扶、就业帮扶、教育帮扶、住房帮扶、就医帮扶、困难补助等资金共744.5万元，占资金总量的39.81%；二是投入生产性集体项目资金425万元，占资金总量的22.73%；三是投入基础设施建设项目资金191万元，占资金总量的10.21%；四是投入各类技术培训319.5万元，占资金总量的17.09%；五是投入民族团结进步等其他项目190万元，占资金总量的10.16%。国家发展改革委下达的中央预算内投资资金4600万元。全部用于高山族聚居行政村的基础设施、民生工程、生态环保等领域的项目建设。

一、主要做法和成效

根据国家“十二五”规划要求和我省制定的贯彻意见，我们在原有“扶持到户”政策的基础上作了适当调整，采取重点与普惠相结合，重点扶持高山族同胞发展生产以增强其“造血”功能，形成长效帮扶机制。

---

* 福建省民族与宗教事务厅

（一）领导部门重视，确保资金及时到位

福建省委、省政府历来高度重视扶持高山族发展工作，要求各级有关部门要把此项工作摆上议事日程。省民族宗教厅党组多次召开会议，研究部署扶持高山族发展工作。我厅和省发改委、省财政厅、人民银行福州中心支行、省扶贫办等5部门根据我省实际，联合下发《福建省贯彻〈扶持人口较少民族发展规划（2011—2015年）〉的实施意见的通知》，同时，我厅还与省发改委联合向国家发展改革委上报《福建省扶持人口较少民族发展“十二五”专项建设规划的请示》（闽发改区域［2011］771号），申请上报整村推进扶持建设规划，及时审核拨付项目资金，共同推动扶持发展工作。有关设区市、县（市、区）政府和部门也按照各自分工和责任要求，认真负责，层层抓好贯彻落实。

（二）实施扶持到户，保障群众基本生活

一是开展就业帮扶。积极协调有关部门落实下岗再就业的优惠政策，鼓励支持自主择业，如兴办个体企业、经营旅馆、小吃店、食杂店等，4年共投入此项帮扶的资金达141.4万元。二是大病帮扶。对高山族家庭成员大病就医的，酌情给予适当补助。4年共投入此项帮扶的资金为29.8万元；三是教育帮扶。对生活困难的家庭，根据就读小学、初中、高中、大学等4个不同阶段，采取相应的标准给予补助。4年共投入此项帮扶的资金为44万元。四是生活帮扶。我们每年都对30多户年老体弱、丧失劳动能力的低收入高山族同胞和老一代的高山族同胞开展慰问活动。对无房户、危房户均根据不同情况给予资金补助，基本解决了高山族同胞住房困难问题。对符合城乡“低保”、“社保”、“农保”的307名高山族同胞予以“三保”补助，且补助资金高于当地平均补助水平，做到应保尽保。4年共投入此项帮扶的资金达170.2万元。

（三）扶持特色产业，助推民族经济发展

“十二五”期间，结合高山族同胞所在地的特点，积极扶持高山族农户发展生态茶、花卉、蜜柚、食用菌等特色优势农业发展，群众收入得到明显提高。4年来，投入此项帮扶的资金达310.6万元，取得明显成效。目前，华安县45户高山族同胞，在相对集中的7个片区内发展优质铁观音

茶园200多亩，人均达到2亩，其中有9户规模在10亩以上，实现户户有茶园、村村有茶厂。

（四）加大帮扶举措，支持集体项目建设

根据我省贯彻《扶持人口较少民族发展规划（2011—2015年）》的实施意见精神，“十二五”期间，我们调整帮扶方式，在扶持到户的同时，加大集体性项目扶持力度，提升长效帮扶机制。一是开展实用技术培训。我们根据不同地域特点和不同群体的需求开展培训，4年共投入资金达298.5万元。二是支持民族文化事业发展。4年共投入资金30万元，支持高山族传统文化的保护传承。三是开展特色村寨等建设。支持华安县仙都镇送坑村高山族特色村寨和有关地区民族团结进步基地、生产发展基地等的建设，4年共投入资金845.5万元，取得良好效果。

（五）推进整村帮扶，不断改善基础设施

“十二五”期间，国家发展改革委逐年加大对我省高山族的支持力度，4年来共下达中央预算内投资资金4600万元，拉动总投资达4588万元，着力扶持8个高山族整村推进行政村道路、饮水、水利、文教卫体、生态环保等38个基础设施项目建设，高山族群众生产生活条件得到明显改善。2011年至2013年，中央预算内投资项目的总开工率达100%，竣工28个，达93.3%。2014年度共投资8个项目，其中已竣工1个、在建3个、正在招投标的4个。

二、存在的主要困难和问题

多年来，通过政府和部门的不断努力和持续帮扶，我省高山族同胞的生产生活条件得到明显改善，生活水平得到明显提高。除纯农业户、纯老年人户、下岗户和因病因灾返贫户外，其他人员的收入已基本达到或略高于当地平均水平。然而，由于一些原因，在帮扶工作中仍然存在着一些困难和问题，主要有：抗风险能力弱、返贫率高；居住高度分散，集中扶持难度大；优秀传统文化难以得到有效的保护和传承。

三、对“十三五”规划编制的建议

（一）支持建设福建省（漳州）高山族博物馆

福建省（漳州）高山族博物馆建设在“十二五”初期就已列入经国家审定的《福建省扶持人口较少民族发展“十二五”专项建设规划》中，同时，漳州市是我省高山族人口最多的地区，与台湾联系也较为紧密，对此，建议将我省高山族博物馆建设列入中央预算内投资计划予以实施。

（二）有人口较少民族群众常住的行政村均可实施帮扶

经过多年帮扶，人口较少民族群众生活条件得到较大改善，整村推进帮扶措施取得较好成效。为进一步贯彻中央民族工作会议精神，体现民族因素和区域因素相结合，对人口少、居住又特别分散的人口较少民族，我们建议不管其人口多少，只要有人口较少民族群众常住的民族村，就可使用人口较少民族资金开展基础设施建设帮扶。

江西省实施《扶持人口较少民族发展规划（2011—2015年）》情况和“十三五”规划编制基本思路的建议*

一、规划实施情况

（一）主要成效

2011年以来，国务院《扶持人口较少民族发展规划（2011—2015年）》把我省峡江县金坪民族乡新民京族聚居村纳入规划范围，不断加大对新民京族聚居村扶持力度，取得了预期效果。

1. 基本实现“五通十有”目标，新民村基础设施条件改善。2011年以来，以打造具有民族特色美丽乡村为目标，以解决交通、水利基础设施和人居环境建设方面存在的困难为重点，先后投入新民村基础设施及配套建设项目资金达1170万元：一是投资270万元新建新民村通村组公路8公里；二是投资100万元新建果园机耕道5公里；三是投资200万元实施新民村安全饮水工程，主要是新建300吨蓄水池及过滤池、并对原有老化供水管网改造；四是累计投入600余万元对新民村进行村容村貌整治，极大改善了新民村人居环境。通过通村公路及果园机耕道项目的建设，较好地解决了新民村少数民族果农耕作及运输难问题，提高了效益，带动了少数民族果农发展生产，加快了农村产业调整。新民村的自我发展能力得到明显提高。

2. 大力助农增收，新民村经济稳步发展。为促进农业增收增效，一是连续三年较好滚动使用省300万元财政生产扶助资金，累计为新民村213户少数民族创业对象发放无息贷款391万元，培育扶持种植业项目96个，养殖业项目12个；培育农业专业合作社1家，通过龙头带动，专业合作社

---

* 江西省民族宗教事务局

共吸纳农户100多户，发展生猪养殖专业户5户，年出栏商品猪1000多头；二是持续加大新民村果业扶持力度，果园承包费由每亩168元降至100元，对进行了果园改造的承包户免收三年承包费，同时连续三年按每亩200元补助；三是投入40万元对新民果品交易场地进行了硬化，解决了新民村少数民族果农无销售平台的困难。

3. 社会民生保障水平大幅提升。整合较少民族发展项目、危房改造、深山移民搬迁、棚户区改造等项目资金，大力实施“安居工程”：规划新建自建房157幢；对200户危旧房全面翻新改造；对36户老弱病残、经济困难的少数民族群众，建起了36套济困房；“安居工程”累计投入资金2272万元，总建筑面积4.5万平方米。突出民族特色，兴建一所村级民族幼儿园，规划建设民族团结湿地公园。继续扩大弱势群众低保覆盖面，实现了应保尽保，2013年，新民村享受城镇居民低保19户45人，发放低保金141840元，享受农村低保1户2人，发放低保金3600元。全村参加城镇居民医疗保险38人，新型农村合作医疗参加人数为768人，参合率达96%。

4. 民族文化弘扬发展。加大新民村公共文化基础设施建设力度，保护和发展民族文化，筹措资金360万元，新建一栋新民村817平方米京族文化活动中心，一栋新民村二组民族文化活动场所，新建文化活动休闲广场3000平方米，村级农家书屋1个。农村文化“三项活动”广泛开展。

（二）目前存在的困难和问题

1. 规划确定的扶持新民京族聚居村建设民族民俗博览园项目进展不理想，主要原因是投资较大，合作招商未达到预期目标。

2. 规划确定的调整果业品种结构、建设现代农业示范园任务未取得预期效果，主要原因是投资较大，农民技术水平不适应。

（三）下一步工作的意见建议

1. 加强部门协调，争取省直对口支援部门加大扶持力度，提高新民京族聚居村群众自我发展能力。

2. 加快乡村旅游开发，加大招商引资力度，科学合理利用中央预算内投资，加快民族民俗博览园建设进度。

二、“十三五”规划编制基本思路的建议

（一）新民京族聚居村存在的突出困难和问题

1. 农民增收后劲存在不足。由于新民村资源条件有限，产业结构传统单一，没有工业基础，三产发展十分落后，90% 的群众以单一果树种植为生，品种老化、收入低下、农民缺乏龙头带动，增收渠道窄。新民村少数民族群众对果树品种改良有着迫切需求，但因缺水，果品改良受到一定限制。

2. 人才和自身素质难以适应发展需求。长期受农场包办一切的体制影响，新民京族聚居村百姓在思想上存在较多的等和靠的意识，自主经营、自我发展的观念较为缺乏。同时，作为底层归国华侨，受教育的基础条件较差，又长期从事单一种果的职业，各种人才的成长受到影响，造成了高素质人才的缺乏。

3. 自然资源条件有限，农田水利灌溉缺水。新民京族聚居村有地处 105 国道旁和邻近县城的地理优势，但受原有农场转制为民族乡面积不变影响，土地面积以及附着于土地的各种自然资源非常有限，人均只有约 2 亩的耕地面积，发展空间小。同时，农田水利灌溉缺水，需要尽快实施移山水库“二改一”扩容工程，彻底解决灌溉难题。

（二）对规划编制基本思路的意见建议

1. 建议国家民委继续把新民京族聚居村纳入国家《扶持人口较少民族发展规划（2016—2020 年）》范围，切实扶持该村走上发展快车道，成为乡村旅游的好去处，让包括京族在内的各民族百姓过上宽裕幸福的新生活。

2. 建议把提高少数民族群众自我发展能力、调整农业产业结构和挖掘、传承、弘扬少数民族文化作为规划的主要任务。

广西壮族自治区实施扶持人口较少民族发展“十二五”规划情况总结及有关编制“十三五”规划的建议*

广西是一个多民族聚居的自治区，境内共有12个世居民族。根据国家《扶持人口较少民族发展规划（2011—2015年）》，“十二五”时期，共有京族、毛南族、仫佬族3个人口较少民族聚居的160个行政村列入规划扶持范围，主要分布在东兴市、环江毛南族自治县、罗城仫佬族自治县和柳城县古砦仫佬族乡，其中京族行政村23个、约5.7万人；毛南族行政村72个，约24.5万人；仫佬族行政村65个，约18.83万人。其中东兴是全国唯一京族聚居的市，环江、罗城分别是全国唯一的毛南族自治县和仫佬族自治县，柳城县古砦仫佬族乡是全国唯一的仫佬族乡。

“十二五”以来，在国家民委等国家部委和自治区党委、政府的重视、支持下，自治区民委牵头协调自治区各有关部门，指导帮助人口较少民族所在市、县党委、政府及各有关部门进一步加强扶持人口较少民族发展工作，人口较少民族聚居地区经济社会发展明显加快，群众生产生活水平不断提高。

一、实施扶持人口较少民族发展“十二五”规划的基本情况

（一）规划落实情况

1. 编制规划实施意见和专项建设规划，全面推进规划的落实。

根据国家《扶持人口较少民族规划（2011—2015年）》，自治区民委牵头协同自治区发改委、财政厅、中国人民银行南宁中心支行和自治区扶贫办等部门，共同制定了《广西落实〈扶持人口较少民族发展规划（2011—2015年）〉实施意见》，并会同自治区发改委编制了《广西壮族自

---

* 广西壮族自治区民族事务委员会

治区扶持人口较少民族发展专项建设规划（2011—2015 年）》，明确了“十二五”时期全区扶持人口较少民族发展工作的目标任务和各部门工作职责。自治区成立了扶持人口较少民族发展厅际联席会议制度，人口较少民族所在的 4 个县（市）分别成立了扶持人口较少民族发展工作领导小组等机构，全力推进扶持人口较少民族发展工作的开展。

2. 广泛动员各方面力量，不断加大资金项目扶持力度

一是科学合理安排使用中央财政扶持人口较少民族发展专项资金。积极争取中央财政加大对广西人口较少民族发展的扶持，专项资金不断增加，2011—2014 年，中央共安排广西专项资金 66041 万元，组织实施了 1178 个扶持人口较少民族发展项目（其中民委部门资金 25529 万元，项目 651 个，发改部门资金 40512 万元，项目 527 个），重点建设完善 160 个人口较少民族聚居行政村内道路交通、人畜饮水、农田水利、中小学校、卫生院（室）等基础设施及扶持发展中草药材、甘蔗、桑蚕、毛葡萄、红心柚等地方特色优势产业产品。二是积极争取自治区加大配套资金投入。2013 年 1 月，自治区人民政府召开专题会议，决定从 2013 年起，自治区本级每年安排不少于 2000 万元扶持人口较少民族发展资金，用于配套中央预算内投资。三是组织协调自治区有关部门认真贯彻实施专项规划。自治区各有关单位认真对照专项规划所确定的职责分工，加大专项扶持力度。据不完全统计，3 年来，自治区本级财政通过加大民族地区转移支付和财政资金项目，投入资金 30 多亿元；自治区扶贫办投入资金 29500 多万元，组织实施 2237 个整村推进扶持开发项目；自治区其他有关部门筹措资金共约 7 亿元，共同扶持加快全区 4 个人口较少民族聚居县（市）的发展。

3. 研究制定项目库，有序推进专项扶持工作

各县根据国家《扶持人口较少民族发展规划（2011—2015 年）》确定的目标任务，结合自治区制定的专项规划实施意见，通过全面深入开展调查研究，认真组织编制扶持人口较少民族发展专项建设项目计划，建立项目库，有计划地组织开展专项扶持建设。环江县多次组织县乡村三级干部开展毛南族发展状况调研，形成《环江毛南族自治县民族工作的新情况新问题及对策建议》、《环江毛南族自治县扶持人口较少民族发展状况调查》等一系列调研报告。在此基础上，科学制定环江县扶持毛南族发展规划和工作方案，罗城县也组织制定了《罗城仫佬族自治县扶持人口较少民族发展项目建设规划实施方案》，有序开展扶持人口较少民族发展工作。

4. 大力加强资金项目管理，不断提高扶持工作水平

随着资金项目的不断增多，自治区民委进一步加强对资金管理和项目实施工作的督查力度，经常性深入人口较少民族聚居村屯检查指导工作，认真贯彻执行财政部和国家民委《少数民族发展资金管理办法》，并会同自治区财政厅制定了《广西壮族自治区少数民族发展资金管理办法》。同时指导帮助人口较少民族所在县（市）制定完善相关管理制度和办法，对专项资金项目实行报账制封闭式管理，严格进行项目成本核算和招投标，完善项目公示制度，加强项目监督，及时组织项目验收和审计，提高项目进度，确保项目质量。罗城仫佬族自治县建立了情况通报和联合督查制度，由扶持人口较少民族发展工作指挥部办公室组织有关部门人员组成督查组，定期或不定期对项目建设情况进行督查通报。环江县制定了《环江毛南族自治县少数民族发展资金项目管理细则（试行）》，结合财政扶贫资金管理的有关规定，对扶持人口较少民族发展项目的调查、规划、申报、组织实施以及资金管理、档案管理、项目后续管理、项目审计等各个环节都作了明确规定。四个县（市）的扶持人口较少民族发展资金项目全部进行公开招投标，资金实行报账制管理，封闭运行。

（二）规划实施以来取得的成效

1. 经济持续较快增长，综合实力显著增强

通过实施专项扶持项目，在促进人口较少民族聚居地区发展的同时，也辐射带动了周边地区和人口较少民族所在县（市）经济社会的发展。如2010年至2014年，东兴市地区生产总值从45.12亿元增长到82.6亿元，年均增长16.3%，财政收入从6.04亿元增长到12.7亿元，年均增长20.4%，主要经济指标连续保持两位数以上增长，增幅或人均量稳居全区前列，先后荣获广西科学发展“十佳”县（市）、中国十大养老胜地、中国最具海外影响力城市、中国最具竞争力百强县等一系列荣誉，京族也成为全国最富裕的少数民族之一。罗城仫佬族自治县地区生产总值由2010年的31.03亿元增加到2014年的37亿元，年均增长3.4%；财政收入由2010年的1.91亿元增加到3.01亿元，年均增长12.04%；全社会固定资产投资由2010年的24亿元增加到27.56亿元，年均增长3.52%，全县经济保持平稳健康发展。

2. 基础设施明显改善，公共服务能力不断增强

几年来，通过扶持项目建设，人口较少民族聚居行政村的基础设施得到明显改善，公共服务能力不断增强，群众生产生活条件明显改善。据统计，截至2014年底，广西160个人口较少民族聚居行政村中，通电、通广播电视、通信息、有安居房、有卫生室、有办公场所的行政村达90%以上；有学前教育、有安全饮用水、通硬化路的行政村达80%以上；通沼气、有卫生厕所、有高产稳产农田、有文化室的行政村达60%以上。大部分行政村已初步实现了“五通十有”的规划目标。基础设施条件的日益改善，有力促进了受益村屯的发展。罗城县四把镇长春村的塘底至新村片5个自然屯，地处大石山区，解放60多年未通公路，交通极为不便，物资运输全靠肩挑马驮，加上自然资源极度匮乏，经济发展非常滞后。当地群众祖祖辈辈以水稻、玉米、红薯等传统作物种植为主，经济收入极少，家庭非常困难。很多男人无法娶妻，旧时山歌“有女莫嫁里湖郎，进村好比爬山场；平时难见猪肉脸，得吃干饭喜洋洋”，从侧面形象地描绘了长春村贫穷落后的尴尬境地。实施扶持人口较少民族发展规划后，修通了塘底至新村屯级道路，通路当天，群众自发组织悬挂横幅感谢党恩，鸣放鞭炮舞狮庆祝道路竣工。道路修通后，当地群众瞄准市场商机，大力发展烤烟、种桑养蚕、野生毛葡萄等经济作物，家庭收入稳步增长。富裕起来的群众纷纷拆旧房建新楼，购置大件家用电器，沿线5个屯新增机动车41辆，还吸引了“湘妹子”“川妹子”等外来妹联姻，仫佬族群众的日子一天天好起来。

3. 辐射带动能力增强，民生问题逐步解决

在以行政村为单位组织实施规划项目的同时，逐步把扶持工作做细做实，兼顾人口较少民族聚居村屯，并辐射带动周边其他民族聚居村屯的发展，切实解决群众民生问题，改善生产条件，提高生活水平。据统计，160个人口较少民族聚居行政村2423个自然村中，通公路、通电、通电话、通广播电视的村屯均达到90%以上，较好地解决了通路难、通信息难、用电难、收看广播电视难等与群众生产生活关系最密切的困难和问题。

4. 群众收入稳步增长，生活水平逐步提高

公共基础设施和生产生活条件的逐步改善，逐步拓宽了少数民族群众脱贫致富的渠道，家庭经济收入稳步增长，群众生活水平不断提高。

2010—2014年，东兴市城镇居民人均可支配收入从21069元提高到31363元，增长48.9%；农民人均纯收入从6929元提高到11860元，增长71.2%。环江县城镇居民人均可支配收入从12846元提高到19083元，增长48.6%；农民人均纯收入从3397元提高到6203元，增长82.6%；罗城县城镇居民人均可支配收入从11096元提高到15250元，增长37.4%；农民人均纯收入从2695元提高到4956元，增长83.9%；柳城县城镇居民人均可支配收入从21069元提高到28747元，增长36.4%；农民人均纯收入从5464元提高到9904元，增长81.3%。4县（市）群众的收入水平增幅均比较明显。

目前，人口较少民族聚居的四县（市）正在组织开展实施《扶持人口较少民族发展规划（2011—2015年）》考核验收，预计人口较少民族聚居的2个自治县、1个民族乡和160个行政村将如期实现专项规划确定的目标。

二、实施扶持人口较少民族发展规划存在的主要困难和问题

（一）项目建设资金缺口大，扶持效果不够明显

除了少部分京族聚居行政村发展状况较好外，其余大部分行政村基础设施普遍比较薄弱，与规划目标要求差距较大。尽管“十二五”期间国家逐年加大对人口较少民族的资金扶持力度，但与实际需求相比，差距很大。如柳城县“十二五”期间规划建设9大类202个项目，预算资金2.85亿元，实际项目113个。罗城县2011—2014年度申请少数民族发展资金建设项目共计452个总投资20734万元，获批的只有335个11699万元，平均到每个项目不足35万元。扶持资金不足，只能按照轻重缓急组织实施扶持项目，难以科学、系统、有序地给予扶持，影响了扶持效果。一些项目由于资金不足，工程标准比较低，缩短了项目使用寿命。

（二）县乡公共服务设施不足，产业发展缓慢

目前广西人口较少民族聚居的4个县（市）19个乡镇中，在民族中小学校、民族医院、民族博物馆及图书馆、科技馆、体育活动场所等方面大都明显不足，甚至存在空白，与客观需要差距很大，亟待建设或进一步完善。同时，大部分乡镇尚未形成地方特色优势的支柱产业，产业发展缓

慢，基本都是传统种养业，投入大、产出低、质量差，抗风险能力弱。全区160个人口较少民族聚居行政村中，还有20个村没有通宽带、13个没有学前一年教育设施、8个村卫生室没有达标、16个没有文化室和农家书屋、40个没有农家商店、50个没有体育健身和民族文化活动场所。特别是后两项指标，与规划目标要求分别相差25%和31%。

（三）人口较少民族聚居行政村基础设施仍然比较落后

按照国务院新阶段贫困人口标准统计，广西160个人口较少民族聚居行政村中有103个是贫困村。这些村普遍位于大山深处，山高坡陡，大都属于大石山区或石漠化地区、自然条件恶劣地区，生产生活条件极差，贫困程度深，脱贫难度大。人口较少民族聚居村的生产生活条件难以在短时间内有质的改变，需要长期、持续的扶持。从广西“十二五”时期前四年的投入情况看，各行政村中涉及“五通十有”的项目，主要依靠民委部门扶持人口较少民族发展专项资金给予扶持，其他各40多个自治区扶持人口较少民族发展厅际联席会议制度成员单位的资金（包括发改部门的专项资金）则主要投入人口较少民族聚居的县、乡和其他行政村，直接投入160个人口较少民族聚居行政村的不多，扶持的针对性不强。

（四）很多人口较少民族聚居自然村尚未得到扶持，扶持项目无法做到全覆盖

广西人口较少民族聚居行政村大都地处石山地区，受居住环境和生产条件影响，一个行政村内通常包含十几个到几十个自然村屯，人口较多，居住分散，极大地增加了扶持建设的成本。据统计，广西160个人口较少民族聚居行政村有2423个自然村约439930人，平均每个行政村有15个自然村550户2750人。如东兴市黄竹村包含39个自然屯，环江县下南村更是包含了52个自然屯，有些屯到村委会所在地还要走几公里的山路，交通仍然非常不便。尽管很多行政村初步实现了“五通十有”的规划目标，但其中的很多自然屯，仍然处于不通公路、不通信息、缺乏饮用水，甚至不通电等的居住环境比较恶劣的状态，“最后一公里”的问题并没有得到解决，影响群众的生产生活的改善和提高。全区160个人口较少民族聚居村11.5万农户中，目前尚有14.2%没有实现集中供水、42.2%没有使用清洁能源；23%农户没有安居房、多达63.1%农户没有卫生厕所。

（五）资金不足，建设标准偏低，影响项目质量

由于扶持资金有限，群众需求又十分迫切，扶持人口较少民族发展项目大都无法足额安排资金，项目资金普遍偏紧，甚至出现资金缺口，只能降低建设等级标准实施项目。如罗城、环江县很多村级道路还是四级砂石路，经雨水冲刷后，通行能力被大大削弱；还有的村级道路路面仅 2.5 米宽，会车通行能力低；屯级道路的等级和质量都比较差。广西有一半左右的人口较少民族聚居村属于甘蔗种植区，这些村屯道路承压能力很低，容易受到重型甘蔗运输车辆的破坏，如果是低等级、低标准的路，往往一两个榨季就受到严重破坏，难以正常通车了。

（六）产业发展扶持力度不足，难以实现可持续发展

目前扶持人口较少民族发展项目重点是安排实施公共基础设施项目、改善群众生产生活条件。但对特色优势产业的扶持力度不足、办法不多，效果不太明显，普遍存在农业综合生产力和开发水平低，没有支柱产业和特色产业支撑，农业经济结构单一、产业层次低，农产品多是自给，商品率低，群众增收渠道少，发展后劲不足，难以实现可持续发展。按照现行标准，经过五年的扶持，160 个行政村中，只有 44.6% 的贫困人口实现了脱贫，尚有 55.45% 共计 11.7 万人没有脱贫，扶贫的任务还十分艰巨。

（七）社会事业发展滞后，人口素质有待提高

由于长期投入不足，人口较少民族聚居区文化、教育基础设备较差，文化教育和素质培养比较滞后，群众受教育程度普遍偏低，农村实用技术推广难度大，农业科技含量低，农民增收速度缓慢。同时，群众的市场经济意识普遍不强，自给自足的思想长期存在，提高群众现金收入很困难。

（八）相邻村屯发展差距拉大，产生新的不稳定因素

扶持人口较少民族发展是党和国家的一项重大决策，对被列入扶持范围的少数民族是一个福音。实践证明，通过专项扶持，极大地推动了人口较少民族的发展。但在实际工作中，由于我区各民族分布普遍存在“大杂居、小聚居”的特点，人口较少民族聚居行政村获得了专项扶持，基础条件不断改善，发展速度逐步加快，而周边其他少数民族村屯却得不到照

顾，发展缓慢，对周边其他少数民族聚居村屯形成了事实上的“不平等”，其他民族部分群众存在一定的情绪失落甚至心理失衡，不利于民族团结和社会和谐。

三、我区“十三五”期间扶持人口较少民族发展工作的初步考虑

“十三五”期间，我区扶持人口较少民族发展工作的基本思路是：

（一）总体思路

以邓小平理论和“三个代表”重要思想为指导，以科学发展观统领全局，深入贯彻落实习近平总书记系列讲话精神，按照建设小康社会的总体要求，以人口较少民族为基本对象，调动各方面积极性，集中人力、物力、财力，加大基础设施、社会公益、科教文卫、城镇设施、生态环境的投入，突出解决制约人口较少民族经济社会发展的主要问题，改善人口较少民族群众生产生活条件。到2020年，人口较少民族聚居区发展更加协调、生活更加富裕、环境更加美好、社会更加和谐，与全国同步全面建成小康社会。

（二）发展目标

到2020年，人口较少民族聚居区进一步缩小与全国、全区平均水平的差距，人均生产总值、农民人均纯收入等指标达到甚至超过全国、全区平均水平；经济结构进一步优化，形成优势产业集群；城镇化进程加快，城镇化率进一步提升；基本实现村村通沥青（水泥）路，村屯道路硬化全覆盖；人口较少民族聚居村屯社会事业进一步发展，全部建有学前教育学校、卫生室、图书馆、文体活动中心等，城乡居民全部纳入社会保障体系；加大环境保护力度，人口较少民族聚居区城乡环境更加美好宜居，全面建成小康社会。

（三）主要任务

1. 加强基础设施建设，提高发展保障能力

加快乡村道路建设。在村村通水泥路的基础上，近期以完成通村水泥路、打通断头路为主；远期以修筑农田耕作区和经济林区的道路。提高技

术等级为目标。推进人口较少民族聚居地区乡镇交通运输设施建设，满足群众生产生活的交通需求。

加强生产基础设施建设。加强农田水利改造、人畜饮水工程、种养业基地基础设施、海水养殖供排水设施等工程建设，增强抵御自然灾害的能力。

2. 发展特色优势产业，促进群众增收致富

大力发展现代特色农业。一是根据人口较少民族聚居地区产业优势和特点，大力发展科学种养和加工，打造地方特色品牌。二是加快农村土地流转，促进土地集约化发展，要以龙头企业和专业合作社为核心，走农业产业化道路。

加快工业经济发展。优化招商引资工作机制，大力推进工业园区建设，重点扶持支柱性产业和龙头企业实施重大建设项目，稳定地方财税收入，促进人口较少民族聚居地区经济发展。

推进特色旅游业发展。依托人口较少民族聚居地区丰富多彩的旅游资源，加大旅游产业投入，建设完善一批旅游开发项目，发展特色优势旅游产业。

3. 加强社会事业建设，促进经济社会协调发展

大力发展教育事业。加快学校布局调整步伐，大力实施义务教育学校标准化建设，完善学校软件配套设施建设任务，均衡配置教师、设备、图书、校舍等资源，打造民族品牌特色学校。加大教育经费投入，建立健全扶持教育发展的公共财政投入稳增长机制；扩大人口较少民族学生助学政策范围，在学生义务教育阶段全补助的基础上，扩大对人口较少民族高中生、大学生、研究生的补助范围和力度。加强师资队伍建设，深入推进名教师名校长培养工程，构建高层次教师人才培养机制，建立一支高质量教师队伍。

加强医疗卫生工作。稳步推进医药卫生体制改革，推进公立医院改革，全面促进基本公共卫生服务均等化。加强妇幼卫生工作，促进人口较少民族妇女儿童健康水平提高；切实抓好公共卫生工作，加强重大疾病以及突发公共卫生事件预测预警和处置能力，建立专业化的卫生应急队伍，健全急救网络，提高应急指挥协调能力。

促进就业和社会保障。加强群众转移就业服务和职业技能培训能力建设，加强实用知识技能培训，培养有文化、懂技术、会经营的实用人才；

建立覆盖村、镇两级的就业服务中心，实现群众就业服务全覆盖；进一步扩大群众低保覆盖面，提高低保标准；实现人口较少民族群众社会养老保险的全覆盖。

积极推进各项社会事业。加大对人口较少民族文化遗产的保护、抢救、发掘、整理、宣传力度，打造民族文化品牌，促进民族传统文化的传承与发展。加强传统体育基地建设，扶持开展民族传统文化体育活动和群众性文化体育活动。加大广播电视资金投入，落实好村村通工程、户户通工程、农村无线覆盖工程、农村电影放映工程，保证每户农民都能看到质量好的文化节目。

4. 加强人才培养，促进人口较少民族可持续发展

进一步完善人口较少民族干部培养机制，加强民族干部的教育培训，并纳入党政领导班子后备人才队伍建设，加大选派优秀民族干部挂职锻炼的力度。在招录公务员时，适当放宽条件，招录一定比例的人口较少民族干部。实施人口较少民族专业技术骨干人才培训计划，加大对卫生、教育等方面的专业技术骨干的培训力度，进一步扩大专业技术人才培养规模。加强农村实用人才和致富带头人培训。

5. 大力实施生态文明建设，实现可持续发展

加强环境整治和人居环境建设。加大对污水、垃圾处理设施建设，大力开展生态乡村、宜居乡村、幸福乡村建设，推进新农村建设上台阶上水平。建立健全生态补偿机制。在少口较少民族聚居区开展生态补偿试点，逐步建立自然保护区生态补偿机制。

6. 营造民族团结环境，促进各民族和谐发展

开展民族团结进步创建活动。组织动员各族群众投身创建活动，广泛开展各种形式的民族团结创建活动，推动民族团结进步创建活动进社区、进村寨、进学校，大力表彰先进典型，丰富充实教育内容，创建一批民族团结进步教育示范基地和模范单位。

开展民族团结宣传教育活动。充分利用“壮族三月三”等民族传统节庆活动，大力宣传党的民族政策、民族知识、民族法律法规，强化各族群众的法制意识、公民意识，增强各族群众维护民族团结的自觉性，促进各民族交往交流交融，形成各族群众团结友爱、互助合作、民风淳朴、稳定和谐的良好村镇氛围。

四、关于编制扶持人口较少民族发展“十三五”规划的建议

（一）建议进一步扩大扶持人口较少民族发展规划的范围

经过两个五年计划的扶持，人口较少民族聚居地区取得了较快的发展，但同时也拉大了聚居村与非聚居村发展上的差距并造成群众心理上的失衡，不利于民族团结和社会和谐。建议“十三五”期间把专项规划的扶持范围扩大到人口较少民族聚居的自治州、自治县和民族乡所有行政村，使同一行政区域内的所有村屯都能享受专项扶持政策，共同发展、共同繁荣。

（二）建议继续增加扶持人口较少民族发展专项资金总额

尽管“十二五”以来，国家逐步增加扶持人口较少民族发展专项资金额度，各有关部门也逐步加大资金项目扶持，有效推进了人口较少民族聚居地区的发展。但人口较少民族聚居地区普遍自然条件恶劣，基础条件差，社会发育程度低，贫困程度深，扶持工作难度大。从目前初步考核验收的情况看，广西160个人口较少聚居行政村尽管基本能够实现“十二五”规划确定的“五通十有”和“一减少、二达到、三提升”目标，但基本上每个村都有一些指标无法达到规划目标要求，特别是很多自然村的基础设施条件基本没有什么改善，乡镇和县级的发展状况距离规划目标的要求差距更大。迫切希望“十三五”期间进一步加大专项扶持资金额度，同时从国家层面，统筹协调其他部门资金加大对人口较少民族发展的扶持，把人口较少民族的发展提高到新的层次。

（三）建议加大对人口较少民族聚居区重大建设项目的投入

由于目前国家扶持人口较少民族发展专项资金总额有限，只能重点针对人口较少民族聚居村屯，解决与群众生产生活密切相关的小困难小问题，尽管有效改善了群众生产生活条件，但对地方经济发展特别是可持续发展的辐射带动作用相对有限，迫切需要国家加大对人口较少民族聚居地区重大建设项目的投入，解决影响经济发展、财税收入和地方安全稳定的重大问题，提高扶持人口较少民族发展工作的质量和效果。

（四）建议加大对人口较少民族聚居区公共服务设施的投入

目前，专项扶持资金重点用于人口较少民族聚居的行政村，对乡镇，特别是县以上的公共服务设施的投入很少。建议“十三五”期间，在人口较少民族聚居的州、县中，建设完善民族大中小学校、民族医院、民族博物馆及图书馆、科技馆、体育活动场所等一批重大公共基础服务设施，同时建设完善交通运输网络，增强通行和运输能力，提高公共服务均等化水平。

（五）建议加大对人口较少民族聚居区金融支持力度

加大金融支持力度，对人口较少民族聚居市县的贷款增量不低于“十二五”时期水平，增速不低于全省各项贷款平均增速。鼓励和引导金融机构加大对人口较少民族聚居区的有效信贷投放，加大对基础设施建设、农房改造、特色农业等的支持，大力发展适合需求特点的小额信贷业务。

（六）建议适当放宽专项扶持资金的使用范围

根据少数民族发展资金管理办法，扶持人口较少民族发展资金的使用范围受到一定限制，一些社会事业建设项目、产业发展项目等无法给予扶持或在实际工作中难以实施，影响了资金使用效果。建议适当扩大扶持人口较少民族发展专项资金的使用范围，允许一定比例的资金，用于组织实施符合当地实际发展需要的建设项目，使国家优惠政策能惠及更多的人口较少民族群众。

贵州省“十二五”扶持人口较少民族发展工作总结及对“十三五”规划编制的建议*

贵州省是多民族聚居省份，民族自治地方和民族乡面积占全省面积的68%，少数民族人口占全省总人口的36.11%，列入国家扶持的人口较少民族有毛南族和仫佬族（人口76257人），人口较少民族乡1个，人口较少民族聚居村63个（涉及总人口14.69万人），分布在2个自治州7个县21个乡镇。“十二五”以来，我们坚持科学发展观，紧紧围绕国家扶持人口较少民族发展“十二五”规划目标，结合我省人口较少民族地区实际，奋力后发赶超，不断推动我省人口较少民族地区经济社会跨越发展。

一、主要做法

（一）制定和完善扶持规划

根据国家扶持人口较少民族发展“十二五”规划，在深入调研的基础上，认真总结“十一五”扶持人口较少民族发展工作经验做法，制定出台了《贵州省扶持人口较少民族发展“十二五”专项建设规划》，并在实践中不断完善，目标任务更加明确，更加符合当地实际，指导性和操作性更强。

（二）加强组织，成立工作领导小组

一是分别成立政府分管领导担任组长的省、州、县三级领导小组，将工作纳入各级政府主导范围，定期专题研究，加大落实，增强工作的推动力。二是各级党委政府把扶持人口较少民族发展列入重要议事日程，制定年度工作推进方案，由省政府分管领导主持定期召开专题会议，部署扶持

* 贵州省民族宗教事务委员会

人口较少民族发展工作，协调解决重大问题。三是省政府办公厅转发了《关于做好〈扶持人口较少民族发展工作实施意见〉的通知》，要求各级各部门在工作安排中体现人口较少民族优先，政策、资金向人口较少民族地区倾斜。

（三）召开现场推进会，总结推动扶持人口较少民族发展工作

每年组织召开一次全省人口较少民族工作现场推进会，总结上年度工作，安排部署和推进下一阶段工作，确保规划年度目标任务在落实上不留死角死面。尤其是在2012年、2014年现场推进会上，提出"力争我省人口较少民族地区优先建成小康社会，省里的扶贫资金优先向这两个少数民族倾斜"的两个优先战略和"道路全硬化、安居园林中，户户自来水、家家三网通，入学全覆盖、住院账能冲，办事在村里、购娱十分钟，民主议事好、自治安民众，病灾不用愁、全保人轻松，劳动有岗位、一业促繁荣，收入过七千、小康红似火"的率先全面小康的16句歌谣。

（四）实施人口较少民族率先小康行动计划，高起点、高标准统筹谋划

我们将人口较少民族聚居行政村率先全面小康问题争取纳入了2014年度贵州省委重大问题调研课题，组织力量开展研究和论证，并充分运用课题研究成果，围绕规划总体目标和贵州与全国实现同步全面小康要求，编制了人口较少民族率先全面小康指标体系，拟定并由省政府出台了《贵州省人口较少民族聚居行政村率先全面小康行动计划》，将目标任务进行细化量化，明确了时间表、路线图、责任单位，开展小康示范，推动人口较少民族率先全面小康和实现规划目标，探索民族地区村级同步小康路径。

（五）整合力量，全力推进

一是将规划和率先小康行动计划目标任务列入每年省政府民族工作联席会议议定事项，纳入省政府督办事项，集聚省直部门力量，建立集中优势、齐抓共管的工作机制。二是坚持把规划落实与我省实施的"五个100工程"（100个产业园区、100个高效农业示范园区、100个旅游景区、100个示范小城镇、100个城市综合体）、"四在农家·美丽乡村"基础设施建设——小康路、小康水、小康房、小康讯、小康寨行动计划、扶贫生态移

民等重大工程项目有机结合，统筹各方资源，解决发展资金困难问题，全力推进各项指标完成。三是围绕目标，抓好“十二五”以来国家民委和国家发展改革委分别下达的9760万元、1.35亿元扶持人口较少民族发展专项资金项目的实施，在保障专项资金安全同时，不断提高和发挥使用效益。

（六）建立动态监测机制，加强督促检查

建立扶持人口较少民族发展统计监测系统，组建统计监测信息员队伍，将人口较少民族聚居村发展情况全部纳入信息化管理，创立定期分析研判制度，以统计监测系统为平台，开展人口较少民族地区发展情况分析研判，及时准确反映真实状况和把握进展，为适时调度工作、调整进度等决策提供依据。在健全目标项目信息库基础上，加强督促检查，由省政府督查室负责对扶持规划和扶持人口较少民族发展工作会议确定的各项目标任务进行分解督办，全程跟踪落实情况，并强化专项资金监管，实行县级报账、专户拨款、项目资金公示等制度，主动接受群众监督。

（七）突出重点，创建示范，分类指导

一是坚持从实际出发，充分考虑地域差异和不同发展水平，尊重群众意愿，因族举措。对毛南族聚居村，由于“十一五”获得了先期扶持，基础设施和社会服务事业明显改善，扶持的重点是在进一步提升基础设施和服务设施建设水平、扩大覆盖面的同时，加大产业结构调整，做大产业规模，加快毛南族群众持续增收步伐；对“十二五”新增列入扶持的仫佬族聚居村，在重点抓好基础设施和民生工程建设的同时，整合资金，引导、培植特色优势产业做大做强。二是项目资金的使用坚持在“经济”上下工夫。即，在资金确定的情况下要追求使用效果更好；在效果确定的情况下要追求资金使用更少。尊重经济规律，大胆探索创新，“小钱变大、死钱变活、滚动发展”，提高资金使用效益。三是统筹安排，分类实施，精准扶持。按年度确定重点扶持对象，开展率先全面小康示范村创建，通过总结经验，典型推广，推动发展。

（八）开展规划执行中期评估

在深入调研、广泛听取各方意见基础上，拟订方案和评估办法，采取

全面评估和重点评估相结合、定性评估和定量评估相结合、自我评估和专家咨询、公众参与相结合的方法，严格按照程序对“十二五”的执行规划情况进行科学评价，认真总结，开展评估。

二、取得的成效

在国家民委等中央部委的大力支持下，经过全省干部群众共同努力，扶持人口较少民族发展成效明显，“十二五”规划顺利推进，规划明确的目标和主要任务、重点工程接近完成。

（一）“五通十有”指标的实现程度均超过规划进度

列入规划的毛南族和仫佬族聚居行政村已提前实现通电、通广播电视、有安居房，通信息、通清洁能源、通油路村达到规划目标 90% 以上，有安全饮用水、有稳定解决温饱的基本农田、有卫生室的村达到规划目标 85% 以上，有文化室、有农家书屋的村达到规划目标的 97% 以上，有卫生厕所、有农家超市、有体育健身场所、有活动中心的村达到规划目标的 90% 以上。

（二）“一减少、二达到、三提升”指标基本完成

人口较少民族聚居村贫困人口数量由 2010 年的 28580 人减少到 2014 年的 20684 人（包括因贫困标准提高而增加的人数），基本消除绝对贫困现象；人口较少民族聚居村农民人均纯收入 6702 元，达到所在的黔东南、黔南州平均水平；经济社会发展总体达到所在县平均水平，1/2 以上的毛南族和仫佬族农村居民人均纯收 6592 元，到达所在县平均水平。人口较少民族聚居行政村综合实力显著提升，基础设施逐步完善，发展环境明显改善，结构调整步伐加快，农民综合素质不断提升，初步形成产业结构多业并举、收入来源多点并收的良好态势，自我发展能力明显提高，群众生活水平不断提高。

（三）9 个人口较少民族聚居行政村基本实现全面小康

按照我省实施的人口较少民族率先全面小康行动计划确立的小康示范村创建目标，9 个人口较少民族聚居行政村经过评估验收，率先基本实现全面小康，为我省民族地区同步小康创建树立了样板，产生了良好的示范

效应。

三、存在的主要问题和困难

（一）政策覆盖范围小，扶持标准低

一是我省人口较少民族呈小聚居大分散分布，部分散居的人口较少民族群众和人口较少民族占比较高的聚居村寨没能进入规划享受国家扶持政策。二是由于贫困程度深、成本高、扶持资金有限，为满足群众迫切需求，造成项目建设标准较低，群众生产生活条件改善步伐较慢。

（二）部门协作和资源整合不够，扶持手段不丰富

一是部门沟通和主动参与不足，各级扶持人口较少民族成员单位在对人口较少民族地区政策资金的倾斜上有待深化；规划中重点工程未能很好与各级各部门的规划和工作安排计划衔接；扶持人口较少民族发展的项目及资金难落地，资源整合有待加强。二是群众发动不足，群众作为建设参与者和受益者的主体作用未能很好发挥出来。三是由于投入整村推进资金不足，基础设施、公共服务设施等建设薄弱，难以支撑人口较少民族地区精准扶贫长效作用的发挥。

（三）部分地区对规划重视程度不够，发展压力大

一是由于深入调研不够，部分人口较少民族地区对规划实施项目编制的前瞻性不强，不适应发展需要，随意性大，与群众意愿有差距，影响了规划的执行力。二是人口较少民族地区基础差、底子薄，面临追赶其他地区的压力，发展差距与其他地区在拉大，实现全面小康难度大。

（四）产业结构调整转型慢

特色优势支撑产业培育不够，未形成规模经济，产业发展缓慢，投入大，产出低，质量差，抗风险能力弱。群众增收渠道窄，增收不明显。

（五）人才缺乏，市场经济意识不强

人口较少民族地区各类人才缺乏，特别是基层组织中能带领群众致富的领头人和农村实用技术人才严重不足。群众参与市场经济的主观能动性

有待培养。

四、下一步主要工作打算

（一）深入学习贯彻中央民族工作会议精神

中央民族工作会议提出了宏大的理论政策体系，当前和今后一个时期，扶持人口较少民族发展最主要的任务是乘中央、省委高度重视民族工作的强劲东风，准确把握、全面贯彻中央民族工作会议精神，推动扶持人口较少民族实现新发展。

（二）做好“十二五”工作总结和“十三五”规划编制

一是在加强沟通协调，整合力量，整体推进“五通十有”、“一减少、二达到、三提升”等规划目标任务完成的同时，抓好“十二五”规划实施情况评估，提炼、归纳和总结经验，找出规律，指出问题，摸清制约发展的特殊困难和突出短板，为做好“十三五”工作打下基础。二是抓好“十三五”扶持人口较少民族发展专项规划的编制准备工作。紧扣国家规划要求，深入调研，力求以问题为导向，与“十二五”规划紧密衔接，设定的指标可行，明确的事项能做，全面、系统谋划新阶段的扶持工作，使规划切实起到指导工作的作用。进一步推动扶持人口较少民族发展向深度、广度迈进。

（三）推动人口较少民族率先全面小康

按照《贵州省人口较少民族聚居行政村率先全面小康行动计划》明确的目标任务，落实具体措施，在巩固2014年9个示范村全面小康成果基础上，抓好2015年30个人口较少民族聚居村创建率先全面小康，力争2017年前63个人口较少民族聚居村基本实现全面小康目标。

五、对“十三五”规划编制的几点建议

第一，鉴于人口较少民族地区自然条件差，经济基础薄弱，社会发展滞后，依靠自身难以实现改变贫穷落后面貌的实际，建议国家民委将散居的人口较少民族群众和未进入“十二五”规划的人口较少民族聚居村寨列入“十三五”规划享受国家扶持政策，加大扶持人口较少民族发展专项资

金投入幅度，提高规划建设项目标准，特别是贵州作为全国小康实现程度最低的省份，在政策和资金投入上给予进一步倾斜。

第二，扩大扶持民族范围。目前，全国40余万水族人口中有36万人在我省，水族聚居地是我省最为落后的民族地区之一，建议将水族纳入国家“十三五”扶持人口较少民族的范围给予重点支持。

第三，为贯彻落实习近平总书记关于“实现全面小康，一个民族都不能少”的重要指示精神，建议把人口较少民族率先全面小康纳入“十三五”规划。

第四，建议在“十三五”规划中充分体现差别化的财税、投融资、生态补偿等区域政策，发挥国家扶持人口较少民族部际联席会成员单位作用，建立考核机制，加大力量整合，确保达到规划目标。

云南省扶持人口较少民族发展工作情况及“十三五”规划有关意见和建议*

云南是一个多民族边疆省份，总人口在30万以下的民族有独龙族、德昂族、基诺族、怒族、阿昌族、普米族、布朗族、景颇族8个，总人口42.1万，主要聚居在保山、红河、普洱、西双版纳、大理、德宏、怒江、迪庆、丽江、临沧10个州（市）35个县（市、区）138个乡（镇）的395个建制村3520个自然村，是全国扶持任务最重的省份。8个人口较少民族中有7个民族居住在边境沿线（其中，6个民族为跨境民族）；有6个民族是直接从原始社会末期过渡到社会主义社会的“直过”民族。采取特殊政策扶持人口较少民族加快发展是我国一项重要的民族政策。在省委、省政府的正确领导下，在国家有关部委和上海市的关心支持下，全省各级各部门紧紧围绕扶持人口较少民族发展目标任务，切实加大扶持力度，认真抓好落实，有力地促进了人口较少民族聚居地区的经济社会发展。

一、“十二五”扶持成效

2011年，编制实施《云南省扶持人口较少民族发展规划（2011—2015年）》，提出到2015年，人口较少民族聚居的395个建制村基本实现“五通十有”；人口较少民族聚居区基本实现“一减少、二达到、三提升”的目标。“五通”即人口较少民族聚居建制村通油路、通电、通广播电视、通信息（电话、宽带）、通清洁能源（沼气）。“十有”即人口较少民族聚居建制村有安全饮用水、有安居房、有卫生厕所、有高产稳产基本农田地（经济林地、草场）或增收产业、有学前教育、有卫生室、有文化室和农家书屋、有体育健身和民族文化活动场地、有办公场所、有农家超市（便利店）和农资放心店。“一减少、二达到、三提升”即人口较少民族聚居

---

* 云南省民族事务委员会

区贫困人口数量减少一半以上；农民人均纯收入达到当地平均以上水平，一半的人口较少民族农民人均纯收入达到全省平均以上水平；基础设施保障水平、民生保障水平、自我发展能力大幅提升。截至2014年底，已完成投入104亿元，完成《规划》总投资任务的162.2%，395个建制村的各项基础设施建设指标，均比规划实施前有了大幅度提升，扶持人口较少民族发展工作取得阶段性成效。

（一）基础设施建设不断完善

截至2014年底，人口较少民族聚居的395个建制村中49%实现了通乡公路硬化，87%的村有了安全饮用水，96%的行政村有了文化活动室；人口较少民族聚居的3520个自然村通公路率达91%，通广播电视率达98.6%，通电率达99.9%，85%的群众有了安全饮用水。公共基础设施得到明显改善。

（二）群众生活水平显著提高

2014年，人口较少民族聚居的395个建制村农民人均纯收入达到4464元，比2010年的2265元增加了2199元，年均增长19.76%。

（三）群众自我发展能力不断增强

通过集中扶持，人口较少民族整体素质有了很大提升，受教育程度不断提高，接受高等教育的人数不断增多。群众的发展理念发生了根本转变，从过去“要我发展”转变为“我要发展”。

二、主要做法

扶持人口较少民族发展工作，云南省的主要做法是：

（一）规划先行，形成合力

省委、省政府提出“决不让一个兄弟民族掉队”的战略目标，将扶持人口较少民族发展作为促进科学发展、维护边疆安宁、增进民族团结、构建和谐云南的重要内容，制定出台了《云南省人民政府关于进一步加快人口较少民族发展的决定》，批准实施了《云南省扶持人口较少民族发展规划（2011—2015年）》，按照“省抓规划、州负总责、县抓落实、项目到村、扶持到户”的原则，形成一级抓一级、层层抓落实的工作机制。通过规划平台，按照目标项目化、项目部门化、部门责任化的要求，“缺什么补什么”，各司其职，整合资源，以整村、整乡、整县、整州推进和整族帮扶为依托，系统连片改善到村到户的基础设施、基本公共服务和群众生产生活条件，培育壮大富民产业，不断推进人口较少民族地区经济社会加快发展。

（二）整族帮扶，整乡推进

根据人口较少民族的文化特点、地域特征以及发展差异等，因地制宜、因族举措，各有侧重地推进人口较少民族加快发展。如我省独龙族总人口5000多人，主要居住在贡山县独龙江乡，非常贫困。2010年，省委、省政府制定实施了“独龙江乡整乡推进独龙族整族帮扶三年行动计划”，集中实施了安居温饱、基础设施、产业发展、社会事业、素质提高、生态环境等“六大工程”，打通了通往独龙江乡的6.68公里长的公路隧道，独龙江乡基础设施全面改善，结束了每年有近7个月大雪封山“与世隔绝”的历史，实现了村村通柏油路、通电、通电话、通广播电视、通安全饮水；特色产业初步形成，草果、核桃、独龙蜂、独龙牛、独龙野鸡等种养殖业初具规模，独龙江乡迈上了跨越式、可持续发展轨道。2015年1月，习近平总书记亲切接见独龙族群众代表时，对独龙族人民发生的可喜变化给予了充分肯定和热情鼓励。4月，全国政协副主席王正伟同志到独龙江调研时，对这种突出重点、集中帮扶的工作方法和成效也给予了充分肯定。

（三）创新机制，多措并举

根据我省人口较少民族社会发展起点底，自我发展能力弱，地处边远山区，“因灾致贫，因病返贫，因贫辍学”问题突出的情况，遵照以人为本、全面发展的要求，采取了相应的政策措施，不断提升扶持成效。一是加大投入实施特色产业开发试点，扶持发展特色优势产业，探索农民专业合作社和互助资金滚动发展等产业扶持模式，稳定提高群众收入。二是采取开办人口较少民族高中班和大中专班，落实好“两免一补”政策、降分录取政策，促进人口较少民族受教育水平稳步提高。启动8个人口较少民族各建1个小型特色博物馆项目，大力挖掘整理人口较少民族优秀传统文化。同时，高度重视人口较少民族干部和人才的培养选拔工作，采取放宽政策、破格录用等特殊政策措施，确保在省级部门都有人口较少民族担任厅级领导干部；为使人口较少民族专业技术人才能尽快脱颖而出，还制定个人口较少民族在专业技术职称评审中的特殊政策。三是采取政府购买公共服务的方式，2014年制定实施《云南省人口较少民族综合保险和人口较少民族学生助学补助专项方案》，为人口较少民族聚居的395个行政村内的18.5万户77.6万人，购买人身意外伤害险、农房险等两类保险产品，同时对人口较少民族高中和大学在读学生给予助学补助，不断提升民生保障水平，有力推进人口较少民族科学发展、和谐发展、跨越发展。四是典型示范，以点带面，在全面扶持的基础上，着力打造一批扶持人口较少民族发展示范村、亮点村和人口较少民族特色村寨，为人口较少民族村寨脱贫发展树立了标杆。

（四）社会参与，对口帮扶

在国家民委的关心支持下，上海市积极响应中央号召，先后开展对口帮扶我省德昂族、独龙族整族帮扶工作。上海市民宗委领导和同志们在深入调研的基础上，制定帮扶规划，围绕解决德昂族群众基本生产生活、基本教育、基本医疗等方面困难，共投入专项资金11338万元实施整村推进整族帮扶，受帮扶的村寨呈现出“村容整洁、干净卫生、环境优美、生态文明”的新景象。同时，积极协调动员上海各宗教团体、医院、学校、企业等社会各界、企事业单位参与帮扶、支教、支医、人才培养、劳务输出等工作。通过创新帮扶模式，引导群众亲自参与项目建设，使德昂族、独龙族群众深刻感受到家园日新月异的变化，极大地激发了群众建设美好家园的热情，进一步增进了两省市人民的深厚感情，为巩固和发展平等、团结、互助、和谐民族关系增添了新亮点，谱写了一曲中华民族同呼吸、共命运、心连心的赞歌。

（五）群众为主，自我发展

在扶持的过程中，始终坚持把扶持人口较少民族发展放到全省经济社会发展全局统筹规划，以发展促团结、促和谐。一是坚持民生优先，着重解决人口较少民族聚居区群众最关心、最直接、最现实的利益问题。把国家扶持、对口支援和群众自力更生紧密结合，形成扶持人口较少民族发展的强大合力。二是通过加强培训、群众参与、群众管理等方式，增强群众的自我发展能力，激发了群众变“要我发展”为“我要发展”，有的村寨提出“国家扶持一分钱，我们要做出三分钱的事情”，得到了相关国家部委、相关省区及社会各界的良好评价。

三、存在的困难与问题

由于我省人口较少民族大多居住在边境地区、偏远山区和峡谷地带，发展起点低、底子薄、基础差、建设成本高以及投入力度有限等因素，依然是我省全面建成小康社会的难点和短板，是扶贫攻坚的“硬骨头”。

（一）发展差距仍然较大

人口较少民族聚居地区经济社会发展纵向比较发生了翻天覆地的变化，横向比较，与全国其他省区人口较少民族发展水平和全省其他地区相比还有较大差距，总体发展水平仍然比较落后。2014 年底，395 个建制村农民人均纯收入仅 4464 元，分别为全国 10489 元、全省 7456 元的 42.6%、59.9%，要实现 2020 年与全国全省同步建成小康社会的目标任务仍然十分艰巨。由于发展基础不一，起点不同，资金投入有限，395 个人口较少民族聚居村在扶持发展过程中显得差参不齐，发展不平衡问题突出。据统计，395 个建制村的农民人均纯收入，最高的村是 14956 元，最低的村仅 1040 元，相差 13916 元。即使在同一建制村内，各村寨之间在通路、通电、通水、通电话、通广播电视和教育、文化、卫生等方面受益程度差距较大。

（二）民生问题仍然突出

对照“十二五”规划扶持目标，395 个人口较少民族聚居建制村中目前还有 194 个村不通油路，18 个村不通邮政，119 个村不通宽带，52 个村没有安全饮用水，104 个村没有学前教育，7 个村没有达标的卫生室。3520 个自然村中，仍有 325 个不通公路，539 个未解决人畜饮水问题，有的村虽修了毛坯路，但晴通雨阻的情况突出。有些村虽有卫生室但缺医少药，虽有学校但校舍简陋破烂，师资力量不足，学生生活困难，辍学率高。人口较少民族聚居地区“因灾因病致贫，因灾因病返贫”问题依然突出，按现行的 2300 元的贫困标准，仍有 25% 的人口较少民族处于贫困线以下。

（三）群众增收渠道狭窄

人口较少民族聚居区农业产业化程度低，城镇化率低，非公经济弱小，大部分没有培育起支柱产业，农民积累率低，农业投资主要依靠财政和信贷两个途径，农民增收渠道狭窄，没有致富增收的支柱产业，脱贫进入攻坚期，返贫现象严重，减贫的难度进一步加大。

（四）自我发展能力弱

人口较少民族劳动者受教育程度低，群众当家理财、科技应用和自我发展能力较弱，素质型贫困问题突出。人口较少民族人均受教育年限都低于全省平均水平，其中，德昂族的人均受教育年限低于6年。劳动者素质与现代社会的发展要求不相适应，人才拥有量与本民族人口比例不相适应，大多数群众仍然沿袭着传统的生产生活方式，现代生产生活技能低，缺少脱贫致富的办法，缺乏当家理财的能力，自我发展能力严重不足。

（五）国家扶持资金投入标准过低

由于我省人口较少民族大多散居在边境地区、偏远山区和峡谷地带，建设成本高，人口较少民族地区加快发展的需要与实际投入矛盾突出。目前，国家民委、财政部在扶持人口较少民族发展中均以建制村为单位，每村每年按40万元标准进行扶持。我省列入《规划》内的395个建制村有3520个自然村，每个建制村平均有9个自然村。按国家的扶持标准，每个自然村平均每年只有4.4万元，扶持力度偏低，要实现彻底脱贫和可持续发展任务十分艰巨。

四、“十三五”规划有关意见建议

“十三五”时期是加快推进我省人口较少民族加快发展、加速转型、奋力赶超、推动跨越的关键5年。按照习近平总书记考察云南时强调“全面建成小康社会，一个民族都不能少”的要求，根据国家“扶少”规划要求编制实施云南省扶持人口较少民族“十三五”规划，采取更加缜密、更加科学、更加有效、更加管用的政策措施，推动人口较少民族实现跨越发展，对全省全面建成小康社会具有特殊政治意义。在今后扶持人口较少民族发展工作中，我们要更加牢固地树立“各民族都是一家人，一家人都要过上好日子”的信念，不断探索“云南经验”。要更加坚决地兑现“决不让一个兄弟民族掉队、决不让一个民族地区落伍”的承诺，千方百计促进人口较少民族地区加快发展，着力加强基础设施建设，大力发展特色优势产业，给予差别化扶持，创新扶贫开发方式，推进基本公共服务均等化，深化改革开放，缩小发展差距，促进各民族共同繁荣发展。

第一，优先解决人口较少民族聚居地区基础设施瓶颈制约问题，补短板、上台阶，打通交通、水利、能源、通信等“毛细血管”和“最后一公里”，推进基础设施一体化建设。

第二，着力提高基本公共服务保障水平，优先解决人口较少民族聚居地区公共服务的“短板”项目，不断缩小基本教育、医疗、文化、健康、社会保障、环境治理和政府服务能力与全省平均水平的差距。

第三，培育壮大富民产业，因地制宜发展具有比较优势、门槛低、产业链长、附加值高、能够带动人口较少民族群众融入市场经济和勤劳致富的特色优势产业，让各族群众有事干、有钱赚、有盼头。

第四，加大人才培养力度，不断提升自我发展能力。在农村大力开展实用技术培训和科普宣传教育，继续开办好人口较少民族大专班、高中班和职业免费教育全覆盖等，全面解决人口较少民族素质型贫困问题。

第五，社会帮扶，形成合力。认真总结和推广独龙江乡整乡推进独龙族整族帮扶经验做法，加强协调，积极争取上海对口帮扶、行业对口帮扶和社会帮扶等，整合各方力量，有力推进人口较少民族聚居地区加快发展。

第六，创新扶持方式。在认真做好我省首创的烟草公司对口帮扶布朗族、德昂族工作，人口较少民族综合保险和学生助学补助工作等工作的同时，不断探索新的扶持方式，推动扶持人口较少民族发展工作取得新成效。

第七，建议国家编制“扶少十三五”规划时，将全国总人口小于50万的少数民族纳入人口较少民族范畴，统一规划，集中扶持。

西藏自治区“十二五”期间扶持人口较少民族发展工作情况及“十三五”规划思路*

“十二五”以来，在自治区党委、政府的坚强领导下，在国家的大力支持下，我们坚持走中国特色、西藏特点的发展路子，积极应对各种困难和挑战，认真实施国家、自治区制定的《扶持人口较少民族发展规划（2011—2015年）》，稳步推进人口较少民族聚居地区跨越式发展。

一、西藏人口较少民族基本情况

西藏是以藏族为主体的民族自治地方。门巴族、珞巴族属于全国28个人口较少民族范围，且为西藏独有，主要聚居在中尼、中印边境地区。至2013年底，全区共有人口较少民族17055人，分别居住在我区境内10个县、35个乡。其中：聚居乡19个、散居乡16个、132个行政村。全区共有9个民族乡，其中8个民族乡均为区内人口较少民族乡。

二、“十二五”期间扶持工作基本情况

全区各级党委、政府高度重视扶持人口较少民族发展工作，给予特殊关怀，采取特殊政策措施，实行党委政府主导、部门联动、人口较少民族聚居区群众共同参与的工作措施，全面落实人口较少民族发展资金，认真实施发展项目，有效地改善了人口较少民族地区群众生产生活条件，有力地维护了边境地区的和谐稳定，进一步促进了全区经济的跨越式发展和社会长治久安，为区内人口较少民族同全区一道全面建成小康社会奠定了坚实基础。

“十二五”以来（截至2014年），我区已累计投入扶持人口较少民族发展资金28888.6万元。其中：国家民委和财政部安排资金14068万元，

* 西藏自治区民族宗教事务委员会

自治区财政厅安排配套资金12950.6万元，自治区发改委安排财政预算内资金1870万元。累计实施基础设施建设、生产发展建设、兴边富民安居工程、科教文卫建设、实用技术培训、兴边富民特色优势产业、特色村寨建设等项目598个。其中，实施兴边富民安居工程项目解决了5883户人口较少民族群众的住房问题。

通过不断加大扶持力度，人口较少民族聚居区经济社会各项事业发展取得了明显成效。一是基础设施条件明显改善。人口较少民族聚居乡镇和建制村通公路率分别为95.06%和73.71%；电力覆盖率达到80%；通电话率达到93%；集中式供水覆盖率达到75%。电、水、路、通信等基础设施条件的明显改善，方便了群众的生活生产，有效地缓解了人口较少民族地区经济社会发展的瓶颈制约，为人口较少民族地区经济跨越式发展提供了保障。二是群众基本生活得到保障。聚居区农牧民安居房建设达到100%；扶贫开发整村推进率达到94.57%；农牧民人均纯收入比当地人均纯收入高1.6%。居住环境、生产条件、生计稳定、人均收入等较规划初期有大幅度的提高，群众生计中存在的突出问题得到有效解决，经济总量有一定增长，群众收入逐年增加，为实现小康创造了条件。三是公共服务水平不断提升。聚居区实现了基本普及九年义务教育、基本扫除青壮年文盲的"两基"目标，适龄儿童入学率、初中毛入学率、青壮年文盲率达到"两基"验收标准的行政村比例为99.22%；通广播电视的行政村达到86.3%，居民能收看到包括中央第一套、自治区或地（州、市）第一套在内的电视节目，能收听到包括中央第一套和西藏卫视第一套在内的广播节目，民族语言节目较为丰富；村卫生室从无到有，覆盖率为29.50%；村文化室（农家书屋）覆盖率为59%。人口较少民族聚居区的公共服务水平提高较快，使得群众劳动素质和思想观念有较大的改变，助推了各项社会事业的发展。

三、主要做法和经验

（一）结合实际，科学规划，注重实效

在扶持人口较少民族发展工作中，我们始终坚持规划目标与区内人口较少民族聚居区实际相结合的原则，在充分调研的基础上，因地制宜、分类指导，务求实效。针对不同的民族，采取不同的措施办法，明确每一年

的主攻方向和重点建设任务，实行相对集中、分批次逐年逐项解决的办法。在项目实施过程中，坚持统筹兼顾、重点突出，把资金和项目向基础设施、改善民生、民族文化三个方向倾斜，以增加群众收入、改善群众的生产生活条件。

（二）强化管理，确保项目资金规范安全使用

扶持人口较少民族发展资金属于财政扶贫项目，资金使用范围有严格的规定。我们严格按照财政扶贫少数民族发展资金管理的有关规定认真组织实施，实行项目法人责任制，层层签订项目责任书，切实加强项目资金管理。严格执行财政报账制度，建立健全项目运行管护机制，提高资金使用效益。规划实施的三年中，我区未发现有截留、挤占和挪用项目资金等现象，确保了项目资金的安全、规范使用。

（三）项目直接交给基层群众组织实施，带动群众增收致富

在组织实施扶持人口较少民族发展项目过程中，坚持项目面向基层、服务群众，除技术要求高、施工难度大的项目交由专业施工队外，绝大多数项目由乡（镇）人民政府发动、组织群众实施，调动群众参与项目建设的积极性和主动性，并从中受益。米林、错那等县，通过组织群众参与项目建设，培养造就了一大批农牧民施工队、建筑队及致富带头人，在参与人口较少民族发展项目建设的同时，积极投身于乡村公路、水渠、小型电站、防洪坝、桥梁、安居房等项目建设，提高了当地群众就业技能，增加了群众现金收入，受到了当地人口较少民族群众的普遍欢迎。

（四）项目建设促进了人口较少民族与其他各民族的团结和睦

我区 8 个人口较少民族乡中有 7 个在边境地区，维护祖国统一、民族团结、社会稳定的任务十分艰巨。这些年来，我们积极落实党和国家对人口较少民族的特殊优惠扶持政策，加大对人口较少民族的项目资金投入，为这些边境人口较少民族创造了良好的发展环境，加快了人口较少民族聚居区的发展步伐，促进了当地民族团结、局势稳定和社会和谐。广大门巴族、珞巴族群众切身感受到共产党好、社会主义好、伟大祖国好、民族团结好，更加心向党、心向祖国，大家更加珍惜今天来之不易的幸福美好生活。

四、存在的问题

由于自然、历史和社会等多种因素，聚居区社会发育程度较低，生产力水平低，各项社会事业发展严重滞后，自我发展能力弱，经济社会发展仍面临着很大的困难和问题。主要表现在以下几个方面：

（一）基础设施不完善，瓶颈制约仍然存在

仍有约26.3%的人口较少民族聚居区缺乏对外交通；人口饮水安全率约为70%，仍有约30%缺乏安全饮用水；用电人口比例为76.3%，与全区的95%相差18.7个百分点；行政村固定电话或移动通讯信号人口覆盖比例达到93%，比全区98%的平均水平略低；广播、电视覆盖率（人口综合覆盖率）、乡镇通邮率平均达到86.3%，比全区94%的平均水平相差7.7个百分点。

（二）扶贫开发任务艰巨，群众收入仍然较低

由于聚居区地处偏远，农业产业化程度低，二三产业发展滞后，农牧民增收渠道狭窄，人均基本农田1.5亩，且低产田数量大，耕地面积中有85%的基本农田属于低产田，农牧民人均纯收入仍低于全区农牧民人均纯收入，特别是珞巴族、门巴族等民族，所在的地区自然条件相对恶劣，脱贫难度大，仍有贫困户591户2760人。

（三）社会事业发展滞后，民生问题仍然突出

人口较少民族聚居区农牧民平均受教育年限和学前教育普及率相对较低，适龄幼儿能够接受学前一年教育的村比率仅为12%，双语教育发展滞后，青壮年文盲率相对较高。人口较少民族聚居村卫生室达标的仅有26%，约68%的行政村卫生室用房建筑面积未达到自治区规定标准。约41%人口较少民族聚居村没有合格文化室和农家书屋。体育基础设施建设薄弱，参加体育活动的人口比重不足人口较少民族总人口的2%。

（四）生态环境保护与经济社会发展矛盾日益突出

聚居区地处高山峡谷，且大多数处于国家级自然保护区范围内，生态环境十分脆弱，是各种自然灾害多发地区。分散、粗放的传统生产方式，

导致水土流失、草场退化、土地荒漠化等问题。环境保护与经济发展矛盾日益突出。

（五）人才队伍建设有待进一步加强

目前，聚居区工作生活环境艰苦，存在着外地人才不愿去、本地人才留不住现象，各类专业技术人才和企业经营管理人才匮乏断层问题十分突出。

（六）维护社会稳定任务十分艰巨复杂

聚居区大多地处边境一线，随着改革开放不断深入，边民互市贸易活动频繁，境外探亲人员增多，边境管控难度加大。

五、“十三五”规划思路

紧紧围绕跨越式发展和长治久安的战略目标，牢牢把握各民族共同团结奋斗、共同繁荣发展的主题，以提高基础设施水平、改善农牧民群众生产生活条件、提高资源环境承载力和加强公共服务供给为项目建设重点，通过国家和地方的共同努力，采取特殊的政策措施，加大资金投入力度，因地制宜，因族制宜，积极推进聚居区各项事业发展。

（一）切实加大投入力度

扶持人口较少民族发展的目的是为了人口较少民族聚居区经济社会的全面发展，但仅靠民宗部门有限的资金难以完成人口较少民族与全区一道实现又好又快的发展目标。因此，必须采取更加特殊的措施，将国家安排的基础设施项目着重向边境人口较少民族地区倾斜，将扶贫开发资金优先安排在边境地区，逐年加大人口较少民族聚居区的投资力度。

（二）加快基础设施建设进度

基础设施落后是制约人口较少民族聚居区济社会发展和导致贫困的主要因素。要加快水、电、路、讯等基础设施的建设步伐，加强边境乡镇小城镇建设，应以人口较少民族聚居区乡为单位整体推进，完善功能，提高辐射带动作用。

（三）大力培育特色优势产业，增强聚居区发展内在动力

要根据聚居区资源、文化和民俗等方面的特点，大力扶持先导或支柱产业发展，积极引导和扶持优势产业和特色经济，积极支持公益性文化事业和文化产业发展，鼓励社会力量参与开发和利用非物质文化遗产。

（四）强化扶贫开发责任，打好新一轮扶贫攻坚战

西藏作为集中连片特困地区，是国家扶贫攻坚的主战场。坚持政府主导、分级负责的原则，把扶贫开发纳入各级政府经济社会发展战略及总体规划，实行扶贫开发目标责任制和考核评价机制。坚持开发式扶贫方针，充分发挥专项扶贫、行业扶贫和社会扶贫的综合效益，实现扶贫开发与社会保障的有机结合。把聚居区作为扶贫工作的重点，提高扶贫标准，实行有差异的扶持措施。由于西藏扶贫工作具有长期性、复杂性和不稳定性，要抓紧制定扶贫方面的地方性法规，使扶贫工作逐步走上规范化轨道。

（五）继续开展兴边富民行动，帮助人口较少民族脱贫致富

边境地区是维护国家安全的前沿阵地，是展示国家形象的重要窗口。要进一步宣传落实好聚居区和边境地区的支边惠民政策，在同等条件下，优先安排涉及民生领域的项目，实行更加优惠的财税政策措施，进一步加强边境贸易市场建设，重视边境放牧点建设，建立完善的边民补助机制。充分发挥聚居区区位优势，开展多边贸易，增加群众收入。

（六）重视能源和生态环境建设，促进聚居区经济可持续发展

加快聚居区可再生能源开发利用，因地制宜发展生态能源建设项目，加强聚居区生态建设和环境保护工作，特别是对天然林资源、湿地、热带雨林及野生动植物的保护；加快推进小流域治理、退牧还草、人工造林、防沙治沙、天然林保护、生态移民等重点生态工程，建立健全生态效益补偿长效机制，并随着国家财力的增长逐步提高补偿标准。

（七）落实信贷政策，执行优惠利率

鼓励和引导金融机构加大对人口较少民族聚居区的有效信贷投放，适

时提高授信额度（目前小额贷授信额度最高为5万元，最低为3万元）；发放到户贷款执行扶贫贴息贷款利率；对带动人口较少民族脱贫致富的企业和项目发放的贷款执行扶贫贴息贷款利率；对民族贸易和民族特需商品生产贷款实行特殊优惠利率政策；对农房改造贷款执行扶贫贴息贷款利率。

（八）加强人才队伍建设，为聚居区经济社会发展提供智力支撑

切实加强对聚居区特别是民族乡干部和专业技术人才的教育培训，采取定向招生、定向培养、定向分配等措施，在招录公务员时，对人口较少民族给予分数上的照顾，鼓励本地和其他地方各级各类人才到聚居区就业、创业。

（九）充分发挥援藏优势，继续完善对口帮扶制度

援藏项目、资金和人才，要向聚居区倾斜。鼓励和支持对口援藏省（市）民营企业参与聚居区经贸合作、基础设施建设和产业发展项目。鼓励和引导各界人士资助人口较少民族兴办各项事业。

甘肃省扶持人口较少民族发展“十二五”规划实施情况及“十三五”规划建议*

《扶持人口较少民族发展规划（2011—2015）》实施以来，将人口在10万~30万之间的6个民族纳入人口较少民族范围，我省扶持人口较少民族的范围由原来2县1乡116个人口较少民族聚居村扩大到8个县（市、区）35个乡（镇）269个人口较少民族聚居村。主要分布在我省临夏回族自治州的积石山保安族东乡族撒拉族自治县、临夏市、永靖县、临夏县；张掖市的肃南裕固族自治县、肃州区；武威市的天祝藏族自治县；甘南藏族自治州的卓尼县。其中：保安族聚居村有59个，撒拉族聚居村有50个，裕固族聚居村有104个，土族聚居村有56个。“十二五”期间，我省人口较少民族的总人口为75469人，与“十一五”相比，增加了5215人，增长7.4%。其中：保安族18170人，增加了3000人，增长19.8%；撒拉族13517人，增加了1733人，增长14.7%；裕固族13001人，增加了33人，增长0.3%；土族30781人，增加了443人，增长7.4%。

一、规划实施基本情况

《扶持人口较少民族发展规划（2011—2015年）》涉及我省8个县（市、区）、269个人口较少民族聚居村、2个人口较少民族聚居民族乡，重点以2个人口较少民族聚居自治县为基础，按9个大类设计项目1469个，概算总投资21.02亿元，申请国家投资11.98亿元，占总投资的60%；省级投资4.06亿元，占总投资的19%；群众自筹4.99亿元，占总投资的21%。其中：保安族、撒拉族、裕固族聚居区项目概算总投资16.05亿元，申请国家投资8.89亿元，省级投资3.06亿元，群众自筹3.99亿元。土族聚居区项目概算总投资4.98亿元，申请国家投资2.99亿

---

* 甘肃省民族事务委员会

元，省级投资1亿元，群众自筹1亿元。

目前，“十二五”规划围绕国家确定的到2015年人口较少民族聚居行政村基本实现“五通十有”“一减小、二达到、三提升”的总体目标，坚持“整合资金，突出重点，集中力量”的原则，在人口较少民族聚居区共实施各类项目986个，完成投资5.95亿元，占规划总投资的28%。

二、规划实施以来取得的成效

《扶持人口较少民族发展规划（2011—2015年）》实施以来，我省人口较少民族聚居区基础设施显著改善，特色经济快速发展，社会事业稳步推进，发展能力明显提高，呈现出生产发展、生活改善、民族团结、社会和谐的良好局面。

（一）农牧村基础设施不断改善，有效解决了群众“五难”问题

过去我省人口较少民族聚居区大部分乡镇、村基础设施十分薄弱，群众照明难、吃水难、行路难、看病难、孩子上学难等“五难”问题一直是4个人口较少民族农牧民群众急待解决的现实困难。

人口较少民族聚居区通过实施通村公路、人畜饮水、农村电网等基础设施项目，使一些乡（镇）、村的基础设施条件、群众的生产生活条件和人居环境得到了明显改善，这不仅为群众生活提供了便利，更重要的是在其生产发展上创造了条件，使相当一部分农牧民群众开阔了眼界、更新了观念、增强了市场经济意识，他们充分利用交通、地理等优势积极参与旅游产业开发，发展舍饲养畜、畜产品返销、屠宰加工等致富产业，加快了脱贫致富奔小康的步伐。

（二）农牧民生产方式得到较大转变，有效促进了人与生态和谐发展

把扶持项目的实施与退牧还草、牧民异地搬迁和集中定居等工程有机相结合起来，统筹安排，促使农牧民进一步转变思想观念、转变生产方式，逐步向交通便利、人口相对集中的地区集中定居，减少了人、畜对林区和草原的破坏，有效缓解了草原生态恶化，推动了项目区人口、资源和环境的协调发展。

（三）人口较少民族聚居区社会事业协调发展

“十二五”扶持人口较少民族发展规划实施以来，我省人口较少民族聚居区的教育、医疗事业得到全面发展。据调查统计，临夏州在151个人口较少民族聚居村中都建有中心完小，3个人口较少民族聚居村义务教育阶段在校学生已全部享受“两免一补”优惠政策。人口较少民族所在的县市已全部实现了“普六”，大部分基本实现了“普九”。人口较少民族聚居区24个乡镇都建有卫生院，151个村建有卫生室或卫生所。人口较少民族聚居村全部实现了村村通电话、通广播电视的目标。

（四）人口较少民族聚居区传统文化得以保护和发展

扶持人口较少民族发展规划实施以来，我省高度重视人口较少民族传统文化的保护和发展，努力保护与发展人口较少民族独特的文化，着力完善繁荣发展少数民族文化的相关政策措施，设立了民族文化事业发展专项补助资金，不断加强文化基础设施和公共文化服务体系建设，使文物古籍和非物质文化遗产的挖掘、整理工作取得了显著成效。积石山县200多户具有保安族特色的民居得到了修缮改造和有效保护，建成总投资1262万元的保安族民俗博物馆。肃南县开工建设了民族歌舞团排练厅和肃南县红湾寺镇旅游文化市场等扶持人口较少民族发展项目2个。其中：中央和省发改委安排资金390万元，地方自筹180万元，新建乡文化站4个，村文化室34个，民俗民间文化保护村2个。组织实施了少数民族和民族地区非物质文化遗产保护、文物保护和古籍整理等重大文化工程。

三、存在的突出问题及原因

（一）扶持面还不够广，基础设施仍比较薄弱

人口较少民族聚居村大都地处偏远，基础设施条件薄弱，严重制约着人口较少民族聚居区经济发展和农牧民生活的改善。一是道路建设严重滞后。二是人口较少民族聚居区部分中小学校舍简陋，教学设施差，学生因家庭困难而辍学的情况较为突出。三是医疗卫生条件差，村级卫生室设备简陋，缺医少药，技术人员严重不足，特别是高层次医疗专业人员十分紧缺，“看病难”“因病致贫”问题依然存在。四是群众性文体等公益性活动

设施缺乏，无法满足人口较少民族日益增长的精神文化需求。五是水利基础设施薄弱。田间工程配套设施差，灌区和提灌工程设施年久失修，供水能力严重不足，人畜饮水安全问题仍十分突出。

（二）项目落实有限，资金缺口仍比较明显

目前，国家对人口较少民族在内的少数民族和民族地区给予了很多扶持政策，既有国家综合惠农政策，又有扶持少数民族地区发展的专项政策，然而这些政策在许多人口较少民族聚居区大都“各自为政”，形不成合力。“十二五”期间我省人口较少民族聚居村由116个增加到269个，覆盖面也从3个县扩大到8个县，国家扶持人口较少民族发展资金增加非常有限，加之建筑材料、施工企业的人工费大幅上涨，部分项目所需实际资金超过了预算，形成了一定缺口，造成国家和省上下达的资金无法全面完成项目建设任务，致使地方配套部分越滚越大，形成建设项目越多、地方政府负债越重的局面，也在一定程度上影响了工程质量和项目建设的进度。

（三）后续发展乏力，农牧民增收仍比较困难

人口较少民族聚居地区青壮年劳动者绝大部分属文盲、半文盲，劳动者生产技能素质低，增收渠道窄，收入主要靠农业、畜牧业的产出效益。大都存在生产结构单一、手段落后、生产力水平低和“靠天吃饭”的现象。一些劳动力既走不出大山也融不进城市，收入主要靠单薄的农业、畜牧业。这一现状的存在，严重影响和制约了农牧民的增产增收。另外，外出打工者也一般就近从事苦力性、季节性劳动，劳动强度大，收入低而不稳。部分人口较少民族聚居区群众通过扶持项目实现集中定居，但集中定居只解决了居住区的基础设施条件，忽视了农牧民生产后续产业发展的配套措施。导致农牧民后续产业发展乏力，弱化了自我积累、自我发展的能力，也引发了脱贫致富动力的淡化。

（四）人才总量偏低，干部结构不够合理

由于少数民族考生先天性“营养不良”和“输在起跑线上”等特殊差距和原因，在公务员、事业单位等招录考试中往往处于劣势，使少数民族干部入口渠道窄、获录比例低。同时，由于少数民族干部培训专项经费短缺，一定程度上制约了少数民族干部能力素质的全面提升。一些地方对选

拔使用少数民族干部缺乏明确、具体的要求，用人政策弹性大，操作性不强。另外，民族干部的结构不合理，民族地区缺乏教育、卫生、农牧业等方面专业技术人才，严重制约和影响民族地区经济社会发展。

（五）传统文化逐渐丢失，保护和发展意识淡薄

少数民族地区非物质文化遗产保护工作机构尚未建立，大量民族民间传统文化的代表性实物和资料难以得到妥善保护。一些独特的语言、文字和习俗在逐渐消亡，大批具有历史、科学和文化价值的村落、村寨、民居建筑遭到破坏，依靠口头和行为传承的各种技艺、习俗、礼仪等文化遗产正在不断消失，很多传统技能和民间艺术后继无人。

（六）部分土族未能享受扶持人口较少民族发展政策

我省土族聚居区主要分布在天祝县和甘南州卓尼县。天祝县总人口23万人，少数民族人口占总人口的37.1%，其中土族1.4万人，占少数民族人口的16.4%；卓尼县杓哇土族乡总面积约36.5平方公里，辖2个村委会，15个村民小组，共有土、藏、汉族352户，1762人，其中土族人口600多人，占总人口的35%。在制定“十二五”扶持人口较少民族发展规划时，天祝县天堂镇的13个土族聚居村3971人被纳入扶持人口较少民族发展规划，但由于统计上的疏忽和失误、核实不到位等原因，在制定规划时遗漏了10个土族相对聚居的村，没被纳入扶持人口较少民族发展规划，使得天祝县的10个土族聚居村至今未能享受扶持人口较少民族发展政策。

（七）发生问题的原因分析

甘肃人口较少民族聚居区经济社会发展方面存在不少实际困难和问题，究其原因是多方面的，归纳起来，主要有6个方面的因素：

一是地理位置因素。我省人口较少民族聚居区地处西部边远山区，缺乏区位优势，交通不畅，信息闭塞，进不来、出不去，住地分散，人流物流不活跃，城镇化建设进程十分缓慢，经济发展始终处于边缘化、低层次、低水平。

二是自然条件因素。人口较少民族聚居区多为干旱、半干旱山区和高寒阴湿地区，海拔高、气温低、温差大、霜期长、降水量少，水土流失严重，气候恶劣，遇到干旱等自然灾害，农作物大面积绝收，一方水土养活

不了一方人。

三是资源因素。人口较少民族聚居区境内资源匮乏，地下地上没有形成可供规模化、工业化开发利用的矿产资源，工业经济处于空白，缺乏有特色、有优势的支柱产业，难以支撑经济发展。虽然旅游资源、民俗文化资源等方面具有一定的开发潜力，但由于受区位、交通、项目、资金等因素的制约，资源优势难以转化为经济发展优势。

四是产业因素。人口较少民族聚居区都是典型的农牧业地区，土地贫瘠，产业结构单一，种植业始终形不成规模，群众增收缓慢。部分地区大牲畜存栏虽然有一定数量，但大部分是家庭式、粗放式经营，产业链条短、档次低，市场竞争力弱，没有形成规模，也没有形成品牌，增收效应不明显。

五是人口素质因素。人口较少民族聚居区由于受历史、民族等因素的影响，教育基础设施条件差，师资力量严重不足，教育发展滞后，青壮年劳动者绝大部分属文盲、半文盲，发展观念落后，小农意识浓厚，接受新科技、新思想能力差，存在“等、靠、要”的思想，满足于现状，守着“一亩三分地”日出而作、日落而息。

六是扶贫成果不稳因素。人口较少民族聚居区大部分贫困人口，虽然大都解决了温饱问题，但因灾、因病、因上学、因婚丧嫁娶等原因极易返贫，扶贫开发成果不稳定。例如，孩子高校学费、生活费每年至少一万元，农村家庭父母往往四处举债，加之就业形势严峻，极难脱贫致富；积石山县普通农村家庭迎娶新娘要花 10 万元，贫困山区接近 20 万。这对于一个农村家庭来说无疑是个天文数字，直接造成贫困。

四、对“十三五”规划编制的意见建议

（一）加大对人口较少民族政策扶持力度

一是建议国家继续执行扶持人口较少民族发展政策；二是加大对人口较少民族发展资金的投入力度，每年安排扶持人口较少民族发展资金较上年增长幅度保持在 30%—50% 之间或者更高；三是适当扩大扶持人口较少民族范围，使更多的少数民族得到国家政策的扶持。

（二）加大对人口较少民族干部的培养

针对人口较少民族，研究探索更加实用的政策与倾斜措施。一是建议

在国家和省级民族院校设立保安族、撒拉族、裕固族、土族民族班、民族预科班，给人口较少民族人口下达专项指标，定向招收保安族、撒拉族、裕固族、土族学生，以增加人口较少民族学生进入重点院校就读的机会。二是在招录公务员时对保安族、撒拉族、裕固族、土族给予降低分数线、规定应占的比例或下达专项指标等特殊政策，保证有一定数量的人口较少民族干部进入公务员队伍。三是选送部分优秀民族干部到中央、省级及沿海发达城市的国家机关挂职锻炼，促进人口较少民族聚居区干部队伍的健康快速发展。四是适当提高民族地区干部待遇，对长期在民族贫困地区工作的干部，任职年限达到10年以上的，享受上一级职务待遇。

（三）积极推动传统文化的保护和发展

建议设立少数民族非物质文化遗产挖掘保护、重大公共文化基础项目建设专项资金，加快建设覆盖全部少数民族和民族地区的公共文化服务体系，为各族群众提供更多更好优质文化服务和产品，满足少数民族和民族地区群众的基本文化需求。建议国家结合少数民族地区非物质文化遗产保护工作实际情况，对民族地区非物质文化遗产保护工作出台相关实施细则，在经费投入、项目支持、人才队伍建设上予以支持。建议国家民委和文化部加强对少数民族文化的国际推介，通过互办文化年、中国文化节、文化周、艺术周、文物展、博览会以及各类演出，形成全方位、多层次、宽领域的对外文化交流格局，打造一批人口较少民族文化对外交流精品，进一步提升少数民族文化国际影响力。建议设立人口较少民族语言文字工作专项经费，建立少数民族语言文字数据库，加大对双语人才的培训和双语出版物的支持力度，支持使用少数民族语言文字的地方用双语出版发行各类书籍和刊物。

（四）将遗漏的土族聚居村纳入扶持人口较少民族发展规划

天祝县25个土族相对聚居的村落大多位于偏远山区，自然条件恶劣，基础设施差，农牧业发展落后，群众收入低，脱贫难度大，贫困问题突出，建议国家民委在编制《“十三五”扶持人口较少民族发展规划》时，把天祝县遗漏的25个土族村、7714户、31417人，列入“十三五”扶持人口较少民族发展规划，纳入扶持范围。

（五）建议将东乡族列入人口较少民族扶持范围

东乡族自治县是全国唯一的以东乡族为主体的少数民族自治县，东乡族是甘肃省特有的3个少数民族之一，东乡族自治县也是国家级、省级扶贫重点县，全县总人口29.16万人，其中东乡族占87.04%，全县229个行政村中有192个为扶贫开发重点村，占全县行政村总数的84%。东乡族是全国55个少数民族中贫困程度最深、受教育程度最低、文盲率最高的民族，东乡县贫困问题曾受到习近平总书记、汪洋副总理等中央领导的高度关注。建议国家民委根据我省东乡族的现实情况，在编制“十三五”规划时，将东乡族列入人口较少民族发展扶持范围。

（六）建议加大对人口较少民族中贫困面大、贫困程度深的少数民族的扶持力度

我省积石山县享受人口较少民族政策的扶持以来，群众的生产生活水平不断提高，基础设施显著改善，但由于自然条件、基础设施欠账等诸多因素的制约，贫困面仍然很大、贫困程度仍然很深。2014年农牧民人均纯收入只有3498元，是全省的68.8%，是全国的35.37%。建议在“十三五”规划中加大对这部分少数民族的扶持力度。

青海省扶持人口较少民族发展“十二五”规划实施情况及下一步工作思路和建议*

2011年，国家民委、国家发展改革委、财政部、中国人民银行和国务院扶贫开发局联合编制了《扶持人口较少民族发展规划（2011—2015年)》，对全国28个人口30万以下少数民族进行扶持，我省撒拉族、土族被纳入扶持范围。4年来，我们以科学发展观为指导，以人口较少民族聚居行政村基本实现“五通十有”、聚居区基本实现“一减少、二达到、三提升”为目标，以夯实基础设施建设、切实改善民生为核心，转变发展方式，增强自我发展能力，培育壮大特色优势产业，加大劳动技能培训，促进民族文化、教育、体育等社会公共事业的繁荣与发展，为顺利实现全省人口较少民族发展“十二五”专项建设规划目标奠定了基础。

一、基本情况

根据国务院批准实施的《扶持人口较少民族发展规划（2011—2015年)》，青海省撒拉族和土族被国家纳入扶持人口较少民族发展规划，涉及青海省2个市、2个州、9个县区、43个乡镇、333个行政村（其中自然村965个)，人口约27万人。其中土族分布在7个县区、32个乡镇、202个行政村，人口约15万人；撒拉族分布在3个县、12个乡镇、131个行政村，人口约12万人。

二、规划实施情况

4年多来，在国家发展改革委、国家民委的大力支持下，累计完成中央专项资金投入46696万元，其中中央预算内投资22860万元，少数民族发展资金23836万元。通过各级党委、政府和相关部门的共同努力，形成

---

* 青海省民族宗教事务委员会

了全社会参与扶持发展的整体合力，收到了良好效果。

（一）基础设施得到有效改善

4 年来，我们积极加大项目区基础设施建设力度，先后安排项目资金 16402 万元，用于人口较少民族聚居的行政村道路、桥梁等交通基础设施建设。先后在 26 个村修建通村道路 131.1 公里；在 85 个村实施村道硬化项目，修建道路 489.45 公里；在 35 个村修建桥梁 36 座。有效地解决了当地近 8.28 万群众出行难问题。

（二）农田水利设施得到有效加强和保护

先后安排项目资金 2059 万元，对人口较少民族聚居区的 2000 亩农田土地进行了平整，新建改造农业灌溉防渗渠系 90.6 里，修建防洪渠、防洪堤及防洪坝 5.48 公里，有效地改善了耕地灌溉效果，加强和保护了农田基本水利设施及群众生命财产安全。

（三）民生得到有效改善

进一步加大民生工程建设力度，投入 4968 万元，用于人口较少民族聚居区的人畜饮水、村容村貌整治、人居环境改善和生态环境保护等。对 41 个村的人饮管道进行了维修，确保其正常使用；新建集水窖 30 座、蓄水池 24 座、饮水管道 213.4 公里，解决了 18 个村的人畜饮水困难问题，共使人口较少民族聚居区的 4.27 万人受益。对 77 个村的村容村貌进行了整治，有效改善了人居环境，8.25 万人口较少民族群众受益。安排项目资金 168 万元，用于人口较少民族地区的草原生态环境的治理、建设与保护。

（四）特色优势产业不断得到发展壮大

4 年来，我们坚持“因地制宜、分类指导”的原则，投入 12476 万元，引导当地加快产业结构调整步伐。在黄河谷地建成了“两椒一核”特色种植基地；利用黄河流域丰富水资源，在库区大力发展水产养殖基地；充分利用当地资源，大力发展农区苗木、中藏药材种植和牛羊育肥、“八眉猪”良种繁育、獭兔等特色养殖基地建设。先后扶持 200 多个农村专业合作社，带动 1800 多户群众脱贫致富。积极培育地方特色工业体系，提高工业对县域经济的带动作用。以“公司 + 农户”的模式，先后重点培育、扶持了伊佳、仙红、振荣等20个农畜产品加工龙头企业和博艺、龙树画苑等具有鲜明地方特色的“黄河石艺”、“撒拉族刺绣”、“土族盘绣”、“热贡唐卡工艺”等民族手工加工业，使特色工业规模逐年扩大。

（五）社会公共服务事业得到有效发展

积极加强社会公共服务事业建设，先后安排项目资金9074万元，用于人口较少民族聚居区教育、文化、卫生、体育等社会公共服务事业发展。新建教育基础设施建筑面积2160平方米，配备教学及健身器材；新建卫生室建筑面积580平方米，有效解决5个村群众看病难的问题；在116个村新建村级文化活动室建筑面积共11800平方米，在53个村新建了村民文化活动广场；在133个村新建篮球场和体育健身场，极大地丰富了当地群众的文化体育生活。

（六）劳动技能得到有效提高

为加快人口较少民族发展，我们从提高人口较少民族群众劳动技能和文化素质入手，大力发展人口较少民族群众的劳动技能培训和职业技术教育，先后安排项目资金301万元，对5000多人进行了农业科技知识普及和餐饮、建筑、交通运输及特色手工工艺技能培训，有效提高了人口较少民族劳动技能，促进了当地群众增产增收。

4年来，通过各部门共同努力，人口较少民族地区的基础设施条件得到明显改善，群众生产生活水平逐年提高，社会公共服务事业日趋完善。人口较少民族聚居的333个行政村通路率达到95%，通电率达100%，通信息率达95.8%，通广播电视率为100%。136个村有学前教育，269个村有标准卫生室，271个村有合格文化室和农村书屋，186个村有体育健身和民族文化活动场地，287个村有办公场所，社会公共服务事业得到了有效发展。

三、主要做法

（一）加强组织领导，促进工作落实

按照“国家扶持，省负总责，地县落实，整村推进”的方针，我们不断加强领导，在已成立的省扶持人口较少民族联席会议制度基础上进一步增加、完善成员单位，调整了组成人员，加大部门间协调，促进工作落

实。同时，相关的2市2州9县也分别成立了扶持人口较少民族发展工作领导小组，由主管县长亲自抓，相关业务部门具体参与，相互协调，密切配合，层层负责，步步落实，为进一步做好扶持人口较少民族发展工作提供了组织保障。

（二）认真修订规划，合理安排项目

为科学合理地实施好扶持人口较少民族发展工作，我们坚持“资金跟着项目走，项目随着规划走”，严格按照规划来组织实施项目。在已编制完成的《青海省扶持人口较少民族（撒拉族、土族）发展“十二五”专项建设规划》基础上，科学、合理压缩项目，把那些覆盖面大、受益面广、群众急需解决的项目落实到规划中，由省发展改革委牵头，组织近40余名省直相关部门和西宁市、海东地区及9个县发改、民宗（委）局的负责同志、“扶少办”主任、有关专家等对原有规划进行了评审论证，修改完善了《青海省扶持人口较少民族发展专项建设规划（2011—2015年）》（以下简称规划）。修改后的规划内容更加合理，项目更加科学，可操作性更强。

（三）统筹兼顾，突出重点

在资金使用中，我们紧紧围绕扶持人口较少民族发展的总体目标，坚持因族举措、合理安排、科学整合各类项目资金，根据实际情况合理运用，针对不同地区、不同民族、不同发展现状，由基层“扶少办”根据规划合理组织项目，统筹兼顾，突出重点，层层负责，使有限的资金充分发挥最大经济效益和社会效益。

（四）加强项目管理，完善制度建设

为提高资金的使用效率，推动民族地区经济又好又快发展，我们把加强项目管理作为推动扶持人口较少民族发展工作的重点，与省财政厅制定出台了《青海省少数民族发展项目管理办法》。省里根据人口较少民族村实际情况、绩效考评等因素法，将资金计划切块下达到各县，由各县民宗部门按照规划会同相关村镇及有关单位研究筛选项目，组织实施单位制定实施方案并经专家评审，报县级人民政府审批后，逐级报送省民宗委和省财政厅备案，实行省级备案制，使项目管理逐步向规范化、制度化、程序化发展。

（五）加强监督，落实好项目

严肃财经纪律，对项目建设资金实行专款专用。项目完成后，由县民宗、发改、财政、审计等部门组成项目考核验收组，对项目进行验收，验收不合格的责令限期整改。同时，各县组织财政、审计等部门积极开展资金审计，加大对资金使用的监督检查力度。在此基础上，2014 年 4 月，省审计厅对 2011、2012 年少数民族发展资金（主要是扶持人口较少民族发展资金）使用情况进行了专项审计，对发现的个别问题提出了整改要求。我们根据审计意见督促项目县认真对照整改，现已全部完成，进一步保证了项目能够管理好、实施好，确保资金安全运行，充分发挥了项目效益。

四、存在的问题

通过 4 年来的规划实施，青海省扶持人口较少民族工作取得了一定成绩。但是，由于我省地处内陆，海拔高、自然条件差、基础薄弱、经济发展滞后，人口较少民族聚居区大多分布在偏远地区，自然条件更加艰苦，且劳动者素质低，起步晚，发展慢，聚居区经济社会发展依然面临着许多特殊困难和深层次问题。

（一）基础设施建设仍然落后

截至目前，333 个行政村的通路率为 97%，但还有 10 个村未通路，且已经通路的 323 个村主要是村委会所在的自然村或者中心村；还有 54 个自然村村道还未硬化，这些地方群众出行仍然十分困难。

（二）通水及人畜饮水安全问题较大

因地理、环境、气候等制约因素，人口较少民族地区还有 86 个村没有通安全饮用水。在已经通水的 247 个村，90% 都是就近引用山涧水、地表水或地下水，虽然通水但是通畅率和水质安全都没有保障。此外，因天气变化、水源枯竭、管道堵塞、渗漏等原因，30% 的村供水还存在时断时续、或有或无的现象，有的断水期长达两三个月。

（三）社会公共服务事业还不完善

因资金投入有限，目前，全省还有 53 个村没有标准卫生室，62 个村没有合格的文化室和文化书屋，26个村没有村办公场所，94个村没有体育健身场所和民族文化活动场地。同时，因资金投入不足、长效机制不健全，农村环境综合整治工作和社会公共服务事业还有待进一步加强。

（四）特色产业扶持投入不足

随着经济社会发展，群众脱贫致愿欲望强烈，从事特色种植、养殖和加工业的各类农村合作组织及企业如雨后春笋般地迅速发展起来。到2014年底，全省人口较少民族地区有318个农村专业合作组织。但是，这些合作组织大都规模小、层次低，主要因为缺少发展资金，投入的补助扶持资金也十分有限。小企业融资难、贷款难，难以扩大规模、提高产能、发挥效益，带动效果不明显。

（五）劳动就业培训资金投入不足

因人口较少民族聚居区基础设施薄弱，有限的专项资金大多安排在基础设施建设中，使得培训资金投入严重不足，不到1%。而受当地自然条件和可耕种土地面积较少等因素制约，农村剩余劳动力转移就业、创业的问题就日显突出。

（六）未纳入扶持范围的少数民族群众呼声强烈

因基层统计失误及人口增长等原因，全省6个县市16个乡镇还有41个人口较少民族比例超过20%的行政村（共1.2万户4.75万人，其中人口较少民族1.58万人）没有纳入扶持规划，这些村由于地处浅山脑山[①]地区，发展不平衡，基础设施不完善，缺乏产业支撑，社会事业发展滞后，民生问题突出，自我发展能力不强，急待纳入人口较少民族发展规划扶持解决。同时，随着国家扶持人口较少民族发展政策的深入，纳入规划的行政村基础设施得到明显改善，经济社会各项事业得到健康发展，与邻近的非规划村较差的现状形成鲜明对比，未纳入扶持范围的群众呼声强烈。

① 脑山：青海方言，意为高海拔农业薄产山区。

五、对策及建议

（一）加大资金投入

4 年来，国家虽然对我省人口较少民族地区扶持力度较大，但青海省是一个经济欠发达的西部内陆省份，人口较少民族聚居村地处偏远、自然条件恶劣、基础薄弱，经济更加落后，自身发展能力不强，居住分散、发展不平衡、扶持难度大。规划实施 4 年来，虽取得一定成绩，但与国家及全省扶持人口较少民族“十二五”发展的总体规划目标仍有一定差距。今年及“十三五”时期，急需国家进一步加大对我省资金投入力度，进一步加强基础设施建设，全面完成“十二五”发展的总体规划目标，不断改善群众生产生活条件。

（二）加大人饮安全建设

争取国家加大人口较少民族专项资金投入，在通水地区修建净化池或在村民家中安装净水设备，提高人口较少民族群众安全用水标准；对居住在气候恶劣、条件艰苦、水源匮乏、交通十分困难地区的人口较少民族群众，在国家专项投入的基础上，由当地政府组织异地搬迁或就近安置，通过培训、发展特色产业促进就业，解决他们的经济来源和后顾之忧。

（三）加强农村环境综合整治和生态保护

因地制宜发展太阳能等清洁能源建设，加大污水、垃圾处理设施建设，提倡生活能源清洁化。深入开展村庄环境综合治理，安排资金设置环保卫生的垃圾箱，购置配套清运设备，建立长效补助机制，确保正常运转。同时，建立生态补偿机制，对地处脑山但又是水源保护地或天然林保护区的群众进行生态补偿，加大培训和旅游资源开发力度，促进劳动力转移和群众增产增收。

（四）加大产业扶持力度

发挥资源优势，大力发展种植业、养殖业、林果业、庭院经济、休闲农业等特色优势产业，增加农产品附加值。构建循环型产业，大力发展以旅游为龙头的现代服务业，打造民族生态旅游村，大力发展民族文化产业、民族传统手工艺及特色餐饮。按照“一村一品”、一个村一个主导产业的思路，帮助每个村子培植一到两个支柱产业，促进农牧业快速健康发展。加大对农牧业龙头企业的扶持力度，引导它们向规模化、产业化、现代化健康发展，提高其在激烈市场竞争中的应对能力，进一步带动更多人口较少民族群众脱贫致富。

（五）加强教育建设和劳动技能培训

加大对教育的投入，重点是加大对贫困学生助学、办学条件改善、“普九”成果巩固、重点人才培养、学前教育普及等方面的扶持投入力度，为人口较少民族的长远发展提供源源不断的人才和智力支持。加大干部培训、劳动力转移培训、实用技术推广培训力度，加强人口较少民族聚居村劳动力转移就业服务和职业技能培训体系建设，促进转移就业和自主创业，大力普及农业科学技术推广应用，积极培养养殖能手、农民技术员、致富带头人、农民专业合作组织带头人，为促进人口较少民族聚居区经济社会快速发展提供智力和人才保障。

（六）扩大人口较少民族扶持范围

目前，全省还有41个人口较少民族聚居的行政村因各种原因未纳入国家规划，对于这部分人口较少民族群众，建议国家充分考虑他们的实际困难和迫切愿望，将其纳入规划进行扶持，使他们也能够充分享受到国家扶持人口较少民族优惠政策的甘露。同时，建议进一步延伸扶持人口较少民族政策实施范围，将与规划村邻近的行政村也纳入规划整体扶持，将人口较少民族自治县和民族乡整体纳入规划范围，统筹进行扶持，避免新的矛盾和不稳定因素发生，维护民族地区和平稳定，促进人口较少民族地区经济社会等各项事业健康发展。

新疆维吾尔自治区实施《扶持人口较少民族发展规划（2011—2015年）》中期评估报告*

根据国家民委、国家发展改革委、财政部、中国人民银行、国务院扶贫办等五部委《关于开展〈扶持人口较少民族发展规划（2011—2015年）〉中期评估工作的通知》要求，我区于2014年初启动了全区扶持人口较少民族发展“十二五”规划中期评估工作。按照“全面评估、突出重点”的要求，采取定量分析与定性分析相结合的方式，深入开展调研，全面收集材料，从主要目标任务的进展情况，开展的主要工作，存在的主要困难和问题，以及进一步推动《规划》实施的政策措施等方面，对《规划》实施情况进行了客观评价。

一、“十二五”以来新疆扶持人口较少民族发展的主要做法

“十二五”以来，在自治区党委、自治区人民政府的正确领导下，在自治区各成员单位的共同努力下，我区紧紧围绕“十二五”规划确定的目标任务，全面贯彻落实扶持人口较少民族发展的各项政策，建立健全各项规章制度，完善工作机制，大力实施利民惠民项目，切实解决了人口较少民族聚居区群众生产生活中面临的突出困难和问题，促进了人口较少民族聚居区的团结稳定，增强了各族群众的凝聚力和向心力，有力地推动了人口较少民族聚居区经济社会各项事业的发展。

（一）领导重视，健全机构

新疆维吾尔自治区党委、自治区人民政府高度重视扶持人口较少民族发展工作。2011年2月，自治区召开扶持人口较少民族发展工作领导小组

* 新疆维吾尔自治区民族事务委员会

会议，在深刻总结“十一五”期间扶持人口较少民族发展工作成绩的基础上，对“十二五”期间做好扶持人口较少民族发展工作提出了以保障和改善民生为出发点，以增加农牧民收入、增强自我发展能力为目标的总体要求。2013 年 6 月，自治区人民政府调整和充实了扶持人口较少民族领导机构和成员单位。自治区副主席吉尔拉·衣沙木丁任扶持人口较少民族发展工作领导小组组长，政府副秘书长帕尔哈提·贾拉勒等任副组长，成员单位由原来的 18 个厅（局）扩大到 28 个，并进一步细化了各成员单位的职责和任务分工。各人口较少民族聚居地（州）、县（市）也分别成立了扶持人口较少民族工作领导小组，把扶持人口较少民族工作列入重要议事日程，做到主要领导亲自抓，分管领导具体抓，各成员单位紧密协同配合，汇聚各方力量，全力推进扶持人口较少民族工作。形成了各级政府强力推动，民族工作部门综合协调，各级部门密切配合的领导体制和工作机制，为扶持人口较少民族工作提供了坚强的组织保证。

（二）立足区情，编制规划

为落实好扶持人口较少民族发展“十二五”规划，2010 年，自治区专门召开会议，成立了以自治区副主席为组长，相关厅局领导为成员的编制规划领导小组，制定印发了《新疆维吾尔自治区扶持人口较少民族发展规划（2011—2015）》，储备项目 2771 个，规划总投资 37.40 亿元，规划项目内容涉及安居富民、定居兴牧、交通、农业、电力、水利等。同时，自治区发改委还编制完成了《新疆维吾尔自治区扶持人口较少民族发展“十二五”专项建设规划（2011—2015）》，规划覆盖了交通、水利、村庄整治、生态建设等，规划项目 1191 个，总投资 10.28 亿元。人口较少民族聚居区所在的 8 个地州、36 个县市结合本地实际，制定了相应的扶持人口较少民族发展“十二五”规划，并指导完成了 402 个人口较少民族聚居村“十二五”发展村级规划，确保了扶持人口较少民族发展工作的顺利实施。

（三）统筹协调，全力推进

我区各成员单位紧紧围绕扶持人口较少民族“十二五”规划确定的目标任务，注重发挥职能作用和部门优势，密切配合，综合施策，形成合力，稳步推进扶持人口较少民族发展“十二五”规划的贯彻落实。我区 402 个人口较少民族聚居村中的 223 个自治区扶贫开发工作重点村全部启动实施整村推进扶贫开发规划。2011年以来，我区金融机构在人口较少民族地区累计发放民贸品优惠利率贴息贷款41.96亿元，人民银行累计办理贴息6685.2万元，为顺利完成工程建设目标提供了有力的金融保障。自治区国土资源厅2011年以来投入资金5.2亿元，用于边境地区和人口较少民族聚居区整治土地项目，增强了扶持人口较少民族聚居区的可持续发展能力。针对南疆三地州贫困县市农牧民人均收入水平较低，地方财政配套资金能力和农民自筹资金能力较弱等实际问题，自治区农业厅积极争取农业部对我区南疆三地州户用沼气项目中央投资补助标准由原来的2500元提高到3000元，减轻了农牧民负担。为促进少数民族就业，自治区人力资源和社会保障部门采取了一系列特殊政策和就业促进计划，基本解决了2009年底前实名登记历史沉淀的7.5万名未就业大中专毕业生就业问题，其中少数民族占84.67%。2011—2013年应届普通高校少数民族毕业生年底就业率分别达到79.51%、80.49%、80%。自治区教育厅对人口较少民族采取了特殊倾斜和扶持政策，学前双语幼儿园建设、农村寄宿制学校建设、农村初中校舍改造、农村教师周转宿舍、中小学双语现代远程教育等项目率先在南疆三地州和人口较少民族的聚居区实施，中等职业教育阶段的在校农村学生基本实现了免费教育。自治区交通厅在扶持人口较少民族发展工作方面按照因地制宜、加大扶持力度、加快发展速度的原则，在农村公路建设资金和项目上给予倾斜，投资3.4亿元，建设里程近138公里，受益总人口约达140万人。为保障牲畜转场工作顺利进行和促进牧区经济发展，自治区财政安排了牧道专用维修资金。2011年以来，自治区财政厅、畜牧厅共向伊犁州、阿勒泰地区、塔城地区、昌吉州、喀什地区、和田地区等地州拨付牧道建设补助资金800万元，主要用于帮助有关县市的乡、镇、场、村进行牧道、牧桥维修。自治区旅游局“十二五”期间在边境地区和扶持人口较少民族聚居区安排重点民生工程优秀“农家乐”、“牧家乐”等有利于脱贫致富的旅游项目51个。自治区广播电视系统积极构建人口较少民族聚居区农村广播影视公共服务体系，不断提升广播影视公共服务水平。自治区新闻出版部门实施了“东风工程”、农家书屋工程，以及少数民族出版原创工程、民汉语双译工程等，基本上满足了塔吉克族、塔塔尔族、俄罗斯族、乌孜别克族、撒拉族、达斡尔族、柯尔克孜族、锡伯族8个人口较少民族的精神文化需求。

在自治区各相关部门和单位的大力支持和努力下，扶持人口较少民族发展“十二五”规划得到了有效落实。

（四）强化监管，规范资金

长期以来，我区高度重视少数民族发展资金项目的监督管理，坚持严格规范的管理程序，保证资金项目安全有效地实施。一是做好资金项目库建设。结合人口较少民族聚居区的实际，各县市加强项目可行性研究，注重做好项目储备库以及资金项目申报基础工作。二是实行民主管理。认真执行项目公告、公示制度，广泛征求群众意见，集中民意，挖掘民智，充分赋予群众知情权、参与权，不断激发群众的参与热情，确保项目申报工作公开、公正、透明。三是认真开展项目评审。建立由相关成员单位组成的项目评审专家组，群策群力，共同做好人口较少民族聚居区所在县市资金项目审查工作，对资金投向不明、项目可行性研究不过关、论证不可行的项目坚决不予安排或重新调整上报，避免和克服了编制项目盲目性的问题。四是扎实开展监督检查。近年来，自治区民委积极会同自治区财政等部门定期对各地少数民族发展资金项目使用情况进行督查检查。及时采取信息反馈、通报批评、领导约谈、调减项目资金等方式处理违规问题，维护了少数民族发展资金项目的严肃性。同时，各地为强化项目资金的监管，充分发挥资金项目效益，注重加强与纪检、审计、财政、发改等部门的协作，开展对少数民族发展资金项目的评估检查，有效防止违规违纪等现象的发生。

（五）广泛宣传，营造氛围

近年来，我区多次召开扶持人口较少民族发展现场经验交流会，总结和梳理取得的成绩和做法，部署和谋划推进扶持人口较少民族发展的政策措施。人口较少民族聚居区充分利用各种媒体广泛宣传党和国家关于民族工作的方针、政策，宣传扶持人口较少民族发展的重大意义，树立项目典型，扩大示范效应。还结合自治区党的群众路线教育实践活动等把加快民生工程建设、保障和改善民生放在优先位置，通过解决事关群众切身利益的实事、大事，凝聚各族人民群众的智慧和力量，调动了广大干部群众的建设热情和致富愿望，增强了党和政府的凝聚力，形成全社会都来关心参与人口较少民族聚居区发展的良好氛围，为资金项目的实施奠定了广泛的群众基础。

二、扶持人口较少民族发展“十二五”规划执行情况

“十二五”期间，国家将人口在 30 万以下的少数民族纳入人口较少民族扶持范围，我区扶持的人口较少民族由“十一五”期间的 4 个增加到了 8 个，分别是塔吉克族、塔塔尔族、俄罗斯族、乌孜别克族、撒拉族、达斡尔族、柯尔克孜族、锡伯族。主要分布在伊犁、塔城、阿勒泰、昌吉、阿克苏、克州、喀什、和田等 8 个地州、36 个县市。人口较少民族聚居行政村共有 402 个，总人口 450745 人。

“十二五”规划实施以来，自治区各地各部门按照“国家扶持、省负总责、县抓落实、整村推进”的方针，坚持科学发展、以人为本、统筹规划、多方配合、形成合力，实施了一批群众直接受益的项目，解决了一些群众面临的实际困难。人口较少民族聚居区基础设施建设进一步加快，生产生活条件明显改善，特色经济迅速发展，社会事业稳步推进，当地群众的自我发展能力显著提高。

（一）主要目标完成情况

1. “五通十有”目标正在逐步实现

到 2013 年底，我区 402 个人口较少民族聚居村“五通十有”完成情况均比 2011 年、2012 年有很大进展。

2012 年，402 个人口较少民族聚居村中有 240 个村通了油路，2013 年通油路的村增加到 283 个，完成目标任务的 70. 39%；2012 年 402 个人口较少民族聚居村中有 328 个村通了电，2013 年增加到 345 个，完成目标任务的 85. 82%；2012 年通广播电视的村 335 个，2013 年增加到 346 个，完成目标任务的 86. 06%；2012 年通信息（电话、邮、宽带）的村有 290 个，2013 年增加到 326 个，完成目标任务的 81. 09%；2012 年通沼气的村 96 个，2013 年增加到 115 个，完成目标任务的 28. 60%；2012 年有安全饮用水的村 238 个，2013 年增加到 295 个，完成目标任务的 73. 38%；2012 年有卫生厕所的村有 139 个，2013 年增加到 169 个，完成目标任务的 42. 03%；2012 年有安居房的村 345 个，2013 年增加到 359 个，完成目标任务的 89. 30%；2012 年有稳定解决温饱的基本农田（草场、经济林地、养殖水面）的村有 312 个，2013 年增加到 327 个，完成目标任务的

81.34%；2012年有卫生室的村257个，2013年增加到295个，完成目标任务的73.38%；2012年有公共文化室的村213个，2013年增加到285个，完成目标任务的70.89%；2012年有农家书屋的村232个，2013年增加到264个，完成目标任务的65.67%；2012年有体育健身场所的村66个，2013年增加到129个，完成目标任务的32.08%；2012年有活动中心的村116个，2013年增加到179个，完成目标任务的44.52%；2012年有农家超市的村有88个，2013年增加到128个，完成目标任务的31.84%。

2. 贫困人口逐步减少

据统计，2010年新疆人口较少民族中贫困人口（扶贫对象）为132054人，2011年为131483人，比上年减少571人；2012年为122338人，比上年减少9145人；在此基础上，2013年贫困人口进一步减少为120003人。三年来共减少贫困人口12051人。2010年扶贫移民搬迁450户，2011年869户，2012年1790户，2013年1803户。

3. 民生保障水平不断提高

“十二五”以来，国家安排的少数民族发展资金项目逐年增加，其中，扶持人口较少民族发展补助资金由2011年的4954万元增加到2013年的16580万元，累计资金总量为32434万元。这些资金解决了人口较少民族聚居区群众生产生活方面的突出问题。更为重要的是，可以吸附和整合相关部门的专项资金和行业资金，形成了合力，起到了四两拨千斤的功效，有力推动了人口较少民族聚居区的全面发展。

农牧民人均纯收入逐年增加。2010年，我区人口较少民族聚居区农牧民人均纯收入为4371.61元，2011年为5050.43元，2012年为5731.34元，2013年为6360.65元。2013年比2010年增加了1989.04元，增长了31.27%。

新型农村合作医疗人数逐年增加。2010年，我区人口较少民族聚居区参加新型农村合作医疗人数为332747人，2011年为368880人，2012年为383024人，2013年为401638人。

参加新型农村养老保险的人数逐年增加。2010年，我区人口较少民族聚居区参加新型农村养老保险的人数为123764人，2011年为148841人，2012年为163945人，2013年为173596人。

（二）“十二五”规划重点工程进展情况

1. 基础设施条件进一步改善，人口较少民族聚居区人民生产生活条件明显提高

扶持人口较少民族发展“十二五”规划实施以来，我区人口较少民族聚居区相继建设完成了一批带动当地经济发展的交通、水利、环保等公共基础设施项目，惠及了人口较少民族地区的少数民族群众，为人口较少民族聚居区的发展奠定了基础、积累了后劲。一是“十二五”前三年我区农村公路建设累计完成投资142亿元，建设里程23287公里，其中对人口较少民族聚居区投资3.4亿元，建设里程近138公里，受益人口约达140万。2013年底，我区乡镇通达率为99.8%，乡镇通畅率为98.43%，建制村通达率为98%，建制村通畅率为79.46%。截至目前，我区人口较少民族聚居村所在的36个县市、402个行政村均通公路。预计到“十二五”末，可完成具备条件的建制村通沥青路的目标。二是用于边境县市和人口较少民族聚居村发展各类水利工程项目总投资达2.58亿元，建成水厂78座，铺设输水管道6359公里，解决了32.74万人安全饮水问题。三是“十二五”以来，全区安居富民工程建设任务为90万户，实际开工94.7万户，竣工81.7万户，开、竣工率分别达105.2%和90.8%，共有120多万农牧民喜迁新居。四是积极服务人口较少民族聚居区“三农”发展，实施了无电村通电工程，使农牧区95%的农牧民用上了照明电。

2. 各项社会事业全面发展

一是人口较少民族聚居区学前教育、义务教育、中等职业教育阶段农村学生全部实现免费教育。小学7—12周岁学龄儿童和初中13—15周岁学龄少年的入学率均达到全区平均水平。86%的农村寄宿中小学生享受到各级政府的生活补助。2013年，全区人口较少民族有学前教育在园幼儿11470人，义务教育阶段在校生29567人，普通初中在校生14262人，其中，学前教育在园人数比上年增加10.3%。二是“十二五”以来，我区人口较少民族聚居区基层医疗卫生服务体系建设总投资3.4亿元，实施项目405个，配备急救车60辆，巡回医疗车25辆。新农合补偿最高支付限额提高到不低于8万元，大大减轻了广大农牧民看病、住院的负担。三是全区建设文化信息资源共享工程累计投入1.24亿元，建立各级分中心和基层服务站点9416个。自治区三级（区、地、县）“公共博物馆、图书馆、文

化馆（站）”和乡镇综合文化站已全部实现免费开放。全区包括人口较少民族在内的13个世居民族均有“非物质文化遗产代表作”项目列入保护名录。四是以西新工程、广播电视村村通工程、户户通工程、大喇叭广播覆盖工程、农村电影放映工程等公共文化重点工程建设为载体，加大对人口较少民族聚居区广播影视工作的投入力度，不断提升广播影视公共服务水平。目前已完成全疆20户以下已通电自然村农牧民能够免费收听收看到50多套高质量的卫星广播电视节目的目标任务，解决了全疆人口较少民族聚居的402个村的45.4万人口较少民族收听收看广播电视的问题；通过农村电影放映工程的实施，保证了每年完成国家确定的“一村一月放映一场公益电影”的目标任务，其中对人口较少民族聚居村每年公益电影放映场次达到4824场。五是在边境地区和人口较少民族聚居区共安排各类科技资金1.75亿元，项目332项，使边境县市和人口较少民族聚居区科技创新能力和科技进步水平显著提高。

3. 民族特色经济进一步发展

“十二五”规划实施以来，在国家的大力扶持下，我区各级地方政府认真实施特色经济和优势资源转化战略，根据人口较少民族聚居地区的自然、地理、气候、资源禀赋、民族传统文化等条件，因地制宜、因族举措，发展民俗文化、生态旅游业、特色农业、特色林果业、传统民族工艺等特色经济，着力打造特色产业。

塔吉克族是一个以畜牧业为主的民族，受地理环境、资金技术等方面的影响，畜牧业还停留在比较原始的方式上，科技含量极低。自实施人口较少民族聚居的重点村整村推进以来，对塔吉克族聚居的重点村侧重安排畜牧业项目，加大当地农牧民的培训力度，帮助他们掌握科学的养殖技术，提高养殖效益。目前，塔吉克族聚居村人均纯收入有90%来自畜牧业，一个新的经济增长点已经形成。

塔塔尔族、乌孜别克族妇女有擅长刺绣的传统，由于受传统思想和产品工艺质量的影响，以前她们的刺绣产品主要是自用。为推动人口较少民族刺绣产业规模化发展，近年来，我区组织有关地（州）刺绣能手和传承人到内地发达地区参观学习，并邀请专家到有关县（市）现场指导和技术培训，增强少数民族妇女刺绣技能。积极引导人口较少民族聚居村的刺绣产品走进市场，不少家庭的刺绣产品实现了定单生产，刺绣正成为人口较少民族新的增收亮点。

2011年以来，自治区旅游局按照重点民生工程实施计划，安排1545万元专项资金补贴扶持309家农家乐，每家给予5万元资金扶持；安排455万元专项资金扶持补贴20个乡村游示范村、10个乡村游示范乡（镇）、3个度假基地、2个乡村游示范县。创建全国休闲农业与乡村旅游示范县4家、示范点11个。截至2013年底，全区农家乐达到1177家，累计吸收农牧民就业1.2万人。

根据各民族区域旅游资源现状和市场条件，我区加大了对一个自治州、2个自治县和14个民族乡的旅游项目投资力度。截至2013年底，已完成了对克州阿图什市天门等重点旅游项目投资650万元、塔县帕米尔旅游项目投资200万元、察布查尔县锡伯风情园投资100万元、布尔津县冲呼尔乡游客集散中心投资150万元、塔城市俄罗斯民俗风情街项目投资100万元、木垒县乌孜别克民族文化旅游项目投资50万元。通过这些措施，阿图什天门景区、塔县帕米尔旅游区、察布查尔县锡伯风情园等已经成为当地乃至新疆旅游知名品牌，为传承人口较少民族优秀文化、打造民俗旅游品牌奠定了基础，也有力地促进和带动了当地相关产业的快速发展。

"十二五"规划实施以来，在国家民委和财政部的大力支持下，累计投入项目资金4700万元，形成了具有维、哈、回、蒙等不同建筑风格的18个少数民族特色村寨保护与发展建设项目。一批特色浓郁、环境优美的少数民族风情民居得到合理保护，优秀传统文化得到了较好传承。

4. 人口较少民族自我发展能力明显提高

为促进农业富余劳动力转移就业，鼓励企业吸纳新疆农村富余劳动力就业，"十二五"以来，我区共计兑现企业吸纳就业社会保险补贴3.7亿元，培训补贴9.88亿元，转移就业以奖代补资金1.5亿元。全区以城镇、二三产业为主要方向，通过加强职业培训、就业服务、示范带动、权益保障等手段，稳步推进农业富余劳动力转移就业，促进农民增收致富。同时我区还实行普惠制职业培训补贴政策，将城镇失业人员、农业富余劳动力、未升学初高中毕业生、未就业高校毕业生和企业新招收技术工人纳入补贴范围，实行免费培训。全疆基层专业技术人才队伍得到加强，县及县以下专业技术人才有33.2万人，占总数的48.6%。农村实用人才由"十一五"期末的69万人增至目前的77.7万人，完成计划目标90万人的86.33%。这些就业和再就业措施有效促进了人口较少民族聚居区群众的自我发展能力。

“十二五”以来，我区针对人口较少民族开展了各类培训：2011 年举办各类培训班 3115 次，培训人员 122549 人；2012 年举办各类培训班 3425 次，培训人员 126431 人；2013 年举办各类培训班 4249 次，培训人员 147238 人。有效提高了农牧民劳动技能，人口较少民族自我发展能力明显提高。

据统计，人口较少民族聚居区种养殖能手的户数由 2010 年的 6435 户，增加到 2013 年的 8818 户，增加了 27.02%。

2010 年我区 402 个人口较少民族聚居村外出务工人员为 58451 人，实现劳务输出总收入 42188 万元；2011 年外出务工人员 67579 人，实现劳务输出总收入 52470 万元；2012 年外出务工人员 73797 人，实现劳务输出总收入 59660 万元；2013 年外出务工人员 79058 人，实现劳务输出总收入 135026 万元。劳务输出收入 2013 年比 2010 年增长了 68.76%。

5. 促进了民族团结和边防稳固

我区人口较少民族大多聚居在边境地区，自然条件相对恶劣，贫困问题突出，整体发展水平较低，由于居住分散导致建设成本高，扶持难度大，脱贫任务艰巨。近年来，扶持人口较少民族发展规划的实施，使得这些地区基础设施条件得到改善，人民生活水平不断提高，增强了边境一线的人口较少民族群众热爱祖国、维稳守边的强烈意识。

以和田地区皮山县为例。位于新疆南部的皮山县，与印度、巴基斯坦在克什米尔的实际控制区交界，边境线长 54.536 公里，境内有塔吉克族和柯尔克孜族两个人口较少民族，居住在边境一线的三个乡镇，即：垴阿巴提塔吉克族乡，人口 977 人，边境线长 1.22 公里；康克尔柯尔克孜族乡，人口 1415 人，边境线长 22.949 公里；赛图拉镇（主要以柯尔克孜族为主），人口 483 人，边境线长 30.465 公里。

塔吉克族 2006 年被确定为人口较少民族，柯尔克孜族 2010 年被确定为人口较少民族。“十二五”以来，皮山县实施的人口较少民族发展项目有农业、水利、畜牧、科技培训等 4 大项目 21 个子项目，总投资 741 万元，其中 2011 年项目 8 个，资金 180 万元，2012 年项目 9 个，资金 241 万元，2013 年项目 4 个，资金 320 万元。

2011 年皮山县垴阿巴提塔吉克族乡土地平整项目，投资 20 万元；皮山县康克尔柯尔克孜族乡开荒造田项目，投资 40 万元；皮山县赛图拉镇发展畜牧业项目，投资 20 万元；皮山县塔吉克族乡少数民族群众技能培训项目，总投资 10 万元；皮山县塔吉克族乡高山雪菊种植项目，投资 25 万元；皮山县塔吉克族乡高引水渠建设项目，投资 30 万元；皮山县塔吉克族乡大蒜种植项目，投资 15 万元；皮山县科克铁热科乡发展畜牧业项目，投资 20 万元。

2012 年皮山县垴阿巴提塔吉克族乡人畜饮水工程，投资 216 万元，解决不安全饮水人口数 762 人；康克尔柯尔克孜族乡高寒雪菊种植项目，投资 10 万元；康克尔柯尔克孜族乡核桃种植项目，投资 15 万元；康克尔柯尔克孜族乡涵洞建设项目，投资 20 万元；皮山县科克铁热科乡发展设施农业项目，投资 50 万元；垴阿巴提塔吉克族乡群众实用技能培训项目，投资 16 万元；垴阿巴提塔吉克族乡人畜饮水项目，投资 40 万元；垴阿巴提塔吉克族乡禽圈舍建设项目，投资 20 万元；康克尔柯尔克孜族乡防渗渠建设项目，投资 40 万元。

2013 年康克尔克尔克孜族乡防渗渠建设项目，总投资 80 万元；垴阿巴提塔吉克族乡禽舍建设及家禽养殖技术培训项目，总投资 90 万元；垴阿巴提塔吉克族乡电网改造及水电入户项目，总投资 90 万元；赛图拉镇发展畜牧业项目，总投资 60 万元。2011、2012 年的项目均已完工并通过验收，交付使用。2013 年项目目前均已开工。

以上项目的实施，改善了当地两个人口较少民族的生产生活条件，使人口较少民族群众直接受益。2013 年垴阿巴提塔吉克族乡农牧民人均纯收入 4499 元，较 2010 年增加 1895 元（2010 年为 2604 元），康克尔乡 2013 年农牧民人均纯收入 4067 元，较 2010 年增加 1815 元（2010 年为 2252 元）。他们发自内心地感谢党和政府的扶贫好政策和好措施，感谢各级领导没有忘记穷乡僻壤的农牧民，从而促使党群、干群关系得到进一步改善，而且更加密切。

目前，我区人口较少民族聚居区呈现民族团结、边防稳固、社会稳定、经济发展、人民生活水平不断提高的良好局面，为我区实现社会稳定和长治久安打下了良好的基础。

三、“十二五”规划实施过程中存在的主要问题和困难

“十二五”规划实施以来，我区扶持人口较少民族发展取得了显著成效，但由于我区人口较少民族多聚居在偏远贫困山区、绿洲外围、高寒牧

区、边境一线，且受历史、自然等诸多因素影响，区域基础设施薄弱，产业发展滞后，居民文化生活匮乏，农牧民增收依然缓慢，民生问题依然突出。

（一）基础设施建设依然薄弱

“五通十有”达标率整体水平还比较低。如克孜勒苏柯尔克孜自治州124个人口较少民族聚居村中，未通公路的村60个，占总数的48.38%；未通电的村38个，占全州总数的30.6%；未通广播电视的村28个，占全州总数的22.58%；未通信息（宽带）的村46个，占全州总数的37.09%；未通沼气（清洁能源）的村96个，占全州总数的77.41%；没有安全饮用水的村54个，占全州总数的43.54%；没有卫生厕所的村93个，占全州总数的75%；没有安居房的村23个，占全州总数的18.54%；没有稳定解决温饱的基本农田（草场、经济林地、养殖水面）的村77个，占全州总数的62.09%；没有卫生室的村50个，占全州总数的43.3%；没有文化室的村42个，占全州总数的33.87%；没有农家书屋的村31个，占全州总数的25%；没有体育健身场所的村99个，占全州总数的79.83%；没有活动中心的村87个，占全州总数的70.1%；没有农家超市的村100个，占全州总数的80.64%。和田地区皮山县6个人口较少民族聚居村有4个村还未通油路，有3个村不通电，人畜混居的现象仍然存在，环境卫生条件十分差。喀什地区人口较少民族聚居区有77个行政村，不通油路村29个，不通电村17个，无安全饮用水的村43个，不通信息村17个，无稳定解决温饱的基本农田村48个，整村推进步履艰难，“五通十有”目标实现困难。

（二）社会事业发展相对滞后

一是教育基础薄弱，服务能力有待提高。学前双语教育发展仍存在缺师资、缺园舍、缺教具、缺教材等资源不足的问题。义务教育不均衡的问题突出，师资队伍整体素质不高，双语教师尤其短缺。中等职业教育基础设施建设滞后，实训装备水平低，教师短缺。二是卫生应急体系建设能力不足。人口较少民族聚居区医疗设备缺乏，村卫生室、牧区医疗服务站基础设施薄弱。三是基本公共服务均等化程度低。2012年，在新疆人口较少民族聚居区36个县（市）的贫困村中，有372个村没有文化室，占全疆没有文化室619个村总数的60.1%；有417个村没有医疗卫生室，占全疆没有医疗卫生室743个村总数的56.12%；有503个村没有双语学前教育场所，占全疆没有双语学前教育场所858个村总数的58.62%；有572个村没有文化体育活动场所，占全疆没有文化体育活动场所987个村总数的57.95%；有672个村没有惠农超市，占全疆没有惠民超市1283个村总数的52.38%；有514个村没有集体经济收入，占全疆没有集体经济收入821个村总数的62.61%。四是就业压力大。人口较少民族富余劳动力转移就业短缺，语言不通，受家庭、社会传统、生活习惯的影响，制约了富余劳动力就业和创业。五是农村低保标准偏低。由于新疆人口较少民族聚居区经济落后，财政自给率不足，本级配套资金难度较大，与西北其他省区比较，低保标准明显偏低。

（三）贫困问题仍然突出

在新疆，特别是南疆地区，一些人口较少民族聚居村长期以来以牧业为主，从事农业生产效益不高，所在村队自然环境差，地处边远，信息闭塞，加之这些地区民族基础教育相对薄弱，农牧民群众整体科学文化素质不高，思想观念比较落后，主动致富能力不强，因此，贫困问题仍然突出。

（四）资金投入不足

“十二五”以来，国家持续加大资金项目扶持力度，但由于新疆人口较少民族聚居区基础薄弱，历史欠账较多，经济发展后劲不足，各级地方财力有限，在基础设施建设和社会各项事业投资方面仍然存在较大缺口，资金安排量与实际需求还有很大差距。如喀什地区7个人口较少民族聚居县有6个是国家扶贫开发工作重点县，其中2个是自治区六类艰苦边远地区，“十二五”规划实施3年来，共投入资金6958万元，每年分摊到77个行政村平均不足30.1万元，资金缺口大。由于项目资金有限，且资金分散，一些大型的、见效快的项目很难实施。一是农村公路建设资金严重不足。由于新疆地方财政困难，人口较少民族聚居区财政自给率低，农村公路建设配套资金及养护资金缺乏，资金压力巨大，严重影响了农村公路的发展。二是教育专项资金到位率低。《自治区农村双语寄宿制学校建设工程》覆盖36个人口较少民族聚居县中的18个县，申请中央资金134.8亿元，年均26.96亿元。截至2013年仅到位资金27.8亿元，到位率只有

21%，教育专项规划项目资金短缺的问题比较突出。三是文化经费投入不足。新疆人口较少民族聚居区各级文化部门业务经费得不到保障，公共文化机构运转存在较大困难。四是乡村旅游发展资金瓶颈突出。现阶段新疆人口较少民族聚居区旅游基础设施建设的投资主体仍然是政府，市场融资力度不大，而各级财政对乡村旅游的投入十分有限，制约了乡村旅游业发展。五是金融支持不足。新疆人口较少民族主要居住在高原、山区、边境地区等偏远地区，自然环境恶劣，交通不便，社会发展滞后，文教、卫生基础薄弱，制约了金融部门提供金融服务。六是医疗救助资金不足。随着医疗费用不断上涨，医疗救助资金不足的问题更加突出，制约了人口较少民族群众医疗保障水平的进一步提高。

（五）人才队伍建设亟待加强

新疆人口较少民族聚居区人才队伍总量相对不足，基层急需人才和公共服务人才短缺。基层队伍整体素质不高，学历水平和职称层次普遍偏低，特别是乡镇和行政村服务点设备闲置、不会管、不会用、一般故障不会排除的问题比较突出。

（六）管理工作机制还需完善

主要表现在统筹协调的能力还不够，与各成员单位的横向联系还比较少，经常性的信息互通机制还没有完全建立，少数成员单位对扶持人口较少民族发展工作存在着重视程度不够、职责任务不清、具体措施不细致等问题。

四、推动扶持人口较少民族发展“十二五”规划实施的对策措施

2014—2015年，是全面实施扶持人口较少民族发展“十二五”规划的重要两年。我区将牢牢抓住中央支持民族地区发展的政策叠加期，进一步加大扶持人口较少民族工作力度，确保扶持人口较少民族发展“十二五”规划各项目标和任务的顺利完成。

（一）继续加强组织领导

领导重视是做好扶持人口较少民族发展工作的关键。要进一步健全完

善党委统一领导、政府大力支持、民族工作部门综合协调、各部门各司其职的领导体制，充分发挥好扶持人口较少民族发展工作领导小组职能，定期召开联席会议，开展经常性的总结交流，及时解决规划执行中的重大问题。我们将定期与成员单位保持密切联系，掌握规划实施进度，协调好具体相关事宜。各成员单位要积极落实人口较少民族聚居区发展的政策措施，加大资金投入，落实项目安排，齐心协力做好规划的贯彻落实，确保少数民族经济发展各项政策落到实处，使人口较少民族聚居区的各族群众得到更多的实惠。

（二）深入推进“十二五”规划的实施

我们将进一步推进扶持人口较少民族“十二五”规划的实施，从保障和改善民生入手，着力解决人口较少民族聚居区的突出问题和困难，重点开展民生工程和基础设施建设，优先解决人口较少民族聚居村通路、通电、安全饮水和农牧业生产生活等面临的实际问题，不断改善农牧民生产生活条件。

1. 加强基础设施建设力度，提高人口较少民族发展保障能力

一是加大水利工程建设力度。加快新疆重点水资源配置工程、卡拉贝利、阿尔塔什等重点山区水库，以及别迭里、布伦口等水电站建设步伐，尽快使新疆人口较少民族聚居地区受益。二是加快交通建设。进一步加快人口较少民族聚居区通县（市）公路、重要的口岸公路、国边防公路和农村公路建设。力争实现所有具备条件的乡镇和80%的行政村通沥青（水泥）路，提高人口较少民族县（市）通二级及以上公路比重。三是加快推进电力建设。继续实施新疆人口较少民族聚居地区电网延伸供电工程建设，确保2015年全面解决不通电的行政村生产生活用电，基本实现户户通电。加大电网建设投资力度，大幅度提高跨地区输电能力。大力发展人口较少民族聚居地区农村小水电、风能、太阳能等清洁能源，有效解决边远山区农牧民缺电、少电和无电的问题。

2. 立足资源优势发展特色产业，促进农牧民增收

一是大力推进农牧业现代化。强化特色农业基础地位。加快调整粮食布局和品种结构，加强高标准农田建设，提高粮食综合生产能力和加工能力。积极调整农业结构，坚决退出次宜棉区，大力发展特色农作物生产。林果业要稳定面积，提高增效，将特色林果业打造成为新疆人口较少民族

聚居区农民增收的重要支柱产业。畜牧业要加快推进畜群畜种结构合理化，促进传统畜牧业向现代畜牧业转变。现代设施农业重点发展设施农产品加工和储藏保鲜业，创建一批设施农产品品牌。二是农业产业化经营。加大对农产品加工龙头企业、农产品储藏保鲜和产地批发市场的扶持，延长农业产业链，促进新疆人口较少民族聚居区农业增产增效。鼓励新疆人口较少民族聚居区农村发展合作经济，鼓励和引导工商资本到人口较少民族聚居村发展适合专业化经营的现代种养业，向农业输入现代生产要素和经营模式。积极搭建营销平台。建立从农产品生产、加工、运输、仓储、配送到消费的一体化现代农产品物流体系。三是实施农产品品牌战略，培育和壮大民族品牌产业。发展民族医药、民族手工业、民族特色餐饮、民族特色建筑业、民贸民品、民族文化产业等。建设一批集制作、培训、销售、展示为一体，体现民族地域特点的民族刺绣、民族服饰、民族刀具、民族地毯、民族家具、民族乐器、民族饰品、民族餐饮、民族旅游以及玉雕奇石加工等特色劳务基地，吸纳人口较少民族聚居地区富余劳动力就地就近转移就业。四是加快产业园区建设。充分发挥伊宁、塔城等人口较少民族聚居区现有国家级边境经济合作区的作用，加快建成吉木乃、乌恰、塔什库尔干国家级边境经济技术合作区。通过对口支援等方式，在有条件的人口较少民族聚居县（市）建设产业园区，使之成为带动人口较少民族聚居区经济社会发展的重要增长点。五是发展人口较少民族特色文化旅游。喀什、和田人口较少民族聚居区以塔吉克民族风情游为重点，突出塔吉克族鹰舞、和田玉石文化旅游节。克州柯尔克孜族要突出千年来传唱的英雄史诗《玛纳斯》、柯尔克孜族的库姆孜弹唱、世界猎鹰故乡等民族文化。伊犁以锡伯族民俗风情为主，重点突出锡伯民俗风情园、中国箭乡射箭技艺、锡伯族西迁节等民族文化品牌。昌吉州奇台县大泉塔塔尔旅乡，重点打响全国唯一塔塔尔族民族乡品牌、塔塔尔族撒班节，充分延展塔塔尔族独特文化；木垒县大南沟乌孜别克族重点挖掘和保护乌孜别克族传统文化遗产，建设乌孜别克族特色村寨。塔城地区俄罗斯族应突出俄罗斯族的独舞、集体舞、踢踏舞等特色文化；塔城市、霍城县的达斡尔族应突出曲棍球、搬棍子、摔跤等传统体育项目；伊宁县的撒拉族突出撒拉族东迁历史歌舞剧《骆驼泉的故事》民俗文化。通过挖掘和发展人口较少民族特色文化旅游，吸引世界各地的旅游者。

3. 改善和保障民生，促进基本公共服务均等化

一是继续实施安居富民和定居兴牧工程。按照新居建设与产业发展相结合的要求，加快建设新疆人口较少民族聚居区城镇、村寨、房屋及配套的学校、医院等公共服务设施和生产基础设施。定居兴牧工程要按照以水定地、以地定草、以草定畜、以畜定人的要求，推进安居住房、牲畜棚圈、饲草料基地和电、路、气等配套工程，以及学校、医院、文化等公共服务设施建设。二是不断改善人口较少民族聚居区农村生产生活条件。切实解决新疆人口较少民族聚居区农牧民饮水安全问题，到2015年中央和新疆对人口较少民族聚居区农牧民饮水安全工程的总投资将超过3.34亿元，力争全部解决41.77万人口较少民族饮水安全问题。启动实施新疆人口较少民族聚居区“煤气化工程”，到2015年基本解决人口较少民族聚居区城镇居民用气问题。继续实施人口较少民族聚居区农村沼气工程，并逐步向农牧区推广液化石油气、压缩天然气、液化天然气。加强人口较少民族农牧民聚居区环境综合治理，推进改水、改灶、改厕、改圈，切实改善村容村貌。

4. 促进人口较少民族聚居区社会事业发展

一是发展教育事业。积极争取中央加大预算内基本建设投资安排扶持人口较少民族发展专项投资投入力度，继续执行免除人口较少民族所在州、县教育配套资金政策。争取国家和自治区教育专项建设资金对人口较少民族聚居区予以适当倾斜。力争到2015年，在人口较少民族聚居区农村学前两年幼儿入园率达到80%；有效推进双语教育，普及学前双语教育和构建各类教育双语衔接体系，力争到2015年双语教育全面普及。继续实施“新疆双语教师特设岗位计划”、“农村双语幼儿园教师招聘计划”，加强人口较少民族地区教师补充以及双语教师培养培训工作。二是发展新疆人口较少民族聚居区医疗卫生事业。加快新疆人口较少民族聚居区农村牧区三级卫生服务网络建设，推进人口较少民族的自治县县级医院、民族乡卫生院、聚居村卫生室建设。加大新疆人口较少民族聚居区农村卫生基础设施投入，开展急救体系、医疗服务站建设，为人口较少民族贫困山区配置流动医疗服务车。支持基层医疗卫生机构提升综合服务能力，提高基本公共卫生服务水平。三是巩固和完善新疆人口较少民族聚居区城镇职工基本医疗保险。全面推进人口较少民族聚居区城镇居民基本医疗保险，加快完善人口较少民族聚居区新型农村合作医疗制度，巩固提高新型农村合作医疗

参合率。加强疾病预防控制体系能力建设，加大对地方病、传染病的防治力度，提高公共卫生防控和应急处置能力。巩固完善基本药物制度，加强基层医疗卫生服务体系建设。在新疆人口较少民族聚居区开展农村卫生人员培训项目，对乡镇卫生院公共卫生人员、卫生技术人员和管理人员以及村卫生室人员进行培训，提高乡镇卫生院和村卫生室的公共卫生服务水平。四是促进就业。强化政府促进就业的公共服务职能，政府投资的基层劳动就业和社会保障服务设施建设项目、新疆就业信息平台建设项目、城市创业服务体系一体化项目向新疆人口较少民族聚居区倾斜。规范招人用人制度，努力消除影响平等就业的制度障碍和就业歧视。五是加快完善社会保障体系。统筹新疆人口较少民族聚居区城乡养老保险，逐步将 402 个人口较少民族聚居村所在县（市）纳入新疆农村社会养老保险试点范围，逐步提高养老金标准，使人口较少民族聚居区新型农村社会养老保险和城镇居民养老保险全覆盖。

5. 发展文化事业和文化产业，繁荣民族文化

一是加强公共文化基础设施建设。加强人口较少民族聚居区地州、县级图书馆、文化馆、广播电视台和发射台（站）、互联网公共信息服务、新华书店等公共文化基础设施建设，全面实现博物馆、纪念馆免费开放。争取在“十二五”末实现 402 个人口较少民族聚居村有文化室、图书室、科技室。重点建设一批人口较少民族标志性文化设施（民族博物馆、民俗博物馆、生态博物馆或民族文化体育广场等）。继续在新疆人口较少民族聚居区实施广播电视村村通工程，解决 20 户以下已通电“盲村”广播电视信号覆盖，采用直播卫星方式、依靠有线光缆联网等方式，实现人口较少民族聚居自然村能够接收中央和自治区的 4 套以上的广播节目和 8 套以上的电视节目，力争基本实现“户户通”。继续实施新疆人口较少民族聚居区农村电影放映工程，提高农村电影放映场次补贴标准。继续实施人口较少民族聚居区新闻出版“东风工程”，包括出版物免费赠阅、发行网点建设、党报党刊及音像电子出版物印刷制作设备配置等，以满足人口较少民族农牧民学知识学文化的需要。二是大力发展人口较少民族文化事业。重点支持 402 个人口较少民族聚居村开展的群众性民族传统节庆文化活动。加大对新疆人口较少民族文化产品、优秀广播影视作品译制的扶持力度，做好新疆克孜勒苏柯尔克孜自治州、察布查尔锡伯自治县、塔什库尔干塔吉克自治县等人口较少民族聚居地区的影视节目译制工作。支持新疆人口

较少民族语言文字出版单位基础设施建设和生产设备技术改造，推进新疆人口较少民族语言文字规范化、标准化和信息化处理。三是支持新疆人口较少民族对外文化交流。大力推荐新疆人口较少民族优秀舞台艺术作品走出国门，不断拓展对外文化交流合作渠道，举办中国新疆国际民族舞蹈节、中国—亚欧博览会“中外文化展示周”等重大活动，在巴基斯坦、塔吉克斯坦、吉尔吉斯斯坦、乌兹别克斯坦等周边国家开展“魅力新疆”文化交流活动，扩大新疆人口较少民族文化的辐射力和影响力。四是保护民族文化遗产。继续扶持新疆人口较少民族优秀精品项目和濒危文化遗产挽救性保护，重点加强丝绸之路遗产地挽救性保护设施项目。加强对新疆人口较少民族文化传承人的保护和培养，对为传承非物质文化遗产做出突出贡献的传承人，给予表彰和奖励。五是非物质文化遗产挖掘和保护。加大对入选国家和自治区级非物质文化遗产名录的人口较少民族文化遗产（柯尔克孜族《玛纳斯》、锡伯族《西迁节》、塔塔尔族撒班节、达斡尔族《摔马跤》等）的保护力度，培养非物质文化传承人，建立非物质文化遗产资源数据库及网络，充分挖掘新疆人口较少民族文化遗产，完善非物质文化遗产名录体系，编撰出版非物质文化遗产系列丛书，实施非物质文化遗产记录呈现项目，落实项目保护措施。

6. 加强人才队伍建设

设立人才发展专项资金，将人才开发投入纳入地方财政年度预算，每年用于人口较少民族人才开发投入的资金不低于上年度地方财政一般预算收入的0.5%，并按照1%的比例逐年递增。人才发展专项资金主要用于人口较少民族人才工程重点项目实施及人才工作业务经费。

7. 促进民族团结，维护社会稳定

一是继续开展新疆人口较少民族聚居区平安和谐建设。广泛开展民族团结进步创建活动，夯实基层基础，加强机关、企业、社区、乡村、学校、寺庙等主阵地、主渠道的创建活动，创建和培养一大批民族团结模范县（市）、模范乡（镇）、模范村（社区）、模范单位和个人，促进新疆人口较少民族聚居区率先建成民族团结进步示范区。二是维护新疆人口较少民族聚居区社会稳定，坚决打击“三股势力”分裂破坏活动。三是依法加强对宗教事务的管理。认真贯彻《宗教事务条例》，加强对宗教事务的日常管理，加大基层宗教管理工作力度，提高宗教事务管理的法制化、规范化水平。四是加强社会管理创新。积极推进人口较少民族聚居区社会治安综合治理，着力加强流动人口的服务管理，提高预防和处置群体性事件工作水平，最大限度地增加和谐因素，最大限度地减少不和谐因素。

（三）进一步加大资金项目管理的力度

加强少数民族发展资金项目管理是确保资金项目安全运行、有效保障少数民族群众利益的根本途径。要继续严格执行项目评审制度，做好项目评审工作，从严审批，严把项目质量关，减少资金项目重复浪费和低层次徘徊。及早做好调查研究，广泛征求意见，对可行性强、见效快、能够带动农牧民群众增收致富的项目尽快纳入项目库计划，增强项目储备。进一步规范考核评价机制，破除资金项目分配环节的平均主义，坚持以项目实施的社会经济效益为导向，严格执行奖惩制度，激励各地做好资金项目的主动性和积极性。要进一步做好资金项目监督检查力度，定期或不定期对各地项目执行情况进行督导检查，对违规使用资金项目的现象，要果断采取通报批评、限时整改、领导约谈、调减项目资金额度等方式处理，确保少数民族发展资金项目落到实处。

（四）几点建议

1. 给予人口较少民族发展更大的支持

人口较少民族聚居地区和其他贫困地区相比，其贫困主要是由于特定的自然条件、历史背景等因素造成的，而由此造成的贫困，仅靠人口较少民族自身是难以解决的，需要国家在目前给予众多扶持的基础上，从政策上加大倾斜力度，项目上加大扶持力度，资金上加大帮扶力度。主要是：继续加大对新疆人口较少民族聚居区的财政转移支付力度。中央财政性建设资金、其他专项建设资金、各项财政扶贫资金适当向人口较少民族聚居区倾斜。积极引导、争取政府机构、社会团体及对口支援、个人援助、捐助资金投向人口较少民族聚居区，重点用于解决经济社会发展中的一些特殊困难和问题，逐步改善新疆人口较少民族的生产生活条件。执行免除人口较少民族所在地州、县（市）配套资金政策，重点解决人口较少民族聚居村基础设施建设问题，改善生产生活基础条件，提升基础设施保障能力。加大财政扶贫开发力度，并对人口较少民族聚居区予以倾斜支持。加大中央财政少数民族发展资金投入力度，支持人口较少民族聚居区改善生产生活条件，发展当地特色优势产业，促进新疆人口较少民族群众增收致富。鼓励政策性金融机构、商业性金融机构以及新型农村金融机构在新疆人口较少民族聚居区设立营业网点，加强金融服务力度。引导金融机构继续对民族贸易和民族特需商品生产贷款实行利率优惠政策，支持新疆人口较少民族特色工艺和产业发展，加大对新疆人口较少民族聚居区发展种植业、农业产业化、民族文化旅游产业等的支持。鼓励金融机构积极探索与新疆人口较少民族发展专项项目和资金合作开发模式，重点支持新疆人口较少民族聚居区基础设施建设和富民安居、定居兴牧工程建设。加大对人口较少民族的人才培养和智力扶持。建议国家拿出一定量的资金支持人口较少民族技工和技术人员县、地、自治区三级培训；建议国家民委牵头组织对人口较少民族中、高级人才进行培训；建议实施人口较少民族干部交流、任用以及培养计划。

2. 加大政策和资金的整合力度

目前，国家对包括人口较少民族在内的少数民族和民族地区给予了多项扶持政策，既有国家惠农政策的支持，又有专项用于少数民族和民族地区政策的支持，但是这些政策在很多地方都是“各自为政”，合力不强。应强化各类政策和资金的有效整合，集中力量，着力解决人口较少民族和民族地区的重点问题、难点问题、群众最关心的问题，以充分发挥政策和资金的聚集效应。

3. 加强对口援疆帮扶力度

鼓励 19 个省市对口援助新疆人口较少民族聚居区，着力帮助人口较少民族贫困农牧民解决就业、教育、住房等基本民生问题；推进产业援疆扶贫，把人口较少民族聚居区资源与援助省市产业特色结合起来，加快构建符合新疆人口较少民族聚居区实际的现代产业体系，形成长远竞争力，实现共赢发展；加强中央和国家机关及企事业单位对新疆人口较少民族贫困地区的支持力度，大型建设项目、重点工程、新型产业布局要向新疆人口较少民族聚居区倾斜。

新疆兵团托云牧场扶持人口较少民族发展工作总结*

2011 年以来，兵团根据《扶持人口较少民族发展规划（2011—2015 年)》和《兵团扶持人口较少民族发展专项建设规划（2011—2015 年)》(以下简称“规划”)，按照托云牧场实现“五通十有”和“一减少、二达到、三提升”的总体目标要求，加强基础设施建设，改善民生，增加职工群众收入，发展优势产业，保证了规划目标的顺利实现。

一、基本情况

托云牧场是兵团柯尔克孜族聚居的团场，地处克孜勒苏柯尔克孜自治州乌恰县境内，西北与吉尔吉斯斯坦接壤，海拔 2160 ~4200 米。团场牧草地 71. 05 万亩，耕地 4 亩，林地 120 亩，大棚面积 2. 95 亩，是一个以畜牧业养殖为支柱产业的团场。团场有柯尔克孜族 1049 人，占总人口的 97% 。

二、扶持人口较少民族发展工作取得的成效

2011 年至 2014 年，国家先后安排兵团扶持人口较少民族发展专项资金 660 万元，其中安排中央财政扶持人口较少民族发展资金 160 万元，安排中央预算内投资人口较少民族发展专项资金 500 万元。资金严格按照“规划”确定的项目组织实施，取得较大成效。

一是基础设施条件改善。2011 年投入 100 万元建成社区服务中心，有效地提升了社区服务能力，解决了社区环境和治安问题，方便了职工群众的生活，使 40 户 148 人受益。2013 年投资 300 万元实施的场部供排水改扩建工程，进一步改善了托云牧场供排水基础设施条件，提高了职工群众的生活水平，稳定了职工队伍，营造出拴心留人的氛围。

---

* 新疆生产建设兵团民族宗教事务局

二是基层党组织建设加强。2012 年投入 240 万元实施了基层党组织阵地建设项目，完善了牧场党组织活动体系，大大改善了基层党组织阵地建设设施匮乏的状况，为发挥基层党组织的战斗堡垒作用奠定了坚实的基础。

三是经济发展后劲增强。2013 年建成动物防疫检验站 1 座，2014 年投资 160 万元新建羊圈一座，建筑面积 1762 平方米，包括羊圈、仓库、防疫室、务工人员业务用房等。项目建成后，提高了羊群的饲养水平，保证了羊的质量，提高了羊繁殖的能力，使之成为团场增收、职工致富的新亮点。

四是职工生活水平提高。2011 年，团场农牧工人均纯收入 6675 元，比 2010 年增长 12%；2012 年农牧工人均收入 7375 元，比 2011 年增长 10%；2013 年农牧工人均收入 8050 元，比 2012 年增长 9.2%。

目前，托云牧场已实现通公路、通宽带、通电话、通电。使用集中式供水户占 82.5%，有安居房户占 82.5%，大部分职工家庭都有了卫生厕所，学龄儿童入学率达 100%，有标准卫生室，有行医资格证书的医生，有合格文化室，有民族文化活动场地，有办公场所，垃圾均实现了集中处理。

三、主要做法

（一）规划先行，用规划指导项目实施

项目建设离不开科学规划的指导，科学规划对项目建设发挥着重要促进作用。托云牧场坚决贯彻落实兵团扶持人口较少民族发展的专项建设规划，并结合自身实际，围绕“十二五”时期的发展思路、主要任务、重点项目，科学规划，制定了兴边富民行动“十二五”规划，并注重用规划指导项目，通过项目落实规划。

（二）加强领导，建立三级联动机制

由分管副司令员召集兵团民宗局、统战部、兵团发改委、兵团财务局、兵团农业局等相关部门成立兵团扶持人口较少民族发展工作领导小组，建立管理机制，托云牧场成立了领导小组，形成了三级联动机制，从上到下紧密配合，每年召开扶持人口较少民族发展工作会议，研究制定规划，落实责任，督促检查，加大相关部门的协调，加强了对扶持人口较少

民族工作的领导。

（三）扎实管理，规范项目实施程序

一是把好项目选择关。托云牧场在项目申报时积极开展调研，听取民意，了解职工群众缺什么，想补什么，优先解决职工群众最需要、最迫切、最困难的问题。因地制宜论证筛选，通级上报并经专家评审后，由财务局下拨资金。逐级审批上报，层层筛选把关，提升了项目申报的科学性和可行性。二是立足于普惠性。公共的生产生活设施项目建设，必须要考虑到受惠面，花不多的钱，让尽可能多的群众得实惠。三要立足于效益的最大化，不搞形象工程、豪华项目，用最少的资金实现最大的经济效益。

（四）严格监督，确保效益的最大化

坚持项目建设全程公开，主动接受职工群众的监督，对关系群众切身利益的项目，以群众满意不满意作为根本标准。坚持过程监督与效果评估相结合，在师检查验收的基础上，兵、师两级民宗局、发改委、财务局成立联合工作组进行检查验收；对建成运行的项目，兵、师每年进行检查考核。对考核合格的按有关规定进行奖励，对验收考核不合格的进行整改，确保了项目的质量和效果。

四、存在的问题

（一）职工收入水平依然偏低

托云牧场耕地、林地面积小，畜牧养殖业为主导产业，且畜牧产业化发展水平低，畜产品附加值不高，二三产业发展滞后，职工群众收入来源单一，收入水平依然偏低。2013 年，兵团农牧工人均纯收入 14000 元，增速 18%；牧场农牧工人均纯收入与之相比少 5950 元，增速低 8.8 个百分点。

（二）基础设施仍需完善

目前，仍有牧民家庭未通电；未通有线电视，没有彩电；没有使用集中式供水；没有住进安居房；没有卫生厕所。牧民每年要转 4 次草场，放牧点的牧民生产生活中的住房、用电、看电视、交通、通讯等仍存在问

题。卫生院只有2名医生，配备少量医疗设备，队里各有1个卫生员，只有1个小药箱，有一些常用药，职工群众大病小病仍需去医院治疗，看病不方便。

（三）富余劳动力就业难度大

目前，托云牧场外出务工人员仅占总数的8.3%，牧场没有中学，许多年轻人初中毕业后就赋闲在家；加之人多地少，富余劳动力就业难度大，给牧场经济社会发展带来不利影响。

五、意见及建议

（一）加大扶持力度，推进规划目标实现

建议进一步加大对兵团托云牧场优势产业发展、基础设施建设的扶持力度，进一步提升自我造血、自我发展的能力，将“十三五”期间的重点项目全部纳入国家规划，给予中央预算内投资支持，促进规划目标的实现。

（二）加强培训，提升职工群众素质

建议加大职业技能培训投资力度和补助标准，在牧场实施“雨露计划”试点工作，着眼于帮助贫困家庭劳动力掌握一两项能够促进稳定增收的就业技能，开展有针对性的实用技术培训和科普宣传；对贫困家庭未能继续升学的初、高中毕业生开展劳动预备制培训或鼓励免费上技校，并给予一定生活补助，确保贫困家庭劳动力收入水平不断提高。同时，由于兵团扶持人口较少民族发展工作起步晚，经验不足，管理人员在项目管理上水平有限，建议对相关项目管理人员进行培训，提升项目管理水平。

第五篇　扶持人口较少民族发展典型事例

Chapter 5　Model Cases of the Development of the Small Minority Nationalities

内蒙古额尔古纳市室韦乡“旅游富民”

额尔古纳市位于内蒙古自治区东北部，隔额尔古纳河与俄罗斯相望，有汉、蒙古、回、俄罗斯、鄂温克、鄂伦春、达斡尔等19个民族。该市室韦俄罗斯民族乡是全国唯一的俄罗斯民族乡，地处额尔古纳市西北部，与俄罗斯赤塔州涅区隔河相望，边境线长136.4公里。气候特点是寒冷、湿润，冬长夏短，春秋相连。该乡自然风光秀丽，人文风俗独特，一年四季都有独特的旅游资源，是摄影、旅游、采风的好去处。这里居住着1800多人，其中华俄后裔占63%，大部分仍保留着较为完好的俄罗斯文化和生活习俗，不出国门，就可以领略到异国风情。额尔古纳市政府在借鉴和吸收其他地区扶贫经验的基础上，决定将“旅游富民”作为扶贫开发的突破口，把俄罗斯族乡村旅游确定为室韦乡支柱产业加以扶持，在改善少数民族群众生产生活条件的同时，重视长效增收机制的建立，变输血式扶贫为造血式扶贫，坚持可持续发展。独具风情的俄罗斯族家庭游已经成为当地发展旅游业的金字招牌。

一是有关部门各司其职，切实帮扶群众增收。市民族宗教局划拨扶持人口较少民族发展资金专款20万，资助10户俄罗斯族发展“俄罗斯民族之家”家庭游，让客人大开眼界，深受旅游者的欢迎。专款主要用于改善基础设施，维修房屋、购买电视等。额尔古纳市旅游局为加强旅游管理，提高服务质量，制定《俄罗斯族家庭接待示范户服务质量标准》，在室韦乡等地设立“旅游投诉电话”标牌。室韦乡政府组织旅游专业户赴俄罗斯参观考察并进行旅游服务培训等。通过开发实施扶贫，沉寂多年的民族乡村一下子热闹起来，在游客的欢歌笑语中，室韦乡的百姓逐渐走出了贫困，扶贫工作现已收到显著的成效。

二是重视乡风文明建设，促进特色乡村旅游发展。为加快室韦旅游业的发展，额尔古纳市不断完善旅游基础设施，提升家庭游接待档次，如在厕所和厨房这两个标志性生活设施上，由乡政府出资改善卫生条件并做出规划加以实施，否则不予开业。现在，室韦乡20户俄罗斯族家庭游的厨房和卫生设施等基本上得到解决，来此观光度假的游客普遍反映良好。严格的管理使民族乡村的环境卫生得到改善，村容村貌焕然一新。发展特色乡村旅游同时具有促进生产发展，加快产业结构调整的作用，不仅可增加农牧民经济收入，弥合城乡差距与贫富差距，还为少数民族地区贫困农牧民提高文化知识、培养科技素质创造了机会，而文化素质的提高又让贫困农牧民具备了自我发展的能力，为改变自己的命运创造了条件，具有重要的反贫困意义。

三是注重挖掘民族文化，打造旅游核心品牌。当地政府部门非常重视挖掘保护俄罗斯族民间歌舞、民俗、节庆、食品、手工制作等民族文化，努力打造“蒙源、俄俗、生态、界河”四个核心品牌，重点推介生态休闲、民俗文化体验、边境旅游三大主导产品。在管理上，该市旅游部门有计划地组织家庭户赴俄罗斯实地参观学习，进一步了解俄罗斯民族风俗文化生活，并选派户主参加了卫生防疫、旅游解说与烹调等培训班，提高了家庭游工作人员的整体素质和经营管理水平，使游客可以在这里吃到当地家庭制作的俄罗斯列巴、俄罗斯酸黄瓜、鱼子酱、红豆酒，洗俄罗斯式桑拿，真正体验俄罗斯传统的家庭生活习惯。如果遇到俄罗斯传统的巴斯克节，游客还可以和当地俄罗斯人一起拉着手风琴，唱起《莫斯科郊外的晚上》、《红莓花儿开》等歌曲，跳起欢快的俄罗斯舞蹈，体验正宗的俄罗斯文化。

经验总结：在人口较少民族地区发展特色乡村旅游，可为新农村新牧区建设提供一种新途径，有利于传统农牧业经济向现代服务业经济转变。关键要让农牧民作为乡村旅游的参与者，使其成为直接的获益群体。因此，政府部门要围绕这个主题各司其职，切实帮扶群众增收；重视基础设施改善，强化乡风文明建设；挖掘保护民族文化，打造旅游核心品牌。

内蒙古莫力达瓦发展达斡尔族民俗文化旅游

内蒙古莫力达瓦达斡尔族自治旗是全国唯一的达斡尔族自治旗，全旗有17个民族，主体民族是达斡尔族。目前，达斡尔民俗文化旅游业已成为该旗重要的特色支柱产业。

一是打好旅游“民族牌”和“文化牌”。美丽的莫力达瓦是勤劳勇敢的达斡尔族的故乡。这里地域广阔、资源丰富，有纵横的河流、舒缓的山脉、浓郁的草场、葱密的森林，还有500平方公里的尼尔基水库构成了独特的风景线。该旗以“旅游活旗”为目标，借鉴外地先进经验，统筹规划，加快旅游业发展，制定出台了一系列鼓励扶持旅游业发展的优惠政策，以传承、挖掘和保护达斡尔民族文化为前提，打出旅游“民族牌”和“文化牌”，积极开展文化旅游外宣活动，实现旅游与文化的互促、互补、互兴。由该旗旗委、政府历经4年精心打造的对外文化交流“黄金名片”——《神奇达斡尔》，曾作为建国60周年献礼曲目于2009年3月在北京保利剧院精彩上演。2010年《神奇达斡尔》唱响台湾。2012年又走进欧洲文化名城捷克首都布拉格等5个城市，再次全面展现了达斡尔民族多元的原生态文化，其强烈的文化表现力提升了达斡尔民族在国内外的知名度和影响力。越来越多的国内外游客到该旗观光旅游。近年来，该旗的民俗生态游、特色节庆游、民俗乡村游活动多姿多彩、亮点纷呈。

二是推动旅游基础设施建设。为了适应民俗生态旅游业的发展要求，该旗共投入资金1亿多元建成了9处具备接待规模的旅游景区（点），日接待能力达3000人，拉动了整个旅游产业链的发展。尼尔基水库库区511平方公里的湖面资源及沿岸风光已经成为重要的旅游观光带。达斡尔民族博物馆被评为国家AA级风景区，尼尔基水库被评为国家水利风景区，中国达斡尔民族园2015年正式获得国家旅游局颁发的AAAA级景区证书和标牌，并连续3年被评为呼伦贝尔市十佳旅游景区、内容最为丰富的萨满文化博物馆，为该旗赚足了人气。

三是打造民俗节庆品牌。达斡尔族历史悠久，沿袭下来许多别具特色的“节庆日”。该旗旗委、政府以这些特色节庆活动为载体，打造民俗节庆品牌，不仅提升、扩大了莫力达瓦的知名度和美誉度，而且极大地促进了旅游业的发展。每年 5 月，有以采摘昆米勒（柳蒿芽）为主要活动的“昆米勒节”；每年 6 月，有以祭祀斡包为主、包含达斡尔民族特色歌舞和扳棍等表演项目在内的“斡包节”；该旗“达乡情 · 民族风”民族民间文化体育艺术节也已经连续举办多届。该旗既注重保留“节庆日”的传统习俗，又不断丰富节庆活动内容，将其推向旅游市场，打造出了一系列特色鲜明的旅游节庆活动精品，不断提升达斡尔族文化软实力，也为县域经济发展提供了强大的助力。

经验总结：借鉴各地先进经验，结合本地区特色民族风俗，制定出台鼓励扶持旅游业发展的优惠政策。大力加强旅游区基础设施建设，挖掘民族特色节庆活动文化价值，打造民俗旅游品牌。

辽宁大连对口帮扶助推锡伯族群众增收致富

大连瓦房店市三台满族乡青山村、东蓝旗村、西蓝旗村、老虎屯镇小老虎村、太阳街道办事处大河沿村是锡伯族聚居村，迄今已有400多年的居住历史。由于当地长期以来生产力水平低、社会发展结构单一，村民经济收入以种植业为主，缺乏支柱产业，经济发展比较落后，5个锡伯族聚居村集体经济薄弱，人均年纯收入不足5000元，是大连市低收入村。“十二五”时期，国家将锡伯族列为人口较少民族进行扶持，并制定专项规划。大连市也对经济发展欠发达的低收入村实行对口帮扶，充分发挥部门和地方优势，整合资源，形成合力，扶持锡伯族聚居村加快发展。群众增收致富取得了明显成效。对口帮扶已成为大连市民族工作的新亮点。

2011年以来，大连市民委积极协调市发改委、市财政局，瓦房店市发改局和民宗局等相关部门积极落实国家扶持人口较少民族发展“十二五”规划，从项目制定、考察立项、资金投放，以及乡镇政府和村民投工投劳等方面严格把关，确保扶持项目落到实处。“十二五”期间，扶持项目29个，获得国家和省投资1345万元。主要用于修建村屯路、排水沟、农田作业路、跨河桥、休闲广场、污水处理、农贸市场等工程，有效地解决了锡伯族聚居村群众道路难行、排水不畅、休闲广场、农田水涝等困扰锡伯族群众生产生活难题。

大连市坚持“优先支持、重点倾斜”原则，加快锡伯族聚居村发展。市民委与相关部门坚持每半年召开一次专题会议，研究扶持人口较少民族政策的落实情况，坚持把扶持特色产业发展、群众增收作为工作重点。瓦房店市设立本级民族地区经济发展补助经费，每年投入40万元用于扶持锡伯族聚居村基础设施建设和设施农业建设，解决锡伯族群众出行难和农田作业难等问题。其他帮扶主体（市政府委、办、局）充分发挥业务特长和优势，在政策、资金、项目上给予锡伯族聚居村重点支持。例如，市农委在新农村六化工程建设，市林业局在绿化造林，市水务局在小河流治理，市交通局在村村通、屯屯通道路建设等项目上，积极协调、倾力帮扶，有效提升5个锡伯族聚居村经济发展实力，群众生产生活水平显著提高。通过“十二五”扶持规划的实施，5个锡伯族聚居村基础设施建设进一步加快，生产生活条件明显改善，特色经济迅速发展，社会事业稳步推进，锡伯族群众自我发展能力大幅度提高。2014年，锡伯族聚居村农民人均纯收入达到13261元，比2010年增长171%。

大连市开展的对口帮扶，作为改变欠发达民族乡镇和低收入村面貌的重要举措，旨在探索和完善帮扶机制，进一步加快锡伯族聚居村经济社会发展步伐，确保2017年与全市同步全面建成小康社会。

吉林省前郭县发展草编业促进锡伯屯发展

前郭尔罗斯蒙古族自治县吉拉吐乡锡伯屯村“两委”班子利用现有“三边”优势（城边、路边、江边），充分发挥锡伯族群众善于编织的特长，积极引导村民发展草编生产。草编业从原始的手工编织到现在的半机械化生产，品种也由原来的一两个发展到草包、草帘、草片、草绳、苇板等五六个，实现了常年生产和订单生产，劳动生产率大大提高，产品供不应求。松原市、前郭县的城市和路桥建设，包括哈达山水利枢纽工程建设等所需的草包、草帘等草制品都是吉拉吐乡锡伯屯村生产提供的。仅草编业一项，吉拉吐乡锡伯屯村可解决500多名剩余劳动力就业，其中90%以上为吉拉吐乡锡伯屯村民。目前，锡伯屯村草编生产已形成规模，由原来的十几户发展到四百余户，年创利润600万元，农民人均纯收入达4000元。草编业已成为锡伯屯村民脱贫致富的主要产业之一。

黑龙江省黑河市爱辉区扶持人口较少民族发展成效显著

黑河市爱辉区地处祖国东北边陲，是我国面向东北亚开放的重要门户，全国首批边境开放城市，与俄罗斯远东第三大城市、阿穆尔州首府布拉戈维申斯克市隔江相望。辖区总人口19.2万，其中少数民族人口1.93万，占总人口的10.05%，有25个少数民族，3个民族乡，24个民族村。爱辉区是鄂伦春、达斡尔、俄罗斯等人口较少民族的重要集聚区。近年来，该区认真贯彻落实党的民族政策，以维护民族和谐、巩固边疆稳定、携手共同发展为首要任务，切实扶持人口较少民族发展，促进民族团结，形成了各族群众和睦相处、和衷共济，共享改革发展成果、共建富裕和谐家园的良好局面。2005年、2009年、2014年，爱辉区政府连续3次被国务院授予“全国民族团结进步模范集体”称号。

一是紧扣各族群众关切，做好民族工作。该区坚持把民族工作作为头等大事，紧扣各族群众特别是少数民族群众利益，提出“三个优先”原则，把民族工作抓在手上、做到实处。首先，优先落实民族政策。爱辉区深入研究对接国家和省扶持人口较少民族发展规划、兴边富民行动“十二五”规划，谋划了全区少数民族事业发展“十二五”规划等6个规划，把民族乡村发展全部纳入各部门重点工作。修订完善进一步加强民族工作的实施意见，制定36条普惠性政策，让更多少数民族群众享受政策的红利。将人口较少民族学生助学金纳入区级财政预算，在就读、升学等方面出台加分、减免学费等优惠政策。其次，优先培养民族人才。爱辉区健全有利于少数民族人才脱颖而出的选用机制，制订和实施了民族地区人才发展专项规划。在事业单位公开招聘时，同等条件下优先录用少数民族毕业生；凡国家统招人口较少民族中专以上毕业生，区政府负责分配安置就业，已先后安置50多人，分配率100%。优先选拔30岁以下少数民族干部进入后备干部人才库重点培养，近年来已有30多名少数民族干部走上领导岗位；3 个民族乡中少数民族干部比例达 30% 以上；全区副科级以上少数民族干部近 80 名，占干部总数的 13%。从爱辉区走出了全国第七届青联委员张林江、中央民族大学教授刘翠兰、鄂伦春族第一个女博士刘晓春等优秀人才。最后，优先完善基础设施。爱辉区对民族乡村基础设施项目，优先立项、重点投入，坚持把基础设施与民族元素、符号、景观同步设计、统一打造，形成各具特色的民俗景观带。近年来，修建通村道路 345 公里、村内道路 107 公里，投入 335 万元用于饮水安全工程建设；先后 3 次实施大规模的鄂伦春新居建设、旧房改造工程，2013 年建成新居 25 栋 50 户，鄂伦春族群众免费入住。爱辉区民族乡村道路通畅率、通邮、通讯和安全饮水入户率均已达到 100%，客运交通站点全覆盖。新生鄂伦春族乡被评为“中国十大最具影响力特色名镇”，1 个民族村晋升为省五星级新农村、3 个晋升为省四星级新农村，新生村入选首批“中国少数民族特色村寨”。

二是依托资源优势，促进各族群众增收致富。爱辉区依托资源禀赋、区位条件、特色文化，通过政策扶持和引导发展产业、促进增收，2014 年民族乡村人均纯收入达 1.08 万元，增速连续 5 年超过全区平均水平。为发展现代农业，爱辉区以现代技术、现代装备和现代经营理念改造民族地区农业，3 个民族乡、24 个民族村注册各类合作组织 50 个，占全区的 23%，吸纳社员 1554 户，经营土地面积 9.5 万亩。筹资 2700 万元，出台扶持政策十余项，在 2 个少数民族村组建了现代农机专业合作社，外三道沟村实现整村“带地入社”，农民全部从土地中解放出来。坤河达斡尔族满族乡开展垦地合作，60% 耕地由农垦经营，全乡一半农民转移就业。在培育特色产业方面，爱辉区支持民族乡村发展“一乡一业、一村一品”特色产业，因地制宜建设特色产业乡村。新生鄂伦春族乡依托水草资源和独特狩猎文化，发展鄂伦春马、野猪等特色养殖，成功申报国家级鄂伦春猎马种群遗传资源保护项目；扩大芸豆种植，面积占全乡种植面积的 30%，被誉为“芸豆之乡”。四嘉子满族乡发挥近郊优势，建设了现代农业观光园区，发展绿色蔬菜种植；扶持小新屯俄罗斯族村组建药材种植合作社，发展北药种植示范园区 3000 亩，被誉为“北药之乡”。坤河达斡尔族满族乡发挥临江优势，建成鲟鳇鱼养殖基地和吊（挂）袋木耳种植基地，网箱、吊（挂）袋木耳分别发展到 1 万平方米和 32 万袋。民俗旅游是促进各族群众增收的又一法宝。爱辉区依托新生鄂伦春族乡民俗特色，打造 3A 级旅游景区，新建原始部落体验区，开发漂流探险、自然观光、垂钓度假等特色旅游项目，成立旅游公司和手工艺品厂大力发展民俗旅游产业。2013 年，鄂伦春莫日根国际狩猎场项目落户新生鄂伦春族乡，“北方狩猎第一乡”品牌进一步树立。爱辉古城与 2 个满族、2 个达斡尔族、1 个俄罗斯族民族村的特色景观、民族文化和旅游要素结合，构建了黑龙江右岸民族特色旅游观光带，接待旅游者 87 万人次，旅游收入 4.2 亿元，民俗旅游成为重要的富民产业。

三是着重民生实事，推动两个文明齐发展。为加快发展民族教育，爱辉区先后投入 2582 万元，新建和改扩建 3 所民族学校。3 校的教学面积、办学条件均高于普通学校，全部通过国家普九验收和“两基”国检验收，民族学校初、高中升学率达 95% 以上。为改善医疗条件，投入 402 万元新建和改扩建 3 个民族乡卫生院，医疗环境和技术水平大幅提升，基本实现小病不出乡。提高社会保障水平，对少数民族群众低收入保障、医疗救助实施政策倾斜，对少数民族“五保户”和困难老人集中供养。为保护珍贵民族文化，让少数民族优秀传统文化传承下来，爱辉区注重非物质文化传承，先后申报国家和省级非物质文化遗产项目 7 个、文化遗产传承人 8 人。建成爱辉民族文化传承教育基地，改造鄂伦春岭上人博物馆，浓缩民族狩猎史、采集文明和手工艺传承于一体，使更多的鄂伦春族人了解自己的历史，该基地也被评为“全国民族团结进步教育基地”和“全省爱国主义教育基地”。通过特色文化活动传播少数民族优秀文化，近年来，爱辉区先后成功举办黑龙江省首届鄂伦春族古伦木沓节、爱辉历史文化论坛、纪念达斡尔族南迁 360 周年“库木勒节”系列活动，广大鄂伦春族、满族、达斡尔族群众齐聚爱辉，边疆民族文化实现汇聚交融。爱辉区还与俄罗斯阿州腾达区、雅库茨克市古宾区建立了鄂伦春族、达斡尔族交流互访机制，双方互派代表参加了鄂伦春族下山定居 60 周年庆祝活动、“养鹿人之节”、“恩萨赫节”等重要节庆活动，加强了一江两岸、同一民族的血脉联系。

经验总结：紧扣少数民族群众利益，深入落实、对接国家和省扶持人口较少民族发展规划和兴边富民行动规划，充分发掘少数民族特色资源，不断改善民生，推动各民族和睦相处、和衷共济、和谐发展。

黑龙江省6个鄂伦春族村生产生活条件大大改善

黑龙江省大兴安岭地区呼玛县、塔河县、黑河市爱辉区、逊克县等地共计有6个鄂伦春族村。根据我国第六次人口普查结果，鄂伦春族是6个人口少于1万的少数民族之一。“十二五”以来，黑龙江省共为全省6个鄂伦春族村投入少数民族发展资金1亿多元，实施100多个生产生活项目。鄂伦春族群众生产生活条件大大改善。

一是切实落实民族优惠政策。目前，鄂伦春族村民住房全部由当地政府负责建造，砖瓦化率达到100%。塔河县为十八站乡536名鄂伦春族村民兴建了183栋具有鄂伦春族民族特色的民房，新建了鄂伦春族风情村，在村内铺设了水泥路面，实现了集中供热，让183户鄂伦春族村民都能住上宽敞明亮、样式美观、室内有卫生间和取暖设施的新房。呼玛县也积极发展少数民族水、电、路村村通事业，全面推进康居工程。几年来，启动了自来水入户改造等10项安民工程，2013年为鄂伦春族群众新建了92户住房，采取集中供暖，水、电、路、网、下水等设施齐全，配套建设了公园、广场、锅炉房等，村民只需交纳取暖、物业等费用，住房免费。鄂伦春族适龄儿童入学率达到100%，新农合参合率达到100%。居住在农村的鄂伦春族群众新农合费用全部由政府代缴，享受全额报销医疗费的待遇。针对居住地结核病高发的特点，黑龙江省把鄂伦春族群众的人均医药费从每年5.5万元增加到15.5万元，使结核发病率大幅度降低。鄂伦春族平均寿命由44岁提高到70岁左右，结核病患病率由25%下降到1.67%。爱辉区等地对鄂伦春族等人口较少民族考入国家重点高等院校的学生，由政府全额补贴学费；考取硕士以上学历的学生，政府在补贴学费基础上，再一次性奖励2万元。对鄂伦春族18周岁以上无固定职业人员，优先聘用为护林员。全省鄂伦春族已达到通路、通电、通广播电视、通电话；有卫生室、安全饮用水、安居房、文化室、稳定解决温饱的基本农田；人均纯收入、人均粮食占有量、九年义务教育普及率均达到国家扶贫要求的“四通五有三达到”标准。

二是着力发展民族特色产业。黑龙江省借助“扶持人口较少民族发展”、“兴边富民行动”和“新农村建设”等各项政策，为鄂伦春族同胞发展提供资金支持，积极引导广大鄂伦春族同胞发家致富。在今天的鄂伦春乡村，以家庭为单位，从事桦树皮手工艺品制作的比比皆是，小到十几岁的孩子，大到年迈的婆婆，个个都是桦皮手工艺品制作的高手。精巧的造型、精美的图案，从古老的生活用品到现代的装饰品，每一件都让人爱不释手。桦树皮手工艺品连续十多届出现在哈尔滨国际经贸洽谈会上，深受国内外客商的青睐。呼玛县白银纳鄂伦春民族乡鄂伦春族大姐孟彩红手工制作的桦树皮工艺制品有首饰盒、茶叶盒、笔筒、烟盒、果盒等二十余个品种，由于制作精美，产品供不应求，过往游客纷纷慕名去她家选购心仪的桦树皮工艺制品，加上昆明、内蒙古等旅游区的固定用户，她每年的收入都在3万元以上，成了远近闻名的鄂伦春族致富户。塔河县十八站鄂伦春民族乡鄂伦春族村民郭红霞，不仅继承了父辈精湛的桦树皮制作技术，而且熟练掌握了汉族兄弟传授的木耳种植技术，依靠养殖木耳，就可实现年收入5万~6万元。郭红霞家里冰箱、彩电等现代化电器设备一应俱全，小日子过得红红火火。塔河县十八站鄂伦春民族乡有投资260万元、占地6600平方米的鄂伦春木耳菌厂；有投资570万元建立的500万袋规模的鄂伦春木耳种植基地；还有投资近百万元、年生产能力达1万吨的面粉加工厂。白银纳鄂伦春族乡提高农业产业化经营水平，并下大气力发展高寒生态农业。积极推广大豆、小麦优良品种，扩大有机绿色、无公害作物面积，发展民族绿色低碳种植，2013年，全乡实现农作物播种总面积76000亩。鄂伦春族畜牧业发展以特色养殖为导向，促进分散饲养向专业户、专业村发展，更新村、新河村的猪，鄂伦春族新村的马，河南三村的冷水鱼养殖和黄牛养殖，红光村和玻璃沟村的黄芩等中草药基地建设已粗具雏形。今天的鄂伦春族聚居地区已形成经济社会事业欣欣向荣，各民族共同团结进步、共同繁荣发展的良好局面。

经验总结：努力探索、制定具有针对性的适合人口较少民族快速发展的方针政策。落实民族优惠政策，改善基础设施建设，发展民族特色产业，使生活水平仍处在较低水平的人口较少民族快速走上致富的道路。

黑龙江省同江市赫哲族转产致富

黑龙江省同江市位于三江平原腹地、黑龙江与松花江汇合处南岸，北隔黑龙江与俄罗斯哈巴罗夫斯克边疆区相望，是中国赫哲族主要聚居地。赫哲族是我国6个人口少于1万的少数民族之一，其传统生产方式是“夏捕鱼作粮，冬捕貂易货以为生计”。随着过度捕捞和环境污染加重，鱼类资源日益减少，赫哲人收入锐减，生活每况愈下。同江市市委、市政府为引导实施转产工程，制定了《赫哲族经济发展纲要》，出台了发展赫哲经济的若干优惠政策措施。在一系列政策的鼓励扶持下，赫哲族群众纷纷走下渔船，转产致富。

一是发展粮食种植业。同江市把八岔岛、哈鱼岛划归给赫哲族群众发展粮食种植业，几年时间就开发耕地3万亩。最初参与开发的28户渔民没过几年都成了种粮大户，最多的达到了3000亩，户均耕地700亩。同时，实现了集中连片种植，水稻平均亩产700斤。过去基本不从事农业生产的当地赫哲族群众在生产方式上取得了历史性突破。通过转产，多数赫哲族群众基本掌握了农业生产技术，农业生产得到了较快发展。街津口赫哲族乡的付铁军等10户赫哲族渔民走下渔船后，自动走上联合之路，先后投资20多万元，开垦耕地1500亩，每年收获粮食100万公斤，收入达80多万元。赫哲族群众感到种地的前景越来越好，而且逐渐向规模种植、集约经营的方向发展。

二是发展特色养殖业。为了让赫哲族群众进一步富裕起来，同江市政府引导赫哲族群众充分利用丰富的自然资源，向更广阔的领域延伸，走农、林、牧、副、渔全面发展之路。街津口乡重点抓了“农业综合开发示范园区和绿色有机大豆、特色水产品养殖、畜牧业养殖、山产品种植四个基地”的建设，此外还发展了貂、蓝狐、野猪、蜜蜂等特色养殖。有8户渔民成为种植大户；2户农民发展池塘养鱼；8户农民发展木耳种植；2户农民养蜂；1户农民养兔；3户农民种植树木；1户农民经营日光节能温室；此外，还有21户农民办起了餐饮服务和旅游业。

在整个同江市，有24户赫哲族渔民搞起了种植业中的木耳人工培育，年产值超百万元。两个民族乡的渔民，盖起2000多平方米标准化牛舍，购进基础母牛270头，实现了赫哲族群众户均一头牛的目标。同样是与“鱼”有关的行当，也发生了从捕鱼到养鱼，从养鱼到放流的历史性转变。同江市投资300万元在街津口乡建起年产500万尾鱼苗的鲟鳇鱼养殖场，扶持、引导该乡赫哲族群众改捕鱼为养鱼、放流。

三是发展民族旅游业。同江独特的赫哲族民俗风情、秀丽的自然山水，为兴办旅游业提供了得天独厚的条件，当地政府在发展旅游业上不遗余力。在政府的引导下，逐渐富裕起来的赫哲人，近年来搞起了民族风情游、自然山水游、中俄边境游等各类主题旅游。民族旅游业成了同江新兴的重要产业，成了赫哲族乡村新的经济增长点。同江市投资1500万元，在街津口乡建设了“赫哲民族文化村”，筹资420万元在同江市建成了全国首家“赫哲族博物馆”，同时，连续举办了多届中国同江赫哲族旅游节。赫哲人昔日的渔船也没荒废，它们被装饰一新，变成了中俄界江游船。目前，仅街津口乡就有1/6的赫哲族渔民投资开发旅游项目，户均年增收4万余元。通过转产，赫哲族乡村正在向多元经济格局迈进。赫哲人顺应自然，不断创新业。转产无形中锻炼了赫哲人的承受能力和应变能力。经过转产初期不适应、不习惯的“阵痛”，如今，多数赫哲人基本适应了转型后的新生产，群众收入不断增加，生活水平不断提高。

经验总结：各级政府充分利用各地自然资源和人文资源，制定专项规划，引导人口较少民族群众转产增收，向多元经济格局迈进。

广西环江毛南族自治县成为大西南生态建设样板

广西河池市环江毛南族自治县是全国唯一的毛南族自治县，境内聚居有毛南、壮、汉、苗、瑶、水、仫佬、侗、布依等14个民族，其中农业人口占全县总人口的85.31%，少数民族人口占全县总人口的92.75%。该县在提升生态示范区建设工作中，充分发挥资源优势，以建设“生态县”为契机，走以生态农业、生态林业为基础，生态工业、生态旅游为主导，生态城镇为载体，城乡一体化为特色的国家级生态示范区发展路子，使全县生态示范建设迈上了一个新的台阶，成为大西南贫困地区生态建设的样板。

一是发展特色生态农业。该县在农业产业结构调整过程中，因地制宜，形成了以甘蔗、桑蚕、菜牛、水果、速生林为主的特色主导产业基地，促进了全县农、牧、渔各产业的良好发展势头，推动了生态农业经济的发展。目前全县桑园面积已达8465公顷，糖蔗种植面积14310公顷；建立环江菜牛标准化生产基地示范场4个、示范户210户，菜牛存栏4.8万头，出栏1.72万头；建立环江香猪标准化生产基地示范场6个，示范户280户，年香猪出栏33.86万头，年培育供应种猪3000头；建立林下养殖生产基地4个，每个场养殖禽类规模5000羽以上。

二是大力保护森林资源。近年来，该县在林业生态建设中以“造林灭荒，封山绿化，林种结构调整，发展林果，建设自然保护区和开发农村新能源”为主题，建成自治区级久仁自然保护区和国家级木论喀斯特森林保护区，大幅度增加森林总量，提高森林覆盖率和生态调节效力。通过大力推广生态能源利用技术，有效地保护和合理利用现有森林资源，促进资源的永续利用和林业经济的良性循环发展。近年来，全县平均每年完成各类植树造林7.2万亩，完成义务植树80万株，森林覆盖率已达66.58%。

三是积极发展环保产业。近年来，全县累计建成沼气池25800座，改燃节柴32600户；建设农村高效微水电173座；煤矸石在砖厂企业的运用，以及甘蔗渣、滤泥再加工形成复合肥等产业也形成了一定的规模。污水处理产业在煤矿、有色金属、城镇生活污水处理等行业投入不断加大，带动了全县环保产业的发展。同时，按照国家的宏观产业政策，该县加快淘汰钢铁、水泥、铁合金、化工等行业的落后产能。在此基础上，加大技改投入，在生产线上积极推广节能技术，按照“减量化、再利用、资源化”循环再生产的原则，大力发展循环经济。全县工业废弃物年排放量为34.6万吨，年利用回收32.56万吨，工业固体废物利用率为94.10%。工业产值能耗年平均下降7.18%。

四是大力促进生态旅游。2014年，环江喀斯特景区申报世界自然遗产成功。该景区总面积11559公顷，分布有峰丛、峰林、洼地、谷地、洞穴等各种类型的喀斯特景观，具有不可估量的美学价值、科学价值，是全世界的重要遗产、宝贵财富。该县抓住成为世界自然遗产地的历史机遇，围绕“唱响世界自然遗产品牌，打造广西新的旅游目的地”的目标，充分发挥世界自然遗产品牌效应，强化环江喀斯特的保护管理和开发利用工作，促进旅游产业跨越式发展。为方便游客进入环江，该县结合县情实际，启动实施旅游基础设施建设攻坚战，计划用3年时间，彻底打通县境内通往各大景区的交通要道，现已完成8条旅游道路设计。此外，落实毛南民族风情街、旅游集散中心建设用地规划；老野休闲度假山庄、瑞良龙仙岩、华山生态园、月亮山等乡村旅游区配套项目建设稳步推进。2015年上半年，该县累计接待游客36.2万人次；旅游总收入3.92亿元，同比增长超过20%。

经验总结：坚持走绿色可持续的发展路线，以生态农业、生态林业为基础，生态工业、生态旅游为主导，生态城镇为载体，城乡一体化为特色，走民族地区环保与经济“双赢”的发展路径。

广西罗城仫佬族自治县依托仫佬族品牌打造民族生态文化旅游名城

广西河池市罗城仫佬族自治县是全国唯一的仫佬族自治县，也是国家扶贫开发工作重点县之一。该县仫佬、壮、瑶、侗、苗等少数民族人口占总人口的72.7%。该县依托仫佬族等少数民族传统文化，赋予城市建设新内涵，着力打造民族生态文化旅游名城。

一是重点突出民族特色。仫佬族是罗城特有的民族品牌，为突出民族特色，该县规划建设凤凰古街，科学布局仫佬族文化古街、民俗新村、民族工艺传承基地、民俗展示中心等项目，融入凤凰图腾文化，改造提升凤凰山公园，打造特色鲜明、风情浓郁、底蕴深厚的凤凰文化名城。建筑风格以仫佬族民族特色文化为主调，并在设计中体现与时俱进的现代气息及仫佬民族元素（民族图画、腰带图腾等等），设计出具有仫佬族民族特色又能满足培训教育的综合性建筑，使之成为展示、教育的平台。

二是适当扩大城镇规模。该县着手开发建设城东新区，拓展城区范围，力争把城东新区建设成为集居住、办公、教育、商贸为一体的具有民族特色的现代小区。规划建设城西民族大道，带动开发城西新区，为县城向西部延伸打下基础。结合县城新区开发，规划新建行政办公中心，开发建设公务员小区、园丁小区、医务人员小区等，配套建设商业街、学校等设施。该县还计划投入1.5亿元建设于成龙公园，努力把于成龙公园打造成为全区乃至全国廉政文化教育基地。目前正在进行规划设计工作，预计2015年年底全部建成并投入使用。

三是融入地方文化元素。该县注重改善旧城区人居环境，规划实施城区路网改造工程，融入仫佬族文化元素，抓好朝阳路、解放路、一平路等主要街道立面改造、路面翻新，实现绿化、美化、亮化。实施庭院绿化工程，在机关、学校、企事业单位和街道居民的楼顶庭院广泛种植两性花毛葡萄，打造中国南方最大的葡萄酒城，提升“中国野生毛葡萄之乡”

形象。

四是充分开发文化资源。该县把旅游产业列为一项重要的支柱产业来培育和发展，以“山水为媒、文化为魂、民生为本”为旅游发展思路，“一山一城带两江”为总体布局，仫佬族风情为依托，仫佬族依饭文化节为载体，认真做好旅游产业发展规划，整合开发红色旅游、历史文化、民间文化旅游、农业休闲观光等旅游资源，打造好人文自然景观旅游品牌、仫佬族民族风情旅游品牌、于成龙廉政文化品牌、罗城红酒文化旅游品牌和丹凤衔书历史文化品牌，努力把罗城建设成为国内知名的少数民族民俗风情旅游胜地和原生态山水风光休闲度假旅游目的地及攀岩旅游胜地。

经验总结：结合当地特色资源，依托民族特色，将旅游业与当地优势传统产业结合起来，打造人文自然景观旅游品牌。在城镇化的过程中不可千城一面，积极将本民族特色文化融入城市建设之中，提高城市文化品位，改善居民生活质量。

贵州省凯里市仫佬族村寨发展“一村一品”产业园区

贵州省凯里市有苗、侗、仫佬、畲、布依、水、景颇、佤、东乡、纳西、仡佬等二十多个少数民族，少数民族人口占全市总人口的75.36%。该市在扶持少数民族产业发展方面取得显著成效。尤其是近年来，该市以“调结构、转方式、促创新、增后劲”为着力点，精心打造“一村一品”工程，助推农业经济发展，成绩斐然。目前，该市已建成以大风洞乡为中心的竹荪生产，以旁海镇为中心的姜辣种植，以湾水镇为中心的银饰加工，以炉山和万潮镇为中心的水果种植，以南花村、曼洞村为中心的旅游业等初具规模的特色产业区域。全市201个行政村中已有70多个村拥有了自己的特色产品。

一是突出组织机构，明确责任目标。该市各乡镇（街道）纷纷建立领导机构，落实以党委书记为组长，分管副书记为副组长，各相关部门负责人为成员的“一村一品”创建活动领导小组，为“一村一品”经济提供有力的组织保障。同时明确每名党政班子成员负责联系帮扶一个村，每月入村指导“一村一品”和“一户一技能”工作不少于2次，实现与群众零距离接触，倾听群众呼声，切实为示范户排忧解难。通过明确任务、落实责任，把“一村一品”和“一户一技能”活动列入党委“一把手”工程，把驻村干部和乡镇（街道）远程教育辅导员、技术指导员工作实绩列入年终考核指标，与干部年终评选优秀等次直接挂钩，切实增强了领导干部打造“一村一品”工程的责任心和事业感。

二是突出技能培训，加强人才培养。“授人以鱼、不如授之以渔”。该市利用远程教育平台，以为新农村建设培养大批“有文化、懂技术、会经营、善管理”的新型农民为目标，充分利用当地的自然资源和人文资源，大力开展农村实用技术培训。首先，以“先”传“后”，即让先掌握技术的农户，传带后学习技术的农户；熟练掌握技术的农户，传技给技术比较生疏的农户，营造互帮互学，教学相长，共同提高良好氛围。其次，以“党”传“群”，即充分发挥党员干部的先锋模范作用，组织党员与困难群众开展“一帮一”结对帮扶，帮助他们制定致富计划，增强技能掌握；帮助解决生产生活困难，促其轻装上阵；帮助早日脱贫，快步奔小康。最后，以“城”带“乡”，即通过加强城镇对乡村的扶持力度，大力推进城乡一体化进程。该市把17个远程教育成员单位抓“一户学一技”工作作为年终考核的重要内容之一，认真制定考核措施和工作进度表，严格落实成员单位工作任务。要求各成员单位年内必须制作1部以上自己职责范围内的课件，开展2次以上相关培训，提供农村实用技术读本和实用技术光碟各10套以上。通过加强实用技术培训形成“一村一品”农业产业格局。

三是突出亮点展示，力抓特色产业。“有特色、显亮点、抓产业、促发展”是现代农业生存发展的基本要求。该市从优化农业产业结构调整入手，不断挖掘亮点产业，力抓特色产业建设，初步形成了“一村一品”、各具特色的新兴农业产业。一抓传统产业。根据各村自然条件、地域特点及生产习惯，在充分尊重历史传统基础上，结合市场需求，寻找传统产业的闪光点，把辣椒、生姜、烤烟、大蒜、香葱等这些“老”产业作为“一村一品”的重要内容。如旁海镇素有“姜村辣寨”之称，生姜、大蒜等作物种植历史悠久，产品远销湘、鄂、粤等省。该镇岔河村仅生姜一项每户收入达一万多元，而该镇的翁省、水珠等村则大力发展本地红蒜，总产达1000万公斤，产值2500万元。二抓新兴产业。通过找准自己的资源优势，选准发展新兴产业的突破口，着力发展特色主导产业。如三棵树镇南花村依托依山傍水，风光旖旎，民族风情浓郁，有着良好的发展民族生态旅游的自然和人文条件，于是大力开发农家乐旅游，让南来北往的客人在农户家里体验农家生活，观赏农村田园风光。该村仅旅游这一项年收入可达二百多万元，村集体经济积累二百余万元。紧跟南花村，龙场镇的坪寨、三棵树镇的季刀、舟溪镇的新光等村都在积极发展旅游特色产业，旅游收入日益增多。该市鸭塘镇清新村创新发展“猪—沼—果”、“猪—沼—菜”等模式，大力发展沼气生态农业建设，造福一方百姓。

四是突出基地示范，带动一方发展。通过建立农业科技示范基地，以点促面，以面带点，用示范和服务的方法指导“一村一品”活动。首先，制定发展规划。根据各自优势，镇帮村、村帮户，制定切实可行的“一村一品”发展规划，确定村和户可发展的主导产品和发展项目。其次，强化教育服务。各乡镇（街道）成立远程教育一站式服务中心，采取多种形式为民服务，确保“一村一品”工作的开展。再次，加强基地示范。充分发挥农民党员、村组干部带头示范作用，要求每个村党支部建立1个科技示范基地，走“一户带多户，多户带一村”的路子。如龙场镇龙场村通过建立果园场科技示范基地，带动周边建立起小基地群，其中最大的已有一百多亩。最后，加强精品示范。精心建设农业产业基地和精品农业示范基地，大力发展城郊农业，努力发展无公害蔬菜和水果等农产品，逐步建立各种绿色产品规模生产区，积极引导农户发展花卉、观赏植物和稀有珍禽动物养殖，积极发展休闲观光农业。通过集中力量做大做强优势产业，积极打造具有拉动效应的发展品牌，较好地开创了“基地示范促发展，发展致富带一方”的良好局面。

经验总结：因地制宜，根据各地区的自然环境与农业生产习惯，制定具有创新性与针对性的地区发展政策。依据产业特色打造“一村一品”，做到村村有项目，户户有产业，区域有亮点。对于发展粗具规模的产业积极引导其进一步发展，进行商标注册，打造农业品牌，促进其进一步向现代化、规模化农业迈进。

上海对口帮扶独龙族发展取得阶段性成效

独龙族是云南省人口较少民族之一，主要聚居在滇西北贡山独龙族怒族县的独龙江流域一带。为深入贯彻落实好上海市和云南省党委、政府的决策部署，充分发挥帮扶资金效益，切实解决帮扶独龙族发展的困难和问题，两省市民族工作部门深刻认识对口帮扶独龙族发展的重大意义，进一步统一思想、深入调研、认真筹划、精心实施。按照“制定规划、试点先行、先易后难、实事求是、稳步推进”的工作原则和“上海帮扶资金为主，云南省民委相应配套为辅”的帮扶思路，两省市民（宗）委和贡山县人民政府于2010年9月编制完成了《上海对口帮扶独龙族发展项目规划(2010—2014年)》。《规划》总投资6800万元，其中：上海投入5000万元、云南配套1800万元，重点实施6个安置点323户安居房建设、5个安置点的民族文化旅游特色村建设、7个安置点的整村推进项目建设。截至2011年底，两省市民（宗）委共计投入4200万元（上海3000万元、云南配套1200万元），2012年两省市民（宗）委计划投入1600万元（上海1000万元，云南配套600万元），帮扶工作取得阶段性成效。

一是村容村貌大为改观。通过实施村内道路硬化、防洪沟、供排水系统、改厕改圈、文化活动室、环境整治绿化等整村推进项目，孔当、肖旺当、腊配等村呈现出“村容整洁、干净卫生、环境优美、生态文明”的新景象。

二是高质量建设安居房。上海对口帮扶实施的6个安置点323户安居房全部采用框架结构，实心砖砌墙体，水泥瓦盖顶，建筑面积分别为120平方米和80平方米，设计达到国家抗震设防要求，基本解决独龙族群众住房困难问题。

三是群众自我发展能力不断增强。通过创新帮扶模式，引导群众亲自参与项目建设，使独龙族群众深刻感受到家园日新月异的变化，极大地激发了群众建设美好家园的热情。现在每一个对口帮扶村寨都能看到独龙族群众热火朝天投身家园建设的崭新面貌。

四是积极拓宽帮扶渠道。2011 年 9 月，上海市民宗委及四大宗教考察团赴云南省怒江州考察调研对口帮扶独龙族发展工作。考察调研后，上海宗教界捐赠帮扶资金 200 万元，参与对独龙族教育和卫生的帮扶工作。

五是强化部门职能。为切实推进上海市对口帮扶独龙族发展工作，贡山县人民政府及时成立了以县长为组长、分管副县长为副组长的贡山县上海对口帮扶独龙族发展工作领导小组（以下简称领导小组），领导小组下设办公室、前方指挥部、项目统筹组、宣传组、监督组。建立了以领导小组统一领导，各成员单位协同配合的工作机制，在领导小组统一领导下，统一规划、统一建设、统一实施。同时，怒江州人民政府派驻独龙江乡帮扶工作队，实行领导干部挂钩联系制度，县处级领导联村包组，科级领导联组包户，党员干部结对帮户，督促指导帮扶项目顺利实施。

六是加大总结宣传。为扩大影响，形成全社会共同关心、支持、参与对口帮扶人口较少民族发展的良好氛围，《云南日报》、《今日民族》、《云南民族报》、新华网、新浪网、国家民委网站、云南网、云南省民委网站等新闻媒体对帮扶独龙族发展工作进行了深入报道。上海《文汇报》组织青年记者团，深入独龙江乡采访，以专刊的形式大篇幅报道沪滇合作帮扶独龙族取得的阶段性成效。

上海对口帮扶云南省独龙族发展，充分体现了平等、团结、互助、和谐的新型社会主义民族关系，是中华民族同呼吸、共命运、心连心的真实写照，为做好新形势新阶段民族工作拓展了思路和内容，使边疆少数民族干部群众备受鼓舞，进一步增强了建设美好家园的信心和决心。

云南省德宏州陇川县勐约乡营盘村委会岳岛景颇山寨的变迁

“村庄规划有序、居住环境优美、群众生活富足”，这可能是每个人到过岳岛自然村后的感受。很难把她跟印象中居住分散、生活贫困、环境卫生脏乱差的景颇族村寨联系在一起。岳岛自然村紧紧抓住国家“十二五”扶持人口较少民族发展政策的机遇，群众生产生活条件得到了彻底改善。

岳岛自然村隶属陇川县勐约乡营盘村委会，坐落在龙江水库边，距乡政府驻地5公里，章遮（陇川章凤——芒市遮放）省道公路从村口经过，交通十分便利。全村有农户48户178人，其中景颇族170人，占95.5%，是典型的景颇族聚居村寨。2008年因配合龙江水库建设，该村搬迁到现居住点，并按照县乡统一规划建设。由于是新建村寨，基础设施建设薄弱，经济发展受到限制。为解决这一现状，实现“搬得出、稳得住、能致富”目标要求，2011年，陇川县民宗局将岳岛自然村列入扶持人口较少民族聚居村整村推进项目，整合投入各项扶持资金135万元，村寨自筹22万元，完成了村内道路硬化1.5公里9900平方米、治理排污沟700米、建立文化活动室160平方米，建起篮球场一个、公厕一个。

岳岛自然村作为一个景颇族聚居村寨，在社会经济发展中是幸运的，所取得的成效也是明显的，它得益于：

一是国家的扶持政策。一方面通过移民搬迁实现了集中居住、统一规划，基础设施建设可以集中投入；另一方面国家“十二五”扶持人口较少民族发展政策将景颇族列为了新增的扶持对象，岳岛自然村也被列入了《云南省扶持人口较少民族发展规划（2011—2015年）》，扶持力度进一步增大。

二是各部门的合力扶持。岳岛自然村的建设得到了各级各部门的重视，按照“统一规划、集中使用、渠道不乱、用途不变、各负其责、各记其功、优势互补、形成合力”的原则，整合资金提高项目建设效益。各部门共投资 135 万元，其中陇川县民宗局投入 50 万元、陇川县移民局投入 45 万元、县财政局投入 40 万元。

三是有力的基层组织。在项目建设过程中，岳岛自然村村民服从统一规划、积极参与，确保了项目的建设进度和建设质量，并自筹资金 22 万元用于文化活动室及篮球场建设。同时，积极组织群众开展村容村貌绿化建设，制定了保护村内环境等项目后续管理的村规民约。岳岛自然村扶持人口较少民族发展项目的成功实施，进一步夯实了该村发展的基础条件，成为其他景颇族聚居村寨的示范。2011 年岳岛自然村实现农民人均纯收入 2350 元，较搬迁前 2008 年的 1520 元增加了 830 元，增长 54%。

云南省加强人口较少民族专业技术人才队伍建设

独龙族、德昂族、基诺族、怒族、阿昌族、普米族和布朗族是云南省7个人口较少民族。为从根本上帮助这7个民族加快发展，云南省委、省政府在全面对他们进行帮扶的基础上，全力抓好人才培养。派出大批人员进山入寨，拨出巨资，建校舍，送教具教材，层层建立责任制，在构筑基础教育体系中，积极探索7个人口较少民族人力资源开发模式。

一是多层次宽领域培养民族人才。云南省少数民族专业技术人员已达十八万余人，占全省整个专业技术人才队伍总数的23.78%，其中近万名少数民族专业技术人才已拥有高级专业技术职称，在工业、农业、文化等各个领域都有少数民族高层次人才和企业技能人才。历史上刀耕火种、刻木记事、结绳记日的拉祜族、佤族、景颇族、独龙族、德昂族、布朗族等少数民族都有了本民族的专家、教授；历史上没有学校教育、没有文字、不通汉语的少数民族，有了本民族的博士生、硕士生。大批少数民族专家学者，已成为云南建设民族文化大省的骨干力量。

二是评聘职称时对人口较少民族予以照顾。云南省7个人口较少民族在专业技术职称评审中享有较为宽松的环境，该省对独龙、德昂、基诺、怒、阿昌、普米、布朗7个人口较少民族专业技术人员，在评聘专业技术职称时，给予免试职称外语和计算机应用能力的考试的政策，对在迪庆藏族自治州和怒江傈僳族自治州工作的专业技术人员，职称外语和计算机应用能力考试成绩只作为专业技术职务评聘参考条件，不作硬性要求。

经验总结：建立起宽领域、多层次的少数民族人才培养模式，争取在各领域都有少数民族高层次人才和企业技能人才。在评聘专业技术职称时，结合当地实际教育水平给予一定照顾政策。从人才培养入手，大力发展人口较少民族教育事业，促进人口较少民族人力资源的开发。

甘肃省积石山县大力实施民生工程

甘肃省临夏州积石山保安族东乡族撒拉族自治县分布有保安、东乡、撒拉、土、回、汉等十多个民族。在实施扶持人口较少民族发展规划中，该县严格按照“五通十有”和“一减少、二达到、三提升”目标要求，强化措施、加强管理，通过实施一系列人口较少民族发展项目，有效促进了人口较少民族地区交通、水利、文化等事业的发展，拓宽了群众增收渠道。

一是民生优先，资金投入以民生为重。2014 年，该县大力实施民生工程，通过扶持人口较少民族等项目，投资 6970 万元，共改建、硬化村社道路 123 条 449.67 公里，解决了 82 个村 16.08 万名群众行路难和交通运输难问题。投资 530 万元，建成南部农村饮水安全工程和北部延伸工程，实施小型水利项目 11 个，建成蓄水池 3 座，改造电灌 1 座，修筑防洪堤 4.4 公里，完成泵站主体 4 座，引水堰主体 4 座，衬砌渠道 22 公里，可使全县农村自来水入户率达到 95% 以上。投资 50 万元，架设光缆 38 公里，明显改善了群众生产生活条件。积极培育草食畜牧、特色林果、劳务等群众稳定增收的支柱产业。投资 310 万元，栽植蛋皮核桃 2100 亩、花椒 1200 亩。投资 160 万元，修建扩建暖棚 27 座，投放良种肉牛 320 头、羊 250 只。完成农村危旧房改造 1500 多户。城镇新增就业 4660 人。完成城乡低保、养老、五保、医保提标工作，城市低保月人均补助标准由 245 元提高到 282 元，农村低保月人均补助由 101 元提高到 116 元。扎实开展“查低保、纠偏差、促公正”活动，共核除不符合保障条件的对象 1312 人，其中城市低保 496 人，农村低保 802 人，五保供养 14 人，实现了动态管理下的应保尽保。

二是加强特色劳务技能培训，注重人才培养。积石山县把劳动力转移就业和职业技能培训作为壮大产业的富民工程来实施，将其与精准扶贫、精准脱贫工作紧密结合起来，进一步完善机制，按照“巩固西部、拓展沿海、走向中东”的思路，坚持技能培训、组织输转、基地建设和权益保护一起抓的原则，进一步推动劳务输转由体能型向技能型转变、由单一的农村劳动力输出向城乡劳动力共同输出转变、由盲目分散向组织规模输出转变、由季节性输出向长期性输出转变，由单纯的务工挣钱型向回乡创业型转变，努力走出了一条培训市场化、输出组织化、服务全程化的劳务输出新路子。2014 年，该县投资 500 多万元，实施少数民族劳务技能特色培训“出彩工程”，组织各类劳务技能培训 3. 7 万人（次），其中培训清真厨师、保安腰刀锻制技艺等特色人才 1440 人（次），加快了富民增收步伐。全县已输转城乡剩余劳动力 6. 28 万人次，其中有组织输转 3. 17 万人次，创劳务收入达 8. 28 亿元。该县还组织 194 名少数民族干部、教师骨干、医务人员在华侨大学、暨南大学、暨南大学第一附属医院参加培训，使全县干部职工的业务能力和整体素质得到提升。

经验总结：坚持民生优先、民生为重，加大投入，大力实施民生工程。积极组织对人口较少民族群众的劳务技能培训，组织少数民族干部、教师骨干、医务人员接受高层次培训，提高其业务能力与整体素质。

青海省循化县发展“拉面经济”成果显著

青海省拥有回族、撒拉族等穆斯林人口110多万，是中国穆斯林群众较为集中的省份之一。牛肉拉面是西北穆斯林群众喜爱的日常美食之一。一碗正宗的青海牛肉拉面，需要经过3遍过水，手工揉拉，配上青藏高原特有的牦牛肉、牛油、牛骨汤等30多种天然配料精制而成。20世纪80年代，青海省化隆县的回族农民率先到福建厦门等地创业，开创青海农民在东南沿海城市开办拉面馆的先河。如今，越来越多的青海人在更多城市从事牛肉拉面生意。据青海省人力资源和社会保障厅提供的数据，目前青海的回族、撒拉族群众已在中国100多个城市开办了近3万家牛肉拉面馆，年收入超过20亿元，实现稳定劳务输出超过10万人。“拉面经济”收入已占到青海农民在外劳务收入的一半以上。青海省政府部门把发展“拉面经济”作为全省的劳务品牌来抓，采取了一系列措施，使“拉面经济”逐步发展壮大，成为该省劳务输出的一大特色和亮点。

一是加大对劳务人员的培训力度。“拉面经济”日益红火，拉面匠需求量越来越大。青海省各地整合培训资源，充分利用“阳光工程”、进城务工和创业就业等培训项目，重点开展烹饪、拉面等技能培训，为拉面经济发展输送了大量技术型实用人才。在“阳光工程”中，仅循化县就有7800名面匠通过培训，农民工就不再靠卖力气吃饭，而是凭“拉面”手艺挣钱。

二是为拉面匠提供“打工护照”。为促进“拉面经济”发展，青海省在拉面馆相对集中的全国近60个城市成立办事处，为在当地开拉面馆的青海人提供咨询，并为他们办理《劳务输出证》。这本被称为“打工护照”的《劳务输出证》扉页上有青海拉面简介，后面依次加盖了就业、公安、民政、教育等部门的公章和审核意见。有了这本“打工护照”，青海拉面匠无论在哪儿都可以获得来自青海省相关政府部门的帮助。

三是引导拉面企业转型升级。首先，青海省在创立具有高原特色拉面品牌的基础上，通过政府扶持和拉面经营骨干的自身投资，引导“拉面经济”向跨区域连锁经营店方向发展。其次，扶持培育有实力的餐饮企业成立清真餐饮连锁集团，逐步吸收在外的拉面店、小吃店，由连锁企业统一提供配料和食材等，实现原料、品味、色彩等方面的一体化。最后，逐步在全国范围内使用统一注册的青海拉面品牌商标，引进现代企业经营管理模式，适应新常态，转型升级，提质增效，做大做强拉面产业。

经验总结：加强对少数民族群众的劳动技能培训，扶持民族特色产业发展，既能弘扬民族文化，又增加了其劳动力价值。通过少数民族人力资源的开发，开辟了人口较少民族群众增收的有效渠道。

新疆阿克陶县发展柯尔克孜族手工艺品合作社

新疆克孜勒苏柯尔克孜自治州阿克陶县境内有柯尔克孜族、维吾尔族、汉族、塔吉克族等10个常住民族，少数民族人口占总人口的97.5%，其中柯尔克孜族人口占总人口的26.2%。该县积极引导、扶持少数民族农牧民制作特色手工艺品，通过建立合作社，形成统一管理。其中柯尔克孜族手工艺品合作社生产的民族刺绣和手工编制广受欢迎，成为妇女增收致富新渠道。

一是政府高度重视。柯尔克孜族有丰富多彩的手工艺文化，且种类丰富、独具特色。当前随着经济社会、网络、旅游业的发展，本地民族特色的手工艺品深受喜爱，市场前景广阔。但是由于比较分散，生产资金短缺，技术水平有待提高等因素，没有形成规模。阿克陶县坚持就业第一，把发展劳动密集民族特色手工艺品作为就业、创业的重要产业来抓。克孜勒陶乡政府牵头成立了合作社，将分散的手工制作小作坊整合起来，建立配套设施，并提供信息咨询、手续代办、货物销售渠道联系等服务。目前合作社拥有30余名成员，年均收入达10万余元。

二是打造特色品牌。阿克陶县通过培训引领各乡镇（场）先后成立了各具特色的专业合作社，手工艺品合作社把零散的柯尔克孜族民间工艺品加工活动逐步引向正规化、产业化。同时努力打造自己的品牌，引导注册妇女手工刺绣的商标，使产品销售到新疆乌鲁木齐、喀什、和田、伊犁等南北疆各地，甚至还打入了内蒙古自治区及哈萨克斯坦市场，扩大了柯尔克孜族刺绣知名度，使之成为带动妇女增收致富新的经济增长点。

经验总结：积极发掘人口较少民族非物质文化遗产，将传统特色手工艺推向市场，由政府牵头组织传统技能培训，扶持建立专业合作社。努力打造人口较少民族自己的品牌，扩大产品知名度，使民族特色手工艺向正规化、产业化的道路迈进。

附　录
Appendix

扶持人口较少民族发展监测统计数据

表1　人口较少民族聚居村监测统计汇总表

指标	计量单位	2010年	2014年
一、基本情况	——		
聚居村个数	个	2116	2116
自然村个数	个	10706	10583
年末总户数	户	693415	763346
年末总人口	人	2798445	2992602
其中：人口较少民族人口	人	1426831	1616544
贫困人口（扶贫对象）	人	998010	817290
劳动力总数	人	1522017	1606416
其中：外出务工人员	人	405172	500925
耕地面积	亩	10749734	11017339
其中：有效灌溉面积	亩	3496264	3759846
经济林果面积	亩	1646829	3428349
林地面积	亩	20786814	20799860
牧草地面积	亩	70754404	77017007
温室大棚	亩	65281	101396
养殖水面面积	亩	215065	178425
荒山荒坡面积	亩	111277112	109868378
遭受严重自然灾害的村个数	个	760	893
其中：遭受旱灾的村个数	个	492	448
遭受水灾的村个数	个	270	255

续表

指标	计量单位	2010年	2014年
遭受病虫害的村个数	个	273	266
遭受冷冻灾害的村个数	个	204	314
遭受干热风灾的村个数	个	98	120
遭受动物疫情灾害的村个数	个	164	184
遭受泥石流的村个数	个	104	131
遭受地震灾害的村个数	个	68	97
遭受其他灾害的村个数	个	141	157
缺乏生存条件需易地搬迁的人数	人	66799	76001
其中：因守边不能搬迁的边民人数	人	15109	17073
居住在自然保护区内需易地搬迁的人数	人	6746	5265
二、经济发展	——		
粮食总产量	吨	3041085	24232087
经济作物总收入	万元	4952615	14305308
劳务输出总收入	万元	296141	5892353
村级集体经济年收入	万元	34682	45851
农牧民人均纯收入	元	3523	5907
农民专业合作组织个数	个	1419	18330
农民专业合作组织成员人数	人	46478	119384
有高产稳产基本农田（草场、经济林地、养殖水面）或稳定增收产业的户数	户	149365	179225
三、基础设施	——		
通沥青（水泥）路的村个数	个	1291	1671
通公路的自然村个数	个	8421	9224
村内道路硬化的自然村个数	个	4067	6903
通电的村个数	个	1920	2046
通电的自然村个数	个	10036	10629
通电的户数	户	638118	720797

续表

指标	计量单位	2010 年	2014 年
通广播电视的自然村个数	个	9541	9969
拥有彩电的户数	户	509486	648602
通宽带的村个数	个	833	1367
拥有电脑的户数	户	43409	97834
通电话的自然村个数	个	9236	9977
建有沼气（清洁能源）设施的村个数	个	649	1547
使用沼气（清洁能源）的户数	户	61878	95600
四、公共服务	——		
使用集中式供水的户数	户	352201	478967
有安居房的农户数	户	322760	408514
有卫生厕所的户数	户	175774	290258
有幼儿园/学前班的村个数	个	810	1020
适龄幼儿能接受学前一年教育的村个数	个	1434	1684
学龄儿童入学率	%	0～100	80～100
有标准卫生室的村个数	个	1221	1461
有行医资格证书的医生的村个数	个	1187	1349
有合格文化室和农家书屋的村个数	个	1200	1643
有体育健身和民族文化活动场地的村个数	个	705	1182
有村办公场所的村个数	个	1802	1976
有农家店的村个数	个	1071	1317
参加新型农村合作医疗人数	人	2218199	2612251
参加新型农村社会养老保险人数	人	725878	1280818
垃圾集中处理的自然村个数	个	1218	2934
五、扶持成效	——		
制定了村级发展规划的村个数	个	1567	1829
其中：已经实施规划的村个数	个	547	754

续表

指标	计量单位	2010 年	2014 年
正在实施规划的村个数	个	883	1219
未实施规划的村个数	个	450	354
有对口帮扶单位的村个数	个	1504	1699
有驻村蹲点帮扶干部的村个数	个	1417	1671
实施了少数民族特色村寨项目的村个数	个	262	371
有致富带头人的村个数	个	1557	1819
有种养殖能手的户数	户	39396	51150
当年举办各类培训的次数	次	13673	13900
当年参加各类培训的人次	人次	416058	575840
当年得到的扶持项目数	个	2396	9676
当年得到的扶持资金额	万元	63630	476322
当年扶持项目直接覆盖的户数	户	126952	269687
当年扶持项目直接覆盖的人数	人	492900	960818
新增或改造基本农田	亩	96673	133095
新增经济林果面积	亩	101007	95823
新增退耕还林面积	亩	59460	68586
新增退耕还草面积	亩	457377	187494
新增人工改良草场及草料地面积	亩	469486	228196
新增和改扩建（水泥/沥青）乡村公路里程	公里	4892	15142
新修村内（水泥/沥青）道路	米	602512	1753548
新修卫生室面积	平方米	15038	69565
新修文化室（农家书屋）面积	平方米	22519	49639
新修农田水利设施	处	1267	2214
新修人畜饮水蓄水池/水窖/饮水塔	个	1998	5638
新修沼气池	口	6820	3610
扶持新建设施农业（大棚）的户数	户	1863	1938

续表

指标	计量单位	2010 年	2014 年
扶持新建设施畜牧业（大棚）的户数	户	2465	6402
扶贫移民搬迁的户数	户	2443	7826

表 2　人口较少民族乡监测统计汇总表

指标	计量单位	2010 年	2014 年
一、基本情况	——		
民族乡个数	个	71	71
行政村个数	个	497	501
自然村个数	个	1901	1925
年末总户数	户	188167	207178
年末总人口	人	681655	715372
常住人口	人	681655	705431
人口较少民族人口	人	216137	235635
贫困人口（扶贫对象）	人	132200	138323
劳动年龄人口	人	384559	397505
其中：受过高等教育的比例	%	7.96	9.38
主要劳动年龄人口平均受教育年限	年	7.5	7.9
劳动力总数（劳动者总量）	人	378580	403987
其中：外出务工人员	人	102702	120760
技能劳动者	人	36525	44952
新增劳动力人数	人	11726	20786
其中：受过高中阶段及以上教育的比例	%	16.47	23.7
新增劳动力平均受教育年限	年	8.96	10.00
年末常用耕地面积	公顷	1407078	1531352
其中：有效灌溉面积	公顷	415675	257048
遭受严重自然灾害的乡个数	个	23	23
其中：遭受旱灾的个数	个	14	12

续表

指标	计量单位	2010 年	2014 年
遭受水灾的个数	个	7	12
遭受病虫害的个数	个	8	6
遭受冷冻灾害的个数	个	6	8
遭受干热风灾的个数	个	0	2
遭受动物疫情灾害的个数	个	7	4
遭受泥石流的个数	个	3	4
遭受地震灾害的个数	个	0	0
遭受其他灾害的个数	个	3	7
缺乏生存条件需易地搬迁的人数	人	12905	9156
其中：因守边不能搬迁的边民人数	人	1064	816
居住在自然保护区内需易地搬迁的人数	人	585	172
二、经济发展	——		
地区生产总值	万元	1074302	1443361
企业个数	个	2426	2104
其中：工业企业个数	个	825	886
企业从业人员	人	14014	14877
其中：工业企业从业人员	人	2968	8069
农业总产值	万元	591887	750848
粮食总产量	吨	1365595	1749652
肉类总产量	吨	117058	665526
农业机械总动力	千瓦	3573851	5992511
农村用电量	千瓦时	45060451	58401369
劳务输出总收入	万元	103805	127053
地方财政一般预算收入	万元	34075	45846
财政支出	万元	38863	53023
设有金融机构的乡个数	个	39	42

续表

指标	计量单位	2010年	2014年
城乡居民储蓄存款年末余额	万元	118197	186999
城镇居民人均可支配收入	元	4783	6609
农牧民人均纯收入	元	5699	9067
社会消费品零售总额	万元	97515	161963
农民专业合作组织个数	个	562	1491
农民专业合作组织成员人数	人	13092	40046
三、基础设施	——		
通沥青（水泥）路的乡个数	个	55	67
通沥青（水泥）路的建制村个数	个	345	420
通公路的自然村个数	个	1509	1752
有客运站的乡个数	个	26	32
通班车的建制村个数	个	244	276
通电的行政村个数	个	476	484
通电的自然村个数	个	1722	1737
通电的户数	户	176683	199181
通广播电视的自然村个数	个	1654	1769
拥有彩电的户数	户	152539	183558
通宽带的行政村个数	个	287	364
拥有电脑的户数	户	20240	34842
通电话的自然村个数	个	1727	1780
建有沼气（清洁能源）设施的行政村个数	个	130	161
使用沼气（清洁能源）的户数	户	15166	19065
四、公共服务	——		
使用集中式供水的户数	户	89843	117003
有安居房的农户数	户	99653	114443
有幼儿园/学前班的乡个数	个	56	63

续表

指标	计量单位	2010 年	2014 年
学前一年毛入园率	%	17～100	17～100
小学校数	所	258	211
其中：达标的小学校数	所	219	176
普通中学数	所	46	41
其中：达标的中学数	所	42	38
小学在校学生数	人	41878	44131
普通中学在校学生数	人	15695	15427
小学专任教师数	人	3955	3643
普通中学专任教师数	人	1671	1464
学龄儿童入学率	%	80～100	80～100
九年义务教育巩固率	%	60～100	93～100
高中阶段教育毛入学率	%	13～100	20～100
乡村（社区）医疗卫生机构个数	个	351	404
其中：达标的医疗卫生机构个数	个	294	336
医生数	人	921	1002
病床数	张	1088	1419
居民健康档案规范化电子建档率	%	30～100	20～100
婴儿死亡率	‰	0.02～12.2	0.02～10.7
孕产妇死亡率	/10 万	1～40	0.02～40
乡镇综合文化站达标的个数	个	50	61
有合格文化室和农家书屋的行政村个数	个	334	386
乡镇公共体育设施达标的个数	个	32	43
有人口较少民族标志性文化设施的乡个数	个	33	41
国家和省级非物质文化遗产代表性传承人数	人	142	426
有农产品批发市场（农贸市场）的乡个数	个	30	37
有示范性街道（乡镇）社会工作服务中心、社区社会工作站的乡个数	个	25	34

续表

指标	计量单位	2010 年	2014 年
是否有敬老院或福利院的乡个数	个	16	19
参加新型农村合作医疗人数	人	513817	569603
参加新型农村社会养老保险人数	人	189324	296330
最低生活保障目标人群覆盖率	%	3～100	70～100
就业服务和管理目标人群覆盖率	%	2～100	13～100
农技推广服务机构	个	78	76
农技推广服务从业人员	人	339	393
城镇污水集中处理率	%	8～100	20～100
城镇生活垃圾无害化处理率	%	5～100	25～100
垃圾集中处理的行政村个数	个	126	181
五、扶持成效	——		
实施了少数民族特色村寨项目的乡个数	个	20	36
其中：实施特色村寨项目数	个	49	162
当年举办各类培训的次数	次	1008	7261
当年参加各类培训的人次	人次	96463	125566
当年得到的扶持项目数	个	274	1440
当年得到的扶持资金额	万元	20499	62264
当年扶持项目直接覆盖的户数	户	25783	52007
当年扶持项目直接覆盖的人数	人	91055	161430
新增或改造基本农田	亩	13180	109896
新增经济林果面积	亩	28672	16046
新增退耕还林面积	亩	7286	21446
新增退耕还草面积	亩	20434	9457
新增人工改良草场及草料地面积	亩	10772	48638
新增和改扩建（水泥/沥青）乡村公路里程	公里	310	254
新修村内（水泥/沥青）道路	米	79506	179467

续表

指标	计量单位	2010年	2014年
新修村文化室（农家书屋）面积	平方米	3022	8412
新修农田水利设施	处	255	203
新修人畜饮水蓄水池/水窖/饮水塔	个	203	209
新修沼气池	口	189	725
扶持新建设施农业（大棚）的户数	户	313	539
扶持新建设施畜牧业（大棚）的户数	户	132	765
扶贫移民搬迁的户数	户	278	714

表3　人口较少民族自治县监测统计汇总表

指标	计量单位	2010年	2014年
一、基本情况	——		
自治县个数	个	16	16
乡镇个数	个	197	201
行政村个数	个	2235	2222
自然村个数	个	13508	13699
年末总户数	户	1101237	1175525
其中：乡村户数	户	713227	747846
年末总人口	万人	385	393
其中：城镇人口	万人	90	118
乡村人口	万人	295	275
常住人口	万人	345	353
人口较少民族人口	人	811377	677728
贫困人口（扶贫对象）	人	1636162	1015656
劳动年龄人口	人	2141934	1958662
其中：受过高等教育的比例	%	11.1	6.7
主要劳动年龄人口平均受教育年限	年	8.5	8.1
劳动力总数（劳动者总量）	人	1865683	1808338

续表

指标	计量单位	2010 年	2014 年
其中：外出务工人员	人	649344	704379
技能劳动者	人	182966	202651
新增劳动力人数	人	32560	21648
其中：受过高中阶段及以上教育的比例	%	25.1	49.9
新增劳动力平均受教育年限	年	8.9	10.3
年末单位从业人员数	人	305372	324045
其中：第二产业	人	112212	100107
第三产业	人	156935	106333
专业技术人员数	人	41308	49679
乡村从业人员数	人	1585894	1451755
其中：农林牧渔业	人	936410	846625
城镇登记失业人员数	人	13793	17415
行政区域土地面积	平方公里	197939	168043
年末常用耕地面积	公顷	1125898	3358450
其中：有效灌溉面积	公顷	149849	382740
缺乏生存条件需易地搬迁的人数	人	17335	20962
其中：因守边不能搬迁的边民人数	人	5361	6227
居住在自然保护区内需易地搬迁的人数	人	4656	5250
二、经济发展	——		
地区生产总值	万元	5153773	7538322
第一产业增加值	万元	1464607	1960531
第二产业增加值	万元	2135473	3370342
第三产业增加值	万元	1553693	2207449
规模以上工业企业	——		
其中：工业企业数	个	1297	1771
工业总产值（现价）	万元	3753257	5596734

续表

指标	计量单位	2010年	2014年
从业人员年平均数	人	88291	150975
农业总产值	万元	1643986	2652037
粮食总产量	吨	2938268	7596782
肉类总产量	吨	237942	269056
农业机械总动力	千瓦	2383453	2187066
农村用电量	千瓦时	952242628	200121226
劳务输出总收入	万元	346189	586185
地方财政一般预算收入	万元	236376	485711
财政支出	万元	1552529	3313669
没有设立金融机构的乡镇个数	个	41	59
县域法人金融机构年末各项存款余额	万元	3781837	5997295
县域法人金融机构年末各项贷款余额	万元	1858894	4388542
城乡居民储蓄存款年末余额	万元	2575376	7124924
城镇居民人均可支配收入	元	12511	19078
农牧民人均纯收入	元	3986	6949
全社会固定资产投资总额	万元	3590637	7910374
社会消费品零售总额	万元	1091993	1824955
农民专业合作组织个数	个	1301	3464
农民专业合作组织成员人数	人	45604	79149
三、基础设施	——		
通二级及以上公路的县个数	个	11	13
通沥青（水泥）路的乡镇个数	个	167	189
通沥青（水泥）路的建制村个数	个	1131	1904
通公路的自然村个数	个	6461	7432
有客运站的乡镇个数	个	87	98
通班车的建制村个数	个	829	1502

续表

指标	计量单位	2010 年	2014 年
通电的行政村个数	个	2138	2225
通电的自然村个数	个	13013	13229
通电的户数	户	937604	1049768
通广播电视的自然村个数	个	11546	10623
拥有彩电的户数	户	754879	893380
通宽带的行政村个数	个	1275	1543
拥有电脑的户数	户	103357	149110
通电话的自然村个数	个	7671	10442
建有沼气（清洁能源）设施的行政村个数	个	634	1015
使用沼气（清洁能源）的户数	户	405150	252594
四、公共服务	——		
使用集中式供水的户数	户	308259	491763
有安居房的农户数	户	587686	474163
幼儿园个数	所	418	573
学前一年毛入园率	%	53～100	62～100
小学校数	所	1436	1270
其中：达标的小学校数	所	1135	889
普通中学数	所	260	221
其中：达标的中学数	所	184	182
小学在校学生数	人	309311	263541
普通中学在校学生数	人	176632	240317
小学专任教师数	人	20574	16892
普通中学专任教师数	人	15892	15224
学龄儿童入学率	%	90～100	96～100
九年义务教育巩固率	%	60～100	78～100
高中阶段教育毛入学率	%	31～92	48～100

续表

指标	计量单位	2010年	2014年
中等职业学校数	所	13	17
其中：达标的职业学校数	所	10	10
医院、卫生院数	所	627	1177
医院、卫生院床位数	张	8597	11421
医院、卫生院卫生技术人员数	人	9582	12064
其中：执业（助理）医师	人	4139	4158
乡村（社区）医疗卫生机构个数	个	2353	1823
其中：达标的医疗卫生机构个数	个	1926	1681
居民健康档案规范化电子建档率	%	20～98	66～100
婴儿死亡率	‰	0.4～62	0.6～24
孕产妇死亡率	/10万	0.01～56	2.8～68
有达标县文化馆的县个数	个	12	13
综合文化站达标的乡镇个数	个	145	160
有达标县图书馆的县个数	个	14	14
有新华书店的县个数	个	14	15
有公共体育场馆的县个数	个	11	13
公共体育设施达标的乡镇个数	个	33	58
有综合社会福利中心的县个数	个	11	12
其中：有达标社会福利中心的县个数	个	9	8
有达标县级殡仪馆的县个数	个	6	7
劳动就业公共服务机构达标的县个数	个	12	12
有人口较少民族标志性文化设施的县个数	个	9	9
有文艺院团的县个数	个	14	13
国家和省级非物质文化遗产代表性传承人数	人	112	133
有农产品批发市场（农贸市场）的乡镇个数	个	84	107

续表

指标	计量单位	2010 年	2014 年
有示范性街道（乡镇）社会工作服务中心、社区社会工作站的乡镇个数	个	67	86
城乡三项基本医疗保险参保率	%	13 ~ 100	62 ~ 100
城镇基本养老保险参保率	%	35 ~ 100	61.5 ~ 100
最低生活保障目标人群覆盖率	%	16 ~ 100	14.2 ~ 100
农技推广服务机构	个	94	140
农技推广服务从业人员	人	1324	1681
城镇污水集中处理率	%	20 ~ 100	25 ~ 100
城镇生活垃圾无害化处理率	%	30 ~ 100	40 ~ 100
垃圾集中处理的行政村个数	个	252	425
五、扶持成效	——		
建立了涉及民族宗教因素的纠纷和突发事件应急预警、处置机制的县个数	个	13	15
实施了少数民族特色村寨项目的县个数	个	6	11
其中：实施特色村寨项目数	个	6	21
当年举办各类培训的次数	次	1874	2292
当年参加各类培训的人次	人次	130603	113410
当年得到的扶持项目数	个	842	1016
当年得到的扶持资金额	万元	21379	102060
当年扶持项目直接覆盖的户数	户	111114	190699
当年扶持项目直接覆盖的人数	人	410233	750393
新增或改造基本农田	亩	37921	98080
新增经济林果面积	亩	35752	89001
新增退耕还林面积	亩	2900	3621
新增退耕还草面积	亩	3000	4114
新增人工改良草场及草料地面积	亩	925	51209
新增和改扩建（水泥/沥青）乡村公路里程	公里	919	888

续表

指标	计量单位	2010 年	2014 年
新修村内（水泥/沥青）道路	米	769694	1368374
新修村文化室（农家书屋）面积	平方米	8306	21683
新修农田水利设施	处	249	874
新修人畜饮水蓄水池/水窖/饮水塔	个	3507	1160
新修沼气池	口	3408	904
扶持新建设施农业（大棚）的户数	户	193	553
扶持新建设施畜牧业（大棚）的户数	户	46	1568
扶贫移民搬迁的户数	户	550	2255

表 4　人口较少民族自治州监测统计汇总表（9 个县市）①

指标	计量单位	2010 年	2014 年
一、基本情况	——		
自治州个数	个	2	2
乡镇个数	个	87	87
行政村个数	个	577	580
自然村个数	个	4484	4390
年末总户数	户	464124	506672
其中：乡村户数	户	304846	315183
年末总人口	万人	175	186
其中：城镇人口	万人	57	69
乡村人口	万人	118	117
常住人口	万人	175	177
人口较少民族人口	人	327460	343133
贫困人口（扶贫对象）	人	599981	287088

① 人口较少民族自治州指：云南省德宏傣族景颇族自治州、新疆维吾尔自治区克孜勒苏柯尔克孜自治州。

续表

指标	计量单位	2010 年	2014 年
劳动年龄人口	人	520773	960027
其中：受过高等教育的比例	%	7.7	6.3
主要劳动年龄人口平均受教育年限	年	1.1	1.9
劳动力总数（劳动者总量）	人	520750	619818
其中：外出务工人员	人	47565	179650
技能劳动者	人	20953	143589
新增劳动力人数	人	1323	
其中：受过高中阶段及以上教育的比例	%	30	
新增劳动力平均受教育年限	年	9	
年末单位从业人员数	人	140372	172107
其中：第二产业	人	40826	73521
第三产业	人	62546	79085
专业技术人员数	人	36631	43220
乡村从业人员数	人	573843	611639
其中：农林牧渔业	人	472037	359368
城镇登记失业人员数	人	7848	8831
行政区域土地面积	平方公里	83994	83994
年末常用耕地面积	公顷	194602	199138
其中：有效灌溉面积	公顷	114971	144502
缺乏生存条件需易地搬迁的人数	人		8694
其中：因守边不能搬迁的边民人数	人		1001
居住在自然保护区内需易地搬迁的人数	人		2378
二、经济发展	——		
地区生产总值	万元	1795057	3386588
第一产业增加值	万元	450522	863087
第二产业增加值	万元	567353	1094947

续表

指标	计量单位	2010年	2014年
第三产业增加值	万元	777182	1428554
规模以上工业企业	——		
其中：工业企业数	个	110	151
工业总产值（现价）	万元	699233	1567488
从业人员年平均数	人	2409	28272
农业总产值	万元	507545	856180
粮食总产量	吨	839995	1087472
肉类总产量	吨	113280	147870
农业机械总动力	千瓦	1304130	1759584
农村用电量	千瓦时	705850000	242154800
劳务输出总收入	万元	4676	3250
地方财政一般预算收入	万元	164971	472088
财政支出	万元	1000800	2092956
没有设立金融机构的乡镇个数	个	0	0
县域法人金融机构年末各项存款余额	万元	1319178	1403754
县域法人金融机构年末各项贷款余额	万元	618753	605971
城乡居民储蓄存款年末余额	万元	2118345	3497563
城镇居民人均可支配收入	元	12429	20821
农牧民人均纯收入	元	2892	6315
全社会固定资产投资总额	万元	1617388	3736022
社会消费品零售总额	万元	626885	1171783
农民专业合作组织个数	个	381	1934
农民专业合作组织成员人数	人	11393	52628
三、基础设施	——		
通二级及以上公路的县（市）个数	个	4	9
通沥青（水泥）路的乡镇个数	个	37	42

续表

指标	计量单位	2010 年	2014 年
通沥青（水泥）路的建制村个数	个	237	498
通公路的自然村个数	个	3935	3457
有客运站的乡镇个数	个	87	71
通班车的建制村个数	个	32	376
通电的行政村个数	个	549	536
通电的自然村个数	个	4146	3537
通电的户数	户	225461	506672
通广播电视的自然村个数	个	4233	3557
拥有彩电的户数	户	254290	255524
通宽带的行政村个数	个	320	502
拥有电脑的户数	户	5653	21652
通电话的自然村个数	个	3107	3509
建有沼气（清洁能源）设施的行政村个数	个	505	399
使用沼气（清洁能源）的户数	户	33766	45201
四、公共服务	——		
使用集中式供水的户数	户	288012	359887
有安居房的农户数	户	80810	124140
幼儿园个数	所	176	338
学前一年毛入园率	%	≤65	≤106
小学校数	所	424	421
其中：达标的小学校数	所	424	421
普通中学数	所	100	98
其中：达标的中学数	所	100	98
小学在校学生数	人	160541	164075
普通中学在校学生数	人	96791	102030
小学专任教师数	人	12311	13178

续表

指标	计量单位	2010 年	2014 年
普通中学专任教师数	人	6762	9663
学龄儿童入学率	%	≥99	≥99
九年义务教育巩固率	%	76～100	84～96.9
高中阶段教育毛入学率	%	49～68	66～85
中等职业学校数	所	15	21
其中：达标的职业学校数	所	15	21
医院、卫生院数	所	121	413
医院、卫生院床位数	张	7168	8981
医院、卫生院卫生技术人员数	人	6721	8169
其中：执业（助理）医师	人	2677	2410
乡村（社区）医疗卫生机构个数	个	570	583
其中：达标的医疗卫生机构个数	个	449	583
居民健康档案规范化电子建档率	%	61.5	79～88
婴儿死亡率	‰	3.2～12.4	2.3～7.8
孕产妇死亡率	/10 万	33～62.2	15～39.6
县文化馆个数	个	10	10
其中：达标的文化馆个数	个	9	10
综合文化站达标的乡镇个数	个	32	74
县图书馆个数	个	10	10
其中：达标的图书馆个数	个	10	10
有新华书店的县个数	个	9	9
有公共体育场馆的县个数	个	5	9
公共体育设施达标的乡镇个数	个	24	72
综合社会福利中心个数	个	6	6
其中：达标的社会福利中心个数	个	6	6
县级殡仪馆个数	个	1	3

续表

指标	计量单位	2010 年	2014 年
其中：达标的殡仪馆个数	个	1	3
劳动就业公共服务机构个数	个	11	9
其中：达标的公共服务机构个数	个	11	9
有人口较少民族标志性文化设施的州个数	个	2	2
有文艺院团的州个数	个	2	2
国家和省级非物质文化遗产代表性传承人数	人	33	53
有农产品批发市场（农贸市场）的乡镇个数	个	87	77
有示范性街道（乡镇）社会工作服务中心、社区的州个数	个		
有社会工作站的乡镇个数	个	87	87
城乡三项基本医疗保险参保率	%	56 ~ 93	95 ~ 100
城镇基本养老保险参保率	%	80 ~ 98	88 ~ 100
最低生活保障目标人群覆盖率	%	65 ~ 91	15 ~ 90
农技推广服务机构	个	178	160
农技推广服务从业人员	人	2461	2175
城镇污水集中处理率	%	40 ~ 76.6	81 ~ 82.3
城镇生活垃圾无害化处理率	%	50 ~ 77	89.2 ~ 95.5
垃圾集中处理的行政村个数	个	0	5
五、扶持成效	——		
建立了涉及民族宗教因素的纠纷和突发事件应急预警、处置机制的州个数	个	2	2
实施了少数民族特色村寨项目的州个数	个	2	1
其中：实施特色村寨项目数	个	3	12
当年举办各类培训的次数	次	2001	730
当年参加各类培训的人次	人次	39962	34545
当年得到的扶持项目数	个	506	489
当年得到的扶持资金额	万元	5898	15212
当年扶持项目直接覆盖的户数	户	29334	85697

续表

指标	计量单位	2010 年	2014 年
当年扶持项目直接覆盖的人数	人	252875	352330
新增或改造基本农田	亩	141489	7340
新增经济林果面积	亩	207400	11699
新增退耕还林面积	亩	113150	7000
新增退耕还草面积	亩		5000
新增人工改良草场及草料地面积	亩	52245	2500
新增和改扩建（水泥/沥青）乡村公路里程	公里		601
新修村内（水泥/沥青）道路	米	3815	425995
新修村文化室（农家书屋）面积	平方米	29900	34427
新修农田水利设施	处	12000	12009
新修人畜饮水蓄水池/水窖/饮水塔	个	464	215
新修沼气池	口	4042	
扶持新建设施农业（大棚）的户数	户		
扶持新建设施畜牧业（大棚）的户数	户	2281	672
扶贫移民搬迁的户数	户	274	2150

表 5　分行业资金项目安排情况（2011—2014 年）　　单位：万元

项目类别	项目数（个）	资金额	中央扶持资金	1. 中央预算内投资	2. 少数民族发展资金	省级配套资金	其他资金	1. 利用外资	2. 群众投劳折资
合计	9356	660745	511143	215258	295885	30167	119435	1293	25338
1. 基础设施建设类	5177	394277	320916	174017	146898	21908	51453	551	10946
1.1 道路桥涵	3031	226477	185580	105727	79853	11699	29198	258	3426
1.2 危房或住房改造	193	17627	9922	530	9392	4002	3703	0	3618
1.3 农田水利	693	57202	51346	30703	20643	2170	3687	202	1180
1.4 人畜饮水	473	29285	25152	8871	16281	1093	3040	10	549

续表

项目类别	项目数（个）	资金额	中央扶持资金	1. 中央预算内投资	2. 少数民族发展资金	省级配套资金	其他资金	1. 利用外资	2. 群众投劳折资
1.5 沼气等能源建设	44	1744	1591	578	1013	97	56	0	26
1.6 电力	43	2128	1901	584	1317	211	16	0	5
1.7 邮电通讯	0	0	0	0	0	0	0	0	0
1.8 生态环境保护	36	4451	3971	2777	1194	302	178	0	113
1.9 小城镇建设	78	12373	9626	6185	3441	793	1954	0	126
1.10 村容村貌整治	586	42991	31828	18063	13766	1541	9622	81	1903
2. 生产发展类	2611	160170	118844	8778	110066	2158	39168	663	10506
2.1 种植业林果业	819	59803	36741	3160	33581	685	22377	55	5620
2.2 养殖业	1258	69807	57062	3257	53805	555	12190	36	3210
2.3 农副产品加工业	65	6937	5815	713	5103	64	1058	0	576
2.4 家庭农（林牧渔）场	93	4422	3197	140	3057	36	1189	2	5
2.5 少数民族传统手工艺	61	4415	3504	356	3148	76	835	0	785
2.6 旅游业	68	9247	7237	940	6297	675	1335	547	173
2.7 商业设施建设	25	2060	1970	213	1757	21	69	23	46
2.8 劳动力转移培训	31	417	417	0	417	0	0	0	0
2.9 实用技术推广和培训	157	1287	1272	0	1272	0	16	0	12
2.10 干部培训	12	300	280	0	280	0	20	0	0
2.11 农民专业合作组织建设	22	1475	1350	0	1350	45	80	0	80

续表

项目类别	项目数（个）	资金额	中央扶持资金	1. 中央预算内投资	2. 少数民族发展资金	省级配套资金	其他资金	1. 利用外资	2. 群众投劳折资
3. 社会发展类	1270	77110	52915	30954	21961	5956	18239	59	903
3.1 教育科技	92	12984	11655	10893	762	979	350	0	28
3.2 文化体育	994	59717	37375	17912	19463	4660	17682	59	770
3.3 医疗卫生	86	1602	1429	911	518	45	128	0	62
3.4 广播电视	16	162	155	0	155	0	8	0	8
3.5 社会保障	69	1770	1653	825	828	70	48	0	29
3.6 办公用房建设	13	874	649	413	236	202	23	0	7
4. 其他	298	29189	18468	1508	16960	145	10575	21	2983

表6 分省区资金项目安排情况（2011—2014年） 单位：万元

省区	项目数（个）	资金额	中央扶持资金	1. 中央预算内投资	2. 少数民族发展资金	省级配套资金	其他资金	1. 利用外资	2. 群众投劳折资
总计	9356	660745	511143	215258	295885	30167	119435	1293	25338
内蒙古自治区	1065	39730	36310	11770	24540	2963	457	196	152
辽宁省	262	106480	23291	13650	9641	3634	79555	547	3689
吉林省	24	7387	6600	5700	900	501	286	0	81
黑龙江省	324	49631	47596	11461	36135	231	1804	0	209
福建省	246	7263	6470	4600	1870	10	783	0	294
江西省	13	2025	1810	1660	150	25	190	0	5
广西壮族自治区	1106	62343	54066	29446	24620	4128	4149	0	12
贵州省	497	22353	21320	10560	10760	0	1033	0	1033
云南省	3331	159507	122649	58465	64184	12327	24531	550	15878
西藏自治区	222	15222	13535	1870	11665	0	1687	0	1687

续表

省区	项目数（个）	资金额	中央扶持资金	1. 中央预算内投资	2. 少数民族发展资金	省级配套资金	其他资金	1. 利用外资	2. 群众投劳折资
甘肃省	842	58787	54976	22890	32086	3460	351	0	351
青海省	525	44513	43671	19800	23871	477	365	0	355
新疆维吾尔自治区	893	84032	77659	22516	55143	2271	4102	0	1588
新疆兵团	6	1472	1190	870	320	140	142	0	4

表7　中央预算内投资资金项目安排情况（2011—2014年）　单位：万元

项目类别	项目数（个）	中央预算内投资	省级配套资金	其他资金
合计	2210	215258	22516	55242
1. 基础设施建设类	1659	174017	16018	37556
1.1 道路桥涵	974	105727	10434	25703
1.2 危房或住房改造	7	530	40	52
1.3 农田水利	319	30703	1989	2735
1.4 人畜饮水	75	8871	902	2111
1.5 沼气等能源建设	11	578	97	37
1.6 电力	10	584	106	11
1.7 邮电通讯	0	0	0	0
1.8 生态环境保护	22	2777	302	111
1.9 小城镇建设	37	6185	793	484
1.10 村容村貌整治	204	18063	1356	6313
2. 生产发展类	121	8778	631	432
2.1 种植业林果业	51	3160	213	221
2.2 养殖业	39	3257	250	97
2.3 农副产品加工业	15	713	64	14
2.4 家庭农（林牧渔）场	4	140	36	4

续表

	项目数（个）	中央预算内投资	省级配套资金	其他资金
2.5 少数民族传统手工艺	6	356	26	20
2.6 旅游业	4	940	20	30
2.7 商业设施建设	2	213	21	46
2.8 劳动力转移培训	0	0	0	0
2.9 实用技术推广和培训	0	0	0	0
2.10 干部培训	0	0	0	0
2.11 农民专业合作组织建设	0	0	0	0
3. 社会发展类	419	30954	5722	17239
3.1 教育科技	46	10893	979	339
3.2 文化体育	322	17912	4430	16801
3.3 医疗卫生	35	911	41	76
3.4 广播电视	0	0	0	0
3.5 社会保障	10	825	70	0
3.6 办公用房建设	6	413	202	23
4. 其他	11	1508	145	15

表8　少数民族发展资金项目安排情况（2011—2014年）　单位：万元

项目类别	项目数（个）	少数民族发展资金	省级配套资金	其他资金
合计	7155	295885	4022	64323
1. 基础设施建设类	3532	146898	3629	14137
1.1 道路桥涵	2068	79853	1230	3849
1.2 危房或住房改造	181	9392	1887	3399
1.3 农田水利	379	20643	91	957
1.4 人畜饮水	396	16281	115	927
1.5 沼气等能源建设	34	1013	0	35

续表

项目类别	项目数（个）	少数民族发展资金	省级配套资金	其他资金
1.6 电力	33	1317	105	5
1.7 邮电通讯	0	0	0	0
1.8 生态环境保护	15	1194	0	67
1.9 小城镇建设	42	3441	58	1473
1.10 村容村貌整治	384	13766	143	3427
2. 生产发展类	2480	110066	223	38518
2.1 种植业林果业	766	33581	148	22057
2.2 养殖业	1213	53805	0	12024
2.3 农副产品加工业	50	5103	0	1044
2.4 家庭农（林牧渔）场	89	3057	0	1185
2.5 少数民族传统手工艺	55	3148	50	815
2.6 旅游业	63	6297	0	1305
2.7 商业设施建设	23	1757	0	23
2.8 劳动力转移培训	31	417	0	0
2.9 实用技术推广和培训	157	1272	0	16
2.10 干部培训	12	280	0	20
2.11 农民专业合作组织建设	21	1350	25	30
3. 社会发展类	855	21961	171	1093
3.1 教育科技	47	762	40	61
3.2 文化体育	674	19463	95	915
3.3 医疗卫生	51	518	0	54
3.4 广播电视	16	155	0	8
3.5 社会保障	59	828	0	48
3.6 办公用房建设	8	236	36	7
4. 其他	288	16960	0	10575

扶持人口较少民族发展大事记*

1. 1998 年 6 月

1998 年 6 月，时任国家民委主任的李德洙拜访费孝通先生时，费老说："做了大半辈子民族工作，有一桩心事没有了却。这就是人口较少民族发展问题。"费老随即提出了"小民族，大政策，大思路，大发展"的主张。1999 年 7 月，近 90 高龄的费老专程到 56 个民族大家庭中的"小兄弟"赫哲族主要聚居的黑龙江省同江市进行调查研究。在与当地各族干部群众座谈中，费老深情地说："汉族老大哥有责任、有义务帮助小兄弟过上好日子。要对小民族实施大政策，扶持这些民族尽快发展起来。"

2. 1999 年 10 月

1999 年至 2001 年，在费老的亲自主持下，国家民委组织民族问题研究中心、北京大学、中央民族大学的专家学者和工作者，深入 10 省区，对 22 个人口较少民族经济和社会发展情况开展逐一的调查研究。这是我国自 20 世纪 50 年代少数民族社会历史调查以来的第二次大规模少数民族社会经济调查。通过调查，摸清了 22 个人口较少民族的情况，每个民族形成一个专题调研报告，在此基础上形成了总报告，提出了扶持人口较少民族发展的政策建议。

3. 1999 年 11 月

1999 年 11 月，国家民委与国务院扶贫办合作，在云南省西双版纳州基诺族聚居的基诺山和布朗族聚居的布朗山开展"两山"综合扶贫开发试点示范工作，探索少数民族地区扶贫攻坚的新思路、新办法。与当时的一般扶贫不同，"两山"综合扶贫开发试点主要抓了以下几个方面：一是根据两山的贫困的特殊性和不同民族、不同地区的实际，在政策上不搞一刀切，不简单照套内地的扶贫模式，集中力量，综合扶持，因地制宜，因族

---

* 撰稿：袁彦。翻译：沙依拉。

举措。集中安排7000万元，争取用2～3年的时间，使“两山”的基诺族和布朗族生活有较大改善，使“两山”面貌有明显变化。二是规划先行。“两山”试点工作坚持规划先行，经过反复论证，基诺乡设计了7大类建设项目，91件子项目；布朗乡设计了9大类建设项目，113个子项目。项目主要涉及基础设施建设、社会公益事业、基本农田建设、产业开发等，根据县情、乡情，因地制宜，使整体规划更具有现实可操作性。三是加强基础设施建设，改善群众生产生活条件，推进农业产业化经营，增加农民收入。如何让农民增收，是广大农民、也是党和国家最关心的事情，是扶贫开发的立足点。在产业开发方面，巩固和提升原有产业，以“企业+基地+农户”模式，增强地区自我造血能力，使农民有了长期、稳定的收入。基诺乡大力开发茶叶、橡胶、松香等经济作物；布朗乡组织群众种茶、种林果、种咖啡，饲养小耳朵猪等，逐步形成有特色的立乡、立村的主导产业，特别是茶叶、橡胶的种植，成为“两山”的主要支柱产业，使75%的贫困人口获得经济效益，为农民增收、经济发展打下了基础。四是依靠群众、发动群众。在工作方式上，采取“参与式”开发等方式，大力提高人口较少民族群众的科技文化素质和综合素质。五是加强领导，完善工作机制。逐步探索少数民族地区扶贫攻坚的新思路、新办法。

4. 2001年2月

2001年2月7日，国家民委向国务院呈报《关于建议把22个人口较少民族发展问题列入国家“十五”计划的意见》（民委报［2002］6号）。《意见》提出：在西部大开发中，适当集中财力、物力、人力，重点扶持22个人口较少民族发展，并将扶持人口较少民族发展问题列入国家“十五”计划，争取用两个五年计划时间，从根本上解决这些民族整体发展面临的问题。8月9日，时任国务委员的司马义作了批示：“加快22个人口较少民族的发展，对增进民族团结、维护边疆稳定具有十分重要的意义。有关部门和地方要予以重视，在实际工作中，要采取切实措施，扶持人口较少民族发展。请国家民委加强联系与沟通，督促有关部门和地方分别落实，确保取得实效。”

5. 2001年2月

2001年2月28日，根据第九届全国人民代表大会常务委员会第二十次会议修改的《中华人民共和国民族区域自治法》第七十一条中明确规定，“高等学校和中等专业学校招收新生的时候”，“对人口特少的少数民

15. 2003年6月

2003年6月13日，国家民委向国务院呈报《关于扶持人口较少民族发展工作情况的报告》，报告扶持人口较少民族工作进展情况。报告总结了扶持人口较少民族发展工作取得的新进展及初步成效，反映了人口较少民族发展中存在的困难和需要研究解决的几个问题，提出了抓紧制定发展规划的建议。

16. 2003年8月

2003年8月27日至29日，国家民委、国务院扶贫办在云南西双版纳举办全国人口较少民族扶贫开发规划工作现场会暨规划实施培训班，总结推广“两山”扶贫综合开发经验，研究和部署人口较少民族扶贫开发规划的编制和实施工作。

17. 2003年9月

2003年9月9日，国务院扶贫办、国家民委向国务院呈报《关于人口较少民族扶贫开发工作情况的报告》（国开办发［2003］51号）。报告提出人口较少民族扶贫开发“四通五有三达标”的目标。

18. 2004年5月

2004年5月，在上海召开的全球扶贫大会上，温家宝总理在《中国政府缓解和消除贫困的政策声明》中庄严承诺：加快22个人口较少民族贫困地区脱贫的步伐，力争先于其他同类地区实现减贫目标。

19. 2004年10月

2004年10月21日，中央政治局举行第十六次集体学习，专题学习研讨我国的民族关系。会上，胡锦涛总书记特意问到了人口较少民族工作开展的情况，并明确指示：要对国务院有关措施和要求的贯彻落实情况进行一次检查。在此基础上，进一步调整、充实和完善政策措施，不断加大工作力度。

20. 2004年11月

2004年11月7日，李德洙主任根据胡总书记的指示精神，将国家民委几年来开展扶持人口较少民族工作情况和下一步工作设想上报给胡总书记。2004年11月8日，胡总书记批示：请国务院加大支持力度，帮助22个人口较少民族（63万人）加快发展。11月9日，温总理批示：请民委会同有关部门研究提出扶持人口较少民族加快发展的具体规划和政策措施报国务院。发改委、财政部等部门要给予大力支持。

21. 2004 年 11 月

2004 年 11 月起，国家民委会同有关部门和省区编制扶持人口较少民族发展规划。成立规划编制小组，在充分听取各省区意见的基础上，历时半年形成规划初稿，并征求 13 个部委的意见，形成规划讨论稿，分别征求 23 个部委和 10 省区政府的意见，形成送审稿，经多方面征求意见讨论修改，最终形成规划文本报批稿。整个规划的编制遵循了科学决策、民主决策的程序。

22. 2004 年 12 月

2004 年 12 月 3 日，国家民委召开扶持人口较少民族发展工作座谈会。会议邀请了国家发展改革委、教育部、科技部、财政部、交通部、信息产业部、水利部、农业部、文化部、卫生部、中国人民银行、国家广电总局、国务院扶贫办等 13 个部委参加。会议总结、交流了各部门自国办函［2001］44 号文下发以来开展扶持人口较少民族发展工作情况，研究贯彻落实中央领导同志批示精神的意见，进一步做好扶持人口较少民族发展工作。

23. 2005 年 5 月

2005 年 5 月 12 日，国家民委、国家发展改革委、财政部、中国人民银行和国务院扶贫办 5 部门将联合编制的《扶持人口较少民族发展规划(2005—2010 年)》上报国务院审批。

2005 年 5 月 18 日，国务院第 90 次常务会议审议通过了国家民委、国家发展改革委、财政部、中国人民银行、国务院扶贫办联合编制的《扶持人口较少民族发展规划（2005—2010 年)》。《规划》范围是 22 个人口较少民族聚居的 10 个省区中的 86 个县、238 个乡镇、640 个行政村。《规划》提出的发展目标是，通过 5 年左右的努力，使人口较少民族聚居的行政村基础设施得到明显改善，群众生产生活存在的突出问题得到有效解决，基本解决现有贫困人口的温饱问题，经济社会发展基本达到当地中等或以上水平。再通过一段时间的努力，使人口较少民族达到全面建设小康社会的要求。具体目标就是实现“四通五有三达到”。扶持人口较少民族发展工作体现了党中央、国务院对人口较少民族的高度重视和关心。《规划》的实施，是巩固和发展平等团结互助和谐的社会主义民族关系的重要举措，对促进人口较少民族加快发展和全面建设小康社会具有十分重要的意义。

24. 2005 年 8 月

2005 年 8 月 29 日至 30 日，国务院在北京召开全国扶持人口较少民族发展工作会议，国务院副总理回良玉出席会议并作了重要讲话。会议对贯彻实施《规划》作了具体部署和安排。会议期间，回良玉副总理与 22 个人口较少民族代表见面并合影。这次会议标志中国扶持人口较少民族发展工作进入了全面实施的新阶段。

25. 2005 年 8 月

2005 年 8 月 30 日，国家民委组织了 22 个人口较少民族代表与首都媒体近距离交流活动。

26. 2005 年 9 月

2005 年 9 月 6 日，国务院新闻办召开了中国政府扶持人口较少民族发展有关情况新闻发布会，向海内外广泛宣传中国政府扶持人口较少民族发展政策，国家民委副主任杨健强在会上介绍了中国政府开展扶持人口较少民族发展工作情况，并就记者提问进行了回答。

27. 2006 年 4 月

2006 年 4 月 9 日，回良玉副总理在李德洙主任呈报的《关于扶持人口较少民族发展工作情况的报告》上批示：扶持人口较少民族，党中央、国务院高度重视，国家民委做了大量工作，有关部门予以配合，取得了初步成效。今后应按照已制定的规划，各相关部门要狠抓落实，合力推进人口较少民族的发展。4 月 10 日，温家宝总理批示：一定要把这项工作尽早办好。

28. 2006 年 5 月

2006 年 5 月 11 日至 15 日，胡锦涛总书记在云南考察工作时专程前往景洪市基诺山乡扎吕村，勉励基诺族干部群众把家乡建设得更富裕、更文明。要求各级党委和政府加大对人口较少民族的扶持力度，促进人口较少民族改变落后面貌，过上富裕生活。

29. 2006 年 5 月

2006 年 5 月至 6 月，全国人大组织 8 个调研组，分别由主任委员带队，赴云南、新疆、黑龙江、内蒙古、广西、甘肃、西藏、福建等 8 个省区对扶持人口较少民族规划落实情况进行督查。

30. 2006 年 7 月

2006 年 7 月 13 日至 17 日，全国政协主席贾庆林在内蒙古调研时专门走访鄂温克族自治旗鄂温克族牧民家庭，了解规划落实情况。他强调，各级党委、政府和有关部门要采取有力措施，切实加大对人口较少民族的扶持力度，使各民族群众共享改革发展的成果。

31. 2007 年 1 月

2007 年 1 月 11 日至 15 日，回良玉副总理专程到景洪市基诺山、勐海县布朗山等人口较少民族聚居的村寨，深入少数民族农户，慰问各族干部群众，了解群众生产生活情况，检查指导规划实施情况。考察时回良玉副总理强调指出，要把加快少数民族和民族地区发展摆在更加突出的位置，特别是要尽快扶持人口较少民族优先发展、加快发展，促进各民族团结和谐繁荣进步。回良玉副总理指出，党中央、国务院高度重视少数民族和民族地区的发展，特别关注人口较少民族的发展状况。各地区、各有关部门要讲感情、动真格、求实效，采取更加有力的措施，帮助民族地区实现又好又快发展。

32. 2007 年 3 月

2007 年 3 月 20 日，国家民委召开扶持人口较少民族发展工作情况通报会，会议邀请了国家发展改革委、教育部、科技部、财政部、交通部、信息产业部、水利部、农业部、文化部、卫生部、中国人民银行、国家广电总局、国务院扶贫办等 13 个部委参加，通报《扶持人口较少民族发展规划（2005—2010 年）》实施一年来的基本情况，学习贯彻中央领导同志关于扶持人口较少民族发展工作的指示精神和研究新形势下扶持人口较少民族发展工作思路，进一步做好扶持人口较少民族发展工作。

33. 2007 年 4 月

2007 年 4 月 2 日至 4 日，全国扶持人口较少民族发展工作现场经验交流会在云南省德宏傣族景颇族自治州召开。国家民委副主任杨健强出席会议并讲话。国家民委专职委员李文亮主持会议，云南省副省长程映萱致辞。国家发展改革委、财政部、国务院扶贫办等相关部门以及人口较少民族聚居的 10 省区民宗委、发改委、财政厅、扶贫办有关同志参加了会议。会议总结了规划实施以来开展扶持人口较少民族发展工作情况，对 2007 年的工作提出了要求。杨健强副主任在讲话中指出，进一步提高扶持人口较少民族发展的紧迫感和责任感，层层建立责任制和综合协调机制，加大对人口较少民族发展的支持力度，加强对人口较少民族工作的指导和服务。本次会议是自规划正式实施以来有关扶持人口较少民族工作召开的首次全银行、国务院扶贫办联合印发《扶持人口较少民族发展规划（2011—2015年）》。与“十一五”规划相比，扶持人口较少民族发展“十二五”规划适当扩大了扶持范围，由22个民族增加到28个民族，增加了总人口在10万以上、30万以下的6个民族，即景颇族、达斡尔族、柯尔克孜族、锡伯族、仫佬族和土族。将28个民族聚居的行政村中人口较少民族人口比例从30%放宽到20%。此外，基本公共服务体系建设覆盖人口较少民族的民族乡、自治县、自治州。“十二五”规划范围是内蒙古、辽宁、吉林、黑龙江、福建、江西、广西、贵州、云南、西藏、甘肃、青海、新疆等13个省区和新疆生产建设兵团的人口较少民族聚居区，包括2119个人口较少民族聚居的行政村、71个人口较少民族的民族乡、16个人口较少民族的自治县、2个人口较少民族的自治州。

42. 2011年10月

2011年10月11日，国务院批复国家民委《国务院关于同意建立扶持人口较少民族发展部际联席会议制度的批复》（国函［2011］120号），同意建立由国家民委、发展改革委、财政部、人民银行、扶贫办牵头的扶持人口较少民族发展部际联席会议制度。以加强对扶持人口较少民族发展工作的组织领导和部门间的协调配合，推动落实规划。

43. 2011年12月

2011年12月，据国家民委统计，28个人口较少民族有79个项目入选国家级非物质文化遗产名录，其中有19个民族的27个项目命名代表性传承人35人。

44. 2012年8月

2012年8月21—23日，国家民委在黑龙江佳木斯市召开全国扶持人口较少民族发展经验交流会。人口较少民族所在的13个省区以及新疆生产建设兵团民委、发改委、财政厅、人民银行分支机构、扶贫办，上海市民宗委，黑龙江省、佳木斯市政府有关负责同志，国家民委、国家发展改革委、国务院扶贫办有关司局负责同志，共计150多人参加了这次会议。国家民委党组成员、副主任罗黎明出席会议并讲话。黑龙江、辽宁、广西、云南、新疆、上海等6个省区市的代表作了大会交流发言。会议全面总结了自开展扶持人口较少民族发展工作以来，特别是实施扶持人口较少民族发展“十二五”规划以来取得的成绩和经验，从战略和全局的高度深刻分析了当前面临的形势和任务，全面解读了扶持人口较少民族发展“十二五”规划的精神内涵，对下一步抓好规划实施的各项工作作了具体部署。

45. 2012 年 9 月

2012 年 9 月 29 日，国家民委、国家发展改革委、财政部、中国人民银行、国务院扶贫办共同印发《〈扶持人口较少民族发展规划（2011—2015 年）〉任务分工方案》（民委发［2012］161 号），按照扶持人口较少民族发展部际联席会议制度 34 个部门和单位的职责，确定了 118 条规划任务分工，并要求有关部门和单位按照规划提出的目标和任务，加强统筹协调，加大扶持力度，将各项扶持政策和资金项目落到实处，确保规划的顺利实施。

46. 2012 年 12 月

2012 年 12 月 31 日，国家民委办公厅印发《〈扶持人口较少民族发展规划（2011—2015 年）〉任务委内分工方案》（民办发［2012］155 号），对规划任务分工中国家民委牵头和参与落实的任务在委内有关司局进行任务分解，举全委之力做好扶持人口较少民族发展工作。

47. 2013 年 12 月

2013 年 12 月 17 日，国家民委办公厅印发《关于开展实施〈扶持人口较少民族发展规划（2011—2015 年）〉情况监测工作的通知》（民办发［2013］134 号），对人口较少民族聚居区经济社会发展状况、规划实施情况、专项资金项目安排情况及扶持成果进行监测统计，监测内容分为基本情况和资金项目两个部分，设村、乡、县、州、省五级统计报表，共计 641 项统计指标。

48. 2014 年 2 月

2014 年 2 月 11 日，国家民委、国家发展改革委、财政部、中国人民银行、国务院扶贫办共同印发《关于开展〈扶持人口较少民族发展规划（2011—2015 年）〉中期评估工作的通知》（民委发［2013］258 号），制定了规划中期评估方案，要求有关省区结合各地实际认真组织实施。

49. 2014 年 2 月

2014 年 2 月 11 日，国家民委等五部门印发《实施〈扶持人口较少民族发展规划（2011—2015 年）〉考核验收办法》（民委发［2014］13 号），对规划范围的人口较少民族聚居区，包括 2119 个村、71 个民族乡、16 个自治县、2 个自治州，从 2014 年起进行规划实施情况考核验收，重点考核验收人口较少民族聚居行政村基本实现“五通十有”，人口较少民族聚居

Milestone Events in the Development of the Small Minority Nationalities*

1. June, 1998

Minister of the State Ethnic Affairs Commission (SEAC) Li Dezhu visited Professor FeiXiaotong. During their meeting, Prof. Fei said: "I have been engaged in minority nationality work for more than half of my life, but I still have one wish that has not been fulfilled. That is the development of the small minority nationalities." He put forward the idea of a "master policy for the great development of the Small Minority Nationalities (Xiao Minzu, Da Zhengce, Da Silu, DaFazhan)." In July 1999, Prof. Fei, at the age of 90, visited the Hezhe Nationality, which he regarded as one of "the little brothers in the big family of the 56 Chinese nationalities". He carried out an investigation during his visit. At a workshop with the local cadres, Prof. Fei empathically said: "As the Big Brother, the Han Nationality has a responsibility to help the little brothers to lead a better life. We must implement a major policy to support these nationalities to speed up their development."

2. October, 1999 to 2001

SEAC organized an investigation into each of the 22 small minority nationalities in 10 provinces (autonomous regions) and the status of their social and economic development under the personal leadership of Prof. FeiXiaotong. The researchers were from the Research Center for Ethnic Issues of SEAC, Beijing University, and the Central Minzu University. This was only the second time that such a large - scale social and economic investigation of minority nationalities was

---

* Small Minority Nationalities in this article refer to the minority nationalities that have small scale of populations. The author of the article, Yuan Yan. The article was translated by SayraMesaly.

organized in China since the 1950s. The research reports were drafted by several research groups, in which the development status of each small minority nationalitieswas reported in detail. Based on the reports on each of these minority nationalities, a general report was completed. The general report proposed a series of supporting policies for the development of the small minority nationalities.

3. November, 1999

SEAC and the State Council Leading Group Office of Poverty Alleviation and Development (CPAD) initiated the "Comprehensive Poverty Alleviation and Development Pilot Project in Two Mountain Areas" (hereinafter referred to as the Two Mountain Areas Project). Jino Mountain Areas and Blang Mountain Areas in Xishuangbanna Prefecture in Yunnan Province were selected as project sites. The project aimed at exploring the new poverty alleviation and development models and measures. Unlike general poverty alleviation programs at the time, the "Two Mountain Areas Project" integrated poverty alleviation and development pilot mainly focused on the following aspects: First, the project applied new approaches in line with the different poverty levels of the two mountain areas and the particular issues that these two nationalities were facing. The aid programs followed the basic policy guideline of the project "providing comprehensive support with concentrated efforts while taking into account the differences of the different nationalities and different areas". 70 million yuan was invested in 2 – 3 years in order to help people in the two mountain areas improve the production and living conditions. Second, the project paid close attention to the feasibility research based planning before implementing the project. The "Two Mountain" areas had repeatedly demonstrated the feasibilities of the projects. Based on the feasibility research results, Jino town designed seven types of projects and 91 subprojects, and Blang Town designed nine types of projects and 113 subprojects for funding. The main focus of the project was on infrastructure construction, social welfare, basic farm land construction and industrial development. All projects were determined in line with the real needs and conditions of the local people in order to ensure the efficiency of the investment. Third, project focused on the infrastructure construction, improvements of the local people's production and living conditions, and raising income levels. Increasing the income is the major need of the local people, which is also the main concern of the CPC and the Central Government. As such, raising income levels was the key part of the poverty alleviation and development policy. In terms of the industrial development, priority was given to consolidating and upgrading the existing local industries. The "enterprises + farming households" – model was applied with the purpose of improving local self – development capabilities, and ensuring a stable and sustainable income of the local households. In Jino Town, the economic plants including tea, rubber tree and rosin were developed with great efforts; in Blang Town, the local households were organized to plant tea trees, fruit, and coffee, and to raise "small ear" – pigs in order to progressively build up the local leading industries. The tea and rubber trade became the key industries of the two mountain areas, 75% of the local residences saw economic profits. These local key industries laid the foundation for raising income and contributed to the economic development of the areas. Fourth, the project applied a participatory approach to decision – making and in project implementation. In order to improve the local people's scientific and cultural qualities, capacity building was also given priority in the project. Fifth, the project strengthened leadership and improved the organization/working methods, and gradually explored new ways to tackle poverty alleviation in ethnic minority areas.

4. February 7, 2001

SEAC submitted a document to the State Council entitled "Proposals on Covering the Development Issues of the 22 Small Minority Nationalities in National 10th Five – Year Plan(Min Wei Bao [2002] No. 6). "The document proposed: in the development strategy for the western provinces, the development of the 22 small minority nationalities should be given intensified financial, material and human resource support; small minority nationalities' development issues should be covered in the national 10th Five – Year Plan; and basic development issues should be addressed and resolved with two five – year plans. On August 9, when he was appointed State Councilor, Ismail Amat gave an instructing speech, in which he said that "speeding up the development of 22 small minority nationalities is of essential importance to national unity and the social stability of the border areas. The relevant ministries and provinces /autonomous regions should pay close attention to and adopt effective measures to support small minority nationalities. The SEAC should improve coordination efforts and urge the relevant ministries and provinces/autonomous regions to put the policy into reality."

5. February 28, 2001

At the 20th Meeting of the Standing Committee of the Ninth National People's Congress the Regional National Autonomy Law of the P. R. C. was amended, in which Article 71 stipulated: "In student enrollment, institutions of higher education and secondary technical schools shall give special consideration to the admission of students from minority nationalities with diminishing/small populations." This is the first time Chinese legislation includeda special provision for small minority nationalities.

6. March 15, 2001

The outline of the 10th Five – Year Plan was approved by the 4th Session of the Ninth People's Congress, which stated that "special attention should be given to the development of the small minority nationalities." That was the first time the development of the small minority nationalities was explicitly stated in the national five – year plan.

7. August 10, 2001

The General Office of the State Council issued a statement approving the SEAC's "*Proposals on Covering the Development Issues of the* 22 *Small Minority Nationalities in the National* 10th *Five – Year Plan*". The statement was entitled "*Approval Response to the Development Issues of the Small Minority Nationalities* (Guo Ban Han [2001] No. 44)". The statement approved the SEAC's proposals on supporting the development of the 22 small minority nationalities with populations under 100,000. The State Council demanded that the relevant ministries and local governments take responsibility for helping the small minority nationalities. In implementing proposed projects such as infrastructure development, making the village accessible by road, village electricity, radio and television, drinking water facilities, quality education for local population, medical service facilities, affordable housing, as well as in terms of financial investment, these minority nationalities should be given preferential treatment and support. SEAC was requested to conduct further research, coordinate the relevant ministries to put the policy into practice. The document also ordered SEAC to collect constructive suggestions and proposals in order to ensure the work to support the development of the small minority nationalities would have effective results.

8. November 2, 2001

In order to implement the "*State Council General Office's Approval Response to the Development Issues of the Small Minority Nationalities (Guo Ban Han [2001] No. 44)*", and to coordinate the State Council's relevant ministry departments to intensify the efforts to support the 22 small minority nationalities andsolve their key issues, and to accelerate their economic and social development, SEAC issued the "*Call/Request for Reports/Information on the Basic Situation of the 22 Small Minority Nationality Communities (Min Ban Han [2001] No. 244)*". The notice urged the relevant provinces and autonomous regions to carry out detailed surveys of the basic situation of the 22 small minority nationalities. The investigations should focus on the small minority nationality villages and their basic situation, and the State Council General Office's Approval Response proposals on implementation. The results of the survey were compiled as a compendium entitled"*The Basic Situation of the Small Minority Nationality Communities*" (published by the Economic Development Department of the SEAC in Oct 2002). This compendium became a key source of information for the Central Party Committee and the State Council as well as its relevant ministries in policy – and decision – making processes.

9. November 24, 2001

In order to implement the State Council General Office's Approval Response (Guo Ban Han [2001] No. 44), and to urge the relevant provinces/autonomous regions to speed up effortsto help the small minority nationalities, SEAC organized a workshop on the implementation of the State Council General Office's No. 44 Documents. In total, 27 officials participated in the workshop, including the General Directors or Deputy General Directors of local Ethnic Affairs Commissions of nine provinces/autonomous regions, the Division Chiefs of the Economic Development Department of Ethnic Affairs Commissionsin the same provinces (Guangxi Autonomous Region was absent at the workshop), as well as the General Director, Deputy General Director, and the Division Chiefs of the Economic Development Department, and the Division Chief of the Information Office of the

General Office of the SEAC. The Vice Secretary of the Party Committee and the Vice Minister of the SEAC, Mu Benli, attended the workshop and gave a speech. Through discussions, the participants made proposals and suggestions for the future work of supporting the development of small minority nationalities.

10. April 29, 2002

SEAC established the Leading Group of the Development of the Small Minority Nationalities, and held the first meeting to study and implement the State Council General Office's Approval Response (Guo Ban Han [2001] No. 44). The tasks of the different ministries on supporting the development of the small minority nationalities were arranged at the meeting.

11. July, 2002

SEAC held a national conference on "Nine Years Universal Compulsory Education for the Small Minority Nationalities". The Oroqens in Xinsheng County, Heihe City, Heilongjiang Province shared their experiences in implementing the "Two Basic Education" programs at the conference. The conference also discussed and arranged the work on promoting the "Nine Years Universal Compulsory Education of the Small Minority Nationalities" during the period of the 10th national Five – Year Plan. On July 20, the CPC Central Committee General Office and the State Council General Office issued the "*Notice on Communicating the Ministry of Education and Other* 12 *Ministries' Opinions on Eradicating Illiteracy during the* 10*th* *Five – Year Plan (Zhong Ban Fa [*2002*] No.* 15*).*" The Notice initiated illiteracy eradication projects for small minority nationalities.

12. November 29 to 30, 2002

CPAD, the Asian Development Bank and SEAC jointly held a planning workshop on the poverty alleviation for the small minority nationalities. The workshop held that "the poverty alleviation and development of the small minority nationalities is the most difficult task in the fight against poverty in China." The workshop decided that the next step in poverty alleviation efforts should focus on the relatively concentrated poverty – stricken towns and villages with small minority nationality populations, and striveto help at least 60% of the small minority nationality population meet their basic food and clothing needs within three years, and to help them reach or go beyond the national average level of social and economic development, in order to lay a solid foundation for the realization of a prosperous society (Xiao Kang She Hui)① in these areas.

13. March 5, 2003

The First Session of the 10th National People's Congress approved *the Report on the Work of the Government*, which stressed the need to "increase support for the small minority nationalities".

14. May 6, 2003

The new session of the CPAD held the first plenary meeting, at which the poverty alleviation of the small minority nationalities was stated as the top priority of the national poverty alleviation work. It was affirmed that in terms of financial allocation and project implementation, the small minority nationalities should be given preferential treatment in order to meet their food and clothing needs within a short time frame. In his speech, Vice Premier Hui Liangyu pointed out that solving the food and clothing issues of these minorities was important, the research on these minority groups should be prioritized in order to find a more targeted and efficient way for them to get rid of poverty and improve their living standards.

15. June 13, 2003

SEAC submitted the "*Working Report on Supporting the Development of the Small Minority Nationalities*" to the State Council. The Report summed up the new progress in supporting the development of the small minority nationalities, reflected on the major issues and difficulties, and stressed the importance of making development plans for these groups.

16. August 27 to 29, 2003

SEAC and CPAD organized the National Conference on Poverty Alleviation and Development Plan and the Implementation Training Workshop in Xishuangbanna, Yunnan Province. The Conference promoted the experiences in implementing the "Two Mountain Areas Project", and discussed and made arrangements for continued planning of supporting measures for the development of the small minority nationalities.

---

① Prosperous society refers to a society in which the material needs of most citizens are adequately met.

17. September 9, 2003

SEAC and CPAD jointly submitted the State Council "*Report on the Supporting Work of Poverty Alleviation and Development of the Small Minority Nationalities*". The Report proposed a development goal for the small minority nationalities, referred to as the "Four Accessibilities, Five Possessions and Three Compliances (Si Tong, Wu You, San Da Biao)".

18. May, 2004

The Global Conference on Scaling - up Poverty Reduction was held in Shanghai, China. Premier Wen Jiabao called for policies to relieve and eliminate poverty. In his speech, Premier Wen made a solemn commitment to "accelerate the pace of poverty reduction in the 22 small minority nationality areas, help these areas to meet poverty alleviation goals ahead of the other areas in the same situation."

19. October 21, 2004

The CPC Central Politburo organized a collective study meeting to discuss the Chinese nationality relations. At the meeting, General Secretary and President Hu Jintao specifically asked about the development status of the small minority nationalities. Hc clcarly instructed the relevant ministries under take investigation to the implementation of the State Council's relevant policies. He stated that the supporting policy should be adjusted and intensified based on the results of this investigation.

20. November 7, 2004

In accordance with General Secretary and President Hu Jingtao's directives, Minister of the SEAC Li Dezhu submitted a report to President Hu on the implementation of the supporting policy to the small minority nationalities and proposals for a subsequent work plan. On November 8, 2004, President Hu approved the report and instructed that the State Council should intensify the support to these 22 small minority nationalities (63 0000 people) to speed up their development. On November 9, Premier Wen Jiabao signed the report and ordered the SEAC to make a concrete plan and identify policy measures for accelerating the development of the small minority nationalities. He also urged the National Development and Reform Commission (NDRC) and the Ministry of Finance (MoF) to give priority to these minority nationalities.

21. November, 2004

In November 2004, SEAC and the other relevant ministries and the provinces/autonomous regions started drafting the development plan for the small minority nationalities. A working group was established. The working group drafted the plan based on the suggestions from the relevant provinces/autonomous regions. Then the draft version of the plan was distributed to the 13 relevant ministries for their review. Before the plan was finalized, a discussion of the plan was also organized among the 23 ministries and 10 provinces/autonomous regions. The planning process followed democratic and scientific procedures.

22. December 3, 2004

SEAC held a workshop on the development of small minority nationalities. The 13 ministries under the State Council, including the NDRC, Ministry of Education (MoE), Ministry of Science and Technology (MoST), MoF, Ministry of Transport (MoT), Ministry of Information Industry (MoII), Ministry of Water Resources (MoWR), Ministry of Agriculture (MoA), Ministry of Culture (MoC), Ministry of Health (MoH), the People's Bank of China (PBoC), State Administration of Radio, Film and Television (SARFT) and the CPAD, attended the workshop. The workshop summed up the experiences of each ministries in implementing the Guo Ban Han (2001) No. 44 on supporting the development of the small minority nationalities, discussed the directives of the CPC Central Committee leaders and the future work in giving continued support to the small minority nationalities.

23. May, 2005

On May 12, SEAC, NDRC, MoF, PBoC and the CPAD issued a joint statement – *Development Plan for the Small Minority Nationalities (*2005—2010*)* – to the State Council for approval.

On May 18, the State Council approved the *Development Plan for the Small Minority Nationalities* (2005—2010) at its 90th Executive Meeting. The Development Plan covered 640 villages in 238 towns, 86 counties, 10 provinces/autonomous regions with a high concentration of small minority nationalities. The vision of the Development Plan was: With five years of intensive aid and support, the infrastructure of the small minority nationalities concentrated villages would be visibly improved, the prominent difficulties in the small minority nationalities' life and production was effectively solved, and the food and clothing issues of the prior poor population would be basically solved, while the social and economic development of these communities would reach the middle or high levels of the areas where they are inhabited. And with few more years of support, the small minority nationalities reached the requirements of building a moderately prosperous society. The concrete aims of the Development Plan include: to realize the "Four Accessibilities, Five Possessions and Three Achievements (Si Tong, Wu You, San Da Biao)". The Development Plan showed the Central Party Committee's and the State Council's attention to the development of the small minority nationalities. The implementation of the Development Plan was an important measure to consolidate and develop the socialist nationality relations based on equality, solidarity and harmonious, which is essential for scaling up the development of small minority nationalities and building a moderately prosperous society.

24. August 29 to 30, 2005

State Council held the National Working Meeting on the Development of the Small Minority Nationalities. Vice Premier Hui Liangyu attended the meeting and gave an important speech. The Working Meeting determined the further measures to support the small minority nationalities. During the meeting, Vice Premier Hui Liangyu met delegations from the small minority nationalities. The working meeting was a milestone in supporting the small minority nationalities. It was the start of a new stage in the development of these minority nationalities.

25. August 30, 2005

SEAC organized media interviews with the delegations from the small minority nationalities.

26. September 6, 2005

The Information Office of the State Council held a press meeting on China's policies to support the development of the small minority nationalities, and was widely publicized. Vice Minister of the SEAC, Yang Jianqiang, presented the Chinese government's support the development of small minority nationalities. During the press meeting, questions from international and domestic journalists were responded.

27. April 9, 2006

Vice Premier Hui Liangyu gave an instructive reply to the"*Report of the Work of Supporting the Development of Small Minority Nationalities*" submitted by the Minister of the SEAC, Li Dezhu. Vice Premier Hui stated: "The Central Party Committee and the State Council pays high attention to the development of the small minority nationalities. SEAC worked tirelessly/made great efforts to cooperate with the various relevant ministries and achieved the planned benchmark goals. The relevant ministries shall cooperate to strengthen the implementation of the existing plan and accelerate the development of the small minority nationalities". On Aprill 10, Premier Wen Jiabao madea directive signature on the Report, urging that this work should be done soon.

28. May 11 to 15, 2006

The General Secretary and President Hu Jintao visited Zhalyu Village in Jino Mountain Town during a work inspection tour to Yunnan Province. During his visit to the village, he urged the local cadres and the people to make their homeland more prosperous and civilized. He called upon the Party Committee and Governments at all levels to intensify the support to the small minority nationalities, and help these minority nationalities to put an end to the backwardness and to live a good life.

29. May to June, 2006

The National People's Congress (NPC) organized 8 research teams. Led by the Chairmen of the Committees of the NPC, the research teams conducted investigations of the Development Plan's implementation in 8 provinces/autonomous regions: Yunnan, Xinjiang, Heilongjiang, Inner Mongolia, Guangxi, Gansu, Tibet and Fujian.

30. July 13 to 17, 2006

The Chairman of the National Committee of the Chinese People's Political Consultative Conference (CPPCC) Jia Qinglin carried out a work inspection in Inner Mongolia. During the work inspection, he visited the Evenki families in Evenki Autonomous Banner. He emphasized in his speech that the Party Committee, the government and the relevant organs of government should carry out effective measures to provide intensive support the small minority nationalities, and to ensure that the minority nationalities enjoy the results of the national reform and development.

31. January 11 to 15, 2007

Vice Premier Hui Liangyu visited the minority families in Jino Mountain Town in Jinhong City and Blang Mountain Town in Menghai County in order to investigate their living and agricultural production conditions and the implementation of the Development Plan. During his field visit he emphasized that the CPC Central Party Committee and the State Council should put the development of minority nationalities, especially the development of the small minority nationalities, at the highest priority, and scale up their development, which in turn will promote national unity, harmony, prosperityand progress. He urged the relevant ministries and the government at all levels in the small minority nationalities concentrated areas to take more effective measures and help these minority nationalities to realize better and faster development.

32. March 20, 2007

SEAC held the Brief Meeting on the Work of Supporting the Development of the Small Minority Nationalities. NDRC, MoE, MoF, MoT, MoII, MoWR, MoA, MoC, MoH, PBoC, SARFT, and the CPAD attended the brief meeting. The participants were informed about the status of the *Small Minority Nationalities Development Plan* (2005—2010), studied the directives of the CPC Central Committee leaders and discussed new measures to further improve efforts to support the small minority nationalities.

33. April 2 to 4, 2007

The Experience Exchange Meeting on Supporting the Development of the Small Minority Nationalities was held in Dehong Dai and Jingpo Autonomous Prefecture in Yunnan. Vice Minister of the SEAC Yang Jianqiang attended the meeting and gave an important speech. The Commissioner of the SEAC Li Wenliang chaired the meeting, while the Vice Governor of Yunnan Province Cheng Yinxuan gave a welcome speech. The delegations from relevant ministries included representatives from the NDRC, MoF and the CPAD etc., as well as representatives from the local Ethnic Affairs Commissions, Development and Reform Commissions, Bureaus of Finance and the Poverty Alleviation Offices in 10 small minority nationalities concentrated provinces/ autonomous regions. The meeting summed up the status of the implementation of the Small Minority Nationality Development Plan, and made arrangements for further work in 2007. The Vice Minister Yang Jianqiang reaffirmed: "We must realize the urgency of the development of the small minority nationalities and increase our accountability in this issue. A responsible and coordinating system should be established at all levels in order to intensify the support of the development of the small minority nationalities, and enhance leadership and service in our work." This was the first national meeting on the development issues of the small minority nationalities since the start of implementing the *Development Plan for the Small Minority Nationalities* (2005—2010). The meeting reached the consensus on giving higher priority to the small minority nationality's development in 2007 in order to solve the small minority nationalities' key living and agricultural production/livelihood issues. The participants of the meeting exchanged experiences in working to support the small minority nationalities. During the meeting, a field study visit to the De'ang Nationality villages in Dehong Dai and Jingpo Autonomous Prefecture was organized.

34. July 16, 2008

SEAC issued the *Notice on the Assessment and Acceptance Measures towards the Supporting Work of the Small Minority Nationalities' Development* (Min Wei Fa [2008] No. 138). In order to improve the monitoring and inspection of the implementation of the Development Plan, evaluate results, learn from experience andprovide timely guidance, SEAC, NDRC, MoF, PBoC and the CPAD decided to jointly carry out annual assessments of the implementation of the Development Plan starting in 2008. By the end of 2008, 270 villages of the 640 small minority nationalities concentrated villages met the criteria for acceptable development progress, and realized the "Four Accessibilities, Five Possessions and Three Compliances"goals before schedule. The small minority nationality population in the villages that met the criteria for acceptable development constituted 42.3% of the total population of the small minority nationalities in the survey/in China. The small minority nationality areas were showing progress in terms of developing production, improving living conditions of the locals and strengthening national unity and social stability.

35. July 10 to 12, 2009

The National Working Conference on Supporting the Development of the Small Minority Nationalities was held in Xining City, Qinghai Province. Member of the Political Bureau of the CPC Central Committee and Vice Premier of the State Council, Hui Liangyu, attended the conference and gave an important speech. He emphasized that the directives of the General Secretary of the CPC Central Committee Hu Jintao and President Jia Qinling showed the Central Party Committee and State Council's commitment to the development and unity of the small minority nationalities, , and that these directives also served as the main guidelines for us to do our work well. Hui urged the relevant provinces/autonomous regions and the relevant ministries of the State Council to put the development of the small minority nationalities at the top of their agendas, and to strengthen leadership, coordination and cooperation efforts in order to work more cohesively on this issue. He called to start the work on creating the 12th Five – year Plan on the Development of the Small Minority Nationalities. At the conference, SEAC, NDRC, MoF, PBoC, CPAD and the other relevant ministries, as well as some of the small minority nationality concentrated provinces/autonomous regions presented their experiences from working to support the development of the small minority nationalities. During the conference, a study visit to Xunhua-Salar Autonomous County was organized. The conference was of crucial importance to the acceleration of the development of the small minority nationalities, to the realization of the shared prosperity and development of all nationalities, and to the strengthened solidarity of the great motherland.

36. August, 2009

In line with the demands of the Central Party Committee and the State Council, SEAC, NDRC, MoF, PBoC, and CPAD started the work on formulating the *Plan on Supporting the Development of Small Minorities* (2011—2015), in cooperation with the other relevant ministries and the relevant provinces/autonomous regions.

37. June 9 to 11, 2010

A *Forum on the Development of Small Minority Nationalities* was organized in

Dalian Minzu University. The participants included the officials and scholars from the Research Center for Nationality Issues of SEAC, the Minzu Universities, the academic institutions and government representatives from the small minority nationality concentrated provinces/autonomous regions. At the Forum, the participants evaluated the implementation of 11th Five – year Plan and analyzed the development situation of the small minority nationality areas. In accordance with the new poverty alleviation standards and the goal to build a society in which the material needs of most citizens are adequately met, the participants also proposed general objectives and set specific tasks for the 12th Five – year plan on supporting the development of small minority nationalities. Sponsored by the Economic Development Department of SEAC, the Dalian Minzu University started a research project on the 12th Five – year Plan on Supporting the Development of the Small Minority Nationalities. The research project was initiated in order to improve the theoretical studies on the development of the small minority nationalities and for providing ascientific basis for the creation of the new development plan.

38. December, 2010

SEAC carried out ageneral concluding assessment on the implementation of the *Development Plan for the Small Minority Nationalities* (2005—2010). A 3 year period of monitoring and inspection of the implementation of the Development Plan(2008—2010) was also summarized. The assessment concluded that the high concern and attention of the Central Party Committee and the State Council to this issue, the support from the relevant ministries of the State Council, and the great efforts of the relevant provinces/autonomous regions, helped ensure that the work to develop small minority nationality communities saw stable progress and healthy development, and achieved real results. During 6 years of implementing the Development Plan, 4.522 billion yuan of aid and funding support was invested in 5206 projects. According to the monitoring and inspection report, 627 of small minority nationality villages realized the “Four Accessibilities, Five Possessions and Three Compliances” goal. The small minority nationality population in these 627 villages constituted 98% of the total population of the 22 small minority nationalities. The small minority nationality areas were showing progress in terms of improving production capacity, increasing local income levels and protecting the environment, which fostered national unity and social stability.

39. March 29, 2011

SEAC, NDRC, MoF, PBoC and CPAD submitted the *Plan on Supporting the Development of Small Minorities* (2011 – 2015) (*Min Wei Bao* [2011] *No.* 10) to the State Council for approval.

40. May 17, 2011

State Council approved the *Plan on Supporting the Development of Small Minority Nationalities* (2011—2015).

41. June 20, 2011

SEAC, NDRC, MoF, PBoC and CPAD jointly issued *the Development Plan for the Small Minority Nationalities* (2011—2015). Compared to the 11th Five – Year Plan, the 12th Five – Year Plan broadened the scope of support by increasing the number of targeted minority nationality groups from 22 to 28. The additional six minority nationalities included Jinpo, Daur, Kyrgyz, Xibe, Mulao and Tu nationalities – all of which have populations of more than a hundred thousand, but less than three hundred thousand. The villages where the small minority nationality population accounts for more than 20% of the total population were designated as the target villages. In the 11th Five – year Plan, this population number was 30%. In addition, the basic public service system coverage was extended to the small minority nationality towns, autonomous counties and autonomous prefectures. As such, the scope of the 12th Five – year Plan covered 2119 small minority nationality villages in 71 small minority nationality towns, 16 small minority nationality autonomous counties, and two small minority nationality autonomous prefectures in 13 autonomous regions and provinces including Inner Mongolia, Liaoning, Jilin, Heilongjiang, Fujian, Jiangxi, Guangxi, Guizhou, Yunnan, Tibet, Gansu, Qinghai, Xinjiang, and the Xinjiang Production and Construction Crop.

42. October 11, 2011

The State Council issued the *Approval of SEAC's Proposal for Establishing the Inter – ministerial Joint Meeting System for Supporting the Development of Small Minority Nationalities* (Guo Han [2011] No. 120). The document approved the establishment of the Interdepartmental Joint Meeting System for Supporting the Development of Small Minorities Nationalities under the coordination of the SE-

AC, NDRC, MoF, PBoC and the CPAD. The establishment of the Interdepartmental Joint Meeting System sought to improve the interdepartmental coordination and cooperation in implementing the development plan.

43. December, 2011

79 heritage projects of 28 small minority nationalities were selected to be included in the national intangible cultural heritage list, among which 27 projects were named after the names of 35 cultural successors from 19 small minority nationalities.

44. August 21 to 23, 2012

SEAC organized a conference in Jiamusi City, Heilongjiang Province, to share experiences from the work to support the development of small minority nationalities. The 150 participants were representatives from the local Ethnic Affairs Commissions, Development and Reform Commissions, Financial Bureaus, the local branch offices of the People's Bank of China, Poverty Alleviation Offices of the small minority nationalities concentrated 13 autonomous regions and provinces, the Xinjiang Production and Construction Corps, Shanghai Ethnic Affairs Commission, Heilongjiang Provincial Government, Jiamusi City Government as well as SEAC, NDRC and CPAD. The SEAC CPC Committee Member and Vice Minister Luo Liming gave a speech at the conference. The representatives from Heilongjiang, Liaoning, Guangxi, Yunnan, Xinjiang, and Shanghai shared their experiences in different presentations. The conference reviewed the achievements and the experiences in supporting the small minority nationalities since the initiation of the policy in general, and the progress of the implementation of the 12th Five - Year Plan in particular. The participants discussed the current situation and the future tasks from a general and strategic perspective, interpreted the symbolicconnotation of the 12th Five - year Plan, and designated the specific tasks to improve efforts to further the development of the small minority nationalities.

45. September 29, 2012

SEAC, NDRC, MoF, PBoC and CPAD issued a joint document: The Tasks Dividing Program for the implementation of *the Development Plan for the Small Minority Nationalities (2011—2015)* (Min Wei Fa[2012] No. 161), in which 118 tasks were designated in line with the different functions of 34 ministries which were part of the Inter – ministerial Joint Meeting System. The document called upon the relevant ministries to strengthen cooperation and coordination in order to safeguard investments and ensure the successful implementation of the plan.

46. December 31, 2012

The General Office of the SEAC issued the *SEAC's Internal Tasks Dividing Program for the Implementation of the Development Plan for the Small Minority Nationalities* (2011—2015) (Min BanFa[2012] No. 155). The document divided the tasks that were under the SEAC's responsibility to the different departments and offices of the SEAC.

47. December 17, 2013

The General Office of the SEAC issued *the Notice on Carrying Out Monitoring Work to the Implementation of the Development Plan for the Small Minority Nationalities* (2011—2015) (Min BanFa[2013] No. 134). The document required the small minority nationality concentrated areas to carry out monitoring work on the social and economic development of the small minority nationality villages, status of implementation measures, and efficiency of project investments. The monitoring system had 641 indexes. The Basic Situation and the Investments/Projects are the two main components of the monitoring system. The monitoring system was designed with statistic report forms for five levels: village, township, county, prefecture, province/autonomous region.

48. February 11, 2014

SEAC, NDRC, MoF, PBoC and CPAD jointly issued the *Notice on Mid – term Assessment of the Implementation of the Development Plan for the Small Minority Nationalities* (2011—2015) (Min BanFa[2013] No. 134) (Min Wei Fa [2013] No. 258).

49. February 11, 2014

SEAC and four other government departments issued the *Notice on the Assessment and Acceptance Measures of the Development Plan for the Small Minority Nationalities*(2011—2015) (Min WeiFa [2014] No. 13). The Notice determined to carry out the assessments of the implementation measures carried out in the small minority nationalities concentrated areas, including 2119 villages, 71 towns, 16 autonomous counties, 2 prefectures. The assessments focused on how the "five accessibilities and ten possessions (Wu Tong, Shi You)" – development criterion was met in the small minority nationality villages, and the situation of the small minority nationalities concentrated areas in realizing the goal known as "one decreasing, two improvement and three upgrading (Yi Jian Shao, Er Da Dao, San Ti Sheng)". The index system and the assessment standard were mainly in line with the objectives of the Development Plan as well as the objectives of the ministerial 12th Five – year Plan. The assessment was undertaken at the different levels.

50. June 4, 2014

In order to speed up the social and economic development of the small minority nationality villages in Guizhou Province and realize the prosperous society in these villages, the People's Government of Guizhou Province issued the *Notice on Action Plan for Realizing the Overall Well – off Society in Small Minority Nationality Villages in Guizhou Province* (Qian Fu Ban Han [2014] No. 83). The Notice announced the goal to "Realize the overall well – off society in the 63 small minority nationality villages in advance". In line with the Notice, the provincial government made great efforts to accelerate and sustain the socio – economic development and help the 63 small minority nationality villages realize the benefits of a moderately prosperous society. The Overall Well – off Society Action Plan proposed that by the end of 2014, 7 of the 63 small minority nationality villages would become overall well – off societies; and by 2015, 30 villages would reach the standards of an overall well – off society; and by 2017, all 63 villages would reach the standards of an overall well – off society.

51. September 25, 2014

The Information Office of the State Council held a press conference on the Implementation of the Three National Special Plans. At the press conference, the SEAC CPC Committee Member and Vice Minister Luo Liming presented the achievements and progress of the implementation of the three national special plans supporting the development of the small minority nationalities.

52. May 24, 2015

The Workshop on the Development of the Small Minority Nationalities was held in South Central University of Nationalities. The main focus of the workshop was discussing the new challenges and opportunities for the development of the small minority nationalities under the new situation, and to map out the new measures and approaches to accelerate the development of the small minority nationalities. The workshop aimed at encouraging scholars to study the 13th Five – year Plan and contribute to the decision – making process and theories about the development of the small minority nationalities. The workshop was sponsored by SEAC and the South Central University of Nationalities and organized by the Economic Department of the South Central University of Nationalities. The workshop was chaired by the President of the South Central University of Nationalities Li Jinling. CPC Secretary of the University Chen Yunda attended the workshop and gave a speech. SEAC Vice Minister Luo Liming held a keynote speech entitled "No One Minority Nationality Should Lag Behind in Realizing the Prosperous Society". The speeches were also given by the team leader of small minority nationality development research group, the officials from the small minority nationality concentrated provinces and counties, as well as the representatives of the small minority nationalities. The workshop set up three parallel forums. The first forum was on assessing/evaluating the scope, target group and measures of the small minority nationality development policy; the second forum was on how to balance the urban and rural development, human resources development and the financial aid in the small minority nationality areas; the third forum was on the protection of culture and environment and the construction of nationality unity in the small minority nationality areas as well as the theoretical development on supporting the small minority nationalities. The participants exchanged their experiences and their research results. The hot topics in the forth coming 13th Five – year Plan were discussed among the participants, who provided a number of formulation suggestions for the plan. The workshop had more than 60 participants that were from various government organs, academic institutions and relevant NGOs, including SEAC, the PBoC, State Development Bank, local Ethnic Affairs Commissions of small minority nationality concentrated regions, provinces and counties, the Nationality Issues Research Center of the SEAC, the Central Minzu University, Tibetan University, South Central University of Nationalities, China's Association of Ethnic Economy. The representatives of the small minority nationalities were also invited to the workshop.

53. June 11 to 13, 2015

The First China Summit Conference on the Development of Hezhe People was organized in Jiamusi City, Heilongjiang Province. The conference was sponsored by Jiamusi University. Over 120 participants attended the Conference. The participants included officials from SEAC, scholars from Central Minzu University, Heilongjiang University, Beijing Hezhe Study Association, the successors of the Hezhe intangible cultural heritage, and representatives from relevant enterprises and institutions. The Russian Khabarovsky Kray Association of Indigenous Peoples as well as scholars from many other countries were also attended the conference. The Summit Conference had a positive impact on the protection of the cultural heritage and social development of the Hezhe people, and provides a useful reference for the development of other ethnic minorities.

54. June 22, 2015

General Office of the SEAC issued the *Notice on Establishing the Working Group on Formulating the* 13th *Five – year Plan on Supporting the Development of the Small Minority Nationalities* (Min Ban Fa [2015] No. 102) and requested the members of the Working Group and liaison officers to do their best to implement the minority population development in accordance with the 13th Five – year Plan.